Der Gestaltungsspielraum des nationalen Gesetzgebers bei der Umsetzung von europäischen Richtlinien zum Verbrauchervertragsrecht

Europäische Hochschulschriften

Publications Universitaires Européennes
European University Studies

Reihe II
Rechtswissenschaft

Série II Series II
Droit
Law

Bd./Vol. 3311

PETER LANG
Frankfurt am Main · Berlin · Bern · Bruxelles · New York · Oxford · Wien

André Herwig

Der Gestaltungsspielraum des nationalen Gesetzgebers bei der Umsetzung von europäischen Richtlinien zum Verbrauchervertragsrecht

Wechselwirkungen zwischen Rechtsharmonisierung und der *Keck*-Rechtsprechung des Europäischen Gerichtshofs

PETER LANG
Europäischer Verlag der Wissenschaften

Die Deutsche Bibliothek - CIP-Einheitsaufnahme

Herwig, André:

Der Gestaltungsspielraum des nationalen Gesetzgebers bei der Umsetzung von europäischen Richtlinien zum Verbrauchervertragsrecht : Wechselwirkungen zwischen Rechtsharmonisierung und der Keck-Rechtsprechung des Europäischen Gerichtshofs / André Herwig. - Frankfurt am Main ; Berlin ; Bern ; Bruxelles ; New York ; Oxford ; Wien : Lang, 2002
(Europäische Hochschulschriften : Reihe 2, Rechtswissenschaft ; Bd. 3311)
Zugl.: Trier, Univ., Diss., 2001
ISBN 3-631-38887-X

D 385
ISSN 0531-7312
ISBN 3-631-38887-X

www.peterlang.de

Meinen Eltern

VORWORT

Die vorliegende Arbeit wurde im Sommersemester 2001 vom Fachbereich Rechtswissenschaft der Universität Trier als Dissertation angenommen.
Das Manuskript wurde im März 2001 abgeschlossen. Rechtsprechung des *Europäischen Gerichtshofs* konnte bis Februar 2001, Literatur bis zum Ende des Jahres 2000 Berücksichtigung finden.

Zum erfolgreichen Abschluss der Arbeit haben zahlreiche Personen beigetragen, denen ich an dieser Stelle herzlich danken möchte. Mein Dank gilt vor allem Herrn *Prof. Dr. Dr. h.c. Peter Bülow*, der mir das Thema zur Ausarbeitung überlassen und die Arbeit durch zahlreiche fachliche Anregungen von Anfang an gefördert hat. In zeitlicher und inhaltlicher Hinsicht beließ er mir die für eine wissenschaftliche Arbeit erforderlichen Freiräume. Herrn *Priv.-Doz. Dr. Matthias Ruffert* danke ich für die Erstellung des Zweitgutachtens. Die sehr zügige Fertigstellung beider Gutachten im Promotionsverfahren ermöglichte mir eine zeitnahe Veröffentlichung der Dissertation.

Mein besonderer Dank gilt ferner meinen Eltern *Ursula* und *Volker Herwig*, die mich vom Beginn meines Studiums bis zur Fertigstellung der Dissertation stets in jeder Hinsicht unterstützt haben. Ihnen ist diese Arbeit gewidmet.

Hervorzuheben sind auch meine Kollegen *Ref. iur. Dirk Debald* und *Sebastian Kind*, die die wechselnden Stimmungslagen bei der Entstehung der Arbeit innerhalb der vergangenen zwei Jahre mehr als jeder andere mitgetragen und in der Diskussion gelindert haben.
Dank gebührt schließlich auch Frau *Hildegard Böning*, die sich die Mühe gemacht hat, den gesamten Text Korrektur zu lesen.

Bonn, im August 2001 *André Herwig*

INHALTSVERZEICHNIS

§ 1 Einleitung

A. *Einführung in die Problematik und Zielsetzung der Arbeit*

Nach Art. 3 lit. h EGV[1] ist die Angleichung der innerstaatlichen Rechtsvorschriften Aufgabe der Gemeinschaft, soweit dies für das ordnungsgemäße Funktionieren des Gemeinsamen Marktes erforderlich ist. Im Gründungsvertrag von Rom aus dem Jahre 1957 war die Rechtsharmonisierung in erster Linie als Instrument zur Beseitigung von Wettbewerbsverzerrungen konzipiert;[2] diese Funktion ist jedoch in der Entwicklung der Europäischen Wirtschaftsgemeinschaft hin zur Europäischen Union immer mehr zugunsten der Verwirklichung des Gemeinsamen Marktes resp. später des Binnenmarktes[3] zurückgedrängt worden.[4]

Gegenstand der Angleichung sind die Rechts- und Verwaltungsvorschriften der Mitgliedstaaten. Art. 249 (Art. 189 EG-Vertrag) sieht dazu bestimmte Handlungstypen (Verordnung, Richtlinie, Entscheidung, Empfehlung und Stellungnahme) vor.[5] Wesentliche Impulse für das Verbraucherrecht kommen dabei bislang aus der richtliniengestützten Rechtsangleichung.[6]
Die Richtlinie ist für den Mitgliedstaat, an den sie gerichtet ist, hinsichtlich des zu erreichenden Zieles[7] verbindlich; sie überlässt dem Mitgliedstaat jedoch,

---

[1] Vertrag zur Gründung der Europäischen Gemeinschaft vom 25.3.1957 in der Fassung des Vertrages von Amsterdam vom 2.10.1997 (BGBl. 1998 II, 386), in Kraft getreten am 1.5.1999. Alle nachfolgenden nicht näher gekennzeichneten Artikel sind solche des EG-Vertrages in der nunmehr geltenden Fassung. In Anlehnung an die *Einheitliche Zitierweise der Bestimmungen der Verträge nach dem Vertrag von Amsterdam* des *EuGH* (*EuGH/EuG* Pressemitteilung Nr. 57/99 vom 30.7.1999, ABl. EG 1999 Nr. C 246/1) erhalten Artikel des Vertrages in der vor dem 1.5.1999 geltenden Fassung die Angabe „EG-Vertrag" bzw. „EWG-Vertrag".

[2] Die Schaffung eines den Wettbewerb vor Verzerrungen schützenden Systems ist heute ausdrücklich in Art. 3 lit. g verankert. - vgl. *Steindorff*, EG-Vertrag und Privatrecht, 393f; *Everling/Roth*, Mindestharmonisierung, 7; *v.Hoffmann*, ZfRV 36 (1995), 45, 46

[3] vgl. zu den Begrifflichkeiten unter 1. Kapitel: § 2 A. (S.13ff)

[4] *Staebe*, Europarecht, 155ff; *Steindorff*, EG-Vertrag und Privatrecht, 389ff

[5] vgl. *Ahlt*, Europarecht, 13ff; *Schmidt*, in: *v.d.Groeben/Thiesing/Ehlermann*, EGV, Art. 189, Rz. 14f

[6] vgl. zur Bedeutung der Richtlinie für die Harmonisierung des Privatrechts unter 1. Kapitel: § 2 B. (S.21ff), Nachweise in Fn. 102

[7] Gegen den Begriff „Ziel" hat sich *Ipsen*, in Festschrift *Ophüls*, 67 ausgesprochen. Durch einen Vergleich der unterschiedlichen sprachlichen Fassungen des Art. 189 Abs. 3 EG-Vertrag (jetzt Art. 249 Abs. 3) hat er nachzuweisen versucht, dass in der deutschen Fassung besser von „Ergebnis" gesprochen werden sollte. Das Schrifttum ist ihm diesbezüglich aller-

durch welche inhaltlichen Regeln er das angestrebte Ziel erreicht (vgl. Art 249 Abs. 3).
Das Gemeinschaftsrecht kann eine detaillierte (totale) Harmonisierung vorsehen, sofern dies der Zweck der Regelung erforderlich macht. So können z.B. alle Einzelheiten der Herstellung und Vermarktung einer Ware aus der Richtlinie zu entnehmen sein. Die Ausarbeitung solcher detaillierter Rechtsakte ist jedoch im Hinblick auf das Subsidiaritätsprinzip in Art 5 Abs. 2 und 3 (Art. 3 b Abs. 2 und 3 EG-Vertrag) zunehmend in Frage gestellt worden.[8] Bei diesem Prinzip, das durch den Vertrag von Maastricht erstmals ausdrücklich in Art. 3 b EG-Vertrag verankert worden ist, handelt es sich um ein Strukturprinzip, welches eine Aufgaben- und Kompetenzabgrenzung zwischen der Gemeinschaft und den Mitgliedstaaten festschreibt.[9] Es entfaltet nach zutreffender Ansicht grundsätzlich auch für die Rechtsangleichung als eine zentrale Aufgabe der Gemeinschaft Gültigkeit.[10]

Eine Entschärfung des Subsidiaritätsproblems im Rahmen der Rechtsangleichung bringt die Technik der Mindestharmonisierung[11] mit sich, die in den letzten beiden Jahrzehnten an Bedeutung gewonnen und inzwischen in zahlreichen Richtlinien der Europäischen Union Anwendung gefunden hat.

---

dings nur teilweise gefolgt. - vgl. Nachweise bei *Brechmann*, Richtlinienkonforme Auslegung, 8, Fn. 7

[8] vgl. *v.Bogdandy/Nettesheim*, in: *Grabitz/Hilf*, EGV, Art. 3b, Rz. 1, 2; *Zuleeg*, in: *v.d.Groeben/Thiesing/Ehlermann*, EGV, Art. 3b, Rz. 31; *Micklitz/Reich*, EuZW 1992, 593; *Langguth*, in: *Lenz*, EGV (1994), Art. 3b, Rz. 2; *Wolf*, in: *Grabitz/Hilf*, EG-Verbraucher- und Datenschutzrecht, A 1, Rz. 2; *Brechmann*, Richtlinienkonforme Auslegung, 11 Fn. 18, 19, 20 mwN; speziell für die AGB- bzw. die Verbraucherkreditrichtlinie: *Kretschmar*, Die Richtlinie über missbräuchliche Klauseln, 65ff und Ritz, Harmonisierungsprobleme, 189ff; kritisch zu Detailvorgaben: *Kreplin*, NJW 1965, 469; *Armbrüster*, RabelsZ 60 (1996), 72, 84; *Stürner/Bruns*, in: *Heusel*, Neues europäisches Vertragsrecht und Verbraucherschutz, 81, 88, 90

[9] Art. 5 enthält in seinen Absätzen drei Einzelgrundsätze, die aufgrund ihres sachlichen und systematischen Zusammenhangs als Subsidiaritätsprinzip im weiteren Sinne bezeichnet werden. Art. 5 Abs. 2 wird dabei oft als Subsidiaritätsprinzip im engeren Sinne bezeichnet, während Art. 5 Abs. 1 und 3 andere, teils nicht ganz scharf davon zu trennende Teilaspekte des Subsidiaritätsprinzips im weiteren Sinne darstellen. - vgl. Darstellungen bei *Langguth*, in: *Lenz*, EGV, Art. 5, Rz. 2ff; *Zuleeg*, in: *v.d.Groeben/Thiesing/Ehlermann*, EGV, Art. 3b, Rz. 29; *Beutler/Bieber/Pipkorn/Streil*, Europäische Union, 84ff; *v.Bogdandy/Nettesheim*, in: *Grabitz/Hilf*, EGV, Art. 3 b, Rz. 1, 2; *Merkt*, RabelsZ 61 (1997), 647, 672f

[10] unter 2. Kapitel: § 4 C. (S.64ff), Nachweise in Fn. 345f

[11] *Reich*, in: *Hadding/Hopt*, Das neue Verbraucherkreditgesetz, 29, 34; *Knaul*, Auswirkungen des europäischen Binnenmarktes der Banken, 80ff; *Heiss*, ZEuP 1996, 623, 637; *Everling/Roth*, Mindestharmonisierung, 1ff; *Hoffmann*, in: *Heusel*, Neues europäisches Vertragsrecht und Verbraucherschutz, 39, 41

Diese legislatorische[12] Technik zeichnet sich durch die Vorgabe eines Mindeststandards aus, welcher von den nationalen Gesetzgebern bei der Umsetzung der betreffenden Richtlinie nicht unterschritten werden darf. Gemeinsame Mindeststandards sind z.B. für die Umweltverträglichkeit von Industrieanlagen, für Arbeitsbedingungen und auf dem Gebiet des Verbraucherschutzes durch europäische Richtlinien festgelegt worden.

Die Verwirklichung des Binnenmarktes innerhalb der Europäischen Union erfordert unter anderem auch die Angleichung des Privatrechts der Mitgliedstaaten. Im Gründungsvertrag wird die Harmonisierung des Privatrechts unter den Politiken der Gemeinschaft nicht ausdrücklich erwähnt; dennoch ist es in zunehmendem Maße selbst Integrationsgegenstand geworden.[13] In diesem Bereich ergeht EG-Sekundärrecht – mit Ausnahme des Wettbewerbsrechts – bisher vor allem als Richtlinienrecht.[14] Im Rahmen der sekundärrechtlichen Vorgaben hat das vertragliche Schuldrecht neben dem Haftungsrecht, dem Arbeits-, Handels- und Gesellschaftsrecht sowie dem Kapitalmarkt- und Versicherungsrechts eine besonders intensive Entwicklung erfahren.[15]
Das Privatrecht betreffende Richtlinien sind von der Europäischen Gemeinschaft seit Mitte der 80er Jahre verstärkt erlassen worden. Dokumentieren lassen sich diese Tendenzen insbesondere anhand eines Regelungsbereiches, der bis zu diesem Zeitpunkt auf nationaler Ebene eher an den Rand des Privatrechts gedrängt war, dem aber auf europäischer Ebene nahezu eine „Pionierrolle“ zukommt: dem Verbraucherrecht.[16]

Im Rahmen der Entwicklung hin zu einem Binnenraum ohne Grenzen sind die Aktivitäten der privaten Marktbürger immer stärker in den Vordergrund gerückt.[17] Der immer wieder geäußerten Befürchtung, die verschiedenen nationa-

---

[12] kritisch zum Begriff „legislatorisch“ im Hinblick auf ein mögliches Demokratiedefizit der EG-Normgebung: *Knaul*, Auswirkungen des europäischen Binnenmarktes der Banken, 77; dagegen mit überzeugender Argumentation: *Grundmann*, Europäisches Schuldvertragsrecht, §1, Rz. 32 mwN

[13] vgl. zur Zulässigkeit der Privatrechtsharmonisierung Darstellung unter 1. Kapitel: § 2 A. (S.13ff)

[14] vgl. *Grundmann*, Europäisches Schuldvertragsrecht, §1, Rz. 33 mwN; *Mülbert*, ZHR 159 (1995), 3; *v.Hoffmann*, ZfRV 36 (1995), 45f; *Müller-Graff*, in: *Horn/Baur/Stern*, 40 Jahre Römische Verträge, 107, 117; *ders.*, NJW 1993, 13, 22 - vgl. zur Richtlinie die Darstellung unter 1. Kapitel: § 2 B. (S.21ff)

[15] Eine Übersicht über die das Privatrecht der Mitgliedstaaten betreffenden Richtlinien für die Gebiete Vertragsrecht, Haftungsrecht, Versicherungsrecht, Arbeitnehmer- und Anlegerschutz findet sich bei *v.Hoffmann*, ZfRV 36 (1995), 45, 53; *Reich*, Verbraucherrecht, 541ff

[16] *Micklitz*, ZEuP 1998, 253, 257; *Kilian*, Europäisches Wirtschaftsrecht, Rz. 79

[17] In einer jüngeren Entscheidung (*EuGH* 13.12.1991 – C-18/88 (*GB-Inno-BM SA*), Slg. 1991, I-5941) hat der *EuGH* den privaten Marktteilnehmer sogar ausdrücklich als Anspruchsbe-

len Rechtssysteme mit ihren unterschiedlichen Schutzstandards könnten den Verbraucher von grenzüberschreitenden Aktivitäten im Binnenmarkt abhalten, begegnete die Europäische Gemeinschaft mit der Schaffung zahlreicher Verbraucherschutzregelungen, auf die der Marktteilnehmer ungeachtet von Herkunft, Wohnsitz, Tätigkeit oder Rechtswahl vertrauen können sollte.[18] Dieses europäische Verbraucherrecht bildet heute einen gewichtigen Teil des vergemeinschafteten Privatrechts, welches die mitgliedstaatlichen Rechtsordnungen in vielfacher Weise beeinflusst und überlagert.[19]
Vermittelt über Europa hat das Verbraucherrecht auf diese Weise auch in den nationalen Rechtsordnungen immer mehr an Bedeutung gewonnen. Ausgewählte Bereiche der nationalen Privatrechtsordnung sind so in Erfüllung der nationalen Umsetzungspflicht sonderprivatrechtlich modifiziert worden.[20]

Die vorliegende Arbeit beschränkt sich auf die europäische Mindestharmonisierung im Bereich des vertraglichen Verbraucherschutzrechts[21] als Teil des euro-

---

rechtigten für die Verwirklichung der Binnenmarktziele genannt und damit zugleich herausgestellt, dass dieser als gleichberechtigter Akteur im Binnenmarkt zunehmend an Bedeutung gewinnt. Diese Einschätzung des *EuGH* deckt sich auch mit den Zielen des Verbraucherpolitischen Aktionsplan 1999-2001, der eine Stärkung des europäischen Verbrauchers mit sich bringt. - vgl. im einzelnen Darstellung unter 1. Kapitel: § 3 C. (S.39ff), Nachweise in Fn. 232

[18] vgl. noch Darstellung unter 1. Kapitel: § 3 A. (S.25ff) und 2. Kapitel: § 4 A. (S.49ff)

[19] *Martiny*, ZEuP 1999, 246, 257; *Tilmann*, ZEuP 1997, 595, 597 spricht gar vom „*Motor der Rechtsangleichung*".

[20] vgl. Darstellung unter 1. Kapitel: § 3 A. (S.25ff)

[21] Richtlinie 85/577/EWG des Rates vom 20.12.1985 betreffend den Verbraucherschutz im Falle von außerhalb von Geschäftsräumen geschlossenen Verträgen, ABl. EG 1985 Nr. L 372/31; Richtlinie 87/102/EWG des Rates vom 22.12.1986 zur Angleichung der Rechts- und Verwaltungsvorschriften der Mitgliedstaaten über den Verbraucherkredit, ABl. EG 1987 Nr. L 42/48, geändert durch die Richtlinie 90/88/EWG des Rates vom 22.2.1990, ABl. EG 1990 Nr. L 61/14, geändert durch die Richtlinie 98/7/EG des Europäischen Parlamentes und des Rates vom 16.02.1998, ABl. EG 1998 Nr. L 101/17; Richtlinie 90/314/EWG des Rates vom 13.6.1990 über Pauschalreisen, ABl. EG 1990 Nr. L 158/59; Richtlinie 93/13/EWG des Rates vom 5.4.1993 über missbräuchliche Klauseln in Verbraucherverträgen, ABl. EG 1993 Nr. L 95/29; Richtlinie 94/47/EG des Europäischen Parlamentes und des Rates vom 26.10.1994 zum Schutz der Erwerber im Hinblick auf bestimmte Aspekte von Verträgen über den Erwerb von Teilzeitnutzungsrechten an Immobilien, ABl. EG 1994 Nr. L 280/83; Richtlinie 97/7/EG des Europäischen Parlamentes und des Rates vom 20.5.1997 über den Verbraucherschutz bei Vertragsabschlüssen im Fernabsatz, ABl. EG 1997 Nr. L 144/19; Richtlinie 1999/44/EG des Europäischen Parlamentes und des Rates vom 25.5.1999 zu bestimmten Aspekten des Verbrauchsgüterkaufs und der Garantien für Verbrauchsgüter, ABl. EG 1999 Nr. L 171/12; Vorschlag für eine Richtlinie des Europäischen Parlamentes und des Rates über den Fernabsatz von Finanzdienstleistungen an Verbraucher und zur Änderung der Richtlinie 90/619/EWG des Rates, sowie der Richtlinien 97/7/EG und 98/27/EG

päischen (Schuld)vertragsrecht.[22] Unberücksichtigt bleiben mithin Angleichungsmaßnahmen, die nicht mit Hilfe des vertraglichen Zivilrechts umgesetzt werden, d.h. insbesondere haftungs- und wettbewerbsrechtliche Richtlinienvorgaben.[23]

Trotz der zahlreichen gemeinschaftsrechtlichen Rechtsakte existiert bislang verhältnismäßig wenig Judikatur des *EuGH* auf dem Gebiet der schuldvertragsrechtlichen Richtlinien; wenn überhaupt in seltensten Fällen zu Fragen der Auslegung der Richtlinien.[24] So waren beispielsweise zivilrechtliche Auslegungs-

(KOM (98) 468 endg.), ABl. EG 1998 Nr. C 385; geänderter Vorschlag in KOM (99) 385 endg. vom 23.7.1999, WM 1999, 1477

[22] Der Begriff „Europäisches (Schuld)vertragsrecht" findet sich in den gleichnamigen Werken von *Kötz* (1996), *Weyers* (1997) und *Grundmann* (1999). *Grundmann*, aaO, Rz. 20 fasst den Begriff entgegen der hier vorgenommenen Beschränkung funktional auf, d.h. ausreichend ist nach seiner Ansicht, dass ein Rechtsgebiet als rechtlicher Rahmen für Schuldverträge fungiert. - vgl. auch Darstellung von *Kirchner*, in: *Weyers*, Europäisches Vertragsrecht, 103, 105ff

[23] Nicht berücksichtigt werden demzufolge die Richtlinie 84/450/EWG des Rates vom 10.9.1984 zur Angleichung der Rechts- und Verwaltungsvorschriften der Mitgliedstaaten über irreführende Werbung, ABl. EG 1984 Nr. L 250/17, Richtlinie 85/374/EWG des Rates vom 25.7.1985 zur Angleichung der Rechts- und Verwaltungsvorschriften der Mitgliedstaaten über die Haftung für fehlerhafte Produkte, ABl. EG 1985 Nr. L 210/29, geändert durch Richtlinie 1999/34/EG des Europäischen Parlamentes vom 10.5.1999, ABl. EG 1999 Nr. L 141/20, die Richtlinie 97/55/EG des Europäischen Parlamentes und des Rates vom 6.10.1997 zur Änderung der Richtlinie 84/450/EWG über irreführende Werbung zwecks Einbeziehung der vergleichenden Werbung, ABl. EG 1997 Nr. L 290/18), die Richtlinie 97/5/EG des Europäischen Parlamentes und des Rates vom 27.1.1997 über grenzüberschreitende Überweisungen, ABl. EG 1997 Nr. L 43/25, berichtigt in Nr. L 95 und ABl. EG 1998 Nr. L 25 sowie die Richtlinie 98/27/EG des Europäischen Parlamentes und des Rates vom 19.5.1998 über Unterlassungsklagen zum Schutz von Verbraucherinteressen, ABl. EG 1998 Nr. L 166/51, geändert durch die Richtlinie 1999/44/EG des Europäischen Parlamentes und des Rates vom 25.5.1999 zu bestimmten Aspekten des Verbrauchsgüterkaufs und der Garantien für Verbrauchsgüter, ABl. EG 1999 Nr. L 171/12.

[24] vgl. z.B. *EuGH* 14.3.1991 – Rs. C-361/89 (*Di Pinto*), Slg. 1991, I-1189; *EuGH* 17.3.1998 – Rs. C-56/96 (*Dietzinger*), Slg. 1998, I-1199 (beide zur Auslegung der Richtlinie betreffend den Verbraucherschutz im Falle von außerhalb von Geschäftsräumen geschlossenen Verträgen); *EuGH* 14.7.1994 – Rs. C-91/92 (*Dori*), Slg. 1994, I-3325 (zu den Folgen unterbliebener Richtlinienumsetzung); *EuGH* 7.3.1996 – Rs. C-192/94 (*El Corte Inglés*), Slg. 1996, I-1281 (zur „horizontalen" Anwendbarkeit der Richtlinie zur Angleichung der Rechts- und Verwaltungsvorschriften der Mitgliedstaaten über den Verbraucherkredit); *EuGH* 8.10.1996 – verb. Rs. C-178, C-179, C-188, C-189 und C-190/94 (*Dillenkofer*), Slg. 1996, I-4845 (zur Frage der Staatshaftung wegen Nichtumsetzung der Richtlinie über Pauschalreisen); *EuGH* 23.3.2000 - Rs. C-208/98 (*Berliner Kindl Brauerei*), Slg. 2000, I-1741 = EuZW 2000, 339 (zur Auslegung der Richtlinie über den Verbraucherkredit); *EuGH* 27.6.2000 – verb. Rs. C-240 bis C-244/98 (*Murciano Quintero u.a.*), EuZW 2000, 506 (zur Auslegung der Richtlinie über missbräuchliche Klauseln); anhängig sind die nachfolgenden Verfahren: C-265 bis C-

fragen der Richtlinie 87/102/EWG über den Verbraucherkredit bis zur Entscheidung *Berliner Kindl* im März 2000 nie Gegenstand einer Entscheidung des *EuGH*.[25] Dies erscheint in Anbetracht der wachsenden Durchdringung der nationalen Rechtsordnungen durch europäische Vorgaben auf den ersten Blick eher unverständlich, erklärt sich aber zu einem Teil vor dem Hintergrund der noch relativ kurzen Existenz der meisten Richtlinien.[26] Auch ist der Einfluss, den das europäische Recht auf diese Weise für die Privatrechtsordnungen der Mitgliedstaaten erfahren hat, offenbar erst nach und nach erkannt worden, so dass dem *EuGH* lange Zeit von nationalen Gerichten nur wenige Fragen zur Vorabentscheidung nach Art. 234 (Art. 177 EG-Vertrag) vorgelegt wurden.[27]

Im Bereich des Verbrauchervertragsrecht sind die einschlägigen Richtlinien so angelegt, dass es den Mitgliedstaaten offen steht, weitergehende Vorschriften über den vorgegebenen Mindeststandard hinaus zum Schutz der Verbraucher aufrechtzuerhalten oder zu erlassen. Art. 15 der Richtlinie über den Verbraucherkredit fasst diese sog. Öffnungsklausel wie folgt:

> „Die Richtlinie hindert die Mitgliedstaaten nicht, in Übereinstimmung mit ihren Verpflichtungen aus dem Vertrag[28] weitergehende Vorschriften zum Schutz der Verbraucher aufrechtzuerhalten oder zu erlassen."

Für diese Art der Rechtsangleichung finden sich in der Literatur die inhaltsgleichen Bezeichnungen optionelle[29] oder optionale[30] Harmonisierung.

272/98 (*Compañ Calbuig u.a.*) und Rs. C-30/98 (*VR-Leasing*); mit Beschluss vom 30.11.1999 legte der *BGH* dem *EuGH* jüngst zwei weitere Fragen zum Widerrufsrecht beim Abschluss eines Realkreditgeschäfts an der Haustür (§§1, 5 Abs. 2 HaustürWG, §§3 Abs. 2 Nr. 2, 7 VerbrKrG) vor, abgedruckt in NJW 2000, 521ff

[25] Im Fall *Berliner Kindl Brauerei* (*EuGH* 23.3.2000 – Rs. C-208/98 (*Berliner Kindl Brauerei*), Slg. 2000, I-1741 = EuZW 2000, 339) zur Auslegung der Verbraucherkreditrichtlinie entschied der *EuGH* sich – anders als in der Entscheidung *Dietzinger* zur Haustürwiderrufsrichtlinie - gegen die Anwendung auf die Privatbürgschaft.

[26] Die mit fast 15 Jahren älteste sekundärrechtliche Vorgabe ist die Richtlinie des Rates vom 20.12.1985 betreffend den Verbraucherschutz im Falle von außerhalb von Geschäftsräumen geschlossenen Verträgen, die jüngste die Richtlinie des Europäischen Parlamentes und des Rates vom 25.5.1999 zu bestimmten Aspekten des Verbrauchsgüterkaufs und der Garantien für Verbrauchsgüter. - vgl. Nachweise in Fn. 21

[27] Das wachsende Interesse an der Durchdringung nationalen Rechts durch europäisches Sekundärrecht wird deutlich anhand der zahlreichen Publikationen gerade in jüngerer Zeit zu diesem Themenkomplex. - vgl. Literaturverzeichnis

[28] Mit der Formulierung „Vertrag" wird freilich auf den EG-Vertrag Bezug genommen.

[29] *Bardenhewer/Pipkorn*, in: *Groeben/Thiesing/Ehlermann*, EGV, Art. 100a, Rz. 77; *Langeheine*, in: *Grabitz/Hilf*, EGV, Art. 100, Rz. 59; *Ahlt*, Europarecht, 127, *Bülow*, VerbrKrG, §1, Rz. 169; *Streinz*, in: *Everling/Roth*, Mindestharmonisierung, 9, 18f

Solche Optionen enthalten mehr oder weniger wortgleich mit Art. 15 der Richtlinie über den Verbraucherkredit auch die Richtlinie über missbräuchliche Klauseln in Verbraucherverträgen (Art.8), die Richtlinie zu außerhalb von Geschäftsräumen geschlossenen Verträgen (Art.8), die Richtlinie über Pauschalreisen (Art. 8), die Richtlinie zum Schutz der Erwerber im Hinblick auf bestimmte Aspekte von Verträgen über den Erwerb von Teilzeitnutzungsrechten an Immobilien (Art. 11), die Richtlinie über den Verbraucherschutz bei Vertragsabschlüssen im Fernabsatz (Art. 14) und die Richtlinie zu bestimmten Aspekten des Verbrauchsgüterkaufs und der Garantien für Verbrauchsgüter (Art. 8 Abs. 2).[31]

Diese Kombination von Mindeststandard und ausdrücklicher Öffnungsklausel macht es möglich, die Rechtsangleichung auch innerhalb des Privatrechts der Mitgliedstaaten voranzutreiben.[32] Gerade das Privatrecht als genuin national geprägtes Element der Rechtsordnungen der einzelnen Mitgliedstaaten steht dabei oft in einem Spannungsverhältnis zu den europäischen Harmonisierungsbestrebungen. Europäisches Sekundärrecht stößt so auf historisch gewachsene Rechtsmaterien als gewichtiger Teil der kulturellen Identität einer Nation, die mit den Richtlinienvorgaben oftmals nur schwer vereinbar sind.

Bis heute ist allerdings im einzelnen ungeklärt, inwieweit solche Öffnungsklauseln nationale Besonderheiten trotz erfolgter Harmonisierung erlauben. In concreto ist dabei fraglich, was die in den Optionen enthaltene Wendung *„mit dem Vertrag vereinbar"* bedeutet und welche Gestaltungsspielräume sie dem nationalen Gesetzgeber bei der Umsetzung einräumt. Diese Frage ist gerade deshalb von Relevanz, da derartige Optionen andere, einschneidende Probleme der europäischen Rechtsangleichung aufwerfen.
Durch die Festlegung bloßer Mindeststandards und der Einräumung einer Öffnungsklausel werden auf nationaler Ebene die Gewährleistung höherer Schutzstandards zugunsten des Verbrauchers ermöglicht. Dies kann zu sehr unterschiedlichen Regelungen in den einzelnen Mitgliedstaaten der EU führen, was

---

[30] *Kahl*, in: *Callies/Ruffert*, EGV, Art. 94, Rz. 4; *Knaul*, Auswirkungen des europäischen Binnenmarktes der Banken, 80, 209

[31] Dagegen verzichtet der jüngste Vorschlag für eine Richtlinie über den Fernabsatz von Finanzdienstleistungen an Verbraucher ausweislich der 9. Begründungserwägung „in Anbetracht des mit der vorliegenden Richtlinie gewährleisteten hohen Verbraucherschutzniveaus" auf eine Mindestklausel - vgl. Auflistung der einzelnen Richtlinien und Vorschläge in Fn. 21

[32] vgl. Darstellung unter 2. Kapitel: § 4 (S.49ff)

gerade unter dem Blickwinkel der angestrebten Harmonisierung des Verbraucherschutzes auf europäischer Ebene bedenklich erscheint.[33]

Das europäische Primärrecht wird relevant, wenn der Verbrauchervertrag einen innereuropäischen grenzüberschreitenden Waren-, Dienstleistungs- oder Kapitalverkehr zum Gegenstand hat. Zentrale Aufgabe der Gemeinschaft ist nach Art. 2 die Errichtung eines Gemeinsamen Marktes. Hinsichtlich des Binnenmarktes, der nach der Legaldefinition des Art. 14 Abs. 2 (Art 7a Abs. 2 EG-Vertrag) „einen Raum ohne Binnengrenzen" umfasst, geht es um die Beseitigung der Hindernisse für den freien Verkehr von Waren, Personen, Dienstleistungen und Kapital[34] zwischen den Mitgliedstaaten (vgl. Art. 3 Abs. 1 lit. c). Diese sog. Grundfreiheiten des EG-Vertrages unterwerfen im Grundsatz jede mitgliedstaatliche Regelung, die geeignet ist, den binnengrenzüberschreitenden Wirtschaftsverkehr zu behindern, einem Rechtfertigungszwang. Eingriffe sind nur dann zulässig, wenn Belange des Allgemeinwohls diese rechtfertigen;[35] denn das Ziel, den Verbraucher durch strengere nationale Regelungen zu schützen, kann nicht per se zu protektionistischen Maßnahmen seitens der Mitgliedstaaten berechtigen.
In seiner bisherigen Judikatur hat sich der *EuGH* in ganz überwiegendem Maße mit der Frage der Vereinbarkeit öffentlich-rechtlicher Normen mit den Grundfreiheiten befasst.[36] Dies erscheint auf den ersten Blick plausibel, ist doch das Privatrecht typischerweise kein Mittel, den Zugang zu nationalen Märkten zu

---

[33] *Kessal-Wulf*, in: *Staudinger*, VerbrKrG, Einl., Rz. 2; exemplarisch für das Verbraucherkreditgesetz: *Wolf*, in: Festschrift *Heinsius*, 967ff; *Gilles*, ZRP 1989, 299, 303; *Knaul*, Auswirkungen des europäischen Binnenmarktes der Banken, 209

[34] Freier Warenverkehr gem. Artt. 23-32 (Artt. 9-37 EG-Vertrag); Freier Personenverkehr gem. Artt. 39-42 (Artt. 48-51 EG-Vertrag) und Artt. 43-48 (Artt. 52-58 EG-Vertrag); Freiheit der Dienstleistungen gem. Artt. 49-55 (Artt. 59-66 EG-Vertrag); Freiheit des Kapital- und Zahlungsverkehrs gem. Artt. 56-60 (Artt. 73 b-h EG-Vertrag) - vgl. zu den Grundfreiheiten ausführlich unter 3. Kapitel: § 6 B. (S.91ff)

[35] Diese sind den speziellen Schutzklauseln des EGV (Artt. 30, 39 Abs. 3, 46 Abs. 1, 55, 58 Abs. 1) sowie den vom *EuGH* entwickelten „zwingenden Erfordernissen" im Sinne der *Cassis des Dijon*-Rechtsprechung zu entnehmen. - vgl. Darstellung unter 3. Kapitel: § 6 B. II. (S.104, 109ff, 111ff)

[36] vgl. z.B. die Entscheidungen *EuGH* 11.7.1974 - Rs. 8/74 (*Dassonville)*, Slg. 1974, 837; *EuGH* 20.02.1979 - Rs. 120/78 (*Cassis de Dijon*), Slg. 1979, 649; *EuGH* 13.03.1979 - Rs. 87/78 (*Grandes Distilleries Peureux*), Slg. 1979, 975; *EuGH* 14.7.1981 - Rs. 155/80 (*Oebel*), Slg. 1981, 1993; *EuGH* 13.3.1984 - Rs. 16/83 (*Prantl*), Slg. 1984, 1299; *EuGH* 12.3.1987 - Rs. 178/84 (*Kommission./.BRD (Reinheitsgebot)*), Slg. 1987, 1227; *EuGH* 15.12.1993 - Rs. C-292/92 (*Hünermund*), Slg. 1993, I-6787 - vgl. auch das Verzeichnis der Entscheidungen des *EuGH* zu Art. 28 bei *Hammer*, Handbuch zum freien Warenverkehr, 243ff

beschränken respektive diese nach außen abzuschotten.[37] Es besteht aber insoweit Klarheit, dass die Grundfreiheiten über das öffentliche Recht hinaus auch dem Privatrecht Grenzen setzen können.[38] Dies erscheint gerade vor dem Hintergrund der ratio der Grundfreiheiten folgerichtig: denn es kann nicht entscheidend sein, ob eine nationale Vorschrift dem öffentlichen oder dem Privatrecht zuzuordnen ist, ausschlaggebend muss vielmehr die Eignung der betreffenden Vorschrift sein, den innereuropäischen grenzüberschreitenden Verkehr zu behindern.[39]
Eine mögliche Kollision von privatrechtlichen Normen mit den europäischen Grundfreiheiten wurde jedoch – abgesehen von Entscheidungen in den Bereichen des gewerblichen Rechtsschutzes und Urheberrechts sowie des unlauteren Wettbewerbs[40] – vom *EuGH* bisher eher stiefmütterlich behandelt.[41] *Steindorff*[42] spricht diesbezüglich gar von einem *„weißen Fleck auf der Karte des Gemeinschaftsrechts"*. Im Bereich des Vertragsrechts sind Kollisionen dort zu erwarten,

[37] vgl. zur Bedeutung des Privatrechts im Rahmen der Grundfreiheiten Darstellung unter 3. Kapitel: § 6 B. I. (S.92ff)

[38] *Müller-Graff*, NJW 1993, 13, 14; *ders.*, in: *Horn/Baur/Stern*, 40 Jahre Römische Verträge, 107, 111; *Gebauer*, Grundfragen der Europäisierung des Privatrechts, 77; *Roth*, RabelsZ 55 (1991), 623, 641; *ders.*, ZEuP 1994, 5, 7; *Sonnenberger*, in: *MünchKomm*, IPR, Einl., Rz. 143; *Klauer*, Die Europäisierung des Privatrechts, 62f; *Steindorff*, in: *Brüggemeier*, Verfassungen für ein ziviles Europa, 131, 142; *ders.*, EG-Vertrag und Privatrecht, 61; *Grundmann*, Europäisches Schuldvertragsrecht, §2, Rz. 52, 64; *ders.*, JZ 1996, 274; *Remien*, JZ 1994, 349, 352; *v.Wilmowsky*, JZ 1996, 590, 591

[39] vgl. zur Struktur der europäischen Grundfreiheiten Darstellung unter 3. Kapitel: § 6 B. (S.91ff)

[40] Zentrale Entscheidungen ergingen zu Preisnachlässen außerhalb von Schlussverkäufen (*EuGH* 7.3.1990 - Rs. C-362/88 (*GB-Inno-BM*), Slg. 1990, I-667, 689), zu Werbeverboten (*EuGH* 18.5.1993 - Rs. C-126/91 (*Yves Rocher)*, Slg. 1993, I-2361, 2386; *EuGH* 15.12.1993 - Rs. C-292/92 (*Hünermund*), Slg. 1993, I-6787, 6822) und zu Produktaufmachungen (*EuGH* 6.7.1995 - Rs. C-470/93 (*Mars*), Slg. 1995, I-1923).

[41] Einige wenige Entscheidungen zum allgemeinen Privatrecht ergingen in den nachfolgenden Urteilen: *EuGH* 24.10.1978 – Rs. 15/78 (*Koestler*), Slg. 1978, 1971 zu §§762, 764 BGB im Hinblick auf Termingeschäfte; *EuGH* 7.3.1990 – Rs. C-69/88 (*Krantz*), Slg. 1990, I-583 zu einer sachenrechtlichen Konstellation (Rangfolge dinglicher Rechte im Konkurs); *EuGH* 30.4.1991 – Rs. C-239/90 (*Boscher*), Slg. 1991, I-2034 zu einer französischen Verfahrensvorschrift, die eine Handelsregistereintragung für eine öffentliche Versteigerung voraussetzte; *EuGH* 24.1.1991 – Rs. C-339/89 (*Alsthom Atlantique*), Slg. 1991, I-107 zu einem französischen Freizeichnungsverbot für Sachmängel; *EuGH* 13.10.1993 – Rs. C-93/92 (*CMC-Motorradcenter*), Slg. 1993, I-5009 zur deutschen vorvertraglichen Aufklärungspflicht aus *culpa in contrahendo*

[42] in: *Brüggemeier*, Verfassungen für ein ziviles Europa, 142

wo dieses von zwingenden Normen geprägt ist[43], wie z.B. im Verbraucherschutzrecht.[44]

Grundfreiheiten können privatrechtliche Normen jedoch nur für die Fälle in Frage stellen, in denen grenzüberschreitende Vorgänge zu beurteilen sind.[45] Im Falle einer Behinderung des grenzüberschreitenden Wirtschaftsverkehrs durch nationales Verbraucherschutzrecht eröffnet sich damit die mögliche Konsequenz, dass Verschärfungen, die z.B. das deutsche Verbraucherkreditgesetz gegenüber der Verbraucherkreditrichtlinie vorsieht, lediglich im Verhältnis zu inländischen Kreditgebern Anwendung finden können[46], sofern sie nicht aufgrund bestimmter Schutzklauseln im EGV oder als „zwingende Erfordernisse" im Sinne der *Cassis*-Rechtsprechung des *EuGH* gerechtfertigt sind.[47] Ein internationaler Verbrauchervertrag im EG-Binnenmarkt wäre damit anders zu beurteilen als ein rein innerstaatlicher Vertrag.[48]
Die Bedeutung dieser Problematik wird durch das gewandelte Verständnis der Grundfreiheiten als ein über ein bloßes Diskriminierungsverbot hinausreichendes Beschränkungsverbot noch unterstrichen. Das mögliche Konfliktpotential im

---

[43] *Roth*, ZEuP 1994, 5, 25; *Grundmann*, Europäisches Schuldvertragsrecht, §2, Rz. 68ff; *Klauer*, Die Europäisierung des Privatrechts, 62f – vgl. dazu Darstellung unter 3. Kapitel: § 6 B. I. (S.92ff)

[44] Für das Verbraucherrecht wird dies in Art. 29 EGBGB als Umsetzung von Art. 5 des Europäischen Vertragsrechtsübereinkommens vom 19.6.1980 (EVÜ) statuiert. Danach sind in- und ausländische Sachnormen mit verbraucherschützender Tendenz zwingend an den Ort des gewöhnlichen Aufenthaltes des Verbrauchers anzuknüpfen. - vgl. nur *Martiny*, in: *MünchKomm*, IPR, Art. 29 EGBGB, Rz. 35, 36 mwN; *Palandt/Heldrich*, EGBGB, Art. 29, Rz. 1ff; speziell für die Rechtswahl im deutsch/französischen Verbraucherkreditrecht: *Klotz*, RIW 1997, 197ff

[45] Dies ergibt sich aus der Struktur der europäischen Grundfreiheiten. - vgl. Darstellung unter 3. Kapitel: § 6 B. I. (S.92ff), Nachweise in Fn. 473 und 474

[46] speziell für das Verbraucherkreditgesetz: *Mülbert*, in: *Hopt*, Europäische Integration als Herausforderung des Rechts, 105, 109; allgemeiner: *v.Wilmowsky*, JZ 1996, 590, 591; *Gebauer*, Grundfragen der Europäisierung des Privatrechts, 79, 80 mwN; vgl. zu den abweichenden Ansichten im Hinblick auf eine mögliche Sperrwirkung der Richtlinien Darstellung unter 3. Kapitel: § 7 B. (S.183ff) - vgl. zum Anwendungsvorrang des Gemeinschaftsrechts z.B. *EuGH* 7.2.1991 – Rs. C-184/89 (*Freie und Hansestadt Hamburg*), Slg. 1991, I-297, 321; *BVerfG* 28.1.1992, BVerfGE 85, 191, 204 mwN

[47] vgl. Fn. 35

[48] Der *EuGH* hat diese Form der Inländerdiskriminierung bisher nicht beanstandet: *EuGH* 13.3.1979 - Rs. 86/78 (*Grandes Distilleries Peureux*), Slg. 1979, 897, 914f; *EuGH* Rs. 44/84 (*Hurd/Jones*), Slg. 1986, 29, 84f; *EuGH* Rs. C-60/90 (*Batista Morais*), Slg. 1992, I-2085, 2105f; *EuGH* Rs. C-29 bis C-34/94 (*Aubertin*), Slg. 1995, I-301, 316f - vgl. Darstellung unter 2. Kapitel: § 4 C. (S.64ff), Nachweise in Fn. 337

Verhältnis von Gemeinschaftsrecht und nationalem Recht hat sich dadurch stark ausgeweitet.[49]
Durch unterschiedliche zwingende nationale Regelungen im Verbrauchervertragsrecht kann daher das im Binnenmarkt angestrebte Ziel einer freien Waren-, Dienstleistungs-, Personen- und Kapitalverkehrsfreiheit gefährdet werden.[50] In diesem Zusammenhang ist es deshalb von großer Bedeutung, die nationalen Verbraucherschutzregelungen ihrerseits an den europäischen Grundfreiheiten zu messen. Je höher nämlich die nationalen Schutzstandards reichen, um so eher können sie den freien Wirtschaftsverkehr beeinträchtigen.[51]

Diese Teilaspekte der Umsetzung von Richtlinien verdeutlichen die Relevanz einer exakten Bestimmung des Gestaltungsspielraums des nationalen Gesetzgebers bei der Ausfüllung der ihm zugestandenen Optionen. In keinem Fall kann es ausreichen, strengere nationale Regelungen in den harmonisierten Teilbereichen mit einem schlichten Hinweis auf die einschlägige Öffnungsklausel zu rechtfertigen.

B. Gang der Untersuchung

Ziel der Arbeit ist es, die oben skizzierte Problematik der Reichweite solcher Optionen einer grundsätzlichen Klärung zuzuführen. Es soll der Versuch unternommen werden, den Gestaltungsspielraum des nationalen Gesetzgebers anhand allgemeingültiger Merkmale zu bestimmen. Bisher erfolgte anhand uneinheitlicher Kriterien eine Überprüfung von bereits erfolgten Umsetzungen; man begnügte sich zumeist mit der beispielhaften Aufzählung tatsächlicher bzw. vermeintlicher Umsetzungsfehler.[52] Demgegenüber soll im Folgenden die Entwicklung verallgemeinerungsfähiger Leitlinien zur Umsetzung im Vordergrund stehen, die lediglich anhand von Beispielen, vornehmlich aus dem Verbraucherkreditgesetz, veranschaulicht werden sollen.

Dabei wird im einzelnen wie folgt verfahren:

---

[49] vgl. zur Struktur der Grundfreiheiten als Diskriminierungs- und Beschränkungsverbot Darstellung unter 3. Kapitel: § 6 B. I. 2. (S.98ff) - zu den kritischen Stellungnahmen in der Literatur unter 3. Kapitel: § 6 B. I. 3. (S.102ff)

[50] *Bülow*, VerbrKrG, §1, Rz. 169; *Ulmer*, in: *MünchKomm*, VerbKrG, Vor. §1, Rz. 50; *Kessal-Wulf*, in: *Staudinger*, VerbrKrG, Einl., Rz. 2; *v.Wilmowsky*, ZEuP 1995, 735, 736; *Kirchner*, in: *Weyers*, Europäisches Vertragsrecht, 103, 107

[51] *Dreher*, JZ 1997, 167, 176

[52] so z.B. *Wolf*, in: Festschrift *Heinsius*, 967ff; *Weber*, Rechtsfragen der Durchsetzung des Gemeinschaftsrechts, 35ff; *Scheuing*, EuR 1985, 229ff

Im 1. Kapitel wird ein Überblick über die Grundlagen der europäischen Harmonisierung im Bereich des Verbraucherschutzrechts gegeben. In einem 2. Kapitel ist es notwendig, die Harmonisierung auf Mindeststandardbasis sowie das Prinzip der optionellen Harmonisierung darzustellen. Dazu werden Hintergrund und Funktion dieser sog. *neuen Strategie* der Harmonisierung näher beleuchtet. Abschließend werden diese Harmonisierungstechniken exemplarisch anhand der Verbraucherkreditrichtlinie bzw. des darauf basierenden deutschen Verbraucherkreditgesetz veranschaulicht.
Methodisch entscheidend für das weitere Vorgehen ist die Frage, ob dem Gestaltungsspielraum des nationalen Gesetzgebers überhaupt Grenzen gezogen werden müssen oder ob dieser nicht vielmehr in unbegrenzter Weise besteht. Im 3. Kapitel werden dann verschiedene Kriterien zur Bestimmung der Reichweite des Gestaltungsspielraums erarbeitet. Als solche kommen sowohl der Verstoß der Umsetzung gegen Europäisches Primär- als auch Sekundärrecht in Betracht. Besonderer Stellenwert gilt der Gefahr eines möglichen Verstoßes gegen die Grundfreiheiten des EGV. In diesem Zusammenhang ist die vom *EuGH* entwickelte Dogmatik der Grundfreiheiten darzustellen und – soweit erforderlich – auf das Privatrecht zu übertragen.

Unter Zuhilfenahme der im 3. Kapitel erarbeiteten Kriterien wird im 4. Kapitel eine allgemeingültige methodische Vorgehensweise zur Bestimmung der Reichweite des Gestaltungsspielraums entwickelt. Dies soll in einem ersten Schritt nicht durch eine Überprüfung der Grenzen „von außen“, sondern aus der Gemeinschaftsnorm selbst heraus erfolgen. Ausgangspunkt wird dabei die umfassende Auslegung der Gemeinschaftsnormen sein. Als weiteres begrenzendes Kriterium wird in einem zweiten Schritt ein Kontrollmodell anhand der Grundfreiheiten geschaffen. Besondere Aufmerksamkeit wird in diesem Zusammenhang auch der Frage nach möglichen Korrelationen zwischen Rechtsangleichung und der Rechtsprechung des *EuGH* zu den Grundfreiheiten, insbesondere der Entscheidung *Keck und Mithouard* gelten.

Im 5. Kapitel werden die gewonnenen Erkenntnisse kurz zusammengefasst und ein Ausblick auf zukünftige Entwicklungen der europäischen Verbraucherschutzharmonisierung gegeben.

1. Kapitel: Europäische Privatrechtsharmonisierung und Verbraucherschutz

§ 2 Grundlagen der europäischen Harmonisierung

Art 3 lit. h weist der Europäischen Gemeinschaft die Angleichung der innerstaatlichen Rechtsvorschriften zu. Dabei handelt es sich um eine schon per definitionem sehr weit gespannte Aufgabe der Gemeinschaft, deren Erfüllung die vom EGV verfasste Funktionsweise des Gemeinsamen Marktes als Wirtschaftsraum ohne Binnengrenzen maßgeblich mitprägt.[53]
Problematisch ist das Funktionieren des Gemeinsamen Marktes insofern, als es sich um einen Wirtschaftsraum handelt, in dem das Wirtschaftsleben für weite Bereiche durch unterschiedliche, territorial beschränkt geltende nationale Rechtsordnungen geregelt wird.
Die Rechtsangleichung innerhalb der EG dient damit in erster Linie der Behebung gemeinschaftsspezifischer Funktionsstörungen resp. der Aufhebung aller tatsächlichen Beschränkungen mit dem Ziel des freien Binnenmarktes.[54]

A. Harmonisierung durch den EGV und deren kompetenzrechtliche Grundlagen

Die Harmonisierung nationaler Rechtsvorschriften hat mit der Entwicklung der Europäischen Gemeinschaft zur Europäischen Union zunehmend an Bedeutung gewonnen.
Der Begriff Harmonisierung wird im europäischen Primärrecht jedoch nicht definiert. Es werden neben dem Begriff Harmonisierung die termini Koordinierung oder auch Angleichung verwendet.[55] So spricht beispielsweise Art. 47 Abs. 2 (Art. 57 Abs. 2 EG-Vertrag) von Richtlinien zur Koordinierung, wohingegen Art. 93 (Art. 99 EG-Vertrag) von Bestimmungen zur Harmonisierung und Art. 95 (Art. 100a EG-Vertrag) von Maßnahmen zur Angleichung spricht.

---

[53] vgl. *Beutler/Bieber/Pipkorn/Streil*, Europäische Union, 378, 379, die für die Rechtsangleichung drei Aufgaben definieren: (1) Ermöglichung und Erleichterung der Ausübung der Grundfreiheiten des Gemeinsamen Marktes; (2) Beseitigung und Verhinderung der durch Rechtsunterschiede in der EG hervorgerufenen Wettbewerbsverzerrungen und Produktionsverlagerungen; (3) Schaffung solider Rechtsstrukturen als Grundlage für die wirtschaftliche und institutionelle Verfestigung der Gemeinschaft

[54] *Everling*, Gemeinschaftsrecht im Spannungsfeld, 318, 320ff; *v.Hoffmann*, ZfRV 36 (1995), 45, 46

[55] Eine weitere Schwierigkeit ergibt sich aufgrund der 11 gleichrangigen Amtssprachen der EU – vgl. Fn. 957

Nach ganz überwiegender Meinung[56] sind mit der uneinheitlichen Terminologie jedoch keine inhaltlichen Unterschiede verbunden; sie definieren eine identische Gemeinschaftsaufgabe. Aus diesem Grunde sollen die Begriffe Harmonisierung, Angleichung und Koordinierung auch im Folgenden synonym verwendet werden.
Die Beseitigung der Unterschiede des materiellen Rechts der einzelnen Mitgliedstaaten ist Teil des klassischen Verständnisses der Rechtsangleichung als ein Instrument zur Schaffung von wettbewerbsgerechten Rahmenbedingungen.[57] Diese Vorgehensweise ist jedoch im Europa der Nationen naturgemäß auf Schwierigkeiten gestoßen. Die Durchsetzung nationaler Sichtweisen der inzwischen auf 15 Mitgliedstaaten angewachsenen Europäischen Union führt oftmals zu sehr problematischen und langwierigen Entscheidungsphasen. Zudem geht mit der europäischen Rechtsangleichung auf nationaler Ebene eine Einschränkung der Regelungskompetenzen der nationalen Rechtssetzungsorgane einher. Die Rechtsangleichung führt in dem Maße, in dem sie bestimmte Regelungsgegenstände erfasst, zu einer Einschränkung der Zuständigkeit der Mitgliedstaaten zur autonomen Rechtssetzung.[58] Nach erfolgter Umsetzung können die nationalen Rechtsvorschriften, die zur Erreichung des vorgegebenen Angleichungszieles erlassen wurden, nicht mehr in einem Sinne abgeändert werden, der diesem Ziel widerspricht (Art. 249 Abs. 3).[59]

Das europäische Gemeinschaftsrecht bietet zwei grundsätzliche Möglichkeiten zur Vereinheitlichung der nationalen Rechtsordnungen: Staatsverträge (oder auch völkerrechtliche Verträge[60]) und europäisches Sekundärrecht. Der Weg über rechtsvereinheitlichende Staatsverträge wird nur wenig genutzt;[61] die sup-

---

[56] *Taschner*, in: *v.d.Groeben/Thiesing/Ehlermann*, EGV, Art. 100, Rz. 1 mwN; *Langeheine*, in: *Grabitz/Hilf*, EGV, Art. 100, Rz. 8, *Röttinger*, in: *Lenz*, EGV, Art. 94, Rz. 2; *Kahl*, in: *Callies/Ruffert*, EGV, Art. 94, Rz. 1; *Streinz*, in: *Everling/Roth*, Mindestharmonisierung, 17; *Roth*, EuR 1986, 366; *Steindorff*, Grenzen der EG Kompetenzen, 89f

[57] vgl. Darstellung bei *Beutler/Bieber/Pipkorn/Streil*, Europäische Union, 378ff; *Ahlt*, Europarecht, 127ff- Im Gründungsvertrag von 1957 war die Rechtsharmonisierung in erster Linie als Instrument zur Beseitigung von Wettbewerbsverzerrungen konzipiert. - vgl. Nachweise in Fn. 2

[58] *Knaul*, Auswirkungen des europäischen Binnenmarktes der Banken, 91, 93; Beutler/Bieber/Pipkorn/Streil, Europäische Union, 381

[59] Eine derartige Vorgehensweise ist nur aufgrund einer Änderung der Richtlinie nach dem vertraglichen Verfahren oder nach einem in der Richtlinie vorzusehenden vereinfachten Anpassungsverfahren zulässig. - vgl. dazu *Beutler/Bieber/Pipkorn/Streil*, Europäische Union, 393, 394f

[60] vgl. insbesondere Art. 293 (Art. 220 EG-Vertrag) - ein Beispiel stellt das „Übereinkommen über die gerichtliche Zuständigkeit und Vollstreckung gerichtlicher Entscheidungen in Zivil- und Handelssachen“ (EuGVÜ) von 1968 dar.

[61] *Knaul*, Auswirkungen des europäischen Binnenmarktes der Banken, 83; *Staebe*, Europarecht, 190

ranationale Harmonisierung findet vielmehr hauptsächlich mit Mitteln des sekundären Gemeinschaftsrechts, im Bereich des Privatrechts vor allem über Richtlinien, statt.[62] Dabei ist zu beachten, dass jedes Mitglied der Europäischen Gemeinschaft als autonomer Staat umfassende Hoheitsgewalt besitzt. Demgegenüber verfügt die Europäische Gemeinschaft nur über die Kompetenzen, die ihr im EG-Vertrag übertragen wurden. Dieses sog. *Prinzip der begrenzten Ermächtigung* ist ein Teilaspekt des Subsidiaritätsprinzips im weiteren Sinne[63] und hat mit dem Vertrag von Maastricht Ausdruck in Art. 3b Abs. 1 EG-Vertrag gefunden. Es besagt, dass die Gemeinschaft keine „Kompetenz-Kompetenz" zur eigenen Entscheidung über ihre Zuständigkeit hat und so keinesfalls eine Allzuständigkeit zur Vornahme von Rechtshandlungen besitzt.[64]

Der EGV unterscheidet in seinen Ermächtigungsnormen nicht zwischen Privatrecht und öffentlichem Recht. Eine allgemeine und umfassende Rechtssetzungsbefugnis für das Privatrecht sieht der Vertrag ausdrücklich nicht vor.[65] Die einzelnen Ermächtigungsnormen sind vielmehr an funktionale Kriterien geknüpft, wie die Verwirklichung der Grundfreiheiten, das Funktionieren des Gemeinsamen Marktes resp. des Binnenmarktes.[66] Dennoch ist es verfehlt, der Gemeinschaft aus diesem Grunde generell eine Rechtsetzungsbefugnis für das Privatrecht abzusprechen;[67] die Diskussion um die Kompetenz zur Privatrechtsangleichung hat inzwischen ersichtlich ihre Bedeutung verloren. Vielmehr ist heute nahezu unbestritten, dass jede einzelne Ermächtigungsgrundlage im Rahmen ihrer funktionalen Ausrichtung dahingehend zu untersuchen ist, ob und inwieweit sie der Gemeinschaft ermöglicht, auch in bestimmten Bereichen des Privatrechts Recht zu setzen.

---

[62] vgl. Darstellung unter 1. Kapitel: § 2 B. (S.21ff)

[63] vgl. schon Darstellung unter 1. Kapitel: § 1 A. (S.1ff), Fn. 9

[64] Es findet neben Art. 5 Abs. 1 auch Ausdruck in Art. 249 Abs. 1 und Art. 5 EUV (Art. E EU-Vertrag). Der Begriff der begrenzten Ermächtigung geht auf *Ipsen*, Gemeinschaftsrecht, 425ff zurück. - vgl. auch *v.Bogdandy/Nettesheim*, in: *Grabitz/Hilf*, EGV, Art. 3b, Rz. 3; *Langguth*, in: *Lenz*, EGV, Art. 5, Rz. 4ff; *Zuleeg*, in: *v.d.Groeben/Thiesing/Ehlermann*, EGV, Art. 3b, Rz. 2; *Gamerith*, ÖJZ 1997, 165, 169; *Merkt*, RabelsZ 61 (1997), 647, 673f; *Schmidt-Jortzig*, AnwBl 1998, 63, 65; *Deckert/Lilienthal*, EWS 1999, 121; *Heß*, Die Umsetzung von EG-Richtlinien im Privatrecht, 15, 25

[65] *Müller-Graff*, NJW 1993, 13, 16; *Gebauer*, Grundfragen der Europäisierung des Privatrechts, 124; *Deckert/Lilienthal*, EWS 1999, 121, 123; *Kretschmar*, Die Richtlinie über missbräuchliche Klauseln, 63 mwN; *Heß*, Die Umsetzung von EG-Richtlinien im Privatrecht, 15, 26

[66] vgl. im einzelnen z.B. Artt. 40, 94, 95

[67] *Müller-Graff*, NJW 1993, 13, 16; *ders.*, in *Horn/Baur/Stern*, 40 Jahre Römische Verträge, 107, 138; *Gamerith*, ÖJZ 1997, 165, 169; *Rittner*, JZ 1995, 850; anders noch *ders.*, JZ 1990, 838, 842; speziell für die Klausel Richtlinie: *Kretschmar*, Die Richtlinie über missbräuchliche Klauseln, 64

Art. 3 lit. h umschreibt als einen der Tätigkeitsbereiche der Gemeinschaft die Angleichung der innerstaatlichen Rechtsvorschriften, soweit dies für das ordnungsgemäße Funktionieren des Gemeinsamen Marktes erforderlich ist. Art. 3 ist jedoch selbst nicht als Ermächtigungsnorm für die Gemeinschaft zu verstehen.[68] Eine generelle Kompetenzzuweisung erfolgt vielmehr in den Artt. 94 bis 97 sowie in speziellen Angleichungsvorschriften, die sich jeweils auf sachlich begrenzte Materien beziehen. Die Auswahl der geeigneten Ermächtigungsgrundlage zur Rechtssetzung muss sich auf objektive, gerichtlich nachprüfbare Umstände wie Ziel und Inhalt des Rechtsakts gründen.[69] Spezielle Kompetenzzuweisungen bestehen u.a. für das Gebiet der Landwirtschaft (Art. 37), im Bereich der Arbeitnehmerfreizügigkeit (Art. 40), im Niederlassungsrecht (Artt. 46 Abs. 2, 47 Abs. 2) und im Bereich des Dienstleistungs- (Artt. 55, 47 Abs. 2) und Kapitalverkehrs (Artt. 57 Abs. 2, 59, 60 Abs. 2).
Kann eine Harmonisierungsmaßnahme nicht auf eine spezielle Kompetenzvorschrift gestützt werden, so kommt die Anwendung des Art. 95 in Betracht, der seinerseits die speziellere Norm zu den Artt. 94, 175, 138, 308 (Artt. 100, 130s, 118a, 235 EG-Vertrag) darstellt.[70]
Als allgemeine Handlungsermächtigung im Rahmen der europäischen Privatrechtsangleichung kommt Art. 95 die größte Bedeutung zu.[71] Dieser stellte die Grundlage für Harmonisierungsmaßnahmen dar, die die Errichtung und das Funktionieren des Binnenmarktes (Art. 14) zum Gegenstand haben.[72] Die Rechtsangleichung nach Art. 95 dient damit im Grundsatz der Beseitigung der

---

[68] Artikel 3 EG-Vertrag bestimmt die Gebiete und die Ziele, auf die sich die Tätigkeit der Gemeinschaft erstreckt, und enthält damit die allgemeinen Grundsätze des Gemeinsamen Marktes, die in Verbindung mit den sie jeweils konkretisierenden Kapiteln des EG-Vertrages Anwendung finden (*EuGH* 5.12.2000 – Rs. C-448/98 (*Guimont*), EuZW 2001, 158, Tz. 12; *EuGH* 14.7.1998 – Rs. C-341/95 (*Bettati*), Slg. 1998, I-4355, Tz. 75) – vgl. auch *Ahlt*, Europarecht, 127; *Röttinger*, in: *Lenz*, EGV, Art. 94, Rz. 7

[69] *EuGH* Rs. 45/86 (*Kommission./.Rat*), Slg. 1987, 1493, 1520; *EuGH* Rs. 70/88 (*Parlament./.Rat*), Slg. 1991, I-4529, 4565

[70] vgl. *Bardenhewer/Pipkorn*, in: *v.d.Groeben/Thiesing/Ehlermann*, EGV, Art.100a, Rz. 47, 50f; *Langeheine*, in: *Grabitz/Hilf*, EGV, Art. 100a, Rz. 15ff; *Röttinger*, in: *Lenz*, EGV, Art. 94, Rz. 1ff, Art. 95, Rz. 2ff; *Kahl*, in: *Callies/Ruffert*, EGV, Art. 94, Rz. 13; *Deckert/Lilienthal*, EWS 1999, 121, 125

[71] Art. 95 ist wegen seines nicht näher abgegrenzten Anwendungsbereichs die mit Abstand wichtigste der in Art. 14 genannten Vorschriften zur Verwirklichung des Binnenmarkts. - vgl. *Bardenhewer/Pipkorn*, in: *v.d.Groeben/Thiesing/Ehlermann*, EGV, Art. 100a, Rz. 3; *Heß*, Die Umsetzung von EG-Richtlinien im Privatrecht, 26f

[72] Durch die Bezugnahme auf die Binnenmarktziele des Art. 14 verweist Art. 95 auch auf das für deren Verwirklichung vorgesehene Datum des 31.12.1992. Dieser Verweis hat aber nicht zur Folge, dass Art. 95 mit Ablauf dieses Datums als Handlungsermächtigung hinfällig geworden wäre. – vgl. *Langeheine*, in: *Grabitz/Hilf*, EGV, Art. 100a, Rz. 10; *Bardenhewer/Pipkorn*, in: *v.d.Groeben/Thiesing/Ehlermann*, EGV, Art.100a, Rz. 6; *Röttinger*, in: *Lenz*, EGV, Art. 95, Rz. 5

Abschottung nationaler Märkte durch fortbestehendes unterschiedliches nationales Recht in den einzelnen Mitgliedstaaten und damit auch der Schaffung gleicher Wettbewerbsbedingungen für die Marktteilnehmer.[73] Der Binnenmarktbezug bedeutet für den Anwendungsbereich des Art. 95 nicht nur eine sachliche, sondern auch eine funktionale Abgrenzung.[74] Zu den oben genannten speziellen Kompetenzzuweisungen steht Art. 95 im Verhältnis der Subsidiarität (vgl. Art. 95 Abs. 1 S.1).[75]

Art. 100a EWG-Vertrag (jetzt Art. 95) wurde durch Art. 18 der Einheitlichen Europäischen Akte (EEA[76]) mit Wirkung zum 1. Juli 1987 neben anderen Kompetenzerweiterungen in den Vertrag eingefügt.[77] Hintergrund war die Absicht,

> *„das Verfahren der gemeinschaftlichen Rechtsangleichung zu beschleunigen und flexibler zu gestalten, damit das in Art. 7a EGV (vor der Umbenennung durch den EU-Vertrag noch Art. 8a EWGV) [jetzt Art. 14] gesetzte Ziel der Verwirklichung des gemeinschaftlichen Binnenmarktes fristgerecht bis zum 31.12.1992 erreicht werden konnte."*[78]

Die weit überwiegende Zahl der privatrechtlichen EG-Richtlinien stützt sich auf Art. 95 bzw. Art. 100a E(W)G-Vertrag und entspricht den dort genannten Kautelen; während früher in der Literatur vereinzelt die Kompetenz der Gemeinschaft zu einer Privatrechtsharmonisierung auf Grundlage des Art. 100 EWG-Vertrag (jetzt Art. 94) negiert[79] bzw. zumindest eingeschränkt wurde[80], wird heute die Kompetenz zur Harmonisierung des Privatrechts durch Art. 95 nahezu uneingeschränkt anerkannt, als diese für die Verwirklichung des Binnenmarktes und der im EG-Vertrag genannten Politiken der Gemeinschaft erforderlich im

---

[73] *Bardenhewer/Pipkorn*, in: *v.d.Groeben/Thiesing/Ehlermann*, EGV, Art. 100a, Rz. 7ff, 11ff, 17ff; *Langeheine*, in: *Grabitz/Hilf*, EGV, Art. 100a, Rz. 20

[74] *Ahlt*, Europarecht, 128

[75] *Deckert/Lilienthal*, EWS 1999, 121, 125, 126 mwN; *Bardenhewer/Pipkorn*, in: *v.d.Groeben/Thiesing/Ehlermann*, EGV, Art. 100a, Rz. 2, 47; *Staebe*, Europarecht, 191

[76] Die EEA vom 28.02.1986 ist ein völkerrechtlicher Vertrag zwischen den Mitgliedstaaten der EG, der eine Änderung und Fortschreibung der Römischen Verträge von 1957, insbesondere im Hinblick auf die Verwirklichung eines europäischen Binnenmarktes bis zum 31.12.1992 vorsieht – vgl. zur Bedeutung der EEA im Hinblick auf eine gemeinschaftliche Verbraucherpolitik: *Isken*, Verbraucherpolitik im EWGV, 54ff

[77] Eine erste Änderung hat Art. 100a EG-Vertrag durch den Unionsvertrag, insbesondere hinsichtlich der Beteiligung des Europäischen Parlamentes, erfahren. - vgl. *Röttinger*, in: *Lenz*, EGV, Art. 95, Rz. 1

[78] *Bardenhewer/Pipkorn*, in: *v.d.Groeben/Thiesing/Ehlermann*, EGV, Art. 100a , Rz. 2 mwN

[79] so z.B. *Rittner*, JZ 1990, 838, 842

[80] vgl. *Langeheine*, in: *Grabitz/Hilf*, EWGV, Art. 100, Rz. 29 (Stand 9/1992), eingeschränkt: *Langeheine*, in: *Grabitz/Hilf*, EWGV, Art. 100, Rz. 29; *Schneider* NJW 1991, 1985, 1988

Sinne von Artt. 3 lit. h, 14, 95 ist.[81] Letztendlich wird damit die Erforderlichkeit der Rechtsangleichung entscheidendes Kompetenzmerkmal.

Vor Einführung des Art. 100a EWG-Vertrag durch die Einheitliche Europäische Akte stand als allgemeine Handlungsermächtigung der Rechtsangleichung Art. 100 EWG-Vertrag zur Verfügung, der auch nach Einführung des Art. 100a EWG-Vertrag bestehen geblieben ist. Danach kann der Rat auf Vorschlag der Kommission und nach Anhörung des Parlaments und des Wirtschafts- und Sozialausschusses „Richtlinien für die Angleichung“ von Rechts- und Verwaltungsvorschriften erlassen, die sich unmittelbar auf die Errichtung oder das Funktionieren des Gemeinsamen Marktes auswirken.[82] Hingegen ist der Rat nach Art. 100 E(W)G-Vertrag bzw. Art. 94 nicht auf den Erlass von Richtlinien beschränkt, sondern kann auch andere „Maßnahmen zur Angleichung der Rechts- und Verwaltungsvorschriften“ erlassen, d.h. die Handlungsermächtigung deckt auch den Erlass von Verordnungen oder Entscheidungen.[83] Im Gegensatz zu Art. 100 E(W)G-Vertrag müssen diese jedoch die Errichtung und das Funktionieren des Binnenmarktes zum Gegenstand haben und unterliegen gem. Art. 251 (Art. 189 b EG-Vertrag) dem Verfahren der Mitentscheidung. Maßnahmen zur Angleichung nach Art. 95 sind an ein in Art. 251 im einzelnen geregeltes Verfahren gekoppelt, welchem in der Praxis eine große Bedeutung zukommt.
Zum einen geht mit dem Verweis auf Art. 251 der Verzicht auf das Einstimmigkeitsprinzip des Art. 94 einher, lässt doch Artt. 251, 205 eine qualifizierte Mehrheitsentscheidung des Rates ausreichen. Dieses Mehrheitsprinzip wird dadurch abgeschwächt, dass Art. 95 Abs. 4 den Mitgliedstaaten[84] abweichende Bestimmungen gestattet, wenn bestimmte materiell-rechtliche Voraussetzungen erfüllt

---

[81] vgl. *Müller-Graff*, NJW 1993, 13, 17f, 22 mwN; *ders.*, in: *Horn/Baur/Stern*, 40 Jahre Römische Verträge, 107, 138; *Grundmann*, JZ 1996, 274, 276 mwN; *Deckert/Lilienthal*, EWS 1999, 121, 125; *Schulte-Nölke/Schulze*, in: *Schulte-Nölke*, Europäische Rechtsangleichung und nationales Privatrecht, 11, 13; *Heß*, Die Umsetzung von EG-Richtlinien im Privatrecht, 26f; zweifelnd *H. Roth*, JZ 1999, 529, 538 - vgl. zur Zulässigkeit der Privatrechtsangleichung schon Darstellung unter 1. Kapitel: § 2 A. (S.13ff)

[82] vgl. *Taschner*, in: *v.d.Groeben/Thiesing/Ehlermann*, EGV, Art. 100, Rz. 28ff; *Heß*, Die Umsetzung von EG-Richtlinien im Privatrecht, 28f

[83] vgl. *Bardenhewer/Pipkorn*, in: *v.d.Groeben/Thiesing/Ehlermann*, EGV, Art. 100a, Rz. 2, 37f, 67f; *Röttinger*, in: *Lenz*, EGV, Art. 95, Rz. 4

[84] Im einzelnen ist umstritten, ob dieses Recht allen Mitgliedstaaten, nur den überstimmten (*Bardenhewer/Pipkorn*, in: *v.d.Groeben/Thiesing/Ehlermann*, EGV, Art. 100a, Rz. 99 mwN) oder den sich enthaltenden Staaten (*Langeheine*, in: *Grabitz/Hilf*, EGV, Art. 100a, Rz. 63) zusteht - vgl. Darstellung unter Berücksichtigung der Neuerungen des Vertrages von Amsterdam bei *Kahl*, in: *Callies/Ruffert*, EGV, Art. 95, Rz. 28 und *Deckert/Lilienthal*, EWS 1999, 121, 128

sind und die Kommission zustimmt.[85] Auf diese Weise sollen die Mitgliedstaaten verhindern können, dass durch EG-Recht das auf nationaler Ebene bereits erreichte Schutzniveau wieder abgesenkt wird. Die Klausel dient somit als Ausgleich für den Verzicht auf das nach Art. 94 geltende Einstimmigkeitsprinzip und bezweckt den Schutz der Interessen der Mitgliedstaaten.[86]
Ein weiterer Unterschied zwischen Art. 94 und Art. 95 ist die Verwendung der Begriffe Gemeinsamer Markt und Binnenmarkt.[87] Der ältere Begriff des Gemeinsamen Marktes, der sich unter anderem auch in den Artt. 2, 3 Abs. 1 lit. h und 15 Abs. 2 findet, wird im EGV nicht definiert. Anhaltspunkte für eine Begriffsbestimmung ergeben sich insbesondere aus den Tätigkeitsfeldern der Gemeinschaft gem. Artt. 3 und 2.[88] Der Gemeinsame Markt umfasst danach die Freiheit des Waren-, Dienstleistungs- und Kapitalverkehrs, die Freiheit des Personenverkehrs (Freizügigkeit der Arbeitnehmer und Niederlassungsfreiheit), eine gemeinschaftliche Landwirtschafts-, Verkehrs- und Außenhandelspolitik sowie ein System unverfälschten Wettbewerbs. Im Vordergrund steht dabei laut *EuGH*[89] die *„Beseitigung aller Hemmnisse im innergemeinschaftlichen Verkehr mit dem Ziele der Verschmelzung der nationalen Märkte zu einem einheitlichen Markt, dessen Bedingungen denjenigen eines wirklichen Binnenmarktes möglichst nahe kommen“*. Der Gemeinsame Markt sollte ursprünglich bis Ende 1969 verwirklicht sein. Diese Frist konnte jedoch nicht eingehalten werden.

---

85 *Langeheine*, in: *Grabitz/Hilf*, EGV, Art. 100a, Rz. 57 - Teilweise wurde auch vertreten, dass der Mitgliedstaat nicht nur bestehende strengere Vorschriften weiterhin anwenden, sondern auch neue strengere Vorschriften erlassen darf. Mit dem Amsterdamer Vertrag wurde dieser Ansicht jedoch der Boden entzogen, da in Art. 95 Abs. 4 das Verb „anwenden“ durch „beibehalten“ ersetzt wurde. Schon zuvor begegneten dieser Ansicht im systematischen Vergleich mit Art. 130 t EG-Vertrag (jetzt Art. 176) durchgreifende Bedenken. - vgl. Darstellung bei *Langeheine*, in: *Grabitz/Hilf*, EGV, Art. 100a, Rz. 65; *Krämer*, in: *v.d.Groeben/Thiesing/Ehlermann*, EGV, Art. 129a, Rz. 25ff; *Bardenhewer/Pipkorn*, in: *v.d.Groeben/Thiesing/Ehlermann*, EGV, Art. 100a, Rz. 85, 103, 123; *Staebe*, Europarecht, 194; *Röttinger*, in: *Lenz*, EGV, Art. 95, Rz. 10

86 vgl. zu Art. 95 Abs. 4 ausführlich: *Bardenhewer/Pipkorn*, in: *v.d.Groeben/Thiesing/Ehlermann*, EGV, Art. 100a, Rz. 85ff; *Röttinger*, in: *Lenz*, EGV, Art. 95, Rz. 8f; *Isken*, Verbraucherpolitik im EWGV, 108ff; *Heß*, Die Umsetzung von EG-Richtlinien im Privatrecht, 112ff

87 *Kilian*, Europäisches Wirtschaftsrecht, Rz. 11; *Epiney*, JZ 1992, 564, 566f; *Isken*, Verbraucherpolitik im EWGV, 61, 64ff; *Weinand*, Europarecht und unlauterer Wettbewerb, 93

88 ausführlich zum Begriff: *Schubert*, Der Gemeinsame Markt als Rechtsbegriff, 134, 136ff; vgl. auch *Taschner*, in: *v.d.Groeben/Thiesing/Ehlermann*, EGV, Art. 100, Rz. 39; *Röttinger*, in: *Lenz*, EGV, Art. 94, Rz. 9

89 *EuGH* 9.2.1982 – Rs. 270/80 (*Polydor*), Slg. 1982, 329, 349; *EuGH* 5.5.1982 - Rs. 15/81 (*Gaston Schul*), Slg. 1982, 1409, 1432

Der Begriff Binnenmarkt fand erst später Eingang in den EG-Vertrag.[90] Das Bestreben zur Verwirklichung des Binnenmarktes war Hauptanliegen der Reformbemühungen, die 1987 in der Einheitlichen Europäischen Akte mündeten.[91] Zugleich definierte die EEA den Begriff Binnenmarkt. Diese Legaldefinition findet sich heute in Art. 14 Abs. 2. Demzufolge umfasst der Binnenmarkt „einen Raum ohne Binnengrenzen, in dem der freie Verkehr von Waren, Personen, Dienstleistungen und Kapital gemäß den Bestimmungen dieses Vertrages gewährleistet ist."

Der EGV hält bis heute an beiden Begriffen fest. So kommen z.B. in Art. 15 (Art. 7 c EG-Vertrag) beide Begriffe nebeneinander vor. Um für die nachfolgenden Ausführungen einen präzisen Umgang mit den Begrifflichkeiten zu gewährleisten, ist es notwendig, diese kurz voneinander abzugrenzen. Im europarechtlichen Schrifttum ist das Verhältnis der Begriffe zueinander umstritten. Nahezu für jede denkbare Position finden sich Befürworter.[92]

Der Gemeinsame Markt lässt sich nach überwiegender Ansicht[93] mit den grundlegenden Prinzipien Marktfreiheit, Marktgleichheit und Wettbewerbsfreiheit umschreiben. Nach einer einschränkenden Auffassung umfasst der Binnenmarkt hingegen lediglich die Verwirklichung der Grundfreiheiten (Marktfreiheit). Gleiche Wettbewerbsbedingungen (Marktgleichheit) sollen dagegen über Art. 94 und nicht über Art. 95 herzustellen sein.[94] Häufig werden die Begriffe auch für synonym gehalten.[95]

Der *EuGH* ist im Gegensatz zu diesen Stimmen in der Literatur auf die Abgrenzung der beiden Begriffe bisher nicht ausdrücklich eingegangen. An der letztgenannten Auffassung ist jedenfalls richtig, dass an den begrifflichen Unterschied keine Rechtsfolgen anknüpfen. Insbesondere hängt der Umfang der sog. Binnenmarktkompetenz in Art. 95 nicht von dieser begrifflichen Frage ab.[96] Zudem wurde durch das Binnenmarktziel kein neues inhaltliches Konzept für die Ent-

---

[90] vgl. Darstellung bei *Deckert/Lilienthal*, EWS 1999, 121, 126; *Bardenhewer/Pipkorn*, in: *v.d.Groeben/Thiesing/Ehlermann*, EGV, Art.100a, Rz. 8

[91] vgl. *Schubert*, Der Gemeinsame Markt als Rechtsbegriff, 134, 141ff

[92] vgl. Darstellung bei *Schubert*, Der Gemeinsame Markt als Rechtsbegriff, 134, 141ff; *Deckert/Lilienthal*, EWS 1999, 121, 125, jeweils mit zahlreichen Nachweisen; *Epiney*, JZ 1992, 564, 566f; *Isken*, Verbraucherpolitik im EWGV, 61, 64ff

[93] vgl. nur die Darstellung bei *Zuleeg*, in: *v.d.Groeben/Thiesing/Ehlermann*, EGV, Art. 2, Rz. 13f

[94] *Epiney*, JZ 1992, 564, 566f; *Gebauer*, Grundfragen der Europäisierung des Privatrechts, 126; nach *Kilian*, Europäisches Wirtschaftsrecht, Rz. 11 sind zumindest die vier Marktfreiheiten in beiden Begriffen enthalten; noch anders: *Knaul*, Auswirkungen des europäischen Binnenmarktes der Banken, 25; *Müller-Graff*, EuR 1989, 107, 125 mwN

[95] *Langeheine*, in: *Grabitz/Hilf*, EGV, Art. 100a, Rz. 20, 23; *Nicolaysen*, Europarecht II, §15 V; *Kilian*, Europäisches Wirtschaftsrecht, Rz. 11f; in Bezug auf das Schuldvertragsrecht ausdrücklich: *Armbrüster*, RabelsZ 60 (1996), 72, 81

[96] vgl. *EuGH* 11.6.1991 – Rs. C-300/89 (*Kommission./.Rat*), Slg. 1991, I-2867, 2889

wicklung der Gemeinschaft geschaffen, der Begriff Binnenmarkt ist vielmehr als Fortentwicklung des rechtspolitischen Konzepts der Gemeinschaft zu sehen.[97] Diese Sicht dürfte weitgehend auch der Auffassung des *EuGH* entsprechen, wonach durch die Schaffung des Gemeinsamen Marktes alle Hemmnisse im innergemeinschaftlichen Handel mit dem Ziel der Verschmelzung der nationalen Märkte zu einem einheitlichen Markt, der einem Binnenmarkt möglichst nahe kommt, beseitigt werden sollen.[98]
In diesem Zusammenhang ist auch der Verzicht auf das Kriterium der Unmittelbarkeit in Art. 95 von Bedeutung. Art. 94 lässt ausdrücklich nur Richtlinien zu, „die sich unmittelbar auf die Errichtung oder das Funktionieren des Gemeinsamen Marktes auswirken." Mit der Aufgabe dieser Formulierung in dem später eingefügten Art. 95 wird deutlich, dass im Rahmen der Angleichung nach Art. 95 auch nur mittelbare und potentielle Auswirkungen auf den Binnenmarkt ausreichend sind.[99]
Im Ergebnis ist Art. 95 lex specialis zu Art. 94, soweit sein Anwendungsbereich reicht.[100] Für Art. 94 verbleiben im Ergebnis lediglich die Bereiche, die nach Art. 95 Abs. 2 vom Anwendungsbereich des Art. 95 ausgenommen sind.[101]

B. Die Richtlinie als Instrument der Privatrechtsharmonisierung

Art. 249 sieht bestimmte Handlungsformen vor, derer sich Rat und Kommission (bzw. Parlament und Rat gemeinsam, Artt. 249, 251) bei ihrer nach außen gerichteten Tätigkeit bedienen können. Art. 249 stellt aber – wie Art. 3 lit. h – selbst keine Ermächtigungsnorm dar.
Die Handlungsform der Richtlinie hat sich dabei zum bevorzugten Instrument zur Harmonisierung des Privatrechts der Mitgliedstaaten entwickelt.[102] Das an

---

[97] *Zuleeg*, in: *v.d.Groeben/Thiesing/Ehlermann*, EGV, Art. 2, Rz. 13; *Langeheine*, in: *Grabitz/Hilf*, EGV, Art. 100a, Rz. 20, 23; wohl auch *Müller-Graff*, in: *Horn/Baur/Stern*, 40 Jahre Römische Verträge, 107, 109

[98] *EuGH* EuZW 1994, 405 - vgl. Nachweise der *EuGH* Rechtsprechung in Fn. 89

[99] *Reich*, Verbraucherrecht, 37; zur Unmittelbarkeit im Rahmen von Art. 94: *Röttinger*, in: *Lenz*, EGV, Art. 94, Rz. 11ff; *Kahl*, in: *Callies/Ruffert*, EGV, Art. 94, Rz. 9; zur Binnenmarktrelevanz im Rahmen von Art. 95: *Bardenhewer/Pipkorn*, in: *v.d.Groeben/Thiesing/Ehlermann*, EGV, Art. 100a, Rz. 25ff; *Kahl*, in: *Callies/Ruffert*, EGV, Art. 95, Rz. 10

[100] vgl. *Staebe*, Europarecht, 191; *Bardenhewer/Pipkorn*, in: *v.d.Groeben/Thiesing/Ehlermann*, EGV, Art. 100a, Rz. 1, 47ff; *Kahl*, in: *Callies/Ruffert*, EGV, Art. 94, Rz. 13, 54

[101] *Taschner*, in: *v.d.Groeben/Thiesing/Ehlermann*, EGV, Vor. Art. 100–102, Rz. 3; *Bardenhewer/Pipkorn*, in: *v.d.Groeben/Thiesing/Ehlermann*, EGV, Art. 100a, Rz. 53f

[102] *v.Hoffmann*, ZfRV 36 (1995), 45f; *Grundmann*, Europäisches Schuldvertragsrecht, §1, Rz. 33 mwN; *Mülbert*, ZHR 159 (1995), 3; *Taschner*, in: *v.d.Groeben/Thiesing/Ehlermann*, EGV, Art. 100, Rz. 6; *Müller-Graff*, NJW 1993, 13, 22; *Hoffmann*, in: *Heusel*, Neues europäisches Vertragsrecht und Verbraucherschutz, 39, 41; *Gamerith*, ÖJZ 1997, 165, 172; *Gebauer*, Grundfragen der Europäisierung des Privatrechts, 93, 133; *Schulte-*

sich stringentere Mittel der Rechtsangleichung – die Verordnung – stößt für das Privatrecht auf zahlreiche unüberwindbare Hindernisse.[103] Der richtliniengesteuerte Rechtsangleichung wird im Vergleich zur Verordnung bereits in der Einheitlichen Europäischen Akte[104] von 1986 in gewisser Hinsicht ein Anwendungsvorrang eingeräumt. In der Protokollerklärung zu Art. 100a EG heißt es, die Richtlinie solle in all den Fällen Vorrang vor der Verordnung haben, in denen in einem Mitgliedstaat die Änderung eines förmlichen Gesetzes notwendig wird.[105] Richtlinien haben sich so zum tragenden Pfeiler der Rechtsangleichung innerhalb der Mitgliedstaaten entwickelt und tragen damit zur europäischen Integration maßgebend bei.[106]

Richtlinien haben keine unmittelbare Entsprechung im nationalen Recht.[107] Teilweise stellt man in der Literatur auf eine entfernte Ähnlichkeit zur Rahmengesetzgebung gemäß Art. 75 GG ab.[108] Richtlinien richten sich ausschließlich an den Mitgliedstaat.[109] Der Mitgliedstaat ist gemäß Artt. 10, 249 Abs. 3 verpflichtet, innerhalb einer vorgegebenen Frist nationale Vorschriften zu erlassen, die den Vorgaben der Richtlinie entsprechen. Die Richtlinie ist für den Mitgliedstaat nur hinsichtlich des zu erreichenden Ziels bzw. Ergebnis[110] verbindlich. Sie überlässt dem Mitgliedstaat dabei, durch welche inhaltlichen Regelungen er dieses Ziel erreichen will.[111] Der Mitgliedstaat ist aber verpflichtet, diejenige Form

Nölke/Schulze, in: *Schulte-Nölke*, Europäische Rechtsangleichung und nationales Privatrecht, 11, 12; ausführlich *Heß*, Die Umsetzung von EG-Richtlinien im Privatrecht, 15ff

[103] vgl. nachfolgende Darstellung sowie bei *Hoffmann*, in: *Heusel*, Neues europäisches Vertragsrecht und Verbraucherschutz, 39, 40

[104] vgl. Nachweise in Fn. 76

[105] Bull. EG Beil. 2/86, 24 - vgl. auch die Darstellung bei *Bardenhewer/Pipkorn*, in: *v.d.Groeben/Thiesing/Ehlermann*, EGV, Art. 100a, Rz. 68f und *Hoffmann*, in: *Heusel*, Neues europäisches Vertragsrecht und Verbraucherschutz, 39, 40

[106] *Magiera*, JURA 1989, 599f; *Dauses*, EuZW 1990, 8; *Schmidt*, Der Einfluss europäischer Richtlinien auf das Privatrecht, 1; *Beutler/Bieber/Pipkorn/Streil*, Europäische Union, 195, 196; speziell für das Privatrecht: *v.Hoffmann*, ZfRV 36 (1995), 45f; *Michaels/Kamann*, JZ 1997, 601, 603; vgl. auch die Darstellung bei *Knaul*, Auswirkungen des europäischen Binnenmarktes der Banken, 86, zu den unterschiedlichen normtheoretischen Typen der Richtlinien

[107] *Brechmann*, Richtlinienkonforme Auslegung, 8 mwN; *Grabitz*, in: *Grabitz/Hilf*, EGV, Art. 189, Rz. 51, 59

[108] *Grabitz*, in: *Grabitz/Hilf*, EGV, Art. 189, Rz. 51 mwN; Europarecht, 13; ausführlich *Zuleeg*, Das Recht der Europäischen Gemeinschaften, 274

[109] Im Gegensatz zur Verordnung, die unmittelbar gilt. Diese bedarf weder eines innerstaatlichen Transformationsaktes noch einer Bekanntgabe nach nationalem Recht. - vgl. dazu *Staebe*, Europarecht, 90, 91

[110] vgl. zur alternativen Formulierung „Ergebnis" die Nachweise in Fn. 7

[111] vgl. Wortlaut des Art. 249 Abs. 3

der Umsetzung zu wählen, die für die Gewährung der praktischen Wirksamkeit der Richtlinie am besten geeignet ist (sog. *effet utile*).[112]
Die Regelungen einer Richtlinie treten nicht an die Stelle der nationalen Rechtsvorschriften; die Mitgliedstaaten werden vielmehr verpflichtet, innerhalb einer bestimmten Frist ihr Recht mit den Bestimmungen der Richtlinien in Einklang zu bringen.[113] Die erforderlichen Anpassungen des jeweiligen nationalen Rechts orientieren sich daran, wie weit das nationale Recht diesen Vorgaben schon entspricht. Der nationale Gesetzgeber wird damit zum Ausführungsorgan für einen gemeinschaftlichen Rechtsakt. Es entsteht rechtstechnisch nationales Recht, inhaltlich ist dies aber in seinem Kern ebenso europäisches Recht.[114] *Remien* spricht insofern zutreffend von einem *„hybriden Charakter"*, das Gewand ist national, der Inhalt europäisch.[115]
Die sich daraus ergebende *„Zweistufigkeit des Angleichungsverfahrens"*[116] in einen gemeinschaftsrechtlichen und einen nationalen Rechtsakt hat im Wesentlichen zwei Gründe.[117]
Zum einen soll die Souveränität der Mitgliedstaaten und ihrer Parlamente geschützt werden, d.h. es soll diesen ein Spielraum für eigene Entscheidungen belassen werden. Für den hier in Rede stehenden Bereich des Schuldvertragsrechts bedeutet dies, *„dass vorrangig die Normen zu den vertraglichen Pflichten (den Primäransprüchen) harmonisiert werden, kaum jedoch diejenigen zur Verletzung dieser Pflichten und die Sanktionen, also das gesamte sehr komplex durchorganisierte Leistungsstörungsrecht (der Sekundäransprüche)."*[118]
Zudem wird die Integrationsbereitschaft dadurch gestärkt, dass Normen nicht rigoros vereinheitlicht, sondern nur angeglichen werden, d.h. der Eingriff in das nationale Recht auf ein Mindestmaß beschränkt wird.

Richtlinien ermöglichten damit eine flexible Anpassung einer auf europäischer Ebene zu treffenden Regelung an die besonderen Verhältnisse der Mitgliedstaaten und wahren zugleich die Kompetenzen der nationalen Rechtssetzungsorga-

---

[112] ständige Rechtsprechung seit *EuGH* 8.4.1976 – Rs. 48/75 (*Royer*), Slg. 1976, 497 - vgl. *Grabitz*, in: *Grabitz/Hilf*, EGV, Art. 189, Rz. 59; *Scherzberg*, JURA 1992, 576f; *Wolf*, WM 1990, 1941, 1944; *Heß*, Die Umsetzung von EG-Richtlinien im Privatrecht, 33f, 49
[113] *Taschner*, in: *v.d.Groeben/Thiesing/Ehlermann*, EGV, Art. 100, Rz. 20, 24ff; *Ipsen*, in: Festschrift *Ophüls*, 75; umfangreich *Heß*, Die Umsetzung von EG-Richtlinien im Privatrecht, 33ff
[114] vgl. *Michaels/Kamann*, JZ 1997, 601, 603; *Beutler/Bieber/Pipkorn/Streil*, Europäische Union, 195; *Remien*, RabelsZ 60 (1996), 1, 11
[115] *Remien*, RabelsZ 60 (1996), 1, 11
[116] *Ipsen*, Gemeinschaftsrecht, 695; *Taschner*, in: *v.d.Groeben/Thiesing/Ehlermann*, EGV, Art. 100, Rz. 42; *Gamerith*, ÖJZ 1997, 165, 172
[117] *Beutler/Bieber/Pipkorn/Streil*, Europäische Union, 195f; *Knaul*, Auswirkungen des europäischen Binnenmarktes der Banken, 93; *Brechmann*, Richtlinienkonforme Auslegung, 10
[118] *Grundmann*, Europäisches Schuldvertragsrecht, §1, Rz. 33

ne, soweit dies mit der gemeinschaftsweiten Erreichung des Richtlinienzieles vereinbar ist.[119] Dennoch wirkt sich die Regelung bestimmter Sachmaterien durch die Europäische Gemeinschaft auch auf die Regelungskompetenz der Mitgliedstaaten aus.[120] Der Mitgliedstaat ist im Fall einer Richtliniengebung durch die Europäische Gemeinschaft verpflichtet, das nationale Recht an das Recht der Richtlinie anzupassen bzw. entsprechendes nationales Recht zu schaffen. Mit dieser positiven Verpflichtung geht aber auch die negative Verpflichtung einher, das richtlinienkonform umgesetzte Recht durch spätere nationale Rechtsakte nicht in Widerspruch zur Richtlinie zu setzen.[121] Dies ergibt sich schon daraus, dass ansonsten die intendierte Wirkung des Gemeinschaftsrechts durch den Nationalstaat umgangen werden könnte, zum Beispiel durch Aufhebung oder nochmalige Änderung des angeblichen Rechts. Dadurch würde die Richtlinie im Endeffekt ihrer Funktion beraubt.[122] Vergemeinschaftung bedeutet also zugleich, dass den Mitgliedstaaten ein Teil ihrer Souveränität verloren geht, dies sogar in Bereichen, die genuin national geprägt sind wie das Privatrecht.

Die Reichweite einer solchen sog. Sperrwirkung hängt im Wesentlichen davon ab, ob und in welcher Intensität die Richtlinie die betreffende Materie regelt.[123] Daher ist bei jeder Richtlinie zunächst zu prüfen, ob sie eine umfassende, detaillierte, d.h. abschließende Regelung der Materie beinhaltet, einen bloßen Regelungsrahmen setzen will oder etwa nur bestimmte Mindestanforderungen vorschreibt. Eine mögliche Sperrwirkung ist also abhängig von den gesetzgeberischen Zielen der Richtlinie, die durch Auslegung zu ermitteln sind. Der Gestaltungsspielraum der Mitgliedstaaten ist dabei um so größer, je fragmentarischer die Richtlinie ist.[124]

---

[119] *v.Hoffmann*, ZfRV 36 (1995), 45, 46: *„Die Vorstellung von der Gleichwertigkeit der nationalen Schutzstandards führte dazu, dass die EG die nach dem Binnenmarktkonzept erforderliche Rechtsangleichung nicht mittels der unitarisch-perfektionistischen Verordnung, sondern durch föderal-flexible Richtlinien vornimmt."*

[120] Die Lehre von der Sperrwirkung ist im Zusammenhang mit Richtlinien entwickelt worden, die den Bereich der europäischen Warenverkehrsfreiheit gem. Artt. 28ff tangieren; sie hat jedoch auch Gültigkeit für andere Grundfreiheiten. Für den Bereich des Art. 28 bedeutet dies, dass die Mitgliedstaaten keine handelshemmenden Regelungen erlassen dürfen, soweit durch Richtlinien eine Harmonisierung aller Maßnahmen vorgesehen ist, die zum Schutz der von Artt. 28 und 30 genannten Ziele erforderlich sind. - vgl. Darstellung unter 3. Kapitel: § 7 B. (S.183ff)

[121] *Taschner*, in: *v.d.Groeben/Thiesing/Ehlermann*, EGV, Art. 100, Rz. 26ff; *Kahl*, in: *Callies/Ruffert*, EGV, Art. 94, Rz. 5; *Beutler/Bieber/Pipkorn/Streil*, Europäische Union, 393, 394f; *Knaul*, Auswirkungen des europäischen Binnenmarktes der Banken, 91

[122] *Taschner*, in: *v.d.Groeben/Thiesing/Ehlermann*, EGV, Art 100, Rz. 26; *Everling*, in: Festschrift *Schmidt*, 165, 174; *Beutler/Bieber/Pipkorn/Streil*, Europäische Union, 381f, die dies unmittelbar aus Art. 249 Abs. 3 ableiten.

[123] *v.Hoffmann*, ZfRV 36 (1995), 45, 46; *Grundmann*, IPrax 1992, 1, 4f

[124] vgl. zu einer möglichen Sperrwirkung der hier in Rede stehenden Richtlinien zum Verbrauchervertragsrecht die Darstellung unter 3. Kapitel: § 7 B. (S.183ff)

Zusammenfassend lassen sich also zwei entscheidende Komponenten bestimmen: zum einen der Zuständigkeitsbereich der Gemeinschaft gegenüber den Mitgliedstaaten, zum anderen der aus der Auslegung der Richtlinie zu ermittelnde Anwendungswille des europäischen Gesetzgebers.[125] In der Praxis bereitet die Umsetzung von Richtlinien dem nationalen Gesetzgeber häufig Schwierigkeiten; diese resultieren u.a. aus der eben dargestellten Konzeption der Richtlinie als zweistufiges Instrument der Rechtssetzung. Auf diese Weise kommt es oftmals zu *"Reibungsverlusten"* bei der Durchsetzung der gesetzgeberischen Ziele der Richtlinie.[126]

§ 3 Verbraucherschutz

Der Schutz der Interessen der Verbraucher als Käufer von Waren und Empfänger von Dienstleistungen ist in den westlichen Industriestaaten seit dem Ende der 50er Jahren Gegenstand von gesetzgeberischen Reformbemühungen. Der Begriff Verbraucherschutz ist jedoch rechtlich mehr oder minder unscharf; er bildet eher ein programmatisches Ziel als ein rechtlich genau fassbares Instrument.[127] Aus diesem Grunde ist es notwendig, die Begriffe Verbraucherschutz und Verbraucher zu konkretisieren bzw. auf rechtlich handhabbare Kriterien zu reduzieren sowie deren rechtliche Grundlagen auf nationaler und europäischer Ebene kurz darzustellen.[128]

A. Verbraucherprivatrecht

Prinzipieller Ausgangspunkt für eine besondere rechtliche Behandlung von bestimmten Marktteilnehmern ist der Gedanke des Schutzes des schwächeren Vertragspartners.[129] Die Frage, zu wessen Gunsten das allgemeine Privatrecht modi-

---

[125] Ob die Verletzung dieser Sperrwirkung „nur" eine bloße Vertragsverletzung darstellt oder als richtlinienwidriges nationales Recht von vornherein unwirksam ist, ist im Schrifttum lebhaft diskutiert worden. - vgl. nur die Darstellung bei *Schultz*, in: Gedenkschrift *Constantinesco*, 679ff; *Scherzberg*, JURA 1992, 578; *Brechmann*, Richtlinienkonforme Auslegung, 9 Fn. 12 mwN

[126] vgl. *Schmidt*, Der Einfluss europäischer Richtlinien auf das Privatrecht, 1, 2; *Schmidt-Jortzig*, AnwBl 1998, 63, 65

[127] vgl. dazu ausführlich *Isken*, Verbraucherpolitik im EWGV, 20ff; *v.Hippel*, Verbraucherschutz (1986), 3ff

[128] Im Rahmen der vorliegenden Arbeit soll nur eine überschaubare kurze Darstellung der Grundlagen der Europäischen Harmonisierung im Bereich Verbraucherschutz erfolgen. Auf vertiefende Darstellungen der behandelten Themenbereiche wird in den einzelnen Abschnitten jeweils gesondert verwiesen.

[129] Das *BVerfG* prägte die Formulierung von der *„strukturellen Unterlegenheit"* (BVerfGE 89, 155ff = NJW 1994, 36ff; dazu *Adomeit*, NJW 1994, 2467ff) - vgl. auch *Staudenmayer*, in:

fiziert werden soll, lässt sich jedoch – je nach gewähltem Ansatz – unterschiedlich beantworten.

Die Schutzbedürftigkeit bestimmter Marktteilnehmer ist vor dem Hintergrund der Marktwirtschaft und der darauf ausgerichteten Zivilrechtsordnung zu sehen. So ist gerade das deutsche Schuldrecht in seinen überwiegend dispositiven Regelungen Ausdruck der Privatautonomie des Einzelnen, welche im wirtschaftspolitischen System der sozialen Marktwirtschaft verankert ist.[130] Ein zentrales Mittel zur Verwirklichung eben dieser Privatautonomie ist der Schuldvertrag.[131] Verbraucherschutz in Form zwingender, d.h. nicht dispositiver Schutzvorschriften stellt sich insofern als reglementierender Eingriff in das beschriebene freie Spiel der Kräfte dar und ist damit eine besondere Ausdrucksform des ordnend eingreifenden Staates gegen „Auswüchse“ der Privatautonomie.[132] Solche Eingriffe stehen freilich im Gegensatz zur Leitidee der klassischen Rechtsgeschäftslehre des BGB und damit zum Prinzip „pacta sunt servanda“, sind jedoch oftmals unvermeidbar, um möglichen Vertragsdisparitäten entgegenzuwirken.[133] Das deutsche Recht – unter Außerachtlassung sekundärrechtlicher Vorgaben – verfolgt für die Feststellung der Schutzbedürftigkeit bestimmter Marktteilnehmer unterschiedliche Konzepte. Teils wird eine Differenzierung anhand der Unterscheidung Kaufmann/Nichtkaufmann vorgenommen;[134] in anderen Fällen wird ganz nach Lage des Einzelfalls individuell bestimmt, inwiefern ein Marktteilnehmer eines besonderen rechtlichen Schutzes bedarf. So wird z.B. im Fall des sittenwidrigen Ratenkredits geprüft, ob der Abschluss des Darlehensvertrages auf einer Geschäftsungewandtheit, Rechtsunkundigkeit und wirtschaftlichen Unterlegenheit des Darlehensnehmers gegenüber dem Darlehensgeber beruht. Gleich ist die Betrachtungsweise im Falle von Bürgschaften, die von dem Hauptschuldner nahestehenden Personen übernommen werden. Das individuelle Erfahrungswissen ist entscheidend für Anlagegeschäfte nach Maßgabe von §§31, 32 WpHG, §53 BörsG.[135]

Schulte-Nölke, Europäische Rechtsangleichung und nationale Privatrechte, 63, 67; *Knaul*, Auswirkungen des europäischen Binnenmarktes der Banken, 163, 167ff

[130] vgl. *Larenz*, Schuldrecht I, §4; *v.Hoffmann*, RabelsZ 34 (1974), 396, 397; *Coester-Waltjen*, ACP 190 (1990), 14) - vgl. zur Übertragung dieser Grundsätze auf die europäische Ebene: *Knaul*, Auswirkungen des europäischen Binnenmarktes der Banken, 167, 172 mwN

[131] *Grundmann*, Europäisches Schuldvertragsrecht, §1, Rz. 10 mit der Schlussfolgerung, dass das Schuldvertragsrecht das Herz eines Europäischen Privatrechts bildet.

[132] *v.Hoffmann*, RabelsZ 34 (1974), 396, 401; *Geißler*, JuS 1991, 617ff; kritisch *H. Roth*, JZ 1999, 529ff

[133] vgl. *Micklitz*, ZEuP 1998, 253, 265; *Pützhoven*, EWS 1999, 447, 451; kritisch *H. Roth*, JZ 1999, 529ff, 538

[134] vgl. z.B. §§348ff HGB, §8 AbzG, §24 AGBG a.F.

[135] vgl. Darstellung bei *Bülow/Artz*, NJW 2000, 2049, 2050 mwN

Diese genuin nationalen Vorstellungen, die Schutzbedürftigkeit im Einzelfall zu bestimmen, sind jedoch mit dem nachhaltigen Eintritt der Europäischen Gemeinschaft in den Bereich Verbraucherschutz seit 1985 in vielfacher Hinsicht überlagert und modifiziert worden. Konträr zur Vorstellung von der individuellen Schutzbedürftigkeit des Marktteilnehmers im Einzelfall steht das Konzept, welches die Europäische Union mittels der verbraucherrechtlichen Richtlinien des europäischen Sekundärrechts verfolgt. Die Störung der Vertragsparität wird – losgelöst vom Einzelfall – im Zusammentreffen des zu privaten Zwecken handelnden Verbrauchers mit dem professionellen Anbieter gesehen, der mit raffinierten Marketingmethoden und ausgeklügelten Vertragskonzepten an ersteren herantritt.[136] Hinzu kommen in einigen Fällen situative Elemente (z.B. Haustürgeschäfte oder Geschäfte im Fernabsatz), die nach der Wertung des europäischen Normgebers eine erhöhte Gefahr der Störung der Vertragsparität zumindest nahe legen. Wesentliches Merkmal der Schutzbedürftigkeit des Verbrauchers ist demnach die Privatbezogenheit des Geschäfts und damit letztendlich der verfolgte Zweck; ökonomische und intellektuelle Elemente spielen keine Rolle. Mit dem Ziel, den Konsumentenschutz praktisch durchsetzbar zu machen, wird zugunsten der Rechtssicherheit auf eine unter Umständen problematische Beurteilung anhand der Umstände des Einzelfalls verzichtet.

Kommission und Rat haben nach diesen Kriterien einige Vertragstypen, bei denen sie das Schutzbedürfnis des Verbrauchers für besonders groß hielten, herausgegriffen und geregelt.[137]

So ist insbesondere die rechtliche Qualifikation als Verbraucher Anwendungsvoraussetzung zahlreicher Richtlinien im Bereich des sog. europäischen Verbraucherprivatrechts.[138] Diese Schwerpunktsetzung hat dazu geführt, dass das Europäische Schuldvertragsrecht bis heute – zu Unrecht – unter dem *„Image eines reinen Verbraucherschutzrechtes“*[139] zu leiden hat. *„Europäisches Ver-*

---

[136] *Bülow/Artz*, NJW 2000, 2049, 2050

[137] *Krämer*, in: *v.d.Groeben/Thiesing/Ehlermann*, EGV, Vorb. zu Art. 129a, Rz. 22ff; *Medicus*, in: Festschrift *Kitagawa*, 470, 484, 486

[138] vgl. die in der Einleitung aufgeführten Richtlinien und -vorschläge der EG zum Verbraucherschutz. Im Bereich der haftungsrechtlichen Richtlinien wird die Geltung jedoch nicht auf Verbraucher beschränkt; so gilt z.B. die Richtlinie 85/374/EWG des Rates vom 25.7.1985 zur Angleichung der Rechts- und Verwaltungsvorschriften der Mitgliedstaaten über die Haftung für fehlerhafte Produkte, ABl. EG 1985 Nr. L 210/29, geändert durch Richtlinie 1999/34/EG des Europäischen Parlamentes vom 10.5.1999, ABl. EG 1999 Nr. L 141/20 nicht nur für Verbraucher; ebenso der Vorschlag für eine Richtlinie des Rates über die Haftung bei Dienstleistungen (KOM (90) 482 endg. SYN308 vom 9.11.1990, ABl. EG 1991 Nr. C 12/8); vgl. aber auch die Richtlinie 90/314/EWG des Rates vom 13.6.1990 über Pauschalreisen, ABl. EG 1990 Nr. L 158/59

[139] *Grundmann*, Europäisches Schuldvertragsrecht, §1, Rz. 42 – vgl. auch *Hinz*, ZEuP 1994, 553, 557; *Hommelhoff*, AcP 192 (1992), 71, 79; *Müller-Graff*, in: *Horn/Baur/Stern*, 40 Jahre Römische Verträge, 107, 118 mwN; gegen diesen pauschalen Vorwurf überzeugend:

tragsrecht [...] lässt sich deshalb als Restriktion des Handlungsspielraums der privaten Akteure auf der europäischen Ebene begreifen, die wiederum als Instrument zur Realisierung des Binnenmarktes eingesetzt wird. "[140]
Durch Vorgaben im Bereich des Verbraucherschutzes ist die Gemeinschaft auf diesem Wege in zivilrechtlich geregelte Bereiche der Mitgliedstaaten vorgedrungen und hat diese sonderprivatrechtlich modifiziert. Damit sollte unter anderem der Befürchtung entgegenwirkt werden, dass sich der private Marktteilnehmer durch die verschiedenen nationalen Rechtssysteme mit ihren unterschiedlichen Schutzstandards von grenzüberschreitenden Aktivitäten im Binnenmarkt abhalten ließ, „*sei es, weil er einen geringeren Schutz als zu Hause befürchtete, oder sei es auch nur infolge der mit einer anderen Rechtsordnung verbundenen Unsicherheit.*"[141] Die so geschaffenen sekundärrechtlichen Vorgaben verfolgen den Zweck, einen einheitlichen Verbraucherrechtsstandards als Teil eines funktionsfähigen Binnenmarktes zu schaffen.[142] Nach überwiegender Ansicht[143] steht der Aspekt der Funktionsfähigkeit des Binnenmarktes im Vordergrund. „*Der Ansatz ist also ein liberal-freihandelsbezogener, nicht dagegen ein sozialstaatlich-schutzbezogener.*"[144]

Die beschriebenen Eingriffe in die Regelungsautonomie der Mitgliedstaaten ist naturgemäß nicht kritiklos hingenommen worden, tritt doch die Gemeinschaft, wenn sie neue Rechtsgebiete wie den Umwelt- oder Verbraucherschutz, für die es teilweise keine oder nur Regelungen von Einzelfragen in den Mitgliedstaaten gibt, in die Rechtsangleichung einbezieht, „*rechtsschöpfend*"[145] auf. In diesem Zusammenhang stellt sich für den Mitgliedstaat die Problematik, inwieweit sich der europäische Ansatz in die jeweilige nationale Rechtsordnung einfügt resp. wie dieser überhaupt in selbige eingebracht werden kann.

Grundmann, aaO, Rz. 42f; *Remien*, in: *Schulte-Nölke*, Europäische Rechtsangleichung und nationale Privatrechte, 107, 110

[140] *Kirchner*, in: *Weyers*, Europäisches Vertragsrecht, 103, 107 - vgl. auch Darstellung unter 2. Kapitel: § 4 B. II. (S.61ff)

[141] *Wolf*, in: *Grabitz/Hilf*, EG-Verbraucher- und Datenschutzrecht, A1, Rz. 2; kritisch *H. Roth*, JZ 1999, 529ff, 538

[142] Diese Zielrichtung ist zugleich entscheidend für die Kompetenz der Gemeinschaft zum Erlass verbraucherschützender Richtlinien gem. Artt. 94, 95. - vgl. Darstellung unter 1. Kapitel: § 3 C. (S.39ff) sowie speziell für den Erlass der Verbraucherkreditrichtlinie unter 2. Kapitel: § 5 A. (S.75ff)

[143] *Reich*, ZEuP 1994, 381; *Hommelhoff*, Verbraucherschutz, 2; *Micklitz*, ZEuP 1998, 253, 259; *Wolf*, in: *Grabitz/Hilf*, EG-Verbraucher- und Datenschutzrecht, A1, Rz. 7

[144] *Reich*, Verbraucherrecht, 32

[145] *Taschner*, in: *v.d.Groeben/Thiesing/Ehlermann*, EGV, Art. 100, Rz. 33; *Rambow*, EuR 1981, 240, 243; *Hoffmann*, in: *Heusel*, Neues europäisches Vertragsrecht und Verbraucherschutz, 39, 48

Die notwendige Umsetzung der Richtlinien in nationales Recht kann dabei rechtstechnisch unterschiedlich erfolgen. Zum einen besteht für den Gesetzgeber die Möglichkeit, die europarechtlichen Vorgaben in bestehende Gesetze zu implementieren; zum anderen kann das Richtlinienrecht in Form eines eigenen (Neben)gesetzes ergehen.[146] Diese so geschaffenen Gesetze treten dann als Richtlinienumsetzung neben das nationale Recht und setzen sich gegen dieses durch, falls sie für den Verbraucher günstiger sind.[147]
Von einer Implementierung der europarechtlichen Vorgaben in das Bürgerliche Gesetzbuch hat der deutsche Gesetzgeber bisher überwiegend abgesehen. Wohl um die bewährte Systematik des BGB soweit wie möglich unangetastet zu lassen, sind in jüngster Zeit in den weitaus meisten Fällen auf dem Gebiet des Verbrauchervertragsrechts Sondergesetze geschaffen worden, die bis auf vereinzelte Bezugnahmen inhaltlich nicht miteinander verknüpft sind.[148]

Als deutsche sondergesetzliche Umsetzungen europäischen Verbraucherrechts sind zu nennen das Verbraucherkreditgesetz (VerbrKrG), das Gesetz über die Veräußerung von Teilzeitnutzungsrechten an Wohngebäuden (TzWrG), das Gesetz über den Widerruf von Haustürgeschäften und ähnlichen Geschäften (HaustürWG) sowie – mit Einschränkungen – das Gesetz zur Regelung des Rechts der Allgemeinen Geschäftsbedingungen (AGBG), das schon vor der sog. „Klausel Richtlinie“ der EG bestand. Jüngste Umsetzung ist das Fernabsatzgesetz (FernAbsG)[149], das durch Art. 1 des genannten Gesetzes über Fernabsatzverträge und andere Fragen des Verbraucherrechts sowie zur Umstellung von Vorschriften auf Euro[150] vom 27. Juni 2000 mit Wirkung zum 30. Juni 2000, d.h. mit knapp einmonatiger Verspätung zur vorgesehenen Umsetzungsfrist vom 4. Juni 2000, in Kraft getreten ist.
Das FernAbsG bestätigt nochmals die generelle Tendenz des deutschen Gesetzgebers zur Schaffung von Nebengesetzen; mit Art. 2 dieses Artikelgesetzes hat der deutsche Gesetzgeber nunmehr aber auch erstmals das Bürgerliche Gesetzbuch geöffnet, um Grundbegriffe (vgl. §§12, 13 BGB) bzw. übergreifende Insti-

---

[146] vgl. Darstellung zum Verbraucherkreditgesetz bei *Ulmer*, in: *MünchKomm*, VerbrKrG, Vor. §1, Rz. 12; allgemein zur Rechtsform: *Müller-Graff*, NJW 1993, 13, 22

[147] *Grundmann*, Europäisches Schuldvertragsrecht, §2, Rz. 74f, 78; speziell zum Vorrang des Verbraucherkreditgesetz: *Ulmer*, in: *MünchKomm*, VerbrKrG, §1, Rz. 4 - vgl. zu den einschlägigen Kollisionsnormen Darstellung unter 3. Kapitel: § 6 B. I. 1. (S.93ff)

[148] vgl. *Müller-Graff*, in: *Horn/Baur/Stern*, 40 Jahre Römische Verträge, 107, 142; *Pützhoven*, EWS 1999, 447, 448; *Tonner* BB 1999, 1769, 1770; speziell zum Verbraucherkreditgesetz: *Ulmer*, in: *MünchKomm*, VerbrKrG, §1, Rz. 4 – vgl. auch Darstellung unter 2. Kapitel: § 5 (S.75ff)

[149] vgl. dazu *Bülow/Artz*, NJW 2000, 2049ff; *Tonner*, BB 2000, 1413ff

[150] Gesetz über Fernabsatzverträge und andere Fragen des Verbraucherrechts sowie zur Umstellung von Vorschriften auf Euro vom 27.6.2000, BGBl. 2000 I, 887, berichtigte Fassung BGBl. 2000 I, 1139 – dazu sogleich im Text

tute des Verbraucherschutzrechts (vgl. §§361a, 361b BGB) dort zu verankern. Die Tendenz zur Schaffung einer Art „Allgemeiner Teil des Verbraucherschutzes" ist dabei unverkennbar. Mit dieser Vorgehensweise wird auch gleichzeitig deutlich, dass das Verbraucherrecht nunmehr endgültig Teil des allgemeinen Privatrechts geworden ist. Ob der Weg eines Sondergesetzes auch bei der Umsetzung der Richtlinie zum Verbrauchsgüterkauf[151] weiter beschritten werden kann, erscheint in Anbetracht der Bedeutung der Gewährleistung als zentrale Materie deutschen Zivilrechts allerdings eher zweifelhaft.

Neben diesen eher technischen Umsetzungsfragen verbleibt noch die Frage nach der Sinnhaftigkeit des europäischen Konzepts an sich. Die Diskussion um das Für und Wider eines solchen Sonderprivatrechts im deutschen Recht soll hier allerdings nicht nochmals geführt werden; de facto lässt sich dessen Existenz heute aber nicht mehr leugnen.[152] Von Relevanz ist im Rahmen der vorliegenden Arbeit allerdings, dass der gewählte Ansatz der Gemeinschaft trotz der teils ablehnenden oder sogar von Misstrauen geprägten Rezeption innerhalb der Mitgliedstaaten insgesamt überzeugt.[153] Insofern sollen nachfolgend kurz einige kritische Aspekte aufgegriffen und bewertet werden.

Die Auswahl der geregelten Vertragstypen ist in der Literatur häufig kritisiert bzw. gänzlich in Frage gestellt worden. Einige halten gar das Harmonisierungskonzept in toto und damit das System des Europäischen Schuldvertragsrechts an sich für verfehlt.[154] Die Kohärenz der nationalen Rechtsordnungen wird durch die Einführung fragmentarischer Sonderrechte durch die Gemeinschaft als gefährdet angesehen;[155] in der Literatur wird vertreten, die Privatrechtsangleichung erfolge *„pointillistisch"*[156], als *„einzelne Inseln"* ohne inneren Zusammen-

[151] Richtlinie 1999/44/EG des Europäischen Parlamentes und des Rates vom 25.5.1999 zu bestimmten Aspekten des Verbrauchsgüterkaufs und der Garantien für Verbrauchsgüter, ABl. EG 1999 Nr. L 171/12 (Umsetzungsfrist: 1.1.2002)

[152] vgl. *Tonner*, JZ 1996, 533ff; *Heiss*, JZ 1997, 83f; *Pützhoven*, EWS 1999, 447, 448 mwN; *Bülow/Artz*, NJW 2000, 2049ff

[153] vgl. im Hinblick auf die *neue Strategie* der Kommission Darstellung unter 2. Kapitel: § 4 (S.49ff, 64ff)

[154] in diesem Sinne: *Hinz*, ZEuP 1994, 553, 557; *Taupitz*, JZ 1993, 533, 535; kritisch im Hinblick auf das Verbraucherprivatrecht: *H. Roth*, JZ 1999, 529ff, 538 - vgl. zur Kritik speziell im Hinblick auf die Technik der Harmonisierung auf Mindeststandardbasis Darstellung unter 2. Kapitel: § 4 C. (S.64ff)

[155] *Armbrüster*, RabelsZ 60 (1996), 72, 88 mwN; *H. Roth*, JZ 1999, 529ff, 538; vgl. auch Darstellungen von *Schulte-Nölke/Schulte*, in: *Schulte-Nölke*, Europäische Rechtsangleichung und nationale Privatrechte, 11, 15; *Heusel*, in: *Heusel*, Neues europäisches Vertragsrecht und Verbraucherschutz, 9, 10, 12; *Pützhoven*, EWS 1999, 447, 448, 450

[156] *Kötz*, RabelsZ 50 (1986) 1, 5; *Heiss*, ZfRV 36 (1995) 54, 55; *Taupitz*, JZ 1993, 533, 535; *Ehricke*, RabelsZ 59 (1995), 598, 601

hang[157] oder als „*Stückwerk*"[158]. Hinzu kommt nach der Ansicht einigen Autoren, dass speziell das europäische Verbraucherschutzrecht nicht auf einer strukturell abgestimmten Gesamtkonzeption beruhe, sondern quasi in „*Wild-Westmanier*" beliebig herausgegriffene Bereiche regele.[159] Für andere spiegeln sich in dieser Entwicklung erste hoffnungsvolle Schritte auf dem Weg zu einer europäischen Privatrechtskodifikation wider.[160]

Nach eingehender Betrachtung lässt sich in den genannten Tendenzen jedoch mitnichten ein unterminierender Angriff auf die Zivilrechte bzw. Rechtsordnungen der Mitgliedstaaten sehen. Vielmehr ist die europäische Vorgehensweise nur als konsequente Umsetzung der im EG-Vertrag festgesetzten Ziele zu sehen. Zu konzedieren ist den kritischen Anmerkungen in der Literatur, dass sich die Rechtsakte der Gemeinschaft oft nur mühsam und teilweise unter systematisch zumindest bedenklichen Konstruktionen in die jeweiligen nationalen Rechtsordnungen einfügen lassen;[161] zudem muss die gesamte Kritik auch vor dem Hintergrund einer sicherlich latent vorhandenen Angst gesehen werden, dass Brüssel eines Tages immer mehr Bereiche des Zivilrechts an sich reißen und damit den Verlust nationaler Rechtskultur fördern werde. Dennoch gilt es zu bedenken, dass sich das Gemeinschaftsrecht von seiner Funktion her grundlegend vom nationalen Recht unterscheidet und so die geforderte Kohärenz innerhalb der Privatrechte gar nicht gewährleisten kann. Gemeinschaftsrecht bezweckt keine Gesamtregelung und kann eine solche aus Kompetenzgründen oftmals auch gar nicht leisten, sondern verfolgt punktuelle Einzelziele in sektoral begrenzten Bereichen, welche sich aus den einzelnen Politiken und Kompetenzen der Gemeinschaft ergeben. Dazu zählen Regelungsziele wie die Verwirklichung des Binnenmarktes und der Grundfreiheiten, der Abbau von Handelshemmnissen, Arbeitnehmerschutz und auch der Verbraucherschutz.
Der Vorwurf einer Harmonisierung nach „*Wild-Westmanier*" geht m.E. folglich an der Problematik vorbei. Gerade die binnenmarktfinale Rechtsangleichung macht deutlich, dass die Richtlinien „*nicht Ausdruck eines Konzepts zur Schaffung angeglichener Privatrechtsordnungen sind, sondern Folge des Konzepts*

[157] *Rittner*, JZ 1995, 849, 851
[158] *Steindorff*, EG-Vertrag und Privatrecht, 51, 52
[159] *Rittner*, JZ 1995, 849, 851; *Remien*, RabelsZ 60 (1996), 1, 8; *Müller-Graff*, NJW 1993, 13, 19; *Kötz*, in: *Müller-Graff*, Gemeinsames Privatrecht, 95, 99; *Taschner*, in: *Müller-Graff*, Gemeinsames Privatrecht, 155, 159; **aA** *Micklitz*, EuZW 1997, 229, 236
[160] Bestärkt durch die jüngst erfolgte Vorlage der Kommission für Europäisches Vertragsrecht - nach ihrem Vorsitzenden auch *Lando-Kommission* genannt - für den Allgemeinen Teil eines Europäischen Schuldrechts. - vgl. Darstellung unter 2. Kapitel: § 4 C. (S.64ff), Nachweise in Fn. 368 und 369
[161] vgl. Darstellung von *Müller-Graff*, in: *Horn/Baur/Stern*, 40 Jahre Römische Verträge, 107, 140f

der Erleichterung des binnengrenzüberwindenden Wirtschaftsaustausches."[162] Aufgrund der genannten Zielvorgaben sind so gewisse Zwangsläufigkeiten in der Entwicklung des Gemeinschaftsrecht vorgezeichnet, die die einzelnen Mitgliedstaaten in den Verträgen von Rom, Maastricht und Amsterdam selbst geschaffen und immer weiter vorangetrieben haben. Diese sollten demzufolge nicht per se als potentielle Gefahr für die Kohärenz der mitgliedstaatlichen Privatrechte, sondern vielmehr als logische und in Kauf zu nehmende Konsequenz der angestrebten europäischen Integration gesehen werden. Die Mitgliedstaaten sind dabei gehalten, die europäischen Vorgaben in ihr eigenes System zu integrieren und etwaige Wertungswiedersprüche soweit als möglich auszugleichen.[163] Der Kampf, das „eigene" Recht vor dem Einfluss des „fremden" europäischen Ansatzes zu schützen, erscheint insofern konzeptionell widersinnig. Letztendlich muss im Vordergrund stehen, eine den sich verändernden Rahmenbedingungen im europäischen Markt angemessene Rechts- und Wirtschaftsordnung zu schaffen, die den Interessen aller, nicht zuletzt denen der Verbraucher, gerecht werden kann.[164] Auch muss berücksichtigt werden, dass oftmals dort, wo legislative Rechtsangleichung mangels Konsensfähigkeit versagt hat, mittels der Rechtsprechung des *EuGH* – quasi durch die „Hintertür" – die angestrebte Angleichung und Fortbildung des europäischen Privatrechts doch stattgefunden hat.[165]

Als zum Teil berechtigt muss die Kritik im Hinblick auf die unabgestimmte Gesamtkonzeption des europäischen Verbraucherrechtes betrachtet werden. Die einzelnen Richtlinien sind nicht immer Elemente eines in sich widerspruchsfreien Systems. Differenzen in der Regelungssystematik und den Begrifflichkeiten einzelner Richtlinien sind nicht immer rational nachvollziehbar. Selbst für eine fundamental so wichtige Begrifflichkeit wie den Verbraucher findet sind innerhalb der Richtlinienvorgaben keine einheitlich verwendete Definition.[166]
Diese fehlende Symmetrie erklärt sich aber in gewissem Maße vor dem Hintergrund der Zuständigkeiten innerhalb der Kommission sowie dem oftmals immanenten Kompromisscharakter vieler Richtlinien. So sind die Richtlinien zum Privatrecht je nach ihrer Funktion nicht selten von unterschiedlichen Generaldirektionen erarbeitet worden, die ihre Entwürfe untereinander (leider) nicht im-

---

[162] *Müller-Graff*, in: *Horn/Baur/Stern*, 40 Jahre Römische Verträge, 107, 117 - vgl. zum binnengrenzüberschreitenden Aspekt Darstellung im Rahmen der europäischen Grundfreiheiten unter 3. Kapitel: § 6 B. I. 1. (S.93ff)

[163] Gerade in diesem Zusammenhang kommt den Optionen in den Richtlinien zum Verbrauchervertragsrecht eine entscheidende Bedeutung zu. – vgl. Darstellung unter 2. Kapitel: § 4 A. II. (S.51ff)

[164] in diesem Sinne *Schulze/Schulte-Nölke*, Casebook Verbraucherrecht, 6

[165] vgl. zur Rechtsprechung des *EuGH* im Bereich des europäischen Privatrechts noch die nachfolgende Darstellung unter 3. Kapitel: § 6 B. II. (S.104ff)

[166] dazu sogleich im folgenden Gliederungspunkt

mer abgestimmt haben.[167] Auch zeichnet sich aufgrund der oftmals zähen Rechtssetzung vom Richtlinienvorschlag bis hin zur verabschiedeten Richtlinie deutlich der Kompromisscharakter zahlreicher Einzelregelungen ab. Diese Praxis gereicht der EG-Rechtssetzung so im Einzelfall nicht unbedingt zum Vorteil, dennoch ist sie unabdingbare Konsequenz des gepflegten Mehrheitsprinzips und damit wohl oder übel zu akzeptieren.
Gerade vor dem Hintergrund der beschriebenen Funktion des Gemeinschaftsrechts erscheint das Konzept an sich demnach aus den genannten Gründen durchaus tragfähig.[168]

B. Der Begriff des „Verbrauchers" – national und europäisch

Die Europäische Union zählt derzeit ungefähr 370 Millionen Unionsbürger, mithin mögliche Konsumenten im herkömmlichen Sinne. Angesichts dieser großen Anzahl potentieller Adressaten stellt sich die Frage, ob dieser Personenkreis identisch ist mit demjenigen, der durch das oben beschriebene Verbraucherprivatrecht adressiert wird. Zu klären ist demnach, ob eine rechtlich verbindliche Definition des „Verbrauchers" besteht bzw. ob der Begriff einer rechtstechnisch zufriedenstellenden Definition überhaupt zugänglich ist.[169]

Auf europäischer Ebene fehlt eine allgemein gültige gesetzliche Definition des Verbrauchers. Im europäischen Primärrecht wird der Verbraucher in verschiedenen Vorschriften zwar benannt[170], eine Begriffsbestimmung wird jedoch nicht vorgenommen.[171] In den Artt. 3 Abs. 1 lit. t, 95 Abs. 3, 153 (Artt. 3 Abs. 1 lit. s, 100a Abs. 3, 129a EG-Vertrag) hat der Begriff Verbraucherschutz Eingang ge-

---

[167] vgl. *Remien*, ZfRV 36 (1995), 116, 123; *Taschner*, in: *Müller-Graff*, Gemeinsames Privatrecht, 155, 160

[168] i.E. auch *Grundmann*, Europäisches Schuldvertragsrecht, §1, Rz. 36-40; *Schulte-Nölke /Schulte*, in: *Schulte-Nölke*, Europäische Rechtsangleichung und nationale Privatrechte, 11, 15; *Müller-Graff*, in: *Horn/Baur/Stern*, 40 Jahre Römische Verträge, 107, 144- vgl. zum überzeugenden Konzept des Europäischen Schuldvertragsrecht speziell im Hinblick auf die Mindestharmonisierung die Darstellung unter 2. Kapitel: § 4 C. (S.64ff)

[169] eingehend zu dieser Problematik: *Kilian*, Verbraucherbegriff in der EU, 12ff; *Dreher*, JZ 1997, 167ff; *Faber*, ZEuP 1998, 854ff; kritisch zu den Begriffselementen und zum Konzept des Verbraucherprivatrechts an sich: *H. Roth*, JZ 1999, 529ff

[170] Vor den Verträgen von Maastricht und Amsterdam fand sich der Begriff *Verbraucher* zumeist als *„Zielobjekt einzelner Maßnahmen"* (*Krämer*, in: *v.d.Groeben/Thiesing/Ehlermann*, EGV, Art. 129a, Rz. 1) bereits in den Artt. 39 Abs. 1 e, 40 Abs. 3, 85 Abs. 3, 86b, 92 Abs. 2 EWGV. - vgl. zur weiteren Entwicklung Darstellung unter 1. Kapitel: § 3 C. (S. 39ff)

[171] vgl. Darstellung bei *Wichard*, in: *Callies/Ruffert*, EGV, Art. 153, Rz. 4f; *Grub*, in: *Lenz*, EGV, Art. 153, Rz. 4ff; *Krämer*, in: *v.d.Groeben/Thiesing/Ehlermann*, EGV, Art. 129a, Rz. 1ff; *Isken*, Verbraucherpolitik im EWGV, 6f; *Krämer*, EWG-Verbraucherrecht, 17ff; *Höland*, in: Law and diffuse interests, 195, 212; *H. Roth*, JZ 1999, 529, 531, 532

funden, teilweise sogar mit der Forderung nach einem hohen Schutzniveau; eine Klarstellung hinsichtlich der zu schützenden Adressaten dieser primärrechtlichen Vorgaben ist aber auch in diesem Zusammenhang nicht erfolgt. Der Versuch einer Definition auf europäischer Ebene kann daher nur anhand der sekundärrechtlichen Vorgaben unternommen werden.
Bei der Betrachtung des Europäischen Sekundärrechts im Bereich Verbraucherschutz[172] sowie im Europäischen Konventionsrecht[173] zeigt sich, dass auf bestimmte Elemente zur Definition des Verbrauchers von Seiten des europäischen Normgebers immer wieder zurückgegriffen wird. Nach der gebräuchlichsten Umschreibung ist Verbraucher hiernach

> „eine natürliche Person, die bei Verträgen, die unter diese Richtlinie fallen, zu einem Zweck handelt, der nicht ihrer gewerblichen oder beruflichen Tätigkeit zugerechnet werden kann."

Diese Definition findet sich nahezu wortgleich in Art. 2 lit. b der AGB-Richtlinie, Art. 1 Abs. 2 lit. a der Verbraucherkreditrichtlinie, Artikel 2 Spiegelstrich 1 der Richtlinie bezüglich außerhalb von Geschäftsräumen geschlossenen Verträgen sowie in Art. 2 Nr. 2 der Richtlinie über Vertragsabschlüsse im Fernabsatz. Eine leichte Abweichung in der Definition findet sich in Art. 2 Spiegelstrich 4 der Richtlinie über den Erwerb von Teilzeitnutzungsrechten an Immobilien; der Erwerber wird hier als "natürliche Person, die für einen Zweck handelt, der als außerhalb ihrer Berufsausübung betrachtet werden kann", definiert.[174] Auch nach Art. 2 lit. e der sog. *e-commerce* Richtlinie wird der Verbraucher leicht abweichend als „jede natürliche Person, die zu Zwecken handelt, die nicht zu ihren gewerblichen, geschäftlichen oder beruflichen Tätigkeiten gehören" umschrieben.[175] Auf die Erfordernisse "natürliche Person" sowie ein der "gewerblichen oder beruflichen Tätigkeit" entsprechendes Element verzichtet wiederum der Verbraucherbegriff, der der Pauschalreiserichtlinie zugrunde liegt.[176] Leicht abweichend definierte auch Art.1 Abs. 2 lit. a des ersten Richtlinienvorschlags über den Verbrauchsgüterkauf und -garantien den Verbraucher als "jede natürliche Person, die [...] zu einem Zweck handelt, der nicht unmittelbar ihrer

[172] vgl. die in Fn. 21 aufgeführten Richtlinien
[173] z.B. Art. 5 Abs. 1 EVÜ – dazu ausführlich *Kilian*, Verbraucherbegriff in der EU, 27ff
[174] vgl. die in Fn. 21 aufgeführten Richtlinien
[175] Richtlinie 2000/31/EG des Europäischen Parlaments und des Rates vom 8.6.2000 über bestimmte rechtliche Aspekte der Dienste der Informationsgesellschaft, insbesondere des elektronischen Geschaeftsverkehrs, im Binnenmarkt, ABl. EG Nr. L 178/1
[176] vgl. die Darstellung bei *Kilian*, Verbraucherbegriff in der EU, 27, 49ff; *Hoffmann*, in: *Heusel*, Neues europäisches Vertragsrecht und Verbraucherschutz, 39, 42; *H. Roth*, JZ 1999, 529, 531

beruflichen Tätigkeit zugerechnet werden kann."[177] In den geänderten Vorschlägen[178] der Kommission aus den Jahren 1998 und 1999 sowie in der endgültigen Richtlinie[179] aus dem Jahre 1999 wurde der Wortlaut der Vorschrift jedoch in Einklang mit den oben aufgeführten Richtlinien gebracht. Verbraucher ist auch in diesem Fall nunmehr "jede natürliche Person, die im Rahmen der unter diese Richtlinie fallenden Verträge zu einem Zweck handelt, der nicht ihrer gewerblichen oder beruflichen Tätigkeit zugerechnet werden kann." Auch wenn sich diese Erweiterung des Begriffs letztendlich nicht durchgesetzt hat, so verdeutlicht der Vorschlag doch die grundsätzliche Bereitschaft der Kommission (als Autor des Vorschlags), eine Ausdehnung des Anwendungsbereichs des verbraucherschützenden EG-Sekundärrecht zu erwägen.[180]

Auch der *EuGH* hat zwischenzeitlich einige Stellungnahmen zum Verbraucherbegriff abgegeben.[181] Von grundlegender Bedeutung für die Begriffsbestimmung ist hier die Entscheidung in der Rechtssache *Di Pinto*[182] zur Richtlinie betreffend den Verbraucherschutz im Falle von außerhalb von Geschäftsräumen geschlossenen Verträgen, in der die Grenzziehung zwischen Geschäften eines Gewerbetreibenden, die von der Richtlinienvorgabe erfasst sind und Geschäften, bei denen kein Verbraucherschutz nach europäischem Recht besteht, auszuloten war. Das Gericht hat hier entgegen der Stellungnahmen der Kommission und des Generalanwalts die Grenze eng gezogen und klargestellt, dass Gewerbetreibende nur dann Verbraucherschutz genießen, wenn sie – wie Privatpersonen – insbesondere zur Befriedigung ihrer familiären und persönlichen Bedürfnisse handeln.[183] Dem Einwand der Kommission, ein Gewerbetreibender könne bei einem Haustürgeschäft zum Zwecke des Verkaufs seines Gewerbebetriebes ähn-

---

[177] Erster Vorschlag KOM (95) 520 endg. COD0161, ABl. EG 1996 Nr. C 307

[178] Geänderter Vorschlag KOM (98) 217 endg. COD96/0161, ABl. EG 1998 Nr. C 148; geänderter Vorschlag KOM (99) 16 endg. COD96/0161

[179] Richtlinie 1999/44/EG des Europäischen Parlamentes und des Rates vom 25.5.1999 zu bestimmten Aspekten des Verbrauchsgüterkaufs und der Garantien für Verbrauchsgüter, ABl. EG 1999 Nr. L 171/12

[180] Im ersten Vorschlag der Kommission wurde teilweise eine Aufgabe des formellen und engen Verbraucherbegriffs gesehen. - so z.B. *Remien*, in: *Everling/Roth*, Mindestharmonisierung, 183; *Hoffmann*, in: *Heusel*, Neues europäisches Vertragsrecht und Verbraucherschutz, 39, 42 – vgl. auch Darstellung unter 5. Kapitel: § 10 B. (S.247ff)

[181] vgl. z.B. *EuGH* 20.2.1979 - Rs. 120/78 (*Cassis de Dijon*), Slg. 1979, 649; *EuGH* 20.6.1980 - Rs. 788/79 (*Gilli*), Slg. 1980, 2071; *EuGH* 19.2.1981 - Rs. 130/80 (*Keldermann*), Slg. 1981, 527; *EuGH* 17.6.1981 - Rs. 113/80 (*Kommission./.Irland*), Slg. 1981, 1625

[182] *EuGH* 14.3.1991 – Rs. C-361/89 (*Di Pinto*), Slg. 1991, I-1189 – vgl. zum Sachverhalt *Schulze/Schulte-Nölke*, Casebook Verbraucherrecht, Fall 10 (*Di Pinto*)

[183] *EuGH* 14.3.1991 – Rs. C-361/89 (*Di Pinto*), Slg. 1991, I-1189, Tz. 14ff; bestätigt in *EuGH* 17.3.1998 – Rs. C-56/96 (*Dietzinger*), Slg. 1998, I-1199, Tz. 11ff

lich unvorbereitet sein wie ein einfacher Verbraucher, folgte der *EuGH* nicht. Es sei nämlich davon auszugehen,

> *„dass ein durchschnittlich erfahrener Gewerbetreibender den Wert seines Gewerbebetriebes und die Bedeutung aller Rechtsgeschäfte, die dessen Verkauf erfordert, kennt, so dass er entsprechende Verpflichtungen nicht unüberlegt und nur aufgrund eines Überraschungseffekts eingehen wird.“*[184]

Die Entscheidung, die Reichweite des europäischen Verbraucherrechts streng auf nichtgewerbliches Handeln zu beschränken, führte der *EuGH* auch konsequent in der Entscheidung *Dietzinger*[185] fort, indem er Bürgschaften, die für gewerbliche Kredite übernommen wurden, nicht in den Schutzbereich der Richtlinie 85/577/EWG betreffend den Verbraucherschutz im Falle von außerhalb von Geschäftsräumen geschlossenen Verträgen einbezog.

Zusammenfassend lässt sich feststellen, dass das Gemeinschaftsrecht trotz der im einzelnen bestehenden Definitions- und Interpretationsunterschiede in den verschiedenen aufgeführten Richtlinien und im Konventionsrecht einen gemeinschaftsrechtlichen Kern des Verbraucherbegriffs entwickelt hat, der an drei Elemente anknüpft:[186]

- persönliche Kriterien, anhand derer bestimmte Personenkreise aus der typisierten Schutzbedürftigkeit herausgenommen werden, so z.B. die Beschränkung auf natürliche Personen
- funktionelle Kriterien, die an den mit einem konkreten Rechtsgeschäft verfolgten Zweck anknüpfen, so z.B. das Handeln im Rahmen einer gewerblichen oder beruflichen Tätigkeit
- sachliche Kriterien, bei denen z.B. nach der Höhe des Einkommens oder nach verschiedenen Vertragsarten differenziert wird

Wie gesehen sind auf gemeinschaftsrechtlicher Ebene auch Erweiterungen bzw. Verengungen dieser Elemente denkbar. So hat die Gemeinschaft in der Pauschalreiserichtlinie auf die Erfordernisse natürliche Person sowie ein der gewerblichen oder beruflichen Tätigkeit entsprechendes Element verzichtet. Art. 9 lit. b der Produkthaftungsrichtlinie setzt – ohne auf natürliche Personen beschränkt zu sein – einen "privaten Ge- und Verbrauch" der Sache voraus.

---

[184] *EuGH* 14.3.1991 – Rs. C-361/89 (*Di Pinto*), Slg. 1991, I-1189, Tz. 17, 18

[185] *EuGH* 17.3.1998 – Rs. C-56/96 (*Dietzinger*), Slg. 1998, I-1199 – vgl. zum Sachverhalt *Schulze/Schulte-Nölke*, Casebook Verbraucherrecht, Fall 14 (*Dietzinger*)

[186] vgl. dazu ausführlich *Faber*, ZEuP 1998, 854ff; einen einheitlichen Kern anerkennt sogar *H. Roth*, JZ 1999, 529, 531, der sich ansonsten sehr kritisch zu den Begriffselementen und zum Wesen des Verbraucherprivatrechts an sich äußert.

Es findet sich aber stets eine „*Kombination von sachlicher Inhaltsbeschreibung mit der Umschreibung der Motivation der Handelnden in der bestimmten Situation*".[187] Gemeinsam ist zudem allen Richtlinienvorhaben, dass sie sich nicht an der individuellen Schutzbedürftigkeit des Einzelnen bei Abschluss eines konkreten Rechtsgeschäfts orientieren, sondern vielmehr in abstrakter Weise eine Typisierung der Schutzbedürftigkeit anhand der aufgeführten Kriterien vornehmen.[188] Die Abgrenzung erfolgt also nicht personenbezogen, sondern geschäftsbezogen.[189] Dies verdeutlicht, dass auf europäischer Ebene zwar eine Konvention über den Kern des Begriffs besteht, eine allgemein gültige einheitliche Definition des Verbrauchers jedoch bis heute fehlt .

Auch das deutsche Recht verfügte lange Zeit nicht über eine allgemeingültige einheitliche Definition des Verbraucherbegriffs.[190] Eine Grenzziehung zwischen schutzbedürftigen und weniger schutzbedürftigen Marktteilnehmern wurde nach deutschem Recht früher im Wesentlichen zwischen Kaufmann und Nichtkaufmann gezogen.[191] Im Vordergrund steht dabei die sozialstaatliche Verantwortung für die Belange der im Einzelfall unterlegenen Vertragspartei[192], ohne dass

---

[187] *Pützhoven*, EWS 1999, 447, 452

[188] *Faber*, ZEuP 1998, 854, 859; *Reich*, ZEuP 1994, 381, 389, *ders.*, Privatrecht und Verbraucherschutz in der Europäischen Union, 11f; *Remien*, ZEuP 1994, 34, 52ff; i.E. auch *Kilian*, Verbraucherbegriff in der EU, 78

[189] Mit dieser Problematik verbunden wurde in den letzten Jahren kontrovers über das Verbraucherleitbild im europäischen und nationalen Recht diskutiert. Insbesondere die deutsche wettbewerbsrechtliche Judikatur legt das Bild eines flüchtigen und oberflächlichen Marktteilnehmers zu Grunde, der von der Flut der über ihn hereinbrechenden Informationen überfordert wird. *Emmerich* spricht in diesem Zusammenhang überspitzt vom Leitbild eines „*im Grunde an der Grenze der Debilität verharrenden, unmündigen und umfassender Betreuung bedürftigen Verbrauchers*" (in: Recht des unlauteren Wettbewerbs, 181) Der *EuGH* dagegen geht in seinen Judikaten von einem „*verständigen*", „*durchschnittlich informierten*" und „*aufmerksamen*" Verbraucher aus, der die ihm zur Verfügung gestellten Informationen intellektuell hinreichend verarbeiten kann. (vgl. beispielhaft die Ausführungen in *EuGH* 6.7.1995 - Rs. C-470/93 (*Mars*), Slg. 1995, I-1923, 1944, Tz. 24; *EuGH* 16.7.1998 – Rs. C-210/96 (*Gut Springenheide*), Slg. 1998, I-4657, Tz. 31; *EuGH* 28.1.1999 – Rs. C-303/97 (*Sektkellerei Kessler*), Slg. 1999, 513; ausführlich zum Verbraucherleitbild: *Schulze/Schulte-Nölke*, Casebook Verbraucherrecht, Fall 9 (*Mars*); *Keßler*, VuR 1999, 415f, 419f; *Sack*, WRP 1998, 264ff; *ders.*, WRP 1999, 399ff jeweils mit zahlreichen weiteren Nachweisen) Die Vorstellung des *EuGH* findet sich in ihrem Grundgedanken auch in den umfangreichen Informationspflichten der Timesharing-Richtlinie oder den Versicherungsrichtlinien wieder. - vgl. dazu *Dreher*, JZ 1997, 167, 170ff; *Grub*, in: *Lenz*, EGV, Art. 153, Rz. 5; *Reich*, Verbraucherrecht, 63, *ders.* JZ 1997, 609ff; *Micklitz*, ZEuP 1998, 252, 259

[190] vgl. *Kilian*, Verbraucherbegriff in der EU, 80ff, 122, 123; *H. Roth*, JZ 1999, 529, 532

[191] vgl. z.B. §§348ff HGB, §8 AbzG a.F., §24 AGBG a.F.

[192] *BVerfG* vom 19.10.1993, BVerfGE 89, 155, NJW 1994, 36ff - dazu *Adomeit*, NJW 1994, 2467ff

z.B. anhand funktioneller Kriterien bestimmte Handlungszwecke sofort ausgeschlossen werden könnten oder auf situative Elemente zurückgegriffen werden müsste.[193] Dieser Dualismus von Schutzbedürftigkeit/Nichtschutzbedürftigkeit konnte jedoch aufgrund der fortschreitenden europäischen Rechtsangleichung in Bezug auf das Sekundärrecht nicht aufrechterhalten werden. Die bereits erwähnten Elemente des europäischen Verbraucherbegriffs fanden schließlich in unterschiedlicher Ausprägung mittels der deutschen Transformationsgesetze zu den EG-Richtlinien Eingang in die nationale Rechtsordnung.[194] Durch Art. 2 des Gesetzes über Fernabsatzverträge und andere Fragen des Verbraucherrechts sowie zur Umstellung von Vorschriften auf Euro[195] vom 27. Juni 2000 hat der Gesetzgeber in jüngster Zeit einige systematisierende Änderungen der Gesetzeslage vorgenommen; die bis dahin in den Einzelgesetzen mehr oder minder abgewandelte Verbraucherdefinition ist nunmehr Teil des Allgemeinen Teils des BGB. §13 BGB n.F. definiert den Verbraucher als

> „jede natürliche Person, die ein Rechtsgeschäft zu einem Zweck abschließt, der weder ihrer gewerblichen noch ihrer selbständigen beruflichen Tätigkeit zugerechnet werden kann."

Diese Definition liegt fortan allen verbraucherprivatrechtlichen Sondergesetzen zu Grunde, auch denjenigen, die nicht Umsetzung europäischer Richtlinien sind. §13 BGB definiert dabei zugleich den persönlichen Anwendungsbereich von Sondergesetzen, die keine eigenen Regelungen hierzu mehr enthalten.[196] Sachlich stimmt diese Begriffsbestimmung mit dem bisherigen deutschen Recht überein.[197] §13 BGB geht zudem abweichend vom Richtlinienrecht weiter davon aus, dass nur der Bezug zu einer „selbständigen" beruflichen Tätigkeit die Verbrauchereigenschaft aufhebt.[198]

---

[193] vgl. schon Darstellung unter 1. Kapitel: § 3 B. (S.33ff)

[194] vgl. die Darstellungen bei *Kilian*, Verbraucherbegriff in der EU, 27, 49ff; *Dreher*, JZ 1997, 167ff und *Faber*, ZEuP 1998, 854ff; gegen die genannten Kriterien wendet sich z. B. *Taschner*, in: *Everling/Roth*, Mindestharmonisierung, 159, 162, der diese pauschal für *„rechtlich nicht brauchbar"* hält.

[195] Gesetz über Fernabsatzverträge und andere Fragen des Verbraucherrechts sowie zur Umstellung von Vorschriften auf Euro vom 27.6.2000, BGBl. 2000 I, 887, berichtigte Fassung BGBl. 2000 I, 1139 – dazu sogleich im Text

[196] §§1 Abs. 1, 9 Abs. 2 VerbrKrG; §1 Abs. 1 HaustürWG; §1 Abs. 2 TzWrG; §1 Abs. 1 FernAbsG; §24 a AGBG liegt diese Definition schon seit der letzten Richtlinienumsetzung im Jahre 1996 zu Grunde – vgl. zur Bedeutung des §13 BGB für weitere Vorschriften den Überblick bei *Palandt/Heinrichs*, §13, Rz. 5

[197] vgl. §1 Abs. 1 VerbrKrG a.F., §24a AGBG a.F., §6 Nr. 1 HaustürWG a.F., §1 TzWrG a.F., aber auch §609a Abs. 1 Nr. 2 BGB und Art. 29 EGBGB

[198] vgl. *Palandt/Heinrichs*, §13, Rz. 3; *Bülow/Artz*, NJW 2000, 2049, 2050 mwN

C. Verbraucherschutz im EGV

Abschließend soll noch kurz auf die primärrechtlichen Grundlagen des Verbraucherschutzes eingegangen werden. Diese sind vorliegend im Hinblick auf die kompetenziellen Abgrenzungen zwischen Mitgliedstaat und Gemeinschaft im Rahmen der hier in Rede stehende Verbrauchervertragsrecht von Relevanz; insbesondere im Rahmen der Konkretisierung der *Cassis de Dijon* Rechtsprechung des *EuGH* erlangen nachfolgende Ausführungen aber auch für den nationalen Gestaltungsspielraum entscheidende Bedeutung.[199]

Bis zum Unionsvertrag von Maastricht verzichtete die Europäische Gemeinschaft darauf, den Schutz der Interessen der Verbraucher systematisch als Bestandteil gemeinschaftsrechtlicher Politik im europäischen Primärrecht zu thematisieren.[200] Der Gründungsvertrag von Rom aus dem Jahre 1957 enthielt keine formale Rechtsgrundlage für den Verbraucherschutz;[201] vielmehr war der EWGV eher *„produktivistisch"*[202] ausgerichtet, d.h. im Vordergrund stand die Tätigkeit der Produktions- und Handelsunternehmen.[203] Ausweislich der Materialien zu den Verträgen ging man davon aus, dass der Verbraucher automatisch von dem angestrebten Wohlstandsgewinn des europäischen Marktes profitieren würde.[204]

Einen ersten Meilenstein für die wachsende Bedeutung des Verbraucherschutzes im Rahmen des Gemeinschaftsrechts ist in der sog. *Cassis de Dijon*-Entscheidung[205] des *EuGH* aus dem Jahre 1979 zu sehen. Der *EuGH* nahm den

---

[199] vgl. noch Darstellung unter 3. Kapitel: § 6 B. II. 4. c. (S.118ff)

[200] *Beutler/Bieber/Pipkorn/Streil*, Europäische Union, 518; *Matusche*, EU-Verbraucherschutz und deutsches Bankvertragsrecht, 4

[201] vgl. dazu ausführlich *Isken*, Verbraucherpolitik im EWGV, 20ff; *Höland*, in: Law and diffuse interests, 195, 196ff

[202] *Reich*, Europäisches Verbraucherrecht, 31; *Knaul*, Auswirkungen des europäischen Binnenmarktes der Banken, 173 mwN zu den Gründen; *Grub*, in: *Lenz*, EGV, Art. 153, Rz. 3

[203] Gleichwohl hat der Begriff Verbraucher in den Artt. 39 Abs. 1 e, 40 Abs. 3, 85 Abs. 3, 86b, 92 Abs. 2 EWGV Erwähnung gefunden. (vgl. dazu im einzelnen *Isken*, Verbraucherpolitik im EWGV, 20ff; *Höland*, in: Law and diffuse interests, 195, 196ff) Der Verbraucher stellte nur ein *„Zielobjekt einzelner Politiken oder Maßnahmen"* dar (*Krämer*, EWG-Verbraucherrecht, 18, Rz. 5), eine spezifische verbraucherpolitische Konnotation war in den genannten Vorschriften aber nach überwiegender Ansicht nicht zu sehen. - vgl. auch *Reich*, ZEuP 1994, 381

[204] vgl. den Wortlaut der Präambel des EGV: *„In dem Vorsatz, die stetige Besserung der Lebens- und Beschäftigungsbedingungen ihrer Völker als wesentliches Ziel anzustreben."* - vgl. auch *Reich*, Verbraucherrecht, 30f mwN

[205] *EuGH* 20.02.1979 - Rs. 120/78 (*Cassis de Dijon*), Slg. 1979, 649, Tz. 14 – die Entscheidung ist vor dem Hintergrund des *Ersten Programms der Europäischen Wirtschaftsgemeinschaft für eine Politik zum Schutz und zur Unterrichtung der Verbraucher* vom 14.4.1975, ABl. EG 1975 Nr. C 92/1 zu sehen, in dem bestimmte grundlegende Verbrau-

Verbraucherschutz vor dem Hintergrund des *Ersten Programms der Europäischen Wirtschaftsgemeinschaft für eine Politik zum Schutz und zur Unterrichtung der Verbraucher* vom 14. April 1975[206] ausdrücklich als „zwingendes Erfordernis" in den Katalog der erlaubten Handelshindernisse zwischen den Mitgliedstaaten auf; d.h. mit dem Schutz des Verbrauchers ließen sich fortan bestimmte Einschränkungen des freien Warenverkehrs gem. Art. 30 EG-Vertrag (jetzt Art. 28) rechtfertigen. Mit diesem Urteil anerkannte das Gericht demzufolge den Verbraucherschutz als eine – unter bestimmten noch näher darzulegenden Aspekten – den Grundfreiheiten des EG-Vertrages gleichwertige Zielvorstellung.[207]

Erst durch die Einheitliche Europäische Akte von 1986 fand der Begriff Verbraucherschutz Eingang in den EWG-Vertrag; diese statuierte eine vertragliche Festschreibung in Art. 100a Abs. 3 EWG-Vertrag, die in dieser Deutlichkeit bis dahin fehlte.[208] Damit wurde ein allgemeiner Grundsatz der gemeinschaftlichen Rechtsangleichung für den Anwendungsbereich des Art. 95 besonders hervorgehoben.[209] Auch im Rahmen der binnenmarktfinalen Rechtsangleichung sollte auch ein Beitrag zur Erreichung der allgemeinen Ziele des EG-Vertrages, wie sie in der Präambel zum Ausdruck kommen, erbracht werden: „stetige Besserung der Lebens- und Beschäftigungsbedingungen"[210] in der Gemeinschaft, zu der zweifelsohne auch der Verbraucherschutz nicht unwesentlich beiträgt.
Art. 100a Abs. 3 EG-Vertrag sorgte allerdings auch in anderer Hinsicht für mehr Klarheit, ging er doch mit der Forderung eines hohen Schutzniveaus im Bereich Verbraucherschutz indirekt von der Zugehörigkeit verbraucherschutzpolitischer Maßnahmen der Kommission im Rahmen des Binnenmarktprogramms aus.[211] Daher erhielt die bloße „*Zielnorm*" des Art. 100a Abs. 3 EG-Vertrag in der Praxis der Rechtssetzung über diese Funktion hinausgehend den „*Charakter einer indirekten Kompetenzzuweisungsnorm*".[212]

---

cherrechte wie der Schutz der wirtschaftlichen Interessen der Verbraucher formuliert wurden – vgl. zur *Cassis*-Entscheidung Darstellung unter 3. Kapitel: § 6 B. II. 4. (S.111ff)

206 vgl. vorige Fn.

207 vgl. Darstellung unter 3. Kapitel: § 6 B. II. 4. (S.111ff)

208 vgl. *Isken*, Verbraucherpolitik im EWGV, 54ff, 78

209 *Taschner*, in: *v.d.Groeben/Thiesing/Ehlermann*, EGV, Art. 100, Rz. 21; *Beutler/Bieber/Pipkorn/Streil*, Europäische Union, 374

210 vgl. die Präambel des EG-Vertrages (Fn. 204)

211 Bestätigt wurde dies zudem durch die Einführung von Art. 129a EG-Vertrag (jetzt Art. 153) durch den Vertrag von Maastricht, der in Abs. 1 lit. a Maßnahmen im Rahmen der Verwirklichung des Binnenmarktes mit dem Beitrag der Gemeinschaft zu einem hohen Verbraucherschutzniveau verquickt hat.

212 *Reich*, Privatrecht und Verbraucherschutz in der Europäischen Union, 4 mwN; *Röttinger*, in: *Lenz*, EGV, Art. 95, Rz. 6 „*Rechtspflicht für die Gemeinschaftsinstitutionen*", ein hohes

Gegen diese Praxis wurden jedoch aufgrund des *Prinzips der begrenzten Ermächtigung*[213] der Gemeinschaft vereinzelt Bedenken im Hinblick auf die Zulässigkeit verbraucherschützender Maßnahmen auf Grundlage von Art. 100a EG-Vertrag geäußert.[214] Damit setzte sich der Streit um die Zulässigkeit verbraucherschützender Maßnahmen auf Grundlage des Art. 100 EWG-Vertrag vor Erlass der Einheitlichen Europäischen Akte fort.[215] Rechtsangleichungsmaßnahmen mit überwiegend verbraucherschützender Zielrichtung ließen sich nach teilweise vertretener Ansicht nicht auf Art. 100 EWG-Vertrag stützen.[216]
Die Praxis von Kommission und Rat ging jedoch schon vor Einführung des Art. 129a EG-Vertrag (jetzt Art. 153) dahin, Regelungen zum Schutz von Gesundheit, Sicherheit und wirtschaftlichen Interessen der Verbraucher auch dann auf Artt. 100, 100a E(W)G-Vertrag zu stützen, wenn der Schutzgedanke gegenüber dem Binnenmarktelement deutlich in den Vordergrund trat.[217] Die Zulässigkeit solcher Maßnahmen stand nach ganz überwiegender Ansicht[218] zumindest dann außer Frage, wenn sie als Beitrag zur Angleichung des Rechts der Mitgliedstaaten Teil der Schaffung des Gemeinsamen Marktes waren.

Im Ergebnis ist letztgenannter Auffassung zuzustimmen. Insbesondere aus den Artt. 2 und 3 geht hervor, dass der Verbraucher eine Komponente des Gemeinsamen Marktes darstellt, so dass die Zulässigkeit der Verbraucherschutzharmonisierung im Rahmen des Gemeinsamen Marktes als logische Konsequenz dessen erscheint. Für Art. 100a EG-Vertrag musste dies schon aufgrund des Absatzes 3 erst recht gelten, sofern die Maßnahme der Binnenmarktverwirklichung dient. Bestätigt wurde diese Sichtweise später auch durch die *Dillenkofer-*

Schutzniveau zu gewährleisten; vgl. auch *Gebauer*, Grundfragen der Europäisierung des Privatrechts, 130 mit zahlreichen abweichenden Ansichten.

[213] vgl. schon Darstellung unter 1. Kapitel: § 2 A. (S.13ff)

[214] *Rittner*, JZ 1990, 838, 842; vgl. *Langeheine*, in: *Grabitz/Hilf*, EWGV, Art. 100, Rz. 29 (Stand 9/1992), eingeschränkt in *Langeheine*, in: *Grabitz/Hilf*, EGV, Art. 100, Rz. 29; *Schneider* NJW 1991, 1985, 1988 - vgl. zur Zulässigkeit der Privatrechtsharmonisierung schon Darstellung unter 1. Kapitel: § 2 A. (S.13ff)

[215] vgl. dazu ausführlich *Isken*, Verbraucherpolitik im EWGV, 44ff mit Verweis auf die verschiedenen Ansichten

[216] *Close*, Georges, The Legal Basis for the Consumer Protection Programme of the EEC and Priorities for action, in *Woodroffe* (Hrsg.), Consumer Law in the EEC, London 1984; vgl. auch die Darstellung bei *Krämer*, EWG-Verbraucherrecht, Rz. 18ff, 30

[217] vgl. die in Fn. 21 aufgeführten Richtlinien zum Verbraucherschutz sowie deren Erwägungsgründe

[218] *Dreher*, JZ 1997, 167, 168; ausführlich *Isken*, Verbraucherpolitik im EWGV, 44, 49f, 61ff mwN und *Reich*, Verbraucherrecht, 37; *Mülbert*, in: *Hopt*, Europäische Integration als Herausforderung des Recht, 105, 109; implizit auch *Kirchner*, in: *Weyers*, Europäisches Vertragsrecht, 103, 117

Entscheidung[219] des *EuGH* aus dem Jahre 1996, in der das Gericht den Verbraucherschutz als eigenständige Zielsetzung auch bei Rechtsakten anerkannte, die aufgrund von Art. 100a EG-Vertrag ergangen sind. Der Verbraucherschutz im Rahmen der Binnenmarktverwirklichung erfasst auch die Regelung bestimmter Materien des Zivilrechts, soweit sie zwingende Normen im Vertrags- und Deliktsrecht sowie im Internationalen Privatrecht vorsehen.

Einen weiteren Schritt in der Entwicklung der Rechtsgrundlagen eröffnete der Unionsvertrag von Maastricht. So zählt es seitdem gem. Art. 3 Abs. 1 lit. t (Art. 3 Abs. 1 lit. s EG-Vertrag) ausdrücklich zu den übergreifenden Tätigkeiten der Gemeinschaft, einen „Beitrag zur Verbesserung des Verbraucherschutzes" zu leisten.[220] Auch Titel XI (heutiger Titel XIV) des EG-Vertrages, der ausschließlich aus dem neu eingefügten Art. 129a EG-Vertrag (jetzt Art. 153) besteht, führt nunmehr als Aufgabe der Gemeinschaft an, "einen Beitrag zur Erreichung eines hohen Verbraucherschutzniveaus" zu erbringen.
Allerdings gibt der EGV neben der Forderung eines hohen Verbraucherschutzniveaus keine Vorgaben, inwiefern der Schutz der Verbraucher auf europäischer Ebene zu auszugestalten ist.[221] Vielmehr wird pauschal das Ziel eines hohen Verbraucherschutzes auf Gemeinschaftsebene formuliert (vgl. Artt. 3 Abs. 1 lit. t, 95 Abs. 3, 153). Diese programmatische Forderung ist jedoch im Laufe der Entwicklung der Gemeinschaft zur Union – nicht zuletzt durch die Gemeinschaftsorgane selbst – immer mehr konkretisiert worden.
Erste Ansätze einer EWG-weiten Verbraucherschutzpolitik finden sich bereits zu Beginn der 70er Jahre.[222] Im Vertrag von Rom aus dem Jahre 1957 war der Verbraucherschutz nicht einmal als politisches Ziel vorgesehen. Erst im Jahre 1972 – auf der Gipfelkonferenz in Paris – ließen die Staats- und Regierungschefs einen politischen Willen in dieser Hinsicht erkennen. Es wurde erstmals gefordert, *„Maßnahmen zur Verbesserung des Schutzes der Verbraucher auf Gemeinschaftsebene zu ermöglichen."*[223] Im Anschluss an diese bereits 1972 formulierte Forderung entstanden in den Jahren 1975 und 1981 Programme[224]

[219] *EuGH* 8.10.1996 – verb. Rs. C-178, C-179, C-188, C-189 und C-190/94 (*Dillenkofer*), Slg. 1996, I-4845, Tz. 39

[220] In der Fassung des EGV von Amsterdam findet sich der „Verbraucher" bzw. der „Verbraucherschutz" als Anknüpfungspunkt nunmehr in folgenden Artikeln: Artt. 33 Abs. 1 lit. e, 34 Abs. 2, 81 Abs. 1 und 3, 82 lit. b, 87 Abs. 2 lit. a, 95 Abs. 3, 153 Abs.1 und 2

[221] *Matusche*, EU-Verbraucherschutz und deutsches Bankvertragsrecht, 4, 5 mwN; *Wolf*, in: *Grabitz/Hilf*, EG-Verbraucher- und Datenschutzrecht, A1, Rz. 18

[222] vgl. z.B. die umfassende Darstellung bei *Grub*, in: *Lenz*, EGV, Art. 153, Rz. 3ff sowie bei *Kilian*, Der Verbraucherbegriff in der EU, 20ff

[223] Kommission, 6. Gesamtbericht, 1972, 12; vgl. auch *Höland*, in: *Law and diffuse interests*, 195, 199

[224] *Erstes Programm zum Schutz und zur Unterrichtung der Verbraucher* vom 25.4.1975, ABl. EG 1975 Nr. C 92/1, bestätigt durch das *Zweite Programm für eine Politik zum*

des Rates der Europäischen Gemeinschaft, in dem unter anderem "5 Grundrechte" des Verbrauchers aufgeführt wurden, die die einzelnen Aspekte eines angestrebten europäischen Verbraucherschutzes verdeutlichten sollten.[225] Besonderen Schutz genießen danach:

- das Recht auf Unterrichtung und Aufklärung
- das Recht auf Schutz seiner Gesundheit und Sicherheit
- das Recht auf Schutz seiner wirtschaftlichen Interessen
- das Recht auf Wiedergutmachung erlittenen Schadens
- das Recht auf Vertretung, d.h. das Recht, gehört zu werden

Die Gemeinschaft erließ Rechts- und Verwaltungsvorschriften für die Bereiche Sicherheit kosmetischer Mittel, Etikettierung von Lebensmitteln, irreführende Werbung und Haustürgeschäfte. Aber erst die Einheitliche Europäische Akte und die Aussicht auf den Europäischen Binnenmarkt bedeuteten einen echten Fortschritt in der Verbraucherpolitik; mit der Einfügung von Art. 100a EWG-Vertrag wurde die Verbraucherpolitik Bestandteil einer allgemeinen Politik zur Vollendung des Binnenmarktes.

Im Anschluss an diese Programme beschloss die Kommission seit 1990 mehrere dreijährige verbraucherpolitische Aktionspläne[226], die für die künftige Verbraucherpolitik der EG Schwerpunkte in den Bereichen Verbrauchervertretung, Verbraucherunterrichtung und -erziehung, Verbrauchersicherheit und –gesundheit[227] sowie verbraucherrelevante Transaktionen setzte. In den Jahren 1996 bis 1998 konzentrierte sich die Arbeit der Kommission im Wesentlichen auf die Schwerpunkte Finanzdienstleistungen und Aufklärung der Verbraucher, insbesondere um ein umweltfreundliches Konsumverhalten zu fördern und den

Schutz und zur Unterrichtung der Verbraucher vom 19.5.1981, ABl. EG 1981 Nr. C 133/1, fortgesetzt durch die *Entschließung des Rates betreffend die zukünftige Ausrichtung der Politik der Gemeinschaft zum Schutz und zur Förderung der Interessen der Gemeinschaft* vom 23.6.1986, ABl. EG 1986 Nr. C 167/1, die *Entschließung des Rates über künftige Prioritäten bei der Neubelebung der Verbraucherschutzpolitik* vom 9.11.1989, ABl. EG 1989 Nr. C 294/1 und die *Entschließung des Rates über künftige Prioritäten für den Ausbau der Verbraucherschutzpolitik* vom 13.7.1992, ABl. EG 1992 Nr. C 186/1

225 vgl. Darstellung bei *v.Hippel*, Verbraucherschutz (1986), 281ff; *Reich*, Verbraucherrecht, 31f

226 Erster Aktionsplan (1990-1992), KOM (90) 98 endg.; Zweiter Aktionsplan (1993-1995), KOM (93) 378 endg.; Dritter Aktionsplan (1996-1998), KOM (95) 519 endg.; Vierter Aktionsplan (1999-2001), KOM (98) 696 endg.

227 Im Bereich der Verbrauchergesundheit hat insbesondere die Krise um die *bovine spongiforme Enzephalopathie* (BSE) in jüngster Zeit dazu geführt, dass die Bemühungen um die Gesundheit der Verbraucher intensiviert wurden.

Zugang zur Informationsgesellschaft zu erleichtern.[228] Organisatorisch fand die Aufwertung des Bereichs Verbraucherschutz in der Gemeinschaft durch Schaffung einer eigenen Generaldirektion[229] im Rahmen der Kommission im Jahre 1996 ihren vorläufigen Höhepunkt. Innerhalb der Generaldirektion wurden weitere Aktionsprogramme erarbeitet, die die oben aufgeführten Grundsätze fortsetzen.
Mit dem Vertrag von Amsterdam wurden die verbraucherpolitischen Bemühungen schließlich nochmals intensiviert. Durch die Neufassung des Art. 153 sind die Bestimmungen in Bezug auf die Verbraucher durch eine klarere Fassung der Ziele der Gemeinschaft und eine bessere Verankerung in den anderen Politikbereichen nochmals umgestaltet worden[230] Aus Art. 153 Abs. 1 lassen sich nunmehr in hinreichender Deutlichkeit drei Hauptaufgaben der Gemeinschaft ableiten:

- Gewährleistung eines hohen Sicherheits- und Gesundheitszustands für die Verbraucher
- Wahrung der wirtschaftlichen Interessen der Verbraucher
- Förderung des Rechts der Verbraucher auf Information, Erziehung und Bildung von Vereinigungen zur Wahrung ihrer Interessen

Den Erfordernissen des Verbraucherschutz ist gem. Art. 153 Abs. 2 bei der Festlegung und Durchführung der anderen Gemeinschaftspolitiken und –maßnahmen Rechnung zu tragen. Durch diese neu eingeführte Querschnittsklausel wird deutlich, dass die anderen Politiken und Maßnahmen der Gemeinschaft und die Initiativen im Bereich Verbraucherschutz in zunehmendem Maße miteinander verflochten sind und der Verbraucherschutz auf europäischer Ebene naturgemäß eine Querschnittsaufgabe darstellt.[231]

---

[228] vgl. den Dritten Aktionsplan *Verbraucherpolitische Aktivitäten* (1996-1998), KOM (95) 519 endg.

[229] Die bisherige Dienststelle „Verbraucherschutz" bei der Europäischen Kommission wurde in eine vollwertige Generaldirektion mit dem Aufgabenbereich *Verbraucherpolitik und Gesundheitsschutz der Verbraucher* umgewandelt. Mit Wirkung zum 1.7.2000 hat sich die Generaldirektion eine neue Organisationsstruktur gegeben; fortan untergliedert sie sich in sieben Direktionen, wobei sich die Direktion B mit der Erarbeitung verbraucherpolitischer Maßnahmen für alle Wirtschaftsbereiche (Lebensmittel ausgenommen) beschäftigt.

[230] vgl. zu den relevanten Veränderungen im Verbraucherschutz durch den Vertrag von Amsterdam Darstellung unter 1. Kapitel: § 3 C. (S.39ff)

[231] *Grub*, in: *Lenz*, EGV, Art. 153, Rz. 25; *Wichard*, in: *Callies/Ruffert*, EGV, Art. 153, Rz. 1f, 14f, 21f; *Deckert/Lilienthal*, EWS 1999, 121, 131; *Reich*, VuR 1999, 3, 9; *Reichenbach*, ZLR 1999, 555, 557; vgl. auch Erwägungsgrund 2 der Entschließung des Rates vom 28.7.1999 über die Verbraucherpolitik der Gemeinschaft 1999-2001, ABl. EG 1999 Nr. L 206/1 und Erwägungsgrund 7 der Entschließung des Rates vom 19.1.1999 über die Verbraucherdimension der Informationsgesellschaft, ABl. EG Nr. C 23/1

Schließlich wurde im Rahmen des Vertrages von Amsterdam auch der verbraucherpolitische Aktionsplan für die Jahre 1999-2001 angenommen, der die Aktionsbereiche Verbrauchervertretung und –bildung, Gesundheit und Sicherheit und wirtschaftliche Interessen der Verbraucher in den Vordergrund rückte.[232] Bestätigt wurden die verbraucherpolitischen Absichten der Kommission schließlich auch durch den Beschluss Nr. 283/1999/EG des Europäischen Parlamentes und des Rates vom 25. Januar 1999 über einen allgemeinen Rahmen für Gemeinschaftstätigkeiten zugunsten der Verbraucher[233], welcher die angesprochenen Tätigkeitsbereiche nochmals ausdrücklich hervorhebt und in einem Anhang eine detaillierte Auflistung möglicher Tätigkeiten der Gemeinschaft in den angesprochenen Bereichen enthält. Auch die Entschließung des Rates vom 28. Juli 1999 über die Verbraucherpolitik der Gemeinschaft 1999 - 2001[234] begrüßt den Aktionsplan und ersucht die Kommission, die darin vorgeschlagenen Maßnahmen unter Beachtung des genannten Beschlusses durchzuführen.

Die nachgezeichnete Entwicklung verdeutlicht, dass ein europäisches Verbraucherrecht in den vergangenen drei Jahrzehnten stark an Bedeutung gewonnen hat. *„Dieser Aufstieg hat sich in einer EG-typischen Abfolge von politischem Impuls, vorbereitenden und begleitenden Aktionsprogrammen, Rechtssetzung, Evaluation und politischer Rückmeldung vollzogen."*[235]

Bestimmung und Umfang der Kompetenzen der Gemeinschaft in der Verbraucherschutzpolitik haben mit den Verträgen von Maastricht und Amsterdam einen vorläufigen Höhepunkt gefunden. Schon mit dem Unions-Vertrag von Maastricht wurde der Beitrag der Europäischen Gemeinschaft zum Schutz des Verbrauchers ausdrücklich in Artt. 3 Abs. lit. s und 129a EG-Vertrag verankert. Die Tätigkeit der Gemeinschaft stellte aber – anders als z.B. die Umweltpolitik (Art. 3 Abs. 1 lit. l) – noch keine eigene Gemeinschaftspolitik dar; vielmehr war sie eingebunden in die Politik der Mitgliedstaaten und sollte zu deren Verwirklichung nur ergänzend „beitragen". Dies bestätigt auch der *EuGH*, der Art. 129a EG-Vertrag ausdrücklich eine nur *„begrenzte Tragweite"* attestiert hat.[236]
Mit der Neufassung von Art. 153 durch den Amsterdamer Vertrag wird nunmehr deutlich, dass der Verbraucherschutz einen eigenständigen gleichberechtigten Politikbereich der Gemeinschaft bildet.[237] Gleichwohl lässt sich der beibehaltenen Formulierung „Beitrag leisten" entnehmen, dass auch in der nunmehr gel-

---

[232] KOM (98) 696 endg.
[233] vgl. insbesondere Art. 4 des Beschlusses, ABl. EG 1999 Nr. L 34/1
[234] ABl. EG 1999 Nr. C 206/1
[235] *Höland*, in: Law and diffuse interests, 195, 218
[236] *EuGH* 7.3.1996 – Rs. C-192/94 (*El Corte Inglés*), Slg. 1996, I-1281, Tz. 19
[237] *Reich*, VuR 1999, 3, 5, 10; *Grub*, in: *Lenz*, EGV, Art. 153, Rz. 1; *Reichenbach*, ZEuP 1998, 413, 416 - vgl. schon Darstellung unter 1. Kapitel: § 3 C. (S.39ff)

tenden Fassung in erster Linie die Mitgliedstaaten für den Verbraucherschutz zuständig sind.[238] Diese Einschätzung spiegelt sich auch in der Entschließung des Rates vom 28. Juli 1999 über die Verbraucherpolitik der Gemeinschaft 1999 - 2001[239] wider, in der es heißt:

> *„Die Verbraucherpolitik der Gemeinschaft sollte die Politik der Mitgliedstaaten unterstützen und ergänzen..."*

Seit Maastricht ist die Verbraucherpolitik zweigleisig angelegt. Zum einen macht Art. 153 Abs. 3 lit. a durch seinen Verweis auf Maßnahmen nach Art. 95 den Verbraucherschutz ausdrücklich zum Gegenstand rechtsharmonisierender Akte, deren Zweck notwendig binnenmarktfinal ausgerichtet ist.[240] Überdies besteht aufgrund von Art. 153 Abs. 3 lit. b die Möglichkeit, über das Kriterium der Binnenmarktverwirklichung hinaus Verbraucherpolitik als eigenständigen Bestandteil der Gemeinschaftspolitik auf EG-Ebene zu betreiben.[241] Dies war bis zur Einfügung von Art. 129a EG-Vertrag nur sehr begrenzt unter den Voraussetzungen des Art. 235 EWG-Vertrag (jetzt Art. 308) möglich.[242]
Trotz der Verankerung von Art. 129a Abs. 1 lit. b EG-Vertrag wurde diese Möglichkeit unter anderem wegen Unsicherheiten über die Bedeutung der Formulierung „spezifische Aktionen" nur ganz vereinzelt genutzt.[243] Teilweise wurde

---

[238] vgl. *Reich*, VuR 1999, 3, 5; *Grub*, in: *Lenz*, EGV, Art. 153, Rz. 6; vor dem Vertrag von Amsterdam: *Taschner*, in: *Everling/Roth*, Mindestharmonisierung, 159, 163; *Krämer*, in: *v.d.Groeben/Thiesing/Ehlermann*, EGV, Art. 129a 11f; *Engelhard*, in: *Lenz*, EGV (1994), Art. 129a, Rz. 4; *Micklitz/Reich*, EuZW 1992, 593ff; *Langguth*, in: *Lenz*, EGV, Art. 5, Rz. 44; *Dreher*, JZ 1997, 167, 175; *Reich*, Verbraucherrecht, 40; **aA** *ders.*, ZEuP 1994, 380ff, der schon damals eine offizielle Gemeinschaftspolitik bejahte. - vgl. zu Art. 153 Abs. 3 lit. b Darstellung unter 2. Kapitel: § 4 B. II. (S.61ff)

[239] ABl. EG 1999 Nr. L 206/1, insbesondere Erwägungsgrund 6

[240] vgl. schon Darstellung unter 1. Kapitel: § 3 C. (S.39ff)

[241] *Wolf*, in: *Grabitz/Hilf*, EG-Verbraucher- und Datenschutzrecht, A1, Rz. 7; *Heiss*, ZEuP 1996, 625, 629, 630; *Müller-Graff*, in: *Horn/Baur/Stern*, 40 Jahre Römische Verträge, 107, 117; *ders.*, ZHR 159 (1995), 34, 76; *Matusche*, EU-Verbraucherschutz und deutsches Bankvertragsrecht, 7, 8; *Krämer*, in: *v.d.Groeben/Thiesing/Ehlermann*, EGV, Art. 129a, Rz. 18, 21; *Grub*, in: *Lenz*, EGV, Art. 153, Rz. 27f; *Reich*, Verbraucherrecht, 40 - vgl. zur *„begrenzten Tragweite"* des Art. 129a Abs. 1 lit. b EG-Vertrag auch Darstellung unter 2. Kapitel: § 4 B. II. (S.61ff)

[242] *Engelhard*, in: *Lenz*, EGV (1994), Art. 129a, Rz. 1

[243] Bisher einzige Maßnahme der Gemeinschaft, die sich ausdrücklich auf Art. 129a Abs. 2 iVm Abs. 1 lit. b EG-Vertrag stützen, sind die Richtlinie 98/6/EG des Europäischen Parlamentes und des Rates vom 16.02.1998 über den Schutz der Verbraucher bei der Angabe der Preise der ihnen angebotenen Erzeugnisse, ABl. EG 1998 Nr. L 80/27 sowie die Entscheidung 3092/94/EG zur Errichtung eines gemeinschaftlichen Informationssystems über Haus- und Freizeitunfälle, ABl. EG 1994 Nr. L 331. - vgl. *Reich*, VuR 1999, 3; *Krämer*, in:

aufgrund dieser Bezeichnung in lit. b im Gegensatz zu Maßnahmen in lit. a vertreten, dass nur lit. a die legislatorische Tätigkeit der Gemeinschaft regelt und lit. b nicht auch den Erlass von Gemeinschaftsakten mit legislatorischem Inhalt umfassen könne.[244] Nach überwiegender Ansicht war jedoch schon vor Inkrafttreten des Amsterdamer Vertrages auch in lit. b eine legislative Ermächtigung zu sehen.[245] Die Wortwahl deutete eher darauf hin, dass die Verfasser des Vertrages die gemeinschaftlichen Aktionen auf einzelne, punktuelle Maßnahmen beschränkt sehen wollten.[246]
Durch die Angleichung der Wortwahl in lit. a und lit. b in Maßnahmen im Rahmen des Amsterdamer Vertrages wird die bisher vorherrschende Meinung de lege lata bestätigt. Auch die nicht binnenmarktfinalen Maßnahmen der Gemeinschaft nach lit. b können eine verbindliche Rechtsgestaltung zum Inhalt haben.[247]
Art. 129a EG-Vertrag ist nach dem Gesagten zumindest in seinem lit. b als echte Erweiterung der verbraucherpolitischen Kompetenzen der Gemeinschaft angesehen worden.[248] Nach anderer Ansicht[249] hatte die Festschreibung der Verbraucherpolitik im Maastrichter Unionsvertrag eine *„eher klarstellende als kompetenzbegründende Funktion“*.[250]

Dem ist in Bezug auf lit. a uneingeschränkt zuzustimmen. Die Interpretation von lit. a als bloße kompetenzrechtliche Klarstellung korrespondiert mit der schon in der Vorbinnenmarktzeit herrschenden Meinung, dass gerade (auch) durch Har-

v.d.Groeben/Thiesing/Ehlermann, EGV, Art. 129a, Rz. 23; *Hoffmann*, in: *Heusel*, Neues europäisches Vertragsrecht und Verbraucherschutz, 39, 40

244 so z.B. *Taschner*, in: *Everling/Roth*, Mindestharmonisierung, 159, 163

245 so schon vor der Klarstellung in Art. 153 der Amsterdamer Fassung: *Micklitz/Reich*, EuZW 1992, 593, 597; *Heiss*, ZEuP 1996, 625, 630; *Krämer*, in: *v.d.Groeben/Thiesing/Ehlermann*, EGV, Art. 129a, Rz. 18, 19; *Engelhard*, in: *Lenz*, EGV (1994), Art. 129b, Rz. 8, 9; *Gamerith*, ÖJZ 1997, 165, 170 - vgl. Darstellung unter 2. Kapitel: § 4 B. II. (S.61ff)

246 *Krämer*, in: *v.d.Groeben/Thiesing/Ehlermann*, EGV, Art. 129a, Rz. 18, 19

247 vgl. zu den Auswirkungen des Amsterdamer Vertrages auf den Verbraucherschutz die Darstellung bei *Reichenbach*, ZEuP 1998, 413, 415f sowie unter 2. Kapitel: § 4 B. II. (S.61ff)

248 *Engelhard*, in: *Lenz*, EGV (1994), Art. 129a, Rz. 1; *Grub*, in: *Lenz*, EGV, Art. 153, Rz. 1; *Matusche*, EU-Verbraucherschutz und deutsches Bankvertragsrecht, 7; *Micklitz/Reich*, EuZW 1992, 593, 597

249 *Reich*, ZEuP 1994, 381, 386; *ders.*, Privatrecht und Verbraucherschutz in der Europäischen Union, 5; *ders.*, Verbraucherrecht, 39; *Gebauer*, Grundfragen der Europäisierung des Privatrechts, 130; wohl auch *Wichard*, in: *Callies/Ruffert*, EGV, Art. 153, Rz. 8

250 Nach *Reich*, aaO stellte sich nach Einführung des Art. 129a EG-Vertrag aber die Frage einer Trennung von binnenmarktbezogenen Maßnahmen nach lit. a und spezifischen Aktionen nach lit. b; diese Versuche hält *Reich* im Ergebnis allerdings für unergiebig, da sich hinsichtlich Verfahren und Kompetenzen keine Unterschiede in der Behandlung von lit. a und b ergeben.

monisierung des Verbraucherschutzrechts das Ziel der Herstellung des Gemeinsamen Marktes verfolgt werden konnte.[251] Ginge man von einer erst neu geschaffenen Kompetenzgrundlage für die Gemeinschaft aus, so wären die vor dem Maastrichter Vertrag geschaffenen Richtlinien zum Verbraucherschutz auf Grundlage des Artt. 100, 100a EWG-Vertrag kompetenzwidrig erlassen.[252]
Im Hinblick auf die Möglichkeit spezifischer Aktionen nach Art. 129a Abs. 1 lit. b EG-Vertrag bzw. Maßnahmen nach Art. 153 Abs. 3 lit. b in der Amsterdamer Fassung ist der letztgenannten Auffassung zuzugeben, dass ausweislich der Materialien in der Tat keine umfangreiche allumfassende Kompetenzgrundlage für den Verbraucherschutz im nicht binnenmarktfinalen Tätigkeitsbereich geschaffen werden sollte. Dennoch handelt es sich bei lit. b um eine ausdrückliche – wenn auch auf Beiträge beschränkte – Kompetenzerweiterung der Gemeinschaft für Maßnahmen im nicht binnenmarktfinalen Tätigkeitsbereich.
Im Ergebnis stimmen beide Ansichten insoweit überein, als dass der Verbraucherschutz in der EU nach Maastricht nicht als bloße Annexkompetenz zu gelten hat, sondern einen eigenständigen Bestandteil der Gemeinschaftstätigkeit darstellt.[253]
Bestätigt wird diese Einschätzung auch durch die schon genannte jüngere Entscheidung des *EuGH* in der Rechtssache *Dillenkofer*. In Bezug auf Art. 7 der Richtlinie über Pauschalreisen[254] anerkannte das Gericht den Verbraucherschutz als eigenständiges Richtlinienziel und nicht nur als Reflex einer auf die Herstellung des Binnenmarktes zielenden Maßnahme.[255]

---

[251] vgl. schon Darstellung unter 1. Kapitel: § 2 A. (S.13) und 1. Kapitel: § 3 C. (S.39ff), insb. Fn. 218

[252] vgl. dazu *Rambow*, EuR 1981, 240ff und *Krämer*, EWG-Verbraucherrecht, Rz. 18ff; *Close*, Georges, The Legal Basis for the Consumer Protection Programme of the EEC and Priorities for action, in: *Woodroffe* (Hrsg.), Consumer Law in the EEC, London 1984

[253] *Micklitz/Reich*, EuZW 1992, 593, 597; *Heiss*, ZEuP 1996, 625, 626; *Grub*, in: *Lenz*, EGV, Art. 153, Rz. 2

[254] Richtlinie 90/314/EWG des Rates vom 13.6.1990 über Pauschalreisen, ABl. EG 1990 Nr. L 158/59

[255] *EuGH* 8.10.1996 – verb. Rs. C-178, C-179, C-188, C-189 und C-190/94 (*Dillenkofer*), Slg. 1996, I-4845, Tz. 39

2. Kapitel: Harmonisierung auf Mindeststandardbasis – Optionen in Richtlinien

§ 4 Die *neue Strategie* zur Harmonisierung und ihre Auswirkungen auf den Binnenmarkt

Das Binnenmarktkonzept der Europäischen Gemeinschaft verfolgt das Ziel, alle tatsächlichen Beschränkungen der Freiheit des Binnenmarktes aufzuheben; es kann – wie gesehen[256] – auch eine Angleichung des Privatrechts der Mitgliedstaaten erfordern. Ein Instrument der richtliniengesteuerten Rechtsangleichung, welches dieses Ziel verfolgt, ist die sog. Mindestharmonisierung. Dieser Harmonisierungsansatz, der im Bereich des europäischen Verbraucherrechts häufig im Zusammenhang mit der sog. optionellen Harmonisierung[257], d.h. der ausdrücklichen Einräumung einer Öffnungsklausel steht, zeichnet sich durch die Vorgabe von Mindeststandards aus, die einen Sockelbestand an einheitlich geltenden (Schutz)normen im Sinne eines zwingenden Grundtatbestandes gewährleisten.

Das sekundäre Gemeinschaftsrecht setzt damit positive Standards z.B. im Bereich des Schuldvertragsrechts, die von den Mitgliedstaaten bei der Umsetzung nicht unterschritten, aber durch strengere nationale Regelungen ergänzt werden können. Seit 1985 ist die Harmonisierung auf Mindeststandardbasis bevorzugtes Instrument der Gemeinschaft zur Privatrechtsangleichung, verstärkt praktiziert z.B. in den Bereichen Arbeits-, Handels- und Gesellschaftsrecht, insbesondere aber im Bereich des hier in Rede stehenden Verbraucherrechts.[258]

A. Die neue Strategie zur Harmonisierung

Im Jahre 1985 legte die EG-Kommission ihr *Weißbuch zur Vollendung des Binnenmarktes*[259] vor. In diesem wurde – auf früher erarbeitete Konzepte aufbauend – eine sog. *neue Strategie*[260] zur Harmonisierung vorgestellt, die zu einem entscheidenden Instrument der Durchführung des gleichzeitig präsentierten Binnenmarktprogramms avancieren sollte.

---

[256] vgl. schon Darstellung unter 1. Kapitel: § 1 A. (S.1ff)

[257] vgl. zur Terminologie schon Darstellung unter 1. Kapitel: § 1 A. (S.1ff), Fn. 29 und 30

[258] Eine sehr umfassende Auseinandersetzung mit der Mindestharmonisierung in den aufgeführten Bereichen findet sich in den Referaten des 7. Bonner Europa-Symposiums vom 27.4.1996, abgedruckt in: *Everling/Roth*, Mindestharmonisierung im Europäischen Binnenmarkt.

[259] *Weißbuch* der Kommission zur Vollendung des Binnenmarktes, KOM (85) 310 endg. vom 14.6.1985

[260] *Weißbuch*, aaO, S. 19, Nr. 61ff - teilweise wird auch von *neuer Konzeption* gesprochen

I. Harmonisierung auf Mindeststandardbasis

Im Rahmen der Bestrebungen der Gemeinschaft, einen Gemeinsamen Markt bzw. später einen Binnenmarkt herzustellen, lassen sich zwei konzeptionell konträre Harmonisierungsansätze unterscheiden: der Ansatz der vollständigen Harmonisierung und die erwähnte *neue Strategie* im Rahmen des *Weißbuchs*[261] der Kommission

Bis 1985 galt der Ansatz der vollständigen Harmonisierung (Totalharmonisierung). Handelshemmende nationale Vorschriften sollten durch angeglichene Gemeinschaftsvorschriften ersetzt werden; an die Stelle einer jeden nationalen Vorschrift sollte eine gemeinschaftsrechtliche treten.[262] Diese Strategie erwies sich obschon oder gerade wegen ihres totalen Ansatzes als für das angestrebte Ziel des Gemeinsamen Marktes bzw. Binnenmarktes wenig förderlich. So scheiterten viele Vorhaben an der mangelnden Konsensfähigkeit der Mitgliedstaaten; die detaillierten Ausarbeitungen waren aufgrund der Vielzahl möglicher Ansatzpunkte auf einige wenige Sachbereiche beschränkt, die ob ihrer vermeintlichen oder tatsächlichen Zufälligkeit und einseitiger Interessengewichtung vermehrt kritisiert wurden.[263] Die Vorhaben wurden zwar von dem anerkannten Ziel geleitet, die Lebensqualität innerhalb der Gemeinschaft zu verbessern und den Markt transparenter zu machen, scheiterten jedoch im Europa der einzelnen Nationen in vielen Fällen an spezifischen nationalen Sichtweisen. Der Wille zur Durchsetzung gewachsener und legitimer nationaler Besonderheiten auf europäischer Ebene entfaltete so eine retardierende Wirkung innerhalb der Rechtsangleichung.
Im *Weißbuch* von 1985 ging die EG-Kommission dann als Reaktion auf die wenig befriedigende Bilanz des ersten Harmonisierungsansatzes zu der genannten *neuen Strategie* über und verkündete damit ein völlig gewandeltes Harmonisierungsverständnis. Angeglichen werden sollte von nun an nur noch ein Mindestmaß, ein Gerüst mit dem wichtigsten Eckpunkten;[264] im Rest sollten die Mitgliedstaaten ihre nationalen Regelungen gegenseitig anerkennen.[265]
Im Vordergrund der *neuen Strategie* sollte die wechselseitige Anerkennung der Rechtsordnungen stehen, nicht deren weitestgehende Angleichung. Dieser An-

---

261 *Weißbuch* der Kommission zur Vollendung des Binnenmarktes, KOM (85) 310 endg. vom 14.6.1985
262 vgl. *Weißbuch*, aaO, S. 19, Nr.65
263 vgl. schon Darstellung unter 1. Kapitel: § 3 A. (S.25ff)
264 *Grundmann*, Europäisches Schuldvertragsrecht, §1, Rz. 25ff – vgl. noch die ausführliche Darstellung unter 4. Kapitel: § 9 A. I. (S.223ff)
265 *Weißbuch*, aaO, S.18f, 27

satz basiert im Wesentlichen auf der sog. *Cassis*-Rechtsprechung des *EuGH*[266], nach der grundsätzlich alle mitgliedstaatlichen Rechtsordnungen gleichwertig sind.

Mindestharmonisierung im Sinne der *neuen Strategie* bedeutet nicht, dass nur ein zu vernachlässigendes Minimum angeglichen wird, sondern die Harmonisierung kann sehr weit und in viele Einzelheiten gehen. Der teilweise verwendete Begriff Minimalharmonisierung ist insofern irreführend, als dass nicht minimal harmonisiert, sondern das gemeinschaftliche Minimum fixiert und damit harmonisiert wird.[267] Die Mindestharmonisierung verzichtet so zwar auf eine gänzliche Rechtseinheit, das Ziel der Rechtsangleichung wird aber dennoch vorangetrieben, indem das Gemeinschaftsrecht durch positive Standards eine gewisse Strenge der Regelungen verbindlich vorschreibt.[268]
Für den Verbraucherschutz bedeutet dieser Ansatz, dass zumindest ein Sockelbestand an einheitlich geltenden Schutznormen im Sinne eines zwingenden Grundtatbestandes gewährleistet ist. Verbraucherschutzrichtlinien sichern damit ein gewisses Mindestmaß an Schutzvorschriften, auf die der Bürger – sofern er sich als Verbraucher im Sinne des europäischen Sekundärrechts qualifizieren lässt – ungeachtet von Herkunft, Wohnsitz, Tätigkeit oder Rechtswahl vertrauen kann.

II. Optionelle Harmonisierung

Einen weiteren Aspekt der *neuen Strategie* der Kommission bildet die sog. optionelle Harmonisierung.[269] Insbesondere im Bereich des europäischen Schuldvertragsrecht steht das Konzept der Mindestharmonisierung in engem Zusammenhang mit dem der optionellen Harmonisierung. So sind die genannten Richtlinien im Bereich des Verbrauchervertragsrechts so angelegt, dass die Mitgliedstaaten kraft ausdrücklicher Öffnungsklausel nicht daran gehindert sind, „in Übereinstimmung mit ihren Verpflichtungen aus dem Vertrag“ [270] über den Min-

---

[266] *EuGH* 20.02.1979 - Rs. 120/78 (*Cassis de Dijon*), Slg. 1979, 649 - vgl. zur *Cassis de Dijon* Rechtsprechung des *EuGH* Darstellung unter 3. Kapitel: § 6 B. II. 4. (S.111ff)

[267] *Remien*, in: *Everling/Roth*, Mindestharmonisierung, 181,184: *"Mancher mag ein solches 'Minimum' schon als Maximum, ja als Exzess betrachten."*

[268] vgl. zu rechtspolitischen Aspekten der Mindestharmonisierung Darstellung unter 2. Kapitel: § 4 C. (S.64ff)

[269] vgl. zur Terminologie schon Darstellung unter 1. Kapitel: § 1 A. (S.1ff), Fn. 30 und 30

[270] Solche Öffnungsklauseln enthalten mehr oder weniger wortgleich die Richtlinie zum Verbraucherkredit (Art. 15), die Richtlinie über missbräuchliche Klauseln in Verbraucherverträgen (Art.8), die Richtlinie zu außerhalb von Geschäftsräumen geschlossenen Verträgen (Art.8), die Richtlinie über Pauschalreisen (Art. 8), die Richtlinie zum Schutz der Erwerber im Hinblick auf bestimmte Aspekte von Verträgen über den Erwerb von Teilzeitnutzungsrechten an Immobilien (Art. 11), die Richtlinie über den Verbraucherschutz bei

deststandard hinausgehende Vorschriften zum Schutz des Verbrauchers aufrechtzuerhalten oder zu erlassen. Ein Kernbereich dieser *neuen Strategie* findet sich in dem oben beschriebenen Schuldvertragsrecht, insbesondere im Bereich des Verbraucherprivatrechts.
Derartige Öffnungsklauseln in den vertragsrechtlichen Richtlinien sind so als ausdrückliche Entscheidung zugunsten einer Mindestharmonisierung anzusehen. Aus diesem Grunde stellt sich die beispielsweise aus dem gesellschaftsrechtlichen Sekundärrecht bekannte Fragestellung, ob der Gemeinschaftsgesetzgeber mit der Richtlinie nur eine Mindest- oder gar eine Maximalharmonisierung beabsichtigte, vorliegend nicht.

Die benannten Optionen finden sich für den Bereich der verbraucherschützenden Richtlinien identisch oder inhaltsgleich in Art. 15 der Richtlinie zum Verbraucherkredit, Art. 8 der Richtlinie über missbräuchliche Klauseln in Verbraucherverträgen, Art. 8 der Richtlinie zu außerhalb von Geschäftsräumen geschlossenen Verträgen, Art. 8 der Richtlinie über Pauschalreisen, Art. 11 der Richtlinie zum Schutz der Erwerber im Hinblick auf bestimmte Aspekte von Verträgen über den Erwerb von Teilzeitnutzungsrechten an Immobilien, Art. 14 der Richtlinie über den Verbraucherschutz bei Vertragsabschlüssen im Fernabsatz sowie in Art. 8 Abs. 2 der Richtlinie zu bestimmten Aspekten des Verbrauchsgüterkaufs und der Garantien für Verbrauchsgüter.[271]
Die Öffnungklausel eröffnet dem Mitgliedstaat so unter bestimmten noch näher auszulotenden Bedingungen die Möglichkeit, jenseits des festgelegten Sockelbestandes weitergehende Vorschriften zum Schutz des Verbrauchers in der nationalen Rechtsordnung zu verankern bzw. beizubehalten. Auf diese Weise werden höhere Schutzstandards auf nationaler Ebene ermöglicht mit der Folge, dass innerhalb der Gemeinschaft Ausmaß und Intensität verbraucherschützender Regelungen stark differieren können. Voraussetzung ist freilich, dass die Schutzmaßnahmen tatsächlich dem Verbraucherschutz dienen, d.h. dass die nationale Regelung diesem Ziel noch näher kommt als die Gemeinschaftsregelung.

Die Gründe für die *neue Strategie* der Kommission im Bereich Verbraucherschutz sind vielgestaltig.[272] Die Vorgabe von Mindeststandards in Verbindung mit der Einräumung von Optionen erlaubt nationale Besonderheiten trotz euro-

---

Vertragsabschlüssen im Fernabsatz (Art. 14) und die Richtlinie zu bestimmten Aspekten des Verbrauchsgüterkaufs und der Garantien für Verbrauchsgüter (Art. 8 Abs. 2).

[271] Dagegen verzichtet der jüngste Vorschlag für eine Richtlinie über den Fernabsatz von Finanzdienstleistungen an Verbraucher ausweislich der 9. Begründungserwägung „in Anbetracht des mit der vorliegenden Richtlinie gewährleisteten hohen Verbraucherschutzniveaus" auf eine Mindestklausel - vgl. Darstellung unter 5. Kapitel: § 10 B. (S.247ff) sowie Nachweise der einzelnen Richtlinien und Vorschläge in Fn. 21

[272] vgl. statt aller *Grundmann*, Europäisches Schuldvertragsrecht, §1, Rz. 24ff

päischer Angleichung; die Berücksichtigung sämtlicher systematischer Besonderheiten der mitgliedstaatlichen Privatrechte bei der Schaffung eines einheitlichen europäischen Verbraucherrechts erscheint denknotwendig ausgeschlossen; dennoch können eigene, historisch gewachsene oder neue nationale Vorstellungen in die europarechtlichen Vorgaben implementiert werden. Der Harmonisierungsansatz der *neuen Strategie* sichert mithin europaweit ein gewisses Mindestmaß an Schutzvorschriften, auf die der Verbraucher ungeachtet von Herkunft, Wohnsitz, Tätigkeit oder Rechtswahl vertrauen kann.[273] Das Vertrauen des Bürgers in das Funktionieren des Binnenmarktes wird gestärkt und kann ihn ermuntern, *„seine Wahlfreiheit auch tatsächlich in einem ihm nicht vertrauten Rechtsraum zu nutzen."*[274] Auf diese Weise können unterschiedliche Systeme innerhalb der Gemeinschaft miteinander in Wettbewerb treten.[275]
Zudem spiegelt sich in der *neuen Strategie* auch das Subsidiaritätsprinzip wider, welches in der Entwicklung der Gemeinschaft immer mehr in den Vordergrund gerückt ist und schließlich mit der Verankerung von Art. 3b des EG-Vertrag von Maastricht einen vorläufigen Höhepunkt gefunden hat.[276] Zugleich wird aufgrund des fixierten Sockelbestandes an einheitlich geltenden (Schutz)vorschriften der Gefahr einer Angleichung an den laxesten Standard innerhalb der Mitgliedstaaten (sog. "*race to the bottom*") entgegengewirkt, sofern der verbindliche Mindeststandard über dem niedrigsten Standard des betreffenden Mitgliedstaates angesiedelt ist.

III. Die Notwendigkeit einer Grenzziehung für den Gestaltungsspielraum

Optionen wie Art. 15 der Verbraucherkreditrichtlinie eröffnen dem nationalen Gesetzgeber die Möglichkeit, jenseits des festgelegten Sockelbestandes weitergehende Vorschriften zum Schutz des Verbrauchers in der nationalen Rechtsordnung aufzunehmen bzw. beizubehalten. In einem ersten Schritt stellt sich nun die im Rahmen dieser Arbeit ganz essentielle Vorfrage, inwieweit dem Gestaltungsspielraum des nationalen Gesetzgebers überhaupt Grenzen gezogen werden müssen.
In der *Di Pinto*-Entscheidung[277] hat sich der *EuGH* erstmals – eher en passant – zur Reichweite einer Option geäußert. Zu Art. 8 der Richtlinie betreffend den

---

273 vgl. *Wolf*, in: *Grabitz/Hilf*, EG-Verbraucher- und Datenschutzrecht, A 1, Rz. 2; kritisch *H. Roth*, JZ 1999, 529ff

274 *Reich*, ZEuP 1994, 381, 396

275 vgl. Darstellung bei *Knaul*, Auswirkungen des europäischen Binnenmarktes der Banken, 80f – vgl. noch Darstellung unter 4. Kapitel: § 9 (S.222ff)

276 Aus diesem Grunde bestünden heute gegen eine Vollharmonisierung durch die Gemeinschaft Bedenken. - vgl. schon Darstellung unter 1. Kapitel: § 1 A. (S.1ff) und im Folgenden unter 2. Kapitel: § 4 C. (S.64ff)

277 *EuGH* 14.3.1991 – Rs. C-361/89 (*Di Pinto*), Slg. 1991, I-1189

Verbraucherschutz im Fall von außerhalb von Geschäftsräumen geschlossenen Verträgen[278] führt das Gericht im Rahmen der Zulässigkeit der Erstreckung des vorgesehenen Schutzes der Richtlinie auf bestimmte Gewerbetreibende aus:[279]

> *„In diesem Zusammenhang ist darauf hinzuweisen, dass die Richtlinie nach ihrem Artikel 8 die Mitgliedstaaten nicht daran [hindert], noch günstigere Verbraucherschutzbestimmungen auf dem Gebiet dieser Richtlinie zu erlassen oder beizubehalten.*
> *Mit dieser Bestimmung soll definiert werden, welche Gestaltungsräume den Mitgliedstaaten auf dem von der Richtlinie erfassten Gebiet, nämlich dem Verbraucherschutz, verbleiben. Sie kann deshalb nicht so ausgelegt werden, dass sie es den Mitgliedstaaten untersagt, Maßnahmen auf dem Gebiet wie dem des Schutzes des Gewerbetreibenden zu ergreifen, für das sie nicht gilt."*

Die Ausführungen des Gerichts bestätigen so im Wesentlichen nur den Wortlaut der Richtlinie, versehen mit einer negativen Aussage, wie die Option nicht ausgelegt werden kann. Auf eine positive Bestimmung der Gestaltungsspielräume der Mitgliedstaaten bei der Umsetzung hat der *EuGH* aber gänzlich verzichtet. Insofern ist die Stellungnahme des Gerichts für die hier vorzunehmende positive Fassung des Gestaltungsspielraumes nur am Rande zweckdienlich. Ähnlich unscharf bleibt die Stellungnahme des Generalanwalts am *EuGH Léger*, welche er unlängst im Rahmen seiner Schlussanträge zur Entscheidung des *EuGH* vom 23. März 2000 in der Rechtssache *Berliner Kindl*[280] abgab. Zur Frage der Zulässigkeit der Erweiterung des deutschen Verbraucherbegriffs führt er im Hinblick auf Art. 15 der Richtlinie aus:[281]

> *„[...] Die Richtlinie 87/102 sieht nämlich eine Mindestharmonisierung vor. Sie ermächtigt die Mitgliedstaaten ausdrücklich, weitergehende Vorschriften zum Schutz der Verbraucher aufrechtzuerhalten oder zu erlassen.*
> *Insofern haben die deutschen Behörden, als sie die Anwendung der Richtlinie auf von ihr nicht ausdrücklich erfasste Personen und Fälle erstreckt haben, nicht au-*

[278] Richtlinie 85/577/EWG des Rates vom 20.12.1985 betreffend den Verbraucherschutz im Falle von außerhalb von Geschäftsräumen geschlossenen Verträgen, ABl. EG 1985 Nr. L 372/31

[279] *EuGH* 14.3.1991 – Rs. C-361/89 (*Di Pinto*), Slg. 1991, I-1189, Tz. 21, 22 – vgl. zur Bedeutung dieser Entscheidung für den europäischen Verbraucherbegriff schon Darstellung unter 1. Kapitel: § 3 B. (S.33ff)

[280] *EuGH* 23.3.2000 - Rs. C-208/98 (*Berliner Kindl Brauerei*), Slg. 2000, I-1741 = EuZW 2000, 339

[281] Generalanwalt am *EuGH Léger* im Rahmen der Schlussanträge vom 28.10.1999 zu *EuGH* 23.3.2000 – Rs. C-208/98 (*Berliner Kindl Brauerei*), Slg. 2000, I-1741, Tz. 26 – vgl. zu dieser Entscheidung noch ausführlich unter 4. Kapitel: § 8 A. I. (S.195ff)

tonom und einseitig gehandelt, sondern aufgrund der Richtlinie selbst und in vollem Einklang mit dem Willen des Gemeinschaftsgesetzgebers. Die "Erstreckung" des Geltungsbereichs der Richtlinie durch die deutschen Behörden beruht damit auf einer gemeinschaftsrechtlichen Grundlage.
Außerdem hält sich diese Erstreckung offensichtlich in den Grenzen des Bereichs, den die Richtlinie regeln sollte, nämlich des Verbraucherkredits."

Diesen Ausführungen lässt sich entnehmen, dass dem deutschen Gesetzgeber nach Ansicht des Generalanwalts zwar ein begrenzter Gestaltungsspielraum bei der Umsetzung der Verbraucherkreditrichtlinie verbleibt; wie dessen Reichweite zu bestimmen ist, bleibt jedoch völlig offen. Mit der Formulierung, dass sich diese Erstreckung – gemeint ist die Ausweitung des Verbraucherbegriffs auf Existenzgründer sowie Kreditverträge über 20.000 ECU[282] – *„offensichtlich in den Grenzen des Bereichs, den die Richtlinie regeln sollte"*, hält, kommt allerdings deutlich zum Ausdruck, dass der Generalanwalt offenbar von einem bestimmten begrenzten *„Bereich"* zur Ausgestaltung durch den nationalen Gesetzgeber ausgeht.

Dem Versuch der positiven Ausgestaltung des mitgliedstaatlichen Spielraums muss methodisch allerdings die auch vom *EuGH* und Generalanwalt angedeutete Frage vorausgehen, ob dem nationalen Gesetzgeber diesbezüglich überhaupt Vorgaben gemacht werden müssen bzw. ob der Gestaltungsspielraum nicht vielmehr unbeschränkt besteht. Rückschlüsse auf die Ansicht des *EuGH*, dass hier sehr wohl Grenzen der Auslegung bestehen, lassen sich dem Urteil *Di Pinto* aufgrund der negativen Formulierung in Tz. 21 eindeutig entnehmen. Auch Generalanwalt *Léger* geht ausweislich seiner Stellungnahme davon aus, dass *„Grenzen"*[283] des Regelungsbereichs bestehen. In der rechtswissenschaftlichen Literatur ist die Frage nicht einhellig beantwortet worden; die wenigen vorhandenen Stellungnahmen behandeln die Thematik zumeist nur en passant.[284]
In der Literatur[285] wurde bezüglich Art. 15 der Verbraucherkreditrichtlinie vertreten, jede Abweichung eines nationalen Umsetzungsgesetzes von der Richtlinie, welche zu einer Ausweitung des Verbraucherschutzes führt, sei von der Richtlinie automatisch gedeckt. Eine Option wie Art. 15 VerbrKrRL stelle dem-

---

[282] vgl. noch Darstellung unter 2. Kapitel: § 5 C. I. 1. (S.79ff)

[283] Tz. 69 der Schlussanträge, aaO

[284] *Schmelz/Klute*, ZIP 1989, 1509, 1515; *Emmerich*, FLF 1991, 140, 144; *Schirnding*, FLF 1996, 25ff; *Brechmann*, Richtlinienkonforme Auslegung, 274; ausführlicher *Wolf*, in: Festschrift *Heinsius*, 967, 970; *Bleckmann*, ZGR 1992, 365, 373; *Schmidt*, Der Einfluss europäischer Richtlinien auf das Privatrecht, 43, 44; *Heß*, Die Umsetzung von EG-Richtlinien im Privatrecht, 111f

[285] so eher beiläufig: *Schmelz/Klute*, ZIP 1989, 1509, 1515; ähnlich undifferenziert: *Heß*, Die Umsetzung von EG-Richtlinien im Privatrecht, 111, 112

nach klar, *„dass die Mitgliedstaaten nicht gehindert sind, – in unbegrenztem Umfang – weitergehende Verbraucherschutzvorschriften aufrechtzuerhalten oder zu erlassen."*[286] Diese Ansicht erscheint schon deshalb zweifelhaft, da sie im Widerspruch zum klaren Wortlaut des Art. 15 VerbrKrRL steht. Art. 15 VerbrKrRL stellt die Ausweitung des Verbraucherschutzes unter den Vorbehalt der „Übereinstimmung mit den Verpflichtungen aus dem Vertrag"[287]. Dieses Element findet sich identisch oder inhaltsgleich in allen aufgeführten Optionen.[288]

Von Bedeutung für den Umfang des nationalen Gestaltungsspielraums ist demnach die Frage, welche rechtliche Bedeutung dieser Formulierung bzw. der inhaltsgleichen Bestimmung „mit dem Vertrag vereinbar" zukommt. Einerseits ließe sich diese Klausel in dogmatischer Hinsicht als redundant abtun[289], ist doch die EG-Vertragskonformität ohnehin unabdingbare Voraussetzung einer wirksamen Richtlinienvorgabe und Umsetzung in nationales Recht. Eine Bindung der Mitgliedstaaten an den Vertrag ergibt sich zudem auch aus Art. 10 (Art. 5 EG-Vertrag). Der EG-Vertrag bindet Richtliniengeber und Mitgliedstaat aus diesem Grunde auch dann, wenn die Optionen diese Zusätze nicht enthielten; so steht z.B. das Erfordernis der EG-Vertragskonformität auch im Falle der Ausübung von Gestaltungsrechten außer Frage, die die Mindestharmonisierung per se, d.h. ohne die ausdrückliche Einräumung einer Option den Mitgliedstaaten eröffnet.

Auf der anderen Seite ist zu konstatieren, dass diese Formulierung in zahlreichen Richtlinien seit 1985 wiederholt verwendet wird. Darin könnte zum einen eine bloße deklaratorische Bestätigung des Erfordernisses der EG-Vertragskonformität zu sehen sein, mit der der Richtliniengeber – wenn auch dogmatisch redundant – die Notwendigkeit der Beschränkung des nationalen Umsetzungsspielraums noch einmal explizit zum Ausdruck bringen wollte. Andererseits ist aber auch die Möglichkeit, dass der Richtliniengeber einen darüber hinaus gehenden Zweck mit der Klausel verfolgte, nicht einfach von der Hand zu weisen. Mögliche Ansatzpunkte zur Interpretation der genannten Öffnungsklausel sollen aber erst nachfolgend untersucht und in allgemein

---

286 *Schmelz/Klute*, ZIP 1989, 1509, 1515, Punkt 10

287 Mit „Vertrag" wird freilich auf den EG-Vertrag Bezug genommen - ausdrücklich nun auch in diesem Sinne Art. 14 der Richtlinie 97/7/EG des Europäischen Parlamentes und des Rates vom 20.5.1997 über den Verbraucherschutz bei Vertragsabschlüssen im Fernabsatz, ABl. EG 1997 Nr. L 144/19

288 vgl. schon Darstellung unter 2. Kapitel: § 4 A. II. (S.51ff)

289 *Taschner*, in: *Everling/Roth*, Mindestharmonisierung, 159, 169 bezeichnet den Zusatz gar als *„sibyllinisch"*; *Klauer*, Die Europäisierung des Privatrechts, 135, 136 spricht von einer *„Selbstverständlichkeit"*; nach *Pfeiffer*, in: *Grabitz/Hilf*, EG-Verbraucher- und Datenschutzrecht, A5 Art. 8, Rz. 20 ist der Hinweis *„deklaratorischer Natur"*; ähnlich *Glöckner*, GRUR Int. 2000, 29, 32

klausel sollen aber erst nachfolgend untersucht und in allgemein gültiger Form gedanklich übertragen werden.[290]
Über diese dogmatischen Erwägungen hinaus führt eine Interpretation im Sinne einer unbeschränkten Gestaltungsfreiheit auch zu einem unüberbrückbaren Konflikt mit dem eigentlich verfolgten Harmonisierungskonzept der Kommission. Ein solches Verständnis der Optionen würde die Mitgliedstaaten nahezu herausfordern, völlig unterschiedliche nationale Regelungen in den betreffenden Verbraucherschutzbereichen einzuführen und so dem erklärten Ziel der Harmonisierung geradezu entgegenwirken. Das Ziel der Rechtsangleichung mit dem Ziel des Binnenmarkts würde auf diese Weise letztendlich ad absurdum geführt.

Die Betrachtungsweise von *Schmelz/Klute*[291] ist demzufolge in mehrfacher Hinsicht unzulänglich. Zum einen vernachlässigt sie den klaren Wortlaut der aufgeführten Optionen, zum anderen verkennt sie den an sich selbstverständlichen Vorrang des EGV als höherrangiges Recht gegenüber jeder Richtlinie, welcher die Kompetenzen der Kommission, des Rates und des Europäischen Parlaments beim Erlass von Richtlinien begrenzt.[292] Mögliche weitere Interpretationsansätze lassen die beiden Autoren ganz außer Betracht. Auch aus rechtspolitischer Sicht führt sie zu den dargestellten im Ergebnis untragbaren Resultaten.[293]

B. Rechtsgrundlagen der neuen Strategie

Angesichts des gewandelten Harmonisierungsansatzes der Kommission stellt sich die Frage, ob die *neue Strategie* in Form der Mindestharmonisierung insbesondere aus kompetenzrechtlicher Sicht Bedenken begegnet.

I. Die Zulässigkeit der Mindestharmonisierung nach Art. 95 (Art. 100a EG-Vertrag)

Im EGV finden sich nur vereinzelt ausdrückliche Rechtsgrundlagen für die Harmonisierung auf Mindeststandardbasis. So spricht Art. 138 (Art. 118a Abs. 2 EG-Vertrag) explizit von Mindestvorschriften, während sich im Falle der Artt.

---

290 vgl. Darstellung unter 3. Kapitel: (S.89ff)
291 *Schmelz/Klute*, aaO
292 in diesem Sinne auch *Wolf*, in: Festschrift *Heinsius*, 967, 970; *Schmidt*, Der Einfluss europäischer Richtlinien auf das Privatrecht, 43, 44; *Hoffmann*, in: *Heusel*, Neues europäisches Vertragsrecht und Verbraucherschutz, 39, 50; *Klauer*, Die Europäisierung des Privatrechts, 135, 136 und speziell für das Lauterkeitsrecht 422; *Glöckner*, GRUR Int. 2000, 29, 32; indirekt lässt sich dieses Ergebnis auch der oben zitierten Entscheidung *EuGH* 14.3.1991 – Rs. C-361/89 (*Di Pinto*), Slg. 1991, I-1189, Tz. 21, 22 entnehmen.
293 vgl. zu den rechtspolitischen Aspekten der Mindest- und optionellen Harmonisierung Darstellung unter 2. Kapitel: § 4 C. (S.64ff)

153 Abs. 3, 175 (Artt. 129a Abs. 2, 130 s EG-Vertrag) der Charakter der Bestimmungen als Mindestvorschriften erst aus den nachfolgenden Ermächtigungen an die Mitgliedstaaten ergibt, über den so fixierten Mindestbestand hinauszugehen.[294] Aufgrund dieser Struktur des EGV stellt sich die Frage, ob mit obiger Aufzählung die Rechtsgrundlagen für eine Mindestharmonisierung abschließend geregelt sind oder ob nicht vielmehr die Mindestharmonisierung eine grundsätzliche Alternative zur Regulierung auf festem Niveau durch die Gemeinschaft darstellt.
Eine solche These lässt sich auf den bereits dargelegten Grundsatz der Subsidiarität gem. Art. 5 stützen, betrachtet man doch das Konzept der Mindestharmonisierung grundsätzlich als Ausfluss der wachsenden Bedeutung eben dieses Subsidiaritätsgrundsatzes.[295] Es korrespondiert mit dem in Art. 5 Abs. 3 verankerten Erforderlichkeitsgrundsatz, der als Teilaspekt des Subsidiaritätsprinzips im weiteren Sinne gleichzeitig eine Ausprägung des allgemeinen Grundsatzes der Verhältnismäßigkeit darstellt; letzterer wiederum hat sich zu einem überragend wichtigen Gesichtspunkt im Gemeinschaftsrecht nicht nur in der Entscheidungspraxis des *EuGH* entwickelt.[296] Diese Grundeinschätzung spiegelt sich auch in den Stellungnahmen des Europäischen Rates von Edinburgh von 1992 wider:

> *"Erweist es sich als notwendig, auf Gemeinschaftsebene bestimmte Normen festzulegen, so sollen Mindestnormen in Erwägung gezogen werden; dabei wäre den Mitgliedstaaten freigestellt, selbst höhere Normen festzulegen, und zwar nicht nur in Bereichen, in denen der Vertrag dies erfordert (Artikel 118a und 130t), sondern auch in anderen Bereichen, soweit dies mit den Zielen der vorgeschlagenen Maßnahme oder dem Vertrag vereinbar ist."*[297]

Ob in der Mindestharmonisierung infolgedessen grundsätzlich eine zulässige Harmonisierungsalternative zu sehen ist, soll im Rahmen dieser Arbeit nicht erörtert werden.[298] Methodisch notwendig ist es jedoch, die für den Verbraucherschutz bedeutsame Handlungsermächtigung nach Art. 95 unmittelbar bzw. über

---

[294] vgl. Artt. 153 Abs. 5, 176 (Artt. 129a Abs. 3, 130t EG-Vertrag)

[295] *Streinz*, in: *Everling/Roth*, Mindestharmonisierung, 9, 27f; *Grundmann*, Europäisches Schuldvertragsrecht, §1, Rz. 25, 26 - vgl. schon Darstellung unter 1. Kapitel: § 1 A. (S.1ff) sowie im Folgenden unter 2. Kapitel: § 4 C. (S.64ff)

[296] vgl. beispielhaft die Ausführungen in *EuGH* 12.3.1987 - Rs. 178/84 (*Kommission./.BRD)*, Slg. 1987, 1227, 1274; vgl. auch *v.Bogdandy/Nettesheim*, in: *Grabitz/Hilf*, EGV, Art. 3b, Rz. 43; *Zuleeg*, in: *v.d.Groeben/Thiesing/Ehlermann*, EGV, Art. 3b, Rz. 29 mwN; *Langguth*, in: *Lenz*, EGV, Art. 5, Rz. 30ff; *Callies*, in: *Callies/Ruffert*, EGV, Art. 5, Rz. 45ff

[297] Bulletin der EG 12-1992, S. 7ff (15), Nr. I. 19, Abs. 3 und 4 - vgl. auch Darstellung bei *Langguth*, in: *Lenz*, EGV, Art. 5, Rz. 31, 42

[298] vgl. zu diesem sowie zahlreichen weiteren diskussionswürdigen Aspekten die Referate des 7. Bonner Europa-Symposiums vom 27.4.1996, abgedruckt in: *Everling/Roth*, Mindestharmonisierung im Europäischen Binnenmarkt

den Verweis in Art. 153 Abs. 3 lit. a auf ihre Vereinbarkeit mit der *neuen Strategie* der Kommission zu untersuchen. Eine umfassende Darstellung der Handlungsermächtigung nach Art. 153 Abs. 3 lit. a. kann an dieser Stelle unterbleiben, da die – rechtsgestaltende[299] – Tätigkeit der Gemeinschaft nach lit. b aufgrund Art. 153 Abs. 5 ausdrücklich auf die Kompetenz zur Aufstellung von Mindeststandards im nicht binnenmarktfinalen Bereich beschränkt ist.

Fast alle Richtlinien, die den Bereich Verbraucherschutz betreffen, stützen sich ausdrücklich auf Art. 100a EG-Vertrag (bzw. Art. 100 EWG-Vertrag vor Erlass der Einheitlichen Europäischen Akte[300]). Seit dem *Weißbuch* der Kommission ergeht die überwiegende Zahl dieser Richtlinien – wie gesehen – zudem als Mindestvorgabe.[301] Trotz dieser Regelungspraxis stellt sich die Frage, ob eine Mindestharmonisierung auf Grundlage des Art. 95 rechtlich überhaupt zulässig ist bzw. sich in das rechtspolitische Harmonisierungskonzept der Gemeinschaft einfügt.[302]

Ausdrücklich ist eine Beschränkung auf die Harmonisierung von Mindestvorgaben in Art. 95 nicht vorgesehen, im Gegenteil erlaubt Art. 95 ausweislich seines Wortlauts sogar ein „Mehr“ an Harmonisierung, nämlich die Regulierung auf festem Niveau. Ob die Gemeinschaft anstelle dieser Art der Regulierung auch die Vorgabe von Mindeststandards vorsehen kann, kann sich nur durch eine entsprechende Auslegung der Vorschrift klären.
Wortlaut und Entstehungsgeschichte sprechen ausweislich der Materialien nicht gegen die Möglichkeit der Mindestharmonisierung. Eine Einschränkung im Wortlaut liegt unzweifelhaft nicht vor. Von seiner Entstehungsgeschichte ist Art. 95 in Zusammenhang mit der Einheitlichen Europäischen Akte und dem *Weißbuch* der Kommission zu sehen, die die Erleichterung der Rechtsangleichung vor dem Hintergrund der Binnenmarktverwirklichung zum Ziel hatten. Aus diesem Grunde trägt Art. 95 *„kompromisshafte Züge“*[303] und spricht so per se nicht gegen die Vorgabe von Mindeststandards. Auch unter teleologischen Gesichtspunkten ist die Zulässigkeit zu bejahen.[304] Das Ziel der Verwirklichung

---

[299] vgl. Nachweise in Fn. 245

[300] vgl. Nachweise in Fn. 76

[301] vgl. die in Fn. 21 aufgeführten Richtlinien und Richtlinienvorschläge, die allesamt lediglich Mindestvorgaben enthalten

[302] vgl. zu rechtspolitischen Aspekten der *neuen Strategie* Darstellung unter 2. Kapitel: § 4 C. (S.64ff)

[303] *Langeheine*, in: *Grabitz/Hilf*, EGV, Art. 100a, Rz. 1ff, 48; vgl. auch *Deckert/Lilienthal*, EWS 1999, 121, 126; *Isken*, Verbraucherpolitik im EWGV, 44ff, 61ff

[304] *Langeheine*, in: *Grabitz/Hilf*, aaO – vgl. noch ausführliche Darstellung unter 2. Kapitel: § 4 C. I. (S 65ff)

des Binnenmarktes wird auch durch die Vorgabe von Mindestanforderungen gefördert.
In systematischer Hinsicht könnte allerdings die Ausscherklausel des Art. 95 Abs. 4, 10[305] gegen die eben getroffenen Feststellungen sprechen. Es ließe sich argumentieren, dass dem Zweck von Mindestvorschriften bereits durch die Ausschermöglichkeit des Abs. 4 Rechnung getragen werde und diese Möglichkeit, da im Gesetz fixiert, abschließend für ein abweichende Gestaltung durch die Mitgliedstaaten sein müsse. Anderenfalls ergebe sich ein Widerspruch zum Binnenmarktprinzip, nach dem einzelstaatliche Maßnahmen nach erfolgter Harmonisierung nur im Rahmen des Art. 95 Abs. 4 aufrechterhalten werden können.[306] Zudem würden die strengen Voraussetzungen des Art. 95 Abs. 4, die ein Ausscheren nur unter ganz bestimmten enumerativ aufgezählten Gründen zulassen, umgangen.[307] Der hier in Rede stehende Verbraucherschutz stellt in diesem Zusammenhang unzweifelhaft keinen anerkannten Ausschergrund im Sinne des Abs. 4 dar.[308]
Gegen diese Argumentation lässt sich jedoch anführen, dass die exit-option eine absolute Wirkung entfaltet.[309] Die Mitgliedstaaten, die aufgrund der vom EGV anerkannten Gründe, gem. Art. 95 Abs. 4 ausscheren, können diese nationalen Besonderheiten natürlich auf Inlandssachverhalte anwenden, aber ebenfalls ausländischen EG-Anbietern entgegenhalten, mithin die an sich gegebene Sperrwirkung der Richtlinie durchbrechen.[310] Im Rahmen der Mindestharmonisierung kann die Sperrwirkung der Richtlinie nach zutreffender Ansicht gegenüber Anbietern aus anderen Mitgliedstaaten nur unter ganz bestimmten noch auszuführenden Umständen durchbrochen werden.[311]

---

305 Teilweise spricht man auch von „exit-option" oder „opting out". - vgl. *Bardenhewer/Pipkorn,* in: *v.d.Groeben/Thiesing/Ehlermann*, EGV, Art. 100a, Rz. 87; *Merkt*, RabelsZ 61 (1997), 647, 665; *Deckert/Lilienthal*, EWS 1999, 121, 128; *Grundmann*, Europäisches Schuldvertragsrecht, §2, Rz. 116f

306 *Kiendl*, JBl 1995, 87, 89; *dies.*, ZfRV 35 (1994), 138, 141 mit dem vordergründigen Schluss, dass der Verbraucherschutz aufgrund dessen doch von Art. 100abs. 4 EG-Vertrag (jetzt Art. 95 Abs. 4) erfasst sein müsse. Dagegen wendet sich mit überzeugenden Argumenten *Heiss*, ZEuP 1996, 625, 637 mwN.

307 vgl. Darstellung bei *Langeheine*, in: *Grabitz/Hilf*, EGV, Art. 100a, Rz. 56ff; *Heß*, Die Umsetzung von EG-Richtlinien im Privatrecht, 112ff; *Pfeiffer*, in: *Grabitz/Hilf*, EG-Verbraucher- und Datenschutzrecht, A5 Art. 8, Rz. 3

308 *Reich*, Verbraucherrecht, 33, 58; *Heiss*, ZEuP 1996, 625, 630; *Ahlt*, Europarecht, 133; *Bardenhewer/Pipkorn*, in: *v.d.Groeben/Thiesing/Ehlermann*, EGV, Art. 100a, Rz. 85ff; *Langeheine*, in: *Grabitz/Hilf*, EGV, Art. 100a, Rz. 71; **aA** *Kiendl*, JBl 1995, 87, 89; *dies.*, ZfRV 35 (1994), 138, 141

309 vgl. Darstellung bei *Langeheine*, in: *Grabitz/Hilf*, Art. 100a, Rz. 56f, 64

310 vgl. zur Sperrwirkung von Richtlinien Darstellung unter 1. Kapitel: § 2 B. (S.21ff) und 3. Kapitel: § 7 B. (S.183ff)

311 Teilweise werden auch Richtlinien, die sich auf Mindestvorgaben beschränken, für grundsätzlich abschließend gehalten. - vgl. Darstellung unter 3. Kapitel: § 7 B. (S.183ff)

Damit wird deutlich: exit-option und das Aufstellen von Mindestvorgaben weisen in ihrer Struktur erhebliche Differenzen auf. Eine Umgehung des Abs. 4 durch nationale Besonderheiten über den vorgegebenen europäischen Mindeststandard hinaus ist aufgrund der grundsätzlichen Sperrwirkung der Richtlinien nicht zu befürchten.
Eine Mindestharmonisierung auf der Grundlage von Art. 95 ist daher aus kompetenzrechtlicher Sicht nicht zu beanstanden.[312] Mit dieser Feststellung ist allerdings noch keine Aussage über die rechtspolitische Sinnhaftigkeit der Mindestharmonisierung getroffen, die nachfolgend untersucht werden soll.[313]

II. Perspektiven für die Mindestharmonisierung im Verbraucherschutz nach dem Vertrag von Amsterdam

Die Entwicklung verbraucherschützender Aktivitäten in der EU hat in den letzten Jahren an Dynamik gewonnen. Aktuelle Tätigkeitsfelder der Gemeinschaft im vertraglichen Verbraucherschutz finden sich im Bereich des Fernabsatzes von Finanzdienstleistungen sowie im Rahmen des Verbrauchsgüterkaufs und der Garantien für Verbrauchsgüter.[314] Insbesondere die zu erwartenden Änderungen des nationalen Kaufrechts aufgrund der Richtlinie zu bestimmten Aspekten des Verbrauchsgüterkaufs und der Garantien für Verbrauchsgüter werden seit dem ersten Richtlinienvorschlag von 1996 kontrovers diskutiert.[315] Mit der Verabschiedung der Richtlinie am 25. Mai 1999 wurde der bislang wohl bedeutsamste

---

[312] Zu einem gänzlich anderen Ergebnis kommen *Micklitz/Reich*, EuZW 1992, 593ff. Über den eigentlichen Wortlaut des Art. 100a Abs. 4 EG-Vertrag hinaus wird für den Bereich Verbraucherschutz - auch wenn dieser gerade wegen seiner Binnenmarkterheblichkeit harmonisiert werden soll - aus dem in Art. 3 b EG-Vertrag verankerten Subsidiaritätsprinzip sogar ein *Mindeststandardgebot* gefolgert. Dagegen wendet sich mit überzeugenden Argumenten *Heiss*, ZEuP 1996, 625, 633f.

[313] vgl. dazu die nachfolgende Darstellung unter 2. Kapitel: § 4 C. (S.64ff)

[314] Vorschlag für eine Richtlinie des Europäischen Parlamentes und des Rates über den Fernabsatz von Finanzdienstleistungen an Verbraucher und zur Änderung der Richtlinie 90/619/EWG des Rates, sowie der Richtlinien 97/7/EG und 98/27/EG, KOM (98) 468 endg. ABl. EG 1998 Nr. C 385; geänderter Vorschlag in KOM (99) 385 endg. vom 23.7.1999, WM 1999, 1477; Richtlinie 1999/44/EG des Europäischen Parlamentes und des Rates vom 25.5.1999 zu bestimmten Aspekten des Verbrauchsgüterkaufs und der Garantien für Verbrauchsgüter, ABl. EG 1999 Nr. L 171/12 - vgl. zur letztgenannten Richtlinie auch die vorausgegangenen Richtlinienvorschläge und –entwürfe: KOM (95) 520 endg. COD0161), ABl. EG 1996 Nr. C 307; geänderter Vorschlag KOM (98) 217 endg. COD96/0161, ABl. EG 1998 Nr. C 148; geänderter Vorschlag KOM (99) 16 endg. COD96/0161

[315] vgl. z.B. die Darstellung bei *Medicus*, ZIP 1996, 1925; *Hondius*, ZEuP 1997, 130ff; *Schlechtriem*, JZ 1997, 441ff - vgl. zur Umsetzungsproblematik allgemein Darstellung unter 1. Kapitel: § 2 B. (S.21ff)

Eingriff in die Zivilrechte der Mitgliedstaaten schließlich durchgesetzt.[316] Insofern erscheint die oben skizzierte seit Jahren geführte Diskussion über den Einfluss des europäischen Gesetzgebers auf diese zentrale Materie nationalen Zivilrechts allzu verständlich.

Hinsichtlich der möglichen Rechtsgrundlagen sind aufgrund des Amsterdamer Vertrages Tendenzen zu einer intensiveren Nutzung des Art. 153 Abs. 3 lit. b abzusehen, da aufgrund der Klarstellung im Wortlaut die Kompetenz für nicht binnenmarktfinale Maßnahmen im Bereich Verbraucherschutz nunmehr de lege lata außer Frage steht.[317] In der Literatur wurde gar die These geäußert, dass sich Art. 153 in seiner Gesamtheit zur bevorzugten Rechtsgrundlage für Maßnahmen im Bereich Verbraucherschutz entwickeln würde. Nach *Reichenbach*[318] erlaubt die Vorschrift *„außerdem – im Gegensatz zum neu gefassten Art. 100a – die Beibehaltung der Annahme weitergehender Schutzregelungen durch einen Mitgliedstaat in dem von der Richtlinie erfassten Bereich. (sog. „Minimalklausel“)“* Art. 153 werde damit zur hauptsächlichen Rechtsgrundlage, *„...da hier in der Regel im Rat nur Übereinstimmung über einen gemeinsamen Sockelbestand an Schutzbestimmungen zu erreichen ist.“*[319]
Dieser Annahme ist in ihrer Pauschalität allerdings zu widersprechen. Die Annahme geringer Konsensfähigkeit im Rat im Bereich Verbraucherschutz ist de facto korrekt, nur kann diese im Falle der Binnenmarktfinalität nicht über die Kompetenzzuweisung in Art. 95 bzw. Art. 153 Abs. 3 lit. a iVm Art. 95 hinweghelfen. Zudem bezieht sich die Minimalklausel in Art. Art. 153 Abs. 5 iVm Abs. 4 ausweislich ihres Wortlauts ausschließlich auf Art. 153 Abs. 3 lit. b, d.h. auf die nicht binnenmarktfinalen Maßnahmen. Dies schließt im Einzelfall nicht aus, dass eine Angleichung über Art. 95 ebenfalls nur Mindeststandards festsetzt[320], kann jedoch im Umkehrschluss die binnenmarktfinale Rechtsangleichung nicht zu einer „Maßnahme zur Unterstützung, Ergänzung und Überwachung der Politik der Mitgliedstaaten“ nach Art. 153 Abs. 3 lit. b machen.

Zusammenfassend erweist sich hinsichtlich der Rechtsgrundlage der in Frage stehenden Maßnahmen folgende Vorgehensweise als geeignet:
In einem ersten Schritt ist die geplante Regelung dahingehend zu untersuchen, ob die Angleichung tatsächlich der Herstellung bzw. dem Funktionieren des

---

[316] Erste Stellungnahmen zur endgültigen Fassung der Richtlinie resp. deren Umsetzung in deutsches Recht finden sich bei *Schmidt-Räntsch*, ZEuP 1999, 294ff; *Lehr/Wendel*, EWS 1999, 321ff; *Tonner*, BB 1999, 1769; *Staudenmayer*, NJW 1999, 2393ff; *Reich*, NJW 1999, 2397ff
[317] vgl. Darstellung in Fn. 245 mwN
[318] *Reichenbach*, ZEuP 1998, 413, 415
[319] *Reichenbach*, aaO
[320] vgl. vorausgegangene Darstellung unter 2. Kapitel: § 4 B. I. (S.57ff)

Binnenmarktes dienen soll, oder ob es nicht vielmehr um eine vom Leitbild des Binnenmarkts losgelöste Fortentwicklung des Verbraucherschutzes geht.[321]
In einem zweiten Schritt ist im Rahmen der binnenmarktrelevanten Rechtsangleichung zu unterscheiden, ob die Herstellung bzw. das Funktionieren des Binnenmarktes abschließende Regelungen erfordern (Art. 5 Abs. 3) oder ob auch Mindeststandards ausreichend bzw. nach dem Erforderlichkeitsgrundsatz sogar geboten sind.[322]
Aufgrund der starken – wenn auch teilweise nur mittelbaren – Binnenmarktrelevanz verbraucherschützender Maßnahmen[323] ist somit zu erwarten, dass der weitaus größte Teil der Rechtsangleichung im Bereich Verbraucherschutz wie bisher auf Grundlage des Art. 95 bzw. über den Verweis in Art. 153 Abs. 3 lit. a als Mindestvorgabe erfolgt. Für Maßnahmen nach Art. 153 Abs. 3 lit. b kommen nur die Bereiche in Betracht, die traditionellerweise den Mitgliedstaaten vorbehalten sind, wie z.B. die Verbraucheraufklärung.[324] Im Zweifel scheinen die Gemeinschaftsorgane zudem der Anwendung von Art. 95 Vorrang zu geben.[325]
Gestützt wird diese Annahme auch durch die Rechtsprechung des *EuGH* zu Art. 129a EG-Vertrag, der diesem schon aufgrund der Formulierung "Beitrag leisten" ausdrücklich eine nur *"begrenzte Tragweite"* attestiert hat.[326] Diese Rechtsprechung lässt sich aufgrund des beibehaltenen Wortlauts auf Art. 153 übertragen, d.h. auch in Zukunft soll die Gemeinschaft lediglich ergänzend neben den Mitgliedstaaten agieren.[327]

---

[321] Je nach dem ist Art. 95 oder Art. 153 Abs. 4, Abs. 3 lit. b geeignete Rechtsgrundlage. *Reich*, Verbraucherrecht, 40, spricht von der *„Zweispurigkeit der Verbraucherpolitik"*. Die Suche nach dem Schwerpunkt der Regelung erweist sich dabei oftmals als schwierig, da mittelbarere Auswirkungen auf den Binnenmarkt nahezu immer gegeben sind. - vgl. Darstellung bei *Micklitz/Reich*, EuZW 1992, 593, 597

[322] vgl. diesbezüglich noch Darstellung unter 2. Kapitel: § 4 C. (S.64ff)

[323] *Micklitz/Reich*, EuZW 1992, 593, 597: *„Denn faktisch ist es so, dass jede Maßnahme im Bereich des Verbraucherschutzes zumindest mittelbare Auswirkungen auf den Binnenmarkt hat, tendenziell also immer Art. 100a EWGV/EGV* [jetzt Art. 95] *berührt ist."*; einschränkend: *Wichard*, in: *Callies/Ruffert*, EGV, Art. 153, Rz. 14, 15 - vgl. zum Verzicht auf das Kriterium der Unmittelbarkeit in Art. 95 schon Darstellung unter 1. Kapitel: § 2 A. (S.13ff), Fn. 99

[324] *Reich*, Verbraucherrecht, 40

[325] *Krämer*, in: *v.d.Groeben/Thiesing/Ehlermann*, EGV, Art. 129a, Rz. 18, 21; *Reich*, VuR 1999, 3, 9, der die Einschätzungsprärogative der des Gemeinschaftsgesetzgebers betont

[326] *EuGH* 7.3.1996 – Rs. C-192/94 (*El Corte Inglés*), Slg. 1996, I-1281, Tz. 19; vgl. auch *Wichard*, in: *Callies/Ruffert*, EGV, Art. 153, Rz. 10; *Engelhard*, in: *Lenz*, EGV (1994), Art. 129a, Rz. 4; *Taschner*, in: *Everling/Roth*, Mindestharmonisierung, 159, 163; *Micklitz/Reich*, EuZW 1992, 593ff; *Dreher*, JZ 1997, 167, 175 - vgl. auch schon Darstellung unter 1. Kapitel: § 3 C. (S.39ff)

[327] vgl. Nachweise in Fn. 238 und 239

Im Ergebnis bleibt festzuhalten: auch in Zukunft wird die Verbraucherpolitik zum größten Teil in die Binnenmarktpolitik eingebunden sein. Das „Miteinander" von Verbraucherschutz und Binnenmarkt spiegelt sich auch in der bisher letzten Richtlinie zum Verbraucherschutz[328] wieder. In Art. 1 Abs. 1 der Richtlinie zu bestimmten Aspekten des Verbrauchsgüterkaufs und der Garantien für Verbrauchsgüter findet sich die Formulierung: *„Gegenstand dieser Richtlinie ist die Angleichung [...] zur Gewährleistung eines einheitlichen hohen Verbraucherschutz-Mindestniveaus im Rahmen des Binnenmarktes."*[329] Auch die Entschließung des Rates vom 28. Juli 1999 über die Verbraucherpolitik 1999 - 2001[330] betont nachdrücklich die Verflechtung der anderen Politiken und Maßnahmen der Gemeinschaft mit den Verbraucherschutzaktivitäten. Indirekt wird diese Prognose auch durch die durch den Amsterdamer Vertrag neu eingeführte sog. Querschnittsklausel[331] gem. Art. 153 Abs. 2 bestätigt, die veranschaulicht, dass Verbraucherschutz auf europäischer Ebene naturgemäß eine Querschnittsaufgabe ist und als solche auch stets begriffen wurde und wird.

C. *Eine Bewertung der* neuen Strategie *aus rechtspolitischer Sicht*

Nachfolgend soll noch abschließend untersucht werden, ob nicht rechtspolitische Gesichtspunkten gegen das Konzept der *neuen Strategie* sprechen. In diesem Zusammenhang ergeben sich neben zahlreichen positiven Aspekten drei Ansatzpunkte, die die Tauglichkeit der *neuen Strategie* im Binnenmarkt zumindest in Frage stellen können.

---

328 Richtlinie 1999/44/EG des Europäischen Parlamentes und des Rates vom 25.9.1999 zu bestimmten Aspekten des Verbrauchsgüterkaufs und der Garantien für Verbrauchsgüter, ABl. EG 1999 Nr. L 171/12

329 Im Zusammenhang mit dieser Richtlinie ist von Interesse, dass das Europäische Parlament in seinen Stellungnahmen zweimal gefordert hat, neben Art. 100a EG-Vertrag auch Art. 129a des EG- Vertrages als Rechtsgrundlage zu nennen. (Erste Lesung: ABl. EG 1998 Nr. C 104 vom 6.4.1998; Zweite Lesung: ABl. EG 1999 Nr. C 98 vom 9.4.1999) Mit dieser Forderung konnte sich das Parlament allerdings bis zum Schluss nicht durchsetzen. - vgl. endgültige Fassung der Richtlinie 1999/44/EG vom 25.5.1999, ABl. EG 1999 Nr. L 171/12, die nur Art. 95 gesondert nennt

330 vgl. Erwägungsgrund 2 der Entschließung des Rates vom 28.7.1999 über die Verbraucherpolitik der Gemeinschaft 1999-2001, ABl. EG 1999 Nr. L 206/1; zuvor schon Erwägungsgrund 7 der Entschließung des Rates vom 19.1.1999 über die Verbraucherdimension der Informationsgesellschaft, ABl. EG Nr. C 23/1

331 *Grub*, in: *Lenz*, EGV, Art. 153, Rz. 25; *Wichard*, in: *Callies/Ruffert*, EGV, Art. 153, Rz. 1f, 14f, 21f; *Deckert/Lilienthal*, EWS 1999, 121, 131; *Reich*, VuR 1999, 3, 9; *Reichenbach*, ZLR 1999, 555, 557

I. pro und contra der *neuen Strategie*

Zunächst ergibt sich das Problem, inwieweit sich die Mindestharmonisierung in das bestehende Harmonisierungskonzept der Gemeinschaft einfügt. Bedenklich erscheint dies insofern, als das Ziel der Rechtsangleichung innerhalb der Mitgliedsstaaten nur bedingt erreicht wird. Dem Wesen der Rechtsangleichung als Mittel zur Herstellung des ungehinderten Waren-, Dienstleistungs-, Personen- und Kapitalverkehrs im Binnenmarkt ist durch die totale Rechtsangleichung mehr gedient.[332] Durch die Einräumung von Optionen wird die durch die Richtlinie an sich geschaffene Rechtsangleichung dem Interesse der Mitgliedstaaten an einer autonomen Gestaltung verbraucherschützender Aspekte im Rahmen des EGV untergeordnet.[333] Die einschlägigen Richtlinien stehen so in einem Spannungsverhältnis zwischen Angleichung und der Berücksichtigung einzelstaatlicher Besonderheiten, die auf nationalen rechtspolitischen Vorstellungen beruhen. Gegen die neue Strategie wird daher von Teilen der Literatur vorgebracht, dass – sofern ein Mitgliedsstaat in hohem Maße von seinem Gestaltungsrecht Gebrauch mache – von einer durchgreifenden Rechtsangleichung innerhalb der Mitgliedstaaten im Grunde keine Rede mehr sein könne.[334]

In diesem Zusammenhang bestehen auch Bedenken im Hinblick auf die Vereinbarkeit der Harmonisierung auf Mindeststandardbasis mit der Zielsetzung der Binnenmarktverwirklichung nach Art. 95 iVm Art. 14. Aus kompetenzrechtlicher Sicht ist die Mindestharmonisierung von der Handlungsermächtigung des Art. 95 gedeckt[335]; gleichwohl ergeben sich doch in Bezug auf das verfolgte Ziel der Binnenmarktverwirklichung Bedenken aufgrund der oben beschriebenen entharmonisierenden Wirkung.[336] Insoweit stellt sich die Frage, ob es mit Sinn und Zweck des Art. 95 vereinbar ist, „nur“ eine Mindestharmonisierung durchzuführen, anstatt dem Binnenmarkt durch eine Regulierung auf festem Niveau

---

[332] Nach *Taschner*, in: *v.d.Groeben/Thiesing/Ehlermann*, EGV, Art. 100, Rz. 44 entspricht sogar *„allein die totale Rechtsangleichung“* dem Wesen der Rechtsangleichung. - vgl. auch *Hoffmann*, in: *Heusel*, Neues europäisches Vertragsrecht und Verbraucherschutz, 39, 49; *Merkt*, RabelsZ 61 (1997), 647, 654f

[333] wie soeben unter 2. Kapitel: § 4 A. III. (S.53ff) festgestellt.

[334] *Taschner*, in: *Everling/Roth*, Mindestharmonisierung, 159ff, *ders.*, in: *v.d.Groeben/Thiesing/Ehlermann*, EGV, Art. 100, Rz. 45f; *Hoffmann*, in: *Heusel*, Neues europäisches Vertragsrecht und Verbraucherschutz, 39, 49, 50; *H. Roth*, JZ 1999, 529ff, 538

[335] vgl. schon Darstellung unter 2. Kapitel: § 4 B. I. (S.57ff)

[336] *Hoffmann*, in: *Heusel*, Neues europäisches Vertragsrecht und Verbraucherschutz, 39, 49; besonders kritisch *H. Roth*, JZ 1999, 529ff, 538; *Reich*, ZEuP 1994, 381, 395 spricht im Zusammenhang mit Art. 129a Abs. 3 EG-Vertrag von *"zentrifugalen Tendenzen"*, hält diese aber aufgrund der *„faktischen Harmonisierungswirkung“* des Gemeinschaftsrechts für unbegründet. – vgl. noch Darstellung unter 3. Kapitel: § 6 A. (S.89ff)

im Sinne einer Totalharmonisierung ein „Mehr“ an Vereinheitlichung zu vermitteln.

Schließlich stellt sich im Zusammenhang mit der neuen Harmonisierungsstrategie auch das Phänomen der sog. Inländerdiskriminierung.[337] Durch die Zulassung strengeren nationalen Rechts kann es unter noch näher darzulegenden Umständen zu der Folge kommen, dass inländische Anbieter strengeren Standards unterworfen sind als solche aus dem EG-Ausland.[338] Auf diese Weise können unterschiedliche Wettbewerbsbedingungen entstehen, wenn bei parallelen Angeboten im Inland strengere nationale Regelungen inländische Anbieter binden, ausländische EG-Anbieter jedoch nicht.[339] Die unterschiedliche Behandlung ist eine Folge der Struktur der europäischen Grundfreiheiten, die nur im Falle grenzüberschreitender innergemeinschaftlicher Sachverhalte Anwendung finden.[340]

Den geäußerten Bedenken lassen sich auf der anderen Seite auch Erwägungen gegenüberstellen, die die *neue Strategie* in ihrer Struktur und Methode unterstützen.
Mindestvorschriften und optionelle Harmonisierung bringen zwar den Nachteil uneinheitlicher Rechtsordnungen innerhalb der Mitgliedstaaten mit sich; gleichwohl tragen sie dazu bei, einen Sockelbestand an einheitlichen Vorschriften zu gewährleisten, auf die sich der Bürger unabhängig von Herkunft, Wohnsitz, Tätigkeit oder Rechtswahl verlassen kann.[341] Mindestvorschriften fixieren so das politisch Erreichbare und machen damit *„erste Angleichungsfortschritte“*[342] möglich. Zum anderen muss man der Regulierung auf Mindeststandardbasis zu Gute halten, dass sie nationale Rechtstraditionen zu berücksichtigen versucht und so die Bereitschaft der Mitgliedstaaten zur Abgabe von Kompetenzen und zum Konsens auf europäischer Ebene erhöht resp. in bestimmter Hinsicht

---

[337] Teilweise wird auch von umgekehrter Diskriminierung gesprochen (vgl. *Weyer*, EuR 1998, 435, 447). Da der *EuGH* selbst aber an dem Terminus Inländerdiskriminierung festhält, soll dieser auch hier verwendet werden. – vgl. zur Problematik allgemein: *Grundmann*, Europäisches Schuldvertragsrecht, §2, Rz. 109 Fn. 309; *Eilmansberger*, JBl 1999, 434, 446; *Nicolaysen*, Europarecht II, §17 II 6; *Merkt*, RabelsZ 61 (1997), 647, 671; *Streinz*, Europarecht, Rz. 682; *Moench*, NJW 1987, 1109; *Weis*, NJW 1983, 2721f; *Keßler*, Das System der Warenverkehrsfreiheit, 195ff; *Heß*, Die Umsetzung von EG-Richtlinien im Privatrecht, 121f

[338] vgl. sogleich unter 2. Kapitel: § 4 C. II. (S.72ff)

[339] *Grundmann*, Europäisches Schuldvertragsrecht, §2, Rz. 109; *Hinz*, ZEuP 1994, 553, 557; *Bardenhewer/Pipkorn*, in: *v.d.Groeben/Thiesing/Ehlermann*, EGV, Art. 100a, Rz. 77

[340] vgl. noch Darstellung unter 3. Kapitel: § 6 B. I. 1. (S.93ff) Nachweise in Fn. 473 und 474

[341] vgl. schon Darstellung unter 2. Kapitel: § 4 A. I. (S.50ff)

[342] *Beutler/Bieber/Pipkorn/Streil*, Europäische Union, 394; *Bardenhewer/Pipkorn*, in: *v.d.Groeben/Thiesing/Ehlermann*, EGV, Art. 100a, Rz. 77

erst schafft. Für den notwendigen Beschluss, der im Rat nach Art. 94 einstimmig, seit der Einheitlichen Europäischen Akte nach Art. 95 mit qualifizierter Mehrheit herbeizuführen ist, bedarf einer flexiblen Gestaltungsweise, damit in solch sensiblen Bereichen überhaupt ein Konsens herbeigeführt werden kann. Die Flexibilität geht dabei freilich mit einer Preisgabe an Harmonisierung einher.[343] Zudem kann Mitgliedstaaten, die bereits ein hohes Schutzniveau erreicht haben, eine Rücknahme des status quo kaum zugemutet werden, würde sich diese in den betreffenden Mitgliedstaaten sogar kontraproduktiv auf den intendierten Schutz des Verbrauchers auswirken.

Ein weiterer ganz entscheidender Aspekt, der der Strategie der Kommission zur Seite steht, ist nach zutreffender Ansicht in dem durch den Maastrichter Vertrag eingefügten Prinzip der Subsidiarität gem. Art. 5 zu sehen, mit dem einer Kompentenzauslegungsregel im Sinne „in dubio pro communitate" eindeutig eine Absage erteilt wurde.[344]
Eine solche Sichtweise setzt allerdings denknotwendig voraus, dass das Subsidiaritätsprinzip im Ganzen auf die Rechtsangleichung und damit auch auf die *neue Strategie* überhaupt Anwendung findet. Nach vereinzelt vertretener Auffassung ist das Subsidiaritätsprinzip auf die Rechtsangleichung nicht anwendbar[345] bzw. greift bei marktfunktionaler Privatrechtsangleichung nicht.[346] Im Hinblick auf die Ausprägung des Subsidiaritätsprinzips in Art. 5 Abs. 3 wird dies damit begründet, dass der EGV in Art. 3 Abs. 1 lit. h wie auch speziell in Art. 95 das Kriterium der „Erforderlichkeit" ausdrücklich nenne und so den Erforderlichkeitsgrundsatz in Art. 5 Abs. 3 leer laufen lasse. Ist die Erforderlichkeit erst bejaht, so sei *„kaum denkbar, dass über das Subsidiaritätsprinzip noch zusätzliche Wertungsgesichtspunkte für die als erforderlich befundene Gesamtmaßnahme [...] einfließen könnten."*[347]
Eine endgültige Klärung dieser Frage durch den *EuGH* steht bisher noch aus. Anhaltspunkte für eine Sicht im obigen Sinne werden teilweise einem Urteil der Gerichts aus dem Jahre 1996 entnommen.[348] Ob diese Entscheidung jedoch

343 *Taschner*, in: *Everling/Roth*, Mindestharmonisierung, 159, 161; ähnlich *Hoffmann*, in: *Heusel*, Neues europäisches Vertragsrecht und Verbraucherschutz, 39, 49, 50
344 vgl. schon Darstellung unter 1. Kapitel: § 1 A. (S.1ff)
345 *Taschner*, in: *v.d.Groeben/Thiesing/Ehlermann*, EGV, Art. 100, Rz. 16f
346 *Müller-Graff*, in: *Horn/Baur/Stern*, 40 Jahre Römische Verträge, 107, 141 - vgl. zur Zulässigkeit der Privatrechtsharmonisierung schon Darstellung unter 1. Kapitel: § 2 A. (S.13ff)
347 *Müller-Graff*, in: *Horn/Baur/Stern*, 40 Jahre Römische Verträge, 107, 141; noch anders *Taschner*, in: *v.d.Groeben/Thiesing/Ehlermann*, EGV, Art. 100, Rz. 17, dem zufolge Art. 3 Abs. 1 lit. h nichts mit dem Subsidiaritätsprinzip zu tun hat.
348 *EuGH* 12.11.1996 – Rs. C-84/94 (*Vereinigtes Königreich*), Slg. 1996, I-5755, Tz. 54f

nachhaltige Auswirkungen auch für die zukünftige Rechtsprechung zum Subsidiaritätsprinzips hat, ist noch nicht abschließend zu sagen.[349]
Nach zutreffender Ansicht entfaltet das Prinzip der Subsidiarität hingegen als Teil der Grundsätze des ersten Teils des EGV grundsätzlich auch im Rahmen der Rechtsangleichung Gültigkeit.[350] Art. 5 ist schon aufgrund seiner systematischen Stellung als übergreifende Grundaussage zu Verbandskompetenz und Kompetenzschranken der Gemeinschaft zu sehen[351] und erfasst damit prinzipiell auch die Rechtsangleichung als ein Kernbereich gemeinschaftlicher Tätigkeit. Der ausdrückliche Hinweis auf die Erforderlichkeit der Rechtsangleichung in Art. 3 Abs. 1 lit. h und Art. 95 macht das Subsidiaritätsprinzip in Art. 5 nicht überflüssig, sondern unterstreicht es nochmals und bestätigt seine prinzipielle Bedeutung gerade im Bereich der Rechtsangleichung.[352] Es findet quasi eine ausdrückliche Berücksichtigung im Rahmen der Prüfung der Erforderlichkeit der Rechtsangleichung statt.

Von dieser grundsätzlichen Anwendungsproblematik zu trennen ist eine mögliche Unanwendbarkeit des Subsidiaritätsprinzip im engeren Sinne[353] auf die binnenmarktfinale (Privat)rechtsangleichung als Teil der *neuen Strategie*. Gem. Art. 5 Abs. 2 wird die Gemeinschaft unter den dort genannten Voraussetzungen nur in den Bereichen tätig, die nicht in ihre ausschließliche Zuständigkeit fallen.[354] Zahlreiche Autoren vertreten demgemäß, dass sich die binnenmarktfinale Rechtsangleichung – gestützt auf Art. 95 – als ausschließliche Kompetenz der Gemeinschaft dem Anwendungsbereich des Art. 5 Abs. 2 entziehe.[355] Noch weitergehender hat sich die Kommission geäußert, die unter Verweis auf Art. 7a EG-Vertrag (jetzt Art. 14) den gesamten Bereich der Binnenmarktgesetzgebung zur ausschließlichen Kompetenz der Gemeinschaft zählen will.[356] Zahlreiche andere Autoren ordnen die binnenmarktfinale Rechtsangleichung – oft ohne nä-

[349] vgl. *Kohler*, ZEuP 1997, 1030f
[350] vgl. schon Darstellung unter 1. Kapitel: § 1 A. (S.1ff), Nachweise in Fn. 10
[351] vgl. *v.Bogdandy/Nettesheim*, in: *Grabitz/Hilf*, EGV, Art. 3b, Rz. 1f; *Langguth*, in: *Lenz*, EGV, Art. 5, Rz. 1, 16; *Hammer*, Handbuch zum freien Warenverkehr, 157
[352] vgl. *Kahl*, in: *Callies/Ruffert*, EGV, Art. 94, Rz. 10, der diesbezüglich von einer „*Spezialausprägung von Art. 5 Abs. 2 und 3*“ spricht; *Röttinger*, in: *Lenz*, EGV, Art. 94, Rz. 7
[353] vgl. Nachweise in Fn. 9
[354] Art. 5 Abs. 2 verfolgt damit im Gegensatz zum kompetenzbegründenden Art. 5 Abs. 1 eine kompetenzbegrenzende Funktion. (vgl. *Deckert/Lilienthal*, EWS 1999, 121; *Merkt*, RabelsZ 61 (1997), 647, 672f, 675; *Armbrüster*, RabelsZ 60 (1996), 72, 83; *v.Bogdandy/Nettesheim*, in: *Grabitz/Hilf*, EGV, Art. 3b, Rz. 23, 31)
[355] *Langguth*, in: *Lenz*, EGV, Art. 5, Rz. 19; *Hoffmann*, in: *Heusel*, Neues europäisches Vertragsrecht und Verbraucherschutz, 39, 40; *Micklitz/Reich*, EuZW 1992, 593; *Reich*, NJW 1998, 1537; *Müller-Graff*, ZHR 159 (1995), 34, 61; *ders.*, in: *Horn/Baur/Stern*, 40 Jahre Römische Verträge, 107, 115; *v.Wilmowsky*, EuR 1996, 362, 369
[356] Subsidiaritätsbericht der EG-Kommission vom November 1993, DOK KOM(93)545, I, 2

here Begründung – hingegen in die konkurrierende Zuständigkeit der Gemeinschaft ein.[357]
Schon diese völlig konträren Positionen verdeutlichen, dass die Bedeutung von Art. 5 Abs. 2 für die binnenmarktfinale Rechtsangleichung bis heute nicht abschließend geklärt ist.[358] In der Tendenz überwiegt allerdings die erstgenannte europarechtsfreundlichere Sicht, dass es sich bei der (Mindest)harmonisierung nach Art. 95 um eine ausschließliche Zuständigkeit der Gemeinschaft handelt. Eine pauschale Zuordnung – entweder ausschließlich oder konkurrierend – erscheint jedoch in mehrerlei Hinsicht fragwürdig.

Zum einen lässt sich den Gemeinschaftsverträgen selbst diesbezüglich keine eindeutige Klärung entnehmen; es findet sich weder eine Definition der abschließenden oder konkurrierenden Zuständigkeit noch eine dem deutschen Grundgesetz (Art.70ff GG) vergleichbare Regelung. So ist es auch nicht verwunderlich, dass sich für die völlig gegensätzlichen Kompetenzzuweisungen in der Literatur jeweils zahlreiche Vertreter finden.
Anstatt aber nun ganze Politikbereiche pauschal der ausschließlichen oder konkurrierenden Zuständigkeit zuordnen zu wollen, legen die genannten diametralen Einschätzungen den Versuch nahe, nach einer differenzierteren Lösung zu suchen. Gerade im Bereich einer so umfassend genutzten binnenmarktfinalen Rechtsangleichungsermächtigung wie sie Art. 95 darstellt, erscheint eine genauere Aufschlüsselung nach der Intention der Maßnahme im Einzelfall für die kompetenzielle Einordnung unabdingbar. Wie oben dargelegt, sind gerade auf Grundlage des Art. 95 bzw. des alten Art. 100 E(W)G-Vertrag zahlreiche das Privatrecht betreffende Richtlinien erlassen worden, in deren Rahmen die Verwirklichung des Binnenmarktes nur ein Teilaspekt neben anderen verfolgten Zielen darstellte.[359] Hinsichtlich der hier zu beurteilenden verbraucherschützenden Richtlinien auf der Grundlage der *neuen Strategie* tritt in diesem Zusammenhang die schon oft akzentuierte Bedeutung des Verbraucherschutzes als Querschnittsaufgabe der Gemeinschaft in den Vordergrund; d.h. Verbraucherschutz erfolgt in den weitaus meisten Fällen verflochten mit der Binnenmarkt-

[357] *Schmidhuber/Hitzler*, EuZW 1993, 8ff; *v.Bogdandy/Nettesheim*, in: *Grabitz/Hilf*, EGV, Art. 3b, Rz. 30; *Jickeli*, JZ 1995, 59; *Armbrüster*, RabelsZ 60 (1996), 72, 83; ohne rechte Begründung auch *Grundmann*, JZ 1996, 274, 277; indirekt *ders.*, Europäisches Schuldvertragsrecht, §1, Rz. 50 (Fn. 127), Rz. 109 (Fn. 310)

[358] vgl. Darstellungen bei *Deckert/Lilienthal*, EWS 1999, 121, 128f; *Callies*, in: *Callies/Ruffert*, EGV, Art. 5, Rz. 18f, 24f; *Kahl*, in: *Callies/Ruffert*, EGV, Art. 95, Rz. 7 mwN; *Streinz*, in: *Everling/Roth*, Mindestharmonisierung, 9, 27; *Langguth*, in: *Lenz*, EGV, Art. 5, Rz. 9ff, 19ff; *Zuleeg*, in: *v.d.Groeben/Thiesing/Ehlermann*, EGV, Art. 3b, Rz. 29; *Langeheine*, in: *Grabitz/Hilf*, EGV, Art. 100, Rz. 12; *Kohler*, ZEuP 1997, 1030, 1033f

[359] vgl. schon Darstellung unter 1. Kapitel: § 2 A. (S.13ff)

verwirklichung und nur in seltenen Fällen isoliert.[360] Zudem verdeutlicht die Formulierung „Beitrag leisten" in den verbraucherpolitisch relevanten Vorschriften der Artt. 3 Abs. 1 lit. t und 153, dass der Gemeinschaft diesbezüglich keineswegs eine ausschließliche Kompetenz zusteht.[361] Diese Wertung kann auch nicht über Art. 95 als Rechtsgrundlage ausgehebelt werden.
Die besseren Gründe sprechen so m.E. dafür, die binnenmarktfinale Rechtsangleichung nicht pauschal der einen oder anderen Zuständigkeit der Gemeinschaft zuzusprechen, sondern eine differenzierte Betrachtung im Einzelfall vorzunehmen. Dabei erscheint für die Mindestharmonisierung im Rahmen der *neuen Strategie* auf Grundlage von. Art. 95 zumindest in dem hier in Rede stehenden Verbraucherschutzrecht eine ausschließliche Kompetenz der Gemeinschaft fernliegender. Im Ergebnis ist deshalb davon auszugehen, dass zumindest die Verbraucherschutzharmonisierung auf Grundlage der *neuen Strategie* den Anforderungen von. Art. 5 Abs. 2 unterliegt.
Unterstützt wird diese Deutung auch durch die Rechtssetzungspraxis der Gemeinschaft. Zum einen ist die Ansicht der Kommission[362] inkompatibel zu den legislativen Aktivitäten im Bereich der binnenmarktfinalen Privatrechtsharmonisierung (u.a. im Bereich Verbraucherschutz), die in den genannten Optionen[363] strengeres nationales Recht ausdrücklich zulassen und so eine Ausschließlichkeit der Kompetenz der EG widerlegen. Zudem finden sich in den Erwägungsgründen nahezu aller privatrechtlichen Richtlinien im Bereich Verbraucherschutz Ausführungen, inwieweit dem Subsidiaritätsprinzip Rechnung getragen wurde.[364] Ein ähnlicher Passus findet sich ebenfalls in einer Entschließung des Rates vom 28. Juni 1999 über die Verbraucherpolitik der Gemeinschaft in den Jahren 1999 bis 2001.[365]

Zusammenfassend lässt sich festhalten, dass sich in der *neuen Strategie* der Kommission in hohem Maße der Leitgedanke des später ausdrücklich im EG-Vertrag verankerten Subsidiaritätsprinzip widerspiegelt. Unabhängig vom Ergebnis des soeben nachgezeichneten Gedankenganges im Hinblick auf Art. 5 Abs. 2 kommt doch im Falle einer Regulierung auf festem Niveau zumindest ein Verstoß gegen Art. 5 Abs. 3 in Betracht, der unzweifelhaft für die Wahrnehmung aller Gemeinschaftskompetenzen, auch der ausschließlichen, Gültigkeit

---

[360] vgl. Darstellung unter 1. Kapitel: § 3 C. (S.39ff) und 2. Kapitel: § 4 B. II. (S.61ff)

[361] vgl. Darstellung bei *Grub*, in: *Lenz*, EGV, Art. 153, Rz. 29; *Reich*, VuR 1999, 3, 5; *ders.*, Verbraucherrecht, 41f; *Callies*, in: *Callies/Ruffert*, EGV, Art. 5, Rz. 23, 24; *Deckert/Lilienthal*, EWS 1999, 121, 131

[362] vgl. Fn. 356

[363] vgl. Darstellung unter 1. Kapitel: § 1 A. (S.1ff) und 2. Kapitel: § 4 A. II. (S.51ff)

[364] vgl. Nachweise der einschlägigen Richtlinien in Fn. 21

[365] Erwägungsgrund 6 der Entschließung des Rates vom 28.6.1999 über die Verbraucherpolitik der Gemeinschaft 1999 - 2001, ABl. EG 1999 Nr. C 206/1

entfaltet. Die Mitgliedstaaten allein können ein einheitliches binnenmarktweites Verbrauchermindestschutzniveau nicht gewährleisten; durch die Gemeinschaft kann dies jedoch in Form einer Richtlinie bei geringstmöglichem Eingriff in die Regelungsautonomie der Mitgliedstaaten erreicht werden.[366] Eine Nichtzulassung strengerer nationaler Normen verstieße dabei überwiegend gegen Art. 5 Abs. 3, fehlt es doch zumindest an der Erforderlichkeit der Rechtsangleichung, wenn sich die Existenz unterschiedlicher Standards in den Mitgliedstaaten für den grenzüberschreitenden Verkehr nicht hinderlich auswirkt.
Mit der oben vertretenen Ansicht ist die *neue Strategie* aber auch Ausfluss von Art. 5 Abs. 2, nach dessen Voraussetzungen detaillierte Richtlinienvorgaben ohne Öffnungsklausel im Privatrecht nur noch in Ausnahmefällen durchsetzbar wären.[367]

Zudem ist sämtliche Kritik im Hinblick auf mögliche Alternativen zu dem beanstandeten Konzept zu sehen. Die oben genannten Aspekte sind sicherlich geeignet, die *neue Strategie* im Hinblick auf bestimmte unbeabsichtigte Auswirkungen in Frage zu stellen, nur stellt sich die Frage, ob überhaupt Alternativen zu ihr bestehen bzw. welche Auswirkungen damit verbunden wären. Eine Vollharmonisierung auf festem Niveau stellt nach den oben dargelegten Aspekten keine wirkliche Alternative (mehr) dar. Zum einen scheitert sie zumindest am Erforderlichkeitsgrundsatz, zum anderen erscheint sie aufgrund des oben beschriebenen Mehrheitsprinzips im Rat praktisch kaum durchführbar.
Eine weitere Alternative zur lex lata, welche über die Regulierung auf festem Niveau weit hinausgeht, ist die Erstellung eines umfassenden europäischen Kodex im Sinne eines Zivilgesetzbuchs, der auch – oder ausschließlich – das gesamte Schuldvertragsrecht umfasst. Gestützt wird ein solches Vorhaben vor allem durch zwei Entschließungen des Europäischen Parlaments[368], welches mit der Kommission für Europäisches Vertragsrecht – nach ihrem Vorsitzenden auch *Lando*-Kommission genannt – den Anstoß zu solchen Überlegungen gegeben hat.[369] Neben zahlreichen anderen Schwierigkeiten steht aber auch diesem Alternativkonzept de lege lata vor allem das Subsidiaritätsprinzip entgegen. Sowohl im Hinblick auf die Kompetenz der Gemeinschaft als auch unter dem As-

---

[366] vgl. schon Darstellung zum Instrument der Richtlinie unter 1. Kapitel: § 2 B. (S.21ff)

[367] Nach *Grundmann*, Europäisches Schuldvertragsrecht, §1, Rz. 50 (Fn. 127) und Rz. 109 (Fn. 310) verstößt eine Vollharmonisierung sowohl gegen Art. 5 Abs. 2 und Abs. 3.

[368] Entschließung des Europäischen Parlaments vom 26.5.1989 zu den Bemühungen um eine Angleichung des Privatrechts der Mitgliedstaaten, ABl. EG 1989 Nr. C 158/400; Entschließung des Europäischen Parlaments vom 6.5.1994 zur Angleichung bestimmter Bereiche des Privatrechts der Mitgliedstaaten, ABl. EG 1994 C205/218

[369] vgl. *Grundmann*, Europäisches Schuldvertragsrecht, §1, Rz. 48f; *Reichenbach*, ZEuP 1998, 413, 416; *Heusel*, in: *Heusel*, Neues europäisches Vertragsrecht und Verbraucherschutz, 9, 10; *Armbrüster*, RabelsZ 60 (1996), 72; *Müller-Graff*, NJW 1993, 13, 23

pekt der Erforderlichkeit bestehen unüberbrückbare Differenzen zur gegenwärtigen Fassung des EGV.[370] Überdies erscheint auch aus praktischer Sicht die Hoffnung auf eine Einigung zwischen den Mitgliedstaaten über die Vergemeinschaftung eines solch zentralen Bestandteils nationaler Rechtsidentität wenig aussichtsreich.[371]
Aber auch unter rechtspolitischen Gesichtspunkten stößt ein solches Vorhaben auf Bedenken. Die Konsequenz der *neuen Strategie*, unterschiedliche Rechtssysteme innerhalb der Gemeinschaft miteinander in Wettbewerb zu führen,[372] kann sich so von Anfang an nicht entfalten. Der Wettbewerb von Rechtsordnungen und gesetzgeberischen Ideen im Binnenmarkt wird erstickt.[373] Hinzu kommt, dass eine solche Kodifikation umfassende und langwierige Vorarbeiten erfordert und damit in der gegenwärtigen Situation – trotz der Ergebnisse der Arbeitsgruppe um *Ole Lando* – keine wirkliche Alternative zur Strategie der Kommission darstellt. Aus den genannten Gründen ist der Weg zu einem europäischen Zivilgesetzbuch de lege lata versperrt.
Letztlich bestehen so keine durchgreifenden Alternativen zur *neuen Strategie*. Zudem stellt die Strategie der Kommission – wie gesehen – von ihrem Gehalt her zweifelsohne mehr als den oft kritisierten *„kleinsten gemeinsamen Nenner"* dar, auf dessen Grundlage man sich dem *„unbequemen Zwang zur Einigung"* entziehen kann.[374] Sofern das Funktionieren des Binnenmarktes einheitliche Standards nicht erfordert, dürften Mindeststandards im Gegensatz dazu geradezu geboten sein.[375]

II. Das Phänomen der Inländerdiskriminierung

Als gewichtiger Kritikpunkt an der *neuen Strategie* verbleibt jedoch die Inländerdiskriminierung. Ob diese in der oben beschriebenen Form hinzunehmen ist, erscheint im Hinblick auf die Konsequenzen bedenklich. Der *EuGH* hat die Inländerdiskriminierung bisher in zahlreichen Entscheidungen unbeanstandet ge-

---

[370] vgl. *Armbrüster*, RabelsZ 60 (1996), 72, 88; *Deckert/Lilienthal*, EWS 1999, 121, 133 mwN; *Pützhoven*, EWS 1999, 447, 449 mwN; *Grundmann*, Europäisches Schuldvertragsrecht, §1, Rz. 50: *„...kann Art. 3b Abs. 2 EGV* [jetzt Art. 5 Abs. 2] *nur als Kompetenzsperre gegen eine umfassende Vereinheitlichung des Kernbereichs des Privatrechts verstanden werden."*

[371] vgl. schon Darstellung unter 1. Kapitel: § 3 A. (S.25ff)

[372] vgl. schon Darstellung unter 2. Kapitel: § 4 A. II. (S.51ff)

[373] *Grundmann*, Europäisches Schuldvertragsrecht, §1, Rz. 51 mwN

[374] so die Kritik von *Taschner*, in: *v.d.Groeben/Thiesing/Ehlermann*, EGV, Art. 100, Rz. 45f; angedeutet auch von *Vaasen*, in: *Heusel*, Neues europäisches Vertragsrecht und Verbraucherschutz, 7

[375] ebenso *Langeheine*, in: *Grabitz/Hilf*, EGV, Art. 100a, Rz. 48

lassen;[376] das Gericht sieht in der Inländerdiskriminierung mangels grenzüberschreitenden Aspekts einen internen Vorgang des jeweiligen Mitgliedstaats, auf den die Vertragsbestimmungen nicht anwendbar sind.[377] Speziell für die Warenverkehrsfreiheit begründet der *EuGH* seinen Standpunkt zusätzlich damit, dass Art. 28 (Art. 30 EG-Vertrag) die Beseitigung von Hindernissen für den Warenimport verfolge, nicht aber die Gewährleistung einer Gleichbehandlung in- und ausländischer Erzeugnisse in jedem Fall.[378] Entsprechende Konstellationen sind freilich nicht auf einzelne Anwendungsfälle des Art. 28 EGV beschränkt; sie können auch im Geltungsbereich der anderen Grundfreiheiten auftreten.[379]
In der Literatur[380] ist diese Position des *EuGH* oft angezweifelt worden:

> *„Mit den Prinzipien des Binnenmarktes und dem Ziel gleichmäßiger Wettbewerbsbedingungen ist es schwer vereinbar, wenn innerhalb des Markts Diskriminierungen bestehen bleiben oder sogar erst mit der Durchsetzung des freien Warenverkehrs entstehen."*[381]

Trotz dieser vordergründig zutreffenden Kritik ist die Inländerdiskriminierung jedoch als unausweichliche Konsequenz der *neuen Strategie* hinzunehmen. Sie ist logische Konsequenz für das Aufeinandertreffen zweier Zielvorstellungen, die beide nicht ohne Einbußen zu verwirklichen sind. Auf der einen Seite bleibt dem nationalen Gesetzgeber ein entscheidendes Reservat an Eigenständigkeit in der legislativen Gestaltung bestehen und der Eingriff in die nationalen Rechtsordnungen wird auf das notwendige Mindestmaß beschränkt.[382] Auf der anderen Seite muss der mit der Harmonisierung angestrebte Liberalisierungsvorteil für Anbieter aus den Mitgliedstaaten gesichert werden und kann nicht grundsätzlich durch jede nationale strengere Regelung unmittelbar wieder außer Kraft gesetzt

---

[376] vgl. z.B. *EuGH* Rs. 86/78 (*Grandes Distilleries Peureux*), Slg. 1979, 897, 914f; *EuGH* Rs. 44/84 (*Hurd/Jones*), Slg. 1986, 29, 84f; *EuGH* Rs. C-60/90 (*Batista Morais*), Slg. 1992, I-2085, 2105f; *EuGH* Rs. C-29 bis C-34/94 (*Aubertin*), Slg. 1995, I-301, 316f

[377] vgl. z.B. die Entscheidungen *EuGH* Rs. 86/78 (*Grandes Distilleries Peureux*), Slg. 1979, 897, 914f; *EuGH* Rs. 44/84 (*Hurd/Jones*), Slg. 1986, 29, 84f; *EuGH* 14.7.1988 – Rs. 90/86 (*Zoni*), Slg. 1988, 4285, 4307; *EuGH* Rs. C-60/90 (*Batista Morais*), Slg. 1992, I-2085, 2105f; *EuGH* Rs. C-29 bis C-34/94 (*Aubertin*), Slg. 1995, I-301, 316f – vgl. zur Struktur der Grundfreiheiten noch Darstellung unter 3. Kapitel: § 6 B. I. 1. (S.93ff) Nachweise in Fn. 473 und 474

[378] *EuGH* 18.2.1987 - Rs. 98/86 (*Mathot*), Slg. 1987, 807, Tz. 7

[379] vgl. *Nicolaysen*, Europarecht II, §17 II Punkt 6

[380] *Nicolaysen*, Europarecht II, §17 II 6; *ders.*, EuR 1991, 99f mwN; *Münnich*, ZfRV 33 (1992), 92, 97; kritisch im Hinblick auf eine daraus möglicherweise resultierende mangelnde Kohärenz des Privatrechts: *Steindorff*, EG-Vertrag und Privatrecht, 52 – vgl. in diesem Zusammenhang auch Darstellung unter 3. Kapitel: § 6 B. I. 1. (S. 93ff), Fn. 474f

[381] *Nicolaysen*, Europarecht II, §17 II 6

[382] vgl. schon Darstellung unter 2. Kapitel: § 4 A. II. (S.51ff)

werden.[383] Durch eine solche Handhabung würde das verfolgte Ziel der Angleichung ad absurdum geführt.
Diese beiden Ziele sind nur unter Hinnahme der Inländerdiskriminierung in Konkordanz zu bringen; sie ist mithin der einzig gangbare Weg, dem verfolgten Harmonisierungskonzept zum Erfolg zu verhelfen. Solange der *EuGH* an seiner Rechtsprechung zur Inländerdiskriminierung festhält, steht diese der *neuen Strategie* demzufolge nicht grundsätzlich im Wege.[384] Gewisse Ungleichheiten der Wettbewerbsbedingungen innerhalb der Mitgliedstaaten müssen hingenommen werden.[385]

Im Ergebnis fällt die rechtspolitische Bewertung des Konzeptes der Mindestharmonisierung resp. optionellen Harmonisierung insofern ambivalent aus. In einzelnen Punkten wird es zwar zurecht kritisiert, im Grundsatz überzeugt es dennoch aus den oben genannten Gründen in hohem Maße – und dies nicht nur aus Gründen der Alternativlosigkeit des konzeptionellen Ansatzes.[386] Mit dieser grundsätzlichen Zustimmung zum Konzept der Kommission ist allerdings nicht zugleich gesagt, dass bestimmte Rechtssetzungsmaßnahmen auf dem Gebiet des Europäischen Vertragsrechts zu Unrecht kritisiert werden. Unter diesem Aspekt ist eine inhaltliche Auseinandersetzung mit den einzelnen Maßnahmen und Vorschlägen zur Rechtsangleichung für die vorliegende Arbeit methodisch allerdings nicht erforderlich und soll an dieser Stelle nicht erfolgen. Es genügt die Feststellung, dass die Mindestharmonisierung im Europäischen Vertragsrecht konzeptionell überzeugt.

---

383 vgl. schon Darstellung unter 2. Kapitel: § 4 C. (S.64ff)

384 Von der gemeinschaftsrechtlichen Beurteilung zu unterscheiden ist die Behandlung der Problematik auf nationaler Ebene. (vgl. beispielhaft die Ausführungen des *BVerwG* in BVerwGE 98, 298, 307; *Gebauer*, Grundfragen der Europäisierung des Privatrechts, 79, 80) Nach überwiegender Ansicht ist diese im Rahmen von Art. 3 Abs. 1 GG (iVm Art. 12 Abs. 1 GG) zu lösen, wobei eine unterschiedliche Behandlung von heimischer und eingeführter Ware im Falle von Art. 28 nicht von vornherein als sachwidrig erscheint. - vgl. jüngst *BVerwG* 22.12.1998, NVwZ-RR 1999, 498; *OVG Münster* 24.10.1989, EuZW 1990, 198; **aA** *LG Passau* 27.10.1993 und *LG Düsseldorf* 24.11.1993, EuZW 1994, 187ff; *Nicolaysen*, Europarecht II, §17 II 6; *Weis*, NJW 1983, 2721ff

385 *EuGH* Rs. C-11/92 (*Gallaher*), Slg. 1993, I-3545, Tz. 20, 22; *Streinz*, Europarecht, Rz. 683 ("*Folge des unvollendeten Binnenmarkts*")

386 i.E. auch *Grundmann*, Europäisches Schuldvertragsrecht, §1, Rz. 24ff; indirekt auch *Kirchner*, in: *Weyers*, Europäisches Vertragsrecht, 103, 117ff, 132f, insbesondere in Abschnitt V (3) und (4), S.132f - vgl. auch schon Darstellung unter 1. Kapitel: § 3 A. (S.25, 26ff)

§ 5 Exemplarische Untersuchung der Verbraucherkreditrichtlinie und des deutschen Verbraucherkreditgesetzes

Der deutsche Gesetzgeber hat in den vergangenen zwei Jahrzehnten in Erfüllung seiner Umsetzungspflicht zahlreiche zivilrechtliche Verbraucherschutzrichtlinien der Europäischen Union umgesetzt, wobei er sich an die vorgegebenen Mindeststandards gehalten und von den Möglichkeiten der Optionen nur wenig Gebrauch gemacht.[387] Eine Ausnahme stellt die Richtlinie zum Verbraucherkredit dar, die der deutsche Gesetzgeber zu einem umfassenden Gesetz zum Verbraucherkredit ausgebaut hat, das in der Tradition des früheren Abzahlungsgesetzes steht und dieses ersetzt hat. Anhand des Verbraucherkreditgesetzes sollen nachfolgend einige im Vergleich zur Richtlinie strengere Vorschriften exemplarisch herausgestellt werden.

A. *Die Richtlinie 87/102/EWG des Rates vom 22. Dezember 1986 zur Angleichung der Rechts- und Verwaltungsvorschriften der Mitgliedstaaten über den Verbraucherkredit*

Die Verbraucherkreditrichtlinie[388] (VerbrKrRL) war das Ergebnis langjähriger Diskussion. Ende der 70er Jahre unterbreitete die Kommission einen ersten

---

[387] vgl. die deutschen Umsetzungen der in Fn. 21 genannten Richtlinien: Gesetz über den Widerruf von Haustürgeschäften und ähnlichen Geschäften (HaustürWG) vom 16.1.1986 (BGBl. 1986 I, 122), zuletzt geändert durch Art. 6 des Gesetzes über Fernabsatzverträge und andere Fragen des Verbraucherrechts sowie zur Umstellung von Vorschriften auf Euro vom 27.6.2000 (BGBl. 2000 I, 887, berichtigte Fassung BGBl. 2000 I, 1139); Verbraucherkreditgesetz (VerbrKrG) vom 17.12.1990 (BGBl. 1990 I, 2154), zuletzt geändert durch Art. 6 des Gesetzes über Fernabsatzverträge und andere Fragen des Verbraucherrechts sowie zur Umstellung von Vorschriften auf Euro vom 27.6.2000 (BGBl. 2000 I, 887, berichtigte Fassung BGBl. 2000 I, 1139); Gesetz zur Regelung des Rechts der Allgemeinen Geschäftsbedingungen (AGBG) vom 9.12.1976 (BGBl. 1976 I, 3317), zuletzt geändert durch Art. 3 des Gesetzes über Fernabsatzverträge und andere Fragen des Verbraucherrechts sowie zur Umstellung von Vorschriften auf Euro vom 27.6.2000 (BGBl. 2000 I, 887, berichtigte Fassung BGBl. 2000 I, 1139); Gesetz über die Veräußerung von Teilzeitnutzungsrechten an Wohngebäuden (TzWrG) vom 20.12.1996 (BGBl. 1996 I, 2154), zuletzt geändert durch Art. 6 des Gesetzes über Fernabsatzverträge und andere Fragen des Verbraucherrechts sowie zur Umstellung von Vorschriften auf Euro vom 27.6.2000 (BGBl. 2000 I, 887, berichtigte Fassung BGBl. 2000 I, 1139); Fernabsatzgesetz vom 27.6.2000, BGBl. 2000 I, 887, berichtigte Fassung BGBl. 2000 I, 1139; bislang nicht in deutsches Recht umgesetzt wurde die Richtlinie zu bestimmten Aspekten des Verbrauchsgüterkaufs und -garantien (Frist: 1.1.2002)

[388] Richtlinie 87/102/EWG in ihrer ursprünglichen Fassung, ABl. EG 1987 Nr. L 42/48 (gestützt auf Art. 100 EWG-Vertrag). Ein Abdruck der Richtlinie findet sich zudem bei *Bülow*, VerbrKrG, Anhang S. 574ff sowie bei *Grundmann*, Europäisches Schuldvertragsrecht, §7 4.10 (S.681ff)

Richtlinienvorschlag[389], der jedoch vor allem in Deutschland auf heftigen Widerstand stieß und zu einem zweiten veränderten Entwurf aus dem Jahre 1984[390] führte.[391] Beide Vorschläge gingen schließlich in der endgültigen Fassung aus dem Jahre 1986 auf. Die ursprüngliche Richtlinie ist bisher zweimal geändert worden.[392]
Ausweislich ihrer Erwägungsgründe hat die Richtlinie im Wesentlichen zwei Zielrichtungen: zum einen die Errichtung eines gemeinsamen Verbraucherkreditmarktes, in dem die Wettbewerbsbedingungen der Kreditgeber auf dem Gebiet der EU angeglichen werden und alle Wettbewerber frei miteinander konkurrieren können; zum anderen den Schutz des Verbrauchers vor missbräuchlichen Kreditbedingungen und die Möglichkeit, von der Wahlfreiheit im Binnenmarkt unabhängig von Herkunft, Wohnsitz, Tätigkeit oder Rechtswahl Gebrauch zu machen, ohne eine Einbuße ihrer Rechtsstellung zu erleiden.[393]
Die Schaffung eines gemeinsamen Verbraucherkreditmarktes als Teil des Binnenmarktes begründete zugleich die Kompetenz zum Erlass der Richtlinie nach Art. 100 EWG-Vertrag.[394]

B. Das Verbraucherkreditgesetz vom 17. Dezember 1990 in seiner zuletzt geänderten Fassung vom 27. Juni 2000

Das Verbraucherkreditgesetz[395] trat am 1. Januar 1991 mit einem Jahr Verspätung zur vorgegebenen Umsetzungsfrist in Kraft.[396] Art. 16 Abs. 1 der Verbraucherkreditrichtlinie sah eine Umsetzung bis spätestens zum 1. Januar 1990 vor.

---

389 ABl. EG 1979 Nr. C 80/4

390 ABl. EG 1984 Nr. C 193/4

391 vgl. zur Entwicklung der Verbraucherkreditrichtlinie: *Emmerich*, in: *v.Westphalen/Emmerich/v.Rottenburg*, VerbrKrG, Einl., Rz. 21f

392 Die ursprüngliche Richtlinie wurde geändert durch die Richtlinie 90/88/EWG des Rates vom 22.2.1990, ABl. EG 1990 Nr. L 61/14 - gestützt auf Art. 100a EWG-Vertrag -, die eine einheitliche mathematische Formel für die Berechnung des effektiven Jahreszinses enthält sowie durch die Richtlinie 98/7/EG des Europäischen Parlamentes und des Rates vom 16.2.998, ABl. EG 1998 Nr. L 101/17 - gestützt auf Art. 100a EG-Vertrag -, die nähere Ausführungen zur Berechnung des effektiven Jahreszinses enthält.

393 *Ulmer*, in: *MünchKomm*, VerbrKrG, Vor. §1, Rz. 12; *Kessal-Wulf*, in: *Staudinger*, VerbrKrG, Einl., Rz. 2; *Emmerich*, in: *v.Westphalen/Emmerich/v.Rottenburg*, VerbrKrG, Einl., Rz. 24; *Gilles*, ZRP 1989, 299, 302; *Emmerich*, FLF 1991, 140; Stellungnahme des Europäischen Parlamentes, ABl. EG 1983 Nr. C 242/10 vom 12.09.1983

394 vgl. schon Darstellung unter 1. Kapitel: § 3 C. (S.39ff)

395 vom 17.12.1990 (BGBl. 1990 I, 2840), zuletzt geändert durch Gesetz vom 27.6.2000 (BGBl. 2000 I, 887, berichtigte Fassung BGBl. 2000 I, 1139)

396 vgl. zur Gesetzgebungsgeschichte: *Bülow*, VerbrKrG, Einführung, Rz. 2; *Ulmer*, in: *MünchKomm*, VerbrKrG, Vor. §1 , Rz. 9; *Bruchner/Ott/Wagner-Wieduwilt*, VerbrKrG, Einl., Rz. 1ff, 8ff; *Knaul*, Auswirkungen des europäischen Binnenmarktes der Banken, 211ff; *Schmelz/Klute*, ZIP 1989, 1509ff

Durch diese verspätete Umsetzung war es jedoch möglich, die erste Änderungsrichtlinie zur Verbraucherkreditrichtlinie vom 22. Februar 1990 unmittelbar in das neue Verbraucherkreditgesetz einzuarbeiten.[397]
Das Verbraucherkreditgesetz war als Art. 1 Teil des Artikelgesetzes über Verbraucherkredite, zur Änderung der Zivilprozessordnung und anderer Gesetze vom 17. Dezember 1990.[398] Die sog. „Technische Novelle zum Verbraucherkreditgesetz“, die zum 1. Mai 1993 in Kraft trat, ergänzte das Gesetz in einigen Punkten ohne wesentliche materiell-rechtliche Änderungen mit sich zu bringen.[399] Die bislang letzte Änderung mit Wirkung zum 1. Oktober 2000 erfolgte durch das Gesetz über Fernabsatzverträge und andere Fragen des Verbraucherrechts sowie zur Umstellung von Vorschriften auf Euro[400] vom 27. Juni 2000, welches unter anderem eine dogmatische Umstrukturierung des Widerrufsrechts mit sich brachte.[401]
Das Verbraucherkreditgesetz löste 1991 das bis dahin geltende Abzahlungsgesetz vom 16. Mai 1894[402] ab (Art. 10 des Gesetzes über Verbraucherkredite).[403] Es sollte zum einen den erreichten Schutzstandard aufrechterhalten, aber auch auf neuere Problematiken wie z.B. das intensiv diskutierte Phänomen des „modernern Schuldturm“ reagieren.[404]

Die Verabschiedung einer Verbraucherkreditrichtlinie durch die EG war für den deutschen Gesetzgeber entscheidender Anstoß zur Schaffung eines nationalen Gesetzes zum Verbraucherkredit.[405] Allerdings ist in der Verbraucherkreditrichtlinie nur eine von mehreren Quellen des heutigen Verbraucherkreditgesetz zu sehen. Schon vor der Regelung durch die Europäische Gemeinschaft existierten

---

[397] vgl. *Bruchner/Ott/Wagner-Wieduwilt*, VerbrKrG, Einl., Rz. 2; *Bülow*, VerbrKrG, Einführung, Rz. 2; *Schmidt*, Der Einfluss europäischer Richtlinien auf das Privatrecht, 6

[398] BGBl. 1990 I, 2840

[399] *Kessal-Wulf*, in: *Staudinger*, VerbrKrG, Einl., Rz. 1, 20ff; *Bruchner/Ott/Wagner-Wieduwilt*, VerbrKrG, Einl., Rz. 17ff; *Bülow*, NJW 1993, 1617; *Matusche*, EU-Verbraucherschutz und deutsches Bankvertragsrecht, 14ff;

[400] Gesetz über Fernabsatzverträge und andere Fragen des Verbraucherrechts sowie zur Umstellung von Vorschriften auf Euro vom 27.6.2000, BGBl. 2000 I, 887, berichtigte Fassung BGBl. 2000 I, 1139 – dazu sogleich im Text

[401] vgl. dazu im Folgenden unter 2. Kapitel: § 5 C. II. 1. (S.84ff)

[402] RGBl. I 450, novelliert in den Jahren 1969 und 1974 - vgl. Darstellung bei *Emmerich*, in: *v.Westphalen/Emmerich/v.Rottenburg*, VerbrKrG, Einl., Rz. 2

[403] vgl. die Darstellung bei *Bülow*, VerbrKrG, Einführung, Rz. 8; *Ulmer*, in: *MünchKomm*, VerbrKrG, Vor. §1, Rz. 2, 4, 41

[404] vgl. Darstellung bei *Emmerich*, in: *v.Westphalen/Emmerich/ v.Rottenburg*, VerbrKrG, Einl., Rz. 17f

[405] *Ulmer*, in: *MünchKomm*, VerbrKrG, Vor. §1, Rz. 1; *Gilles*, ZRP 1989, 299; *Bülow*, NJW 1991, 129; *Reich*, in: *Hadding/Hopt*, Das neue Verbraucherkreditgesetz, 29, 30; *Emmerich*, in: *v.Westphalen/Emmerich/ v.Rottenburg*, VerbrKrG, Einl., Rz. 17, 20; *Bruchner/Ott/Wagner-Wieduwilt*, VerbrKrG, Einl., Rz. 1, 2

auf nationaler Ebene Überlegungen für eine besondere gesetzliche Fassung des Rechts über den Verbraucherkredit.[406] Konsequenz dessen war, dass die oben beschriebenen Erwägungsgründe der EG-Richtlinie sich nur zu einem Teil in den Begründungen zum Regierungsentwurf wiederfanden. Der deutsche Gesetzgeber beabsichtigte ausweislich der Begründungen[407] eine Optimierung des Verbraucherschutzes, die auf den bisherigen Regelungen wie dem AbzG und der Rechtsprechungspraxis basierten.[408] Damit führte der Gesetzgeber gewisse gewachsene nationale Wertigkeiten fort mit der Folge, dass sich der Schutzstandard auf deutscher Ebene im Vergleich zur Richtlinie insgesamt erhöhte.
Die deutschen Verschärfungen im Schutzstandard sollen nachfolgend im einzelnen kurz dargestellt werden.

C. *Abweichende Regelungen in Richtlinie und deutschem Verbraucherkreditgesetz aufgrund von Art. 15 der Verbraucherkreditrichtlinie*

Ziel der Richtlinie ist es – wie gesehen – den Verbraucherschutz in den einzelnen Mitgliedstaaten auf einen einheitlichen (Mindest)Standard anzugleichen. Dies geschieht im Rahmen der Verbraucherkreditrichtlinie nach der oben dargestellten *neuen Strategie* zur Harmonisierung, d.h. konzeptionell durch eine Mindestharmonisierung in Verbindung mit der Einräumung einer Option in Art. 15 VerbrKrRL.[409]
Der deutsche Gesetzgeber hat unter dem oben beschriebenen Einfluss versucht, den durch das alte Abzahlungsgesetz geschaffenen Schutzstandard beizubehalten und gleichzeitig weitere rechtspolitische Problemfelder („moderner Schuldturm" etc.) einer Lösung zuzuführen; dazu hat er in zahlreichen Punkten von der Möglichkeit des Art. 15 VerbrKrRL Gebrauch gemacht.
Zum Teil hat sich der Gesetzgeber darauf beschränkt, vorhandene Richtlinienvorgaben zu verschärfen, in einigen Fällen sind aber auch Vorschriften geschaffen worden, die nicht einmal ansatzweise auf entsprechende Richtlinienvorgaben zurückgeführt werden können.[410]

---

[406] Hervorzuheben ist das Gutachten zum 53. deutschen Juristentag von 1980 (*Hadding/ Häuser/Welter*); vgl. die Darstellung bei *Habersack*, in: *Hadding/Welter*, Rechtsfragen bei Bankleistungen, 361ff sowie bei *Ulmer*, in: *MünchKomm*, VerbrKrG, Vor. §1, Rz. 1f, 4f, 9f

[407] Begr. RegE, BT-Drucks. 11/5462

[408] vgl. Darstellung bei *Ulmer*, in: *MünchKomm*, VerbrKrG, Vor. §1, Rz. 18; *Schmidt*, Der Einfluss europäischer Richtlinien auf das Privatrecht, 23f; *Habersack*, in: *Hadding/Welter*, Rechtsfragen bei Bankleistungen, 361

[409] vgl. schon Darstellung unter 2. Kapitel: § 4 A. (S.49ff) sowie speziell für das Verbraucherkreditgesetz: *Schirnding*, FLF 1996, 25ff

[410] Ausführliche Darstellungen der Unterschiede von Richtlinie und deutschem Verbraucherkreditgesetz finden sich bei *Matusche*, EU Verbraucherschutz und deutsches Bankvertragsrecht, 17ff; *Ulmer*, in: *MünchKomm*, VerbrKrG, Vor. §1, Rz. 21f, §1, Rz. 3; *Habersack*, in:

I. Einzelne strengere Vorschriften des Verbraucherkreditgesetzes gegenüber der Richtlinie

Im Folgenden sollen die wesentlichen Verschärfungen des deutschen Verbraucherkreditgesetzes kurz dargestellt und aus nationaler Sicht begründet werden.

1. Persönlicher und sachlicher Anwendungsbereich

Der persönliche Anwendungsbereich der Richtlinie ist in Art. 1 VerbrKrRL festgelegt, in dem sich die für die Anwendung wesentlichen Legaldefinitionen befinden. Das Verbraucherkreditgesetz setzt diese Vorgaben – unter Bezugnahme auf den im Zuge der Umsetzung des FernAbsG neu geschaffenen §13 BGB[411] – in vollem Umfang um, geht aber insoweit über die Richtlinie hinaus, als es in §1 Abs. 1 S. 2 VerbrKrG auch natürliche Personen einbezieht, die einen Kredit zum Zwecke der Unternehmensgründung bis zu einer Kredithöhe von 50.000 Euro aufnehmen (vgl. §3 Abs. 1 Nr. 2 VerbrKrG).[412] Mit der gesetzestechnisch etwas umständlich anmutenden Formulierung in §1 Abs. 1 S. 2 VerbrKrG ist zudem klargestellt, dass der deutsche Gesetzgeber zugunsten des existenzgründenden Verbrauchers eine Umkehr der Beweislast intendiert.[413] Nicht der Existenzgründer, der sich auf die Vorschriften des Verbraucherkreditgesetz beruft, muss die Tatsachen beweisen, die seine Verbraucherqualifikation und die Zweckbestimmung seines Handelns begründen, sondern der Unternehmer. Ausweislich der Formulierung des Gesetzes ist demzufolge die umfassende Beweislastumkehr, die noch §1 Abs. 1 VerbrKrG a.F. verfolgte, weggefallen. Der Neufassung von §1 Abs. 1 S. 1 VerbrKrG iVm §13 BGB lässt sich ein solches verbraucherbegünstigendes Element nicht mehr entnehmen.[414]
Auch bezieht das deutsche Verbraucherkreditgesetz im Gegensatz zur Richtlinie Kreditvermittler in den persönlichen Anwendungsbereich mit ein.[415] Zudem erweitert §13 BGB, der über §1 Abs. 1 S. 1 VerbrKrG Anwendung findet, den persönlichen Anwendungsbereich insoweit, als dass der deutsche Gesetzgeber

---

Hadding/Welter, Rechtsfragen bei Bankleistungen, 361ff; auch im Hinblick auf Umsetzungen in anderen Mitgliedstaaten: *Paschke/Iliopoulos*, Europäisches Privatrecht, 121ff

411 vgl. schon Darstellung unter 1. Kapitel: § 3 B. (S.33ff), Nachweis in Fn. 195

412 Diese Tendenz, auch bestimmte Gewerbetreibende in den Schutzbereich einzubeziehen, hat zwischenzeitlich auch die Kommission aufgenommen. - vgl. zur Absicht der Kommission, die Verbraucherkreditrichtlinie auszudehnen den Bericht über die Anwendung der Richtlinie 87/102/EWG, KOM (95) 117 endg., 3, Ziffer 21

413 *Bülow/Artz*, NJW 2000, 2049, 2055; *Palandt/Putzo*, VerbrKrG, §1, Rz. 4

414 *Bülow/Artz*, aaO

415 vgl. Darstellung bei *Bülow*, VerbrKrG, §1, Rz. 16, 17f, 39ff; *Ulmer*, in: *MünchKomm*, VerbrKrG, §1, Rz. 7, 16, 25, 26; *v.Westphalen*, in: *v.Westphalen/Emmerich/v.Rottenburg*, VerbrKrG, §1, Rz. 25ff, 52ff, 198ff; *Wagner-Wieduwilt*, in: *Bruchner/Ott/Wagner-Wieduwilt*, VerbrKrG, §1, Rz. 13ff

dem Schutzbereich des Verbraucherkreditgesetzes nur Personen entzieht, die den Kredit für eine „selbständige“ berufliche Tätigkeit aufnehmen.[416] Die Richtlinie sieht eine Beschränkung auf selbständige Tätigkeiten nicht notwendig vor. Dies hat zur Folge, dass der von §1 Abs. 1 VerbrKrG dem Schutzbereich entzogene Personenkreis geringer, der Schutz des Verbrauchers im Vergleich zur Richtlinie mithin intensiver ist.

Auch hinsichtlich des sachlichen Anwendungsbereichs bestehen einige einschneidende Abweichungen von der Richtlinie. Dieser wird in Art. 1 Abs. 2 VerbrKrRL bestimmt, nach dem die Richtlinie grundsätzlich auf Kredite in Form eines Zahlungsaufschubs, eines Darlehens oder einer sonstigen ähnlichen Finanzierungshilfe anwendbar ist. Dieser umfangreiche sachliche Anwendungsbereich wird durch Art. 2 VerbrKrRL eingegrenzt, der eine Reihe von Vertragsformen in Abs. 1 lit. a bis g, Abs. 3 der Richtlinie ausnimmt.
Den Grundsatz der Richtlinie in Art. 1 Abs. 2 hat der deutsche Gesetzgeber vollumfänglich umgesetzt; allerdings bestehen hinsichtlich der Anwendungsausnahmen einige Unterschiede. Auffällig ist zunächst, dass das Verbraucherkreditgesetz den in Art. 2 Abs. 1 lit. f VerbrKrRL vorgesehenen Höchstbetrag iHv 20.000 ECU nicht übernommen hat. Dem Schutzbereich des deutschen Verbraucherkreditgesetzes unterfallen demnach auch Kreditverträge oberhalb der genannten Summe, die die Richtlinie dem Geltungsbereich generell entzieht. Auch die in §2 Verbraucherkreditgesetz geregelten Teillieferungs- und Sukzessivlieferungsverträge werden von der Richtlinie nicht erfasst; sie sind gem. Art. 1 Abs. 1 lit. c VerbrKrRL ausdrücklich nicht als Kreditvertrag im Sinne der Richtlinie anzusehen.[417]
Zudem setzt das Verbraucherkreditgesetz die Vorgaben der Richtlinie zum Verwendungszweck des Kredits in Art. 2 Abs. 1 lit. a bis e, Abs. 3 VerbrKrRL nur ansatzweise in deutsches Recht um. So findet die Verbraucherkreditrichtlinie z.B. nach Art. 2 Abs. 1 lit. a VerbrKrRL keine Anwendung auf Kreditverträge, die hauptsächlich zum Erwerb oder zur Beibehaltung von Eigentumsrechten an einem Grundstück oder einem vorhandenen oder noch zu errichtenden Gebäude oder zur Renovierung oder Verbesserung eines Gebäudes bestimmt sind. Das Verbraucherkreditgesetz enthält eine solche Ausnahme nicht; einzig für

---

[416] *Bülow/Artz*, NJW 2000, 2049, 2050 mwN; *Kessal-Wulf*, in: *Staudinger*, VerbrKrG, §1, Rz. 32; v.Westphalen, in: *v.Westphalen/Emmerich/v.Rottenburg*, VerbrKrG, §1, Rz. 20; ausführlich zum Kriterium der Selbständigkeit in den verschiedenen Verbraucherschutzgesetzen: *Faber*, ZEuP 1998, 854, 868f, 874

[417] vgl. Darstellung bei *Bülow*, VerbrKrG, §1, Rz. 73ff; *Ulmer*, in: *MünchKomm*, VerbrKrG, §1, Rz. 41ff; *v.Westphalen*, in: *v.Westphalen/Emmerich/v.Rottenburg*, VerbrKrG, §1, Rz. 84ff, 150ff, 175ff; *Wagner-Wieduwilt*, in: *Bruchner/Ott/Wagner-Wieduwilt*, VerbrKrG, §1, Rz. 38ff

grundpfandrechtlich abgesicherte Kreditverträge werden in §3 Abs. 2 Nr. 2 VerbrKrG Bereichsausnahmen in der Anwendung normiert.
Mit diesen Erweiterungen des persönlichen und sachlichen Anwendungsbereiches bezweckte der Gesetzgeber ausweislich der Materialien eine möglichst vollständige, alle Arten des Verbraucherkredits umfassende Regelung der Kreditgeschäfte.[418]

2. *Einwendungsdurchgriff gem. §9 Abs. 3 VerbrKrG*

Art. 11 der Verbraucherkreditrichtlinie regelt im Falle der sog. verbundenen Geschäfte das Verhältnis der Haftung des Kreditgebers und des Lieferanten von Waren bzw. Erbringer von Dienstleistungen für den Fall, dass diese nicht geliefert bzw. erbracht werden oder in anderer Weise nicht vertragsgemäß sind (Nicht- oder Schlechtleistung). Von Bedeutung ist in diesem Zusammenhang der sog. Einwendungsdurchgriff, der dem Verbraucher im Falle verbundener Geschäfte unter bestimmten Bedingungen ein für ihn vorteilhaftes rechtliches Instrument zur Seite stellt.[419] Art. 11 Abs. 2 lit. a bis e VerbrKrRL verpflichtet die Mitgliedstaaten aus diesem Grunde, einen Einwendungsdurchgriff des Verbrauchers zuzulassen, wenn der Kredit der Finanzierung eines Waren- oder Dienstleistungsgeschäfts dient, zwischen Kreditgeber und Verkäufer eine in lit. b näher umschriebene Rahmenvereinbarung besteht[420], die Leistung nicht oder nicht ordnungsgemäß erbracht wird und der Verbraucher seine Rechte gegen den Lieferanten erfolglos geltend gemacht hat.
Diese Gestaltung verdeutlicht, dass der Kreditgeber grundsätzlich nur dann haften soll, wenn bestimmte Voraussetzungen kumulativ vorliegen. Die Richtlinie geht systematisch daher vom Prinzip der subsidiären Haftung des Kreditgebers bei Nicht- oder Schlechtleistung aus.[421] Art. 11 Abs. 2 S. 2 VerbrKrRL[422] lässt

---

[418] Begr. RegE, BT-Drucks. 11/5462, S11ff, 17ff; *Ulmer*, in: *MünchKomm*, VerbrKrG, Vor. §1, Rz. 2, §1, Rz. 1f; *Wagner-Wieduwilt*, in: *Bruchner/Ott/Wagner-Wieduwilt*, VerbrKrG, §1, Rz. 10

[419] Die Gefahr für den Verbraucher liegt bei dieser Art von Geschäften darin, dass die Aufspaltung des in wirtschaftlicher Hinsicht eine Einheit bildenden Geschäfts in zwei rechtlich von einander getrennte Verträge zur Folge haben kann, dass der Verbraucher trotz mangelhafter Erfüllung des Kaufvertrages zur Rückzahlung des Kredites verpflichtet ist.

[420] Das Verbraucherkreditgesetz verzichtet auf diese qualifizierte Absprache zwischen Kreditgeber und Verkäufer iSd Art. 11 Abs. 2 lit. b VerbrKrRL als Voraussetzungen für eine wirtschaftliche Einheit. - vgl. die Darstellung bei *Habersack*, in: *MünchKomm*, VerbrKrG, §9, Rz. 4 und *Schmidt*, Der Einfluss europäischer Richtlinien auf das Privatrecht, 12f

[421] *Habersack*, in: *MünchKomm*, VerbrKrG, §9, Rz. 4, 99, 121; *Matusche*, EU Verbraucherschutz und deutsches Bankvertragsrecht, 47

[422] Im Rahmen des Art. 11 VerbrKrRL bestehen für die Umsetzung in zweifacher Hinsicht Gestaltungsspielräume. Neben der Option in Art. 15 VerbrKrRL räumt Art. 11 Abs. 2 S. 2

ausdrücklich offen, wie weit und unter welchen Bedingungen diese Rechte gegen den Kreditgeber geltend gemacht werden können.

Das Verbraucherkreditgesetz geht einen gänzlich anderen Weg, indem es auf die von der Richtlinie vorgegebene Subsidiarität des Einwendungsdurchgriffs weitgehend verzichtet.[423] Gem. §9 Abs. 3 VerbrKrG kann der Verbraucher die Rückzahlung des Kredits verweigern, *„soweit Einwendungen aus dem verbundenen Kaufvertrag ihn gegenüber dem Verkäufer zur Verweigerung seiner Leistung berechtigen würde."* Der deutsche Gesetzgeber geht demzufolge von der grundsätzlichen Zulässigkeit des Einwendungsdurchgriffs als Regelfall aus, der nur in den Sätzen 2 und 3 des Absatzes unter bestimmten Bedingungen, die weitgehend der Richtlinienvorgabe entnommen sind,[424] durchbrochen wird. Zudem lässt der Wortlaut des §9 Abs. 3 VerbrKrG keine Beschränkung auf Einwendungen wegen Nicht- oder Schlechtlieferung erkennen, wie in Art. 11 Abs. 2 lit. d VerbrKrRL vorgesehen.[425] Der Einwendungsdurchgriff nach dem Verbraucherkreditgesetz ist demzufolge grundsätzlich hinsichtlich sämtlicher Einwendungen möglich; namentlich im Falle der Anfechtung oder Aufrechnung kann der Verbraucher nach überwiegender Ansicht diese Einwendungen dem Kreditgeber direkt entgegenhalten.[426] Aber auch im Falle der Wandelung/Minderung kann der Verbraucher dem Kreditgeber die Mangelhaftigkeit der Ware oder Dienstleistung bereits mit seinem Wandelungs- oder Minderungsbegehren entgegenhalten, sofern er entsprechend §9 Abs. 3 S. 3 VerbrKrG nicht kraft Gesetzes oder vertraglicher Vereinbarung zunächst Nachbesserung oder Ersatzlieferung verlangen muss.[427]

VerbrKrRL ausdrücklich einen weiteren Umsetzungsspielraum ein. - vgl. Darstellung bei *Kessal-Wulf*, in: *Staudinger*, VerbrKrG, Rz. 6

[423] vgl. Begr. RegE, BT-Drucks. 11/5462, S23ff; *Habersack*, in: *MünchKomm*, VerbrKrG, §9, Rz. 4, 99, 121; *Ott*, in: *Bruchner/Ott/Wagner-Wieduwilt*, VerbrKrG, §9, Rz. 142; *Kessal-Wulf*, in: *Staudinger*, VerbrKrG, §9, Rz. 67f; *Emmerich*, in: *v.Westphalen/Emmerich/v.Rottenburg*, VerbrKrG, §9, Rz. 126

[424] §9 Abs. 3 S. 2 VerbrKrG geht auf Art. 11 Abs. 3 und Abs. 2 lit. c VerbrKrRL zurück, §9 Abs. 3 S. 3 VerbrKrG beruht auf Art. 11 Abs. 2 lit. e VerbrKrRL.

[425] Auf die rechtliche Qualifikation der Einwendung kommt es nicht an. – vgl. *Habersack*, in: *MünchKomm*, VerbrKrG, §9, Rz. 88 mwN; *Emmerich*, in: *v.Westphalen/Emmerich/v.Rottenburg*, VerbrKrG, §9, Rz. 136ff

[426] So die wohl h.L. (vgl. die Darstellung bei *Emmerich*, in: *v.Westphalen/Emmerich/v.Rottenburg*, §9, Rz. 198 mwN; *Habersack*, in: *MünchKomm*, VerbrKrG, §9, Rz. 74ff, 88, 90 mwN); aA hinsichtlich der Aufrechnung, die sich aufgrund eines bestehenden Zurückbehaltungsrechts gem. §273 BGB erübrige: *Bülow*, VerbrKrG, §9, Rz. 114; *Habersack*, in: *MünchKomm*, VerbrKrG, §9, Rz. 93; *Kessal-Wulf*, in: *Staudinger*, VerbrKrG, §9, Rz. 74

[427] *Habersack*, in: *MünchKomm*, VerbrKrG, §9, Rz. 90

§9 Abs. 3 VerbrKrG geht mit dieser Umkehr des Regel/Ausnahmeverhältnisses deutlich über die Vorgaben der Richtlinie hinaus. Hinzu kommt, dass das Verbraucherkreditgesetz auf die qualifizierte Absprache zwischen Kreditgeber und Verkäufer im Sinne des Art. 11 Abs. 2 lit. b VerbrKrRL als Voraussetzungen für eine wirtschaftliche Einheit ganz verzichtet und so den Anwendungsbereich der Regelung in §9 VerbrKrG über die Richtlinie hinaus noch erweitert.[428] Die Position des Verbrauchers wird im Fall des verbundenen Geschäfts auf diese Weise im Vergleich zur Richtlinie entscheidend gestärkt. Motiv für den deutschen Gesetzgeber war vor allem die bis dahin schon *„praktizierte und bewährte Rechtsprechung“*[429] des *BGH* zum Problemkreis der finanzierten Abzahlungsgeschäfte.[430] §9 VerbrKrG führt diese Rechtsprechung unter gewissen Modifikationen fort.[431] Die Abkehr von der Subsidiarität des Einwendungsdurchgriffs stellt nach dem Gesagten eine weitergehende Vorschrift zum Schutz des Verbrauchers im Sinne von Art. 15[432] der Richtlinie dar.

II. Weitere über die Richtlinie hinausgehende Regelungen des Verbraucherkreditgesetzes

Keine Ansätze enthält die Richtlinie hinsichtlich der folgenden Vorschriften des deutschen Verbraucherkreditgesetzes.

---

[428] vgl. die Darstellung bei *Habersack*, in: *MünchKomm*, VerbrKrG, §9, Rz. 4 und *Schmidt*, Der Einfluss europäischer Richtlinien auf das Privatrecht, 12f

[429] vgl. Begr. RegE, BT-Drucks. 11/5462, S. 12

[430] Der *BGH* entwickelte die Ausnahmemöglichkeit eines Durchgriffs des Verbrauchers im Rahmen des §6 AbzG, d.h. er ging wie die Richtlinie grundsätzlich von der Subsidiarität des Durchgriffs aus (vgl. BGHZ 95, 350; BGHZ 94, 226; BGHZ 94, 195; BGHZ 104, 392; *BGH* NJW 1984, 2816; *BGH* NJW 1986, 3197; *BGH* NJW 1987, 1813) - vgl. auch Darstellung sowie zahlreiche weitere Nachweise zur Rechtsprechung des *BGH* bei *Kessal-Wulf*, in: *Staudinger*, VerbrKrG, §9, Rz. 12 und *Emmerich*, in: *v.Westphalen/Emmerich/v.Rottenburg*, VerbrKrG, §9, Rz. 129f)

[431] *Bülow*, VerbrKrG, §9, Rz. 104 mwN; *Bruchner*, in: *Bruchner/Ott/Wagner-Wieduwilt*, VerbrKrG, §7, Rz. 1sowie die Darstellung in der vorigen Fn.

[432] Die Verbraucherkreditrichtlinie eröffnet den Mitgliedstaaten im Rahmen des Art. 11 in zweifacher Hinsicht einen Spielraum (vgl. *Habersack*, in: *MünchKomm*, VerbrKrG, §9, Rz. 3; *Kessal-Wulf*, in: *Staudinger*, VerbrKrG, §9, Rz. 6). Der Auftrag an die Mitgliedstaaten gem. Art. 11 Abs. 2 S. 2 VerbrKrRL zur Bestimmung des Umfangs der Haftung und der Bedingungen der Geltendmachung deckt die beschriebene deutsche Regelung mE jedoch nicht. Dieser ist vielmehr auf die Gestaltung von Umfang und Bedingungen der grundsätzlich subsidiär konstruierten Haftung beschränkt, so dass die Regelung in §9 Abs. 3 VerbrKrG nur aufgrund der Option in Art. 15 VerbrKrRL zulässig sein kann (m.E. unklar insoweit *Habersack* und *Kessal-Wulf*, aaO).

1. *Widerrufsrecht des Verbrauchers (§7 Abs. 1 S. 1 VerbrKrG iVm §361a BGB)*

Das Widerrufsrecht steht in der Tradition des früheren §1 b AbzG, welches seit der zweiten Novelle zum Abzahlungsgesetz von 1974 für Warenkredite einschließlich drittfinanzierter Abzahlungsgeschäfte galt.[433] §7 VerbrKrG hat die Widerrufsmöglichkeit auf alle Verbraucherkreditgeschäfte im Sinne von §1 VerbrKrG ausgedehnt. Nach den Vorstellungen des Gesetzgebers soll der Verbraucher die Gelegenheit haben, seine Entscheidung auf Abgabe der auf den Abschluss eines Kreditvertrages gerichteten Willenserklärung noch einmal zu überdenken und gegebenenfalls rückgängig machen zu können.[434] *„Anfällige"* Kreditverhältnisse, mit denen sich der Verbraucher finanziell übernimmt, sollen so – der damaligen Konstruktion der schwebenden Unwirksamkeit entsprechend – erst gar nicht entstehen.[435] Durch diese rechtliche Konstruktion wollte der Gesetzgeber sicher stellen, dass es vor Ausschöpfung der eingeräumten Überlegungsfrist zu keinem Leistungsaustausch kam und auf diese Weise Rückabwicklungslagen vermieden wurden.[436]
Im Zuge der Umsetzung des FernAbsG[437] hat der deutsche Gesetzgeber die bisherige Widerrufsregelung in §7 VerbrKrG technisch und dogmatisch umgestaltet. §7 VerbrKrG in seiner seit 1. Oktober 2000 geltenden Fassung verweist nunmehr – wie auch §3 Abs. 1 FernAbsG, §1 Abs. 1 S. 1 HaustürWG und §5 Abs. 1 TzWrG – auf den neu geschaffenen §361a BGB. Die bisher vorgesehene Konstruktion der schwebenden Unwirksamkeit konnte wegen Art. 5 und 6 der Richtlinie 97/7/EG über den Verbraucherschutz bei Vertragsschlüssen im Fernabsatz[438] nicht beibehalten werden; die Willenserklärung des Verbrauchers ist

---

433 Begr. RegE, BT-Drucks. 11/5462, S. 21; vgl. auch Darstellungen bei *Bülow*, VerbrKrG, §7, Rz. 13; *Ulmer*, in: *MünchKomm*, VerbrKrG, §7, Rz. 1; *Kessal-Wulf*, in: *Staudinger*, VerbrKrG, §7, Rz. 1; *v.Westphalen*, in: *v.Westphalen/Emmerich/v.Rottenburg*, VerbrKrG, §7, Rz. 1; *Bülow/Artz*, NJW 2000, 2049, 2051

434 In der bis zum 1.10.2000 geltenden Fassung des Verbraucherkreditgesetzes (vgl. zur geänderten Konstruktion Nachweise in Fn. 439) wurde die auf den Vertragsschluss gerichtete Willenserklärung wird erst wirksam, wenn der Verbraucher nicht fristgerecht widerrief, d.h. der Vertrag wurde wirksam, wenn der Widerruf unterblieb. Bis zu diesem Zeitpunkt bestand eine schwebende Unwirksamkeit. - vgl. nur *Bülow*, VerbrKrG, §7, Rz. 14, 19; *ders.*, ZIP 1999, 1293, 1294

435 Begr. RegE, BT-Drucks. 11/5462, S. 21f

436 ausführlich zur dogmatischen Konstruktion von „Widerruf" und „Rücktritt" in den auf EG-sekundärrechtlichen Vorgaben beruhenden deutschen Umsetzungsgesetzen *Bülow*, ZIP 1999, 1293, 1294

437 Gesetz über Fernabsatzverträge und andere Fragen des Verbraucherrechts sowie zur Umstellung von Vorschriften auf Euro vom 27.6.2000, BGBl. 2000 I, 887, berichtigte Fassung BGBl. 2000 I, 1139

438 Richtlinie 97/7/EG des Europäischen Parlamentes und des Rates vom 20.5.1997 über den Verbraucherschutz bei Vertragsabschlüssen im Fernabsatz, ABl. EG 1997 Nr. L 144/19

nunmehr sofort wirksam, aber auflösend bedingt durch einen wirksamen Widerruf (§158 Abs. 2 BGB).[439] Als Rechtsfolge des Widerrufs wird die Willenserklärung des Verbrauchers resp. der ganze Vertrag ex nunc unwirksam (vgl. §361a Abs. 2 S. 1 BGB). Die wirksame Ausübung des Widerrufsrechts gem. §7 Abs. 1 S. 1 VerbrKrG, §§361a Abs. 2 S. 1, 346 S. 1 BGB führt zum Entstehen eines gesetzlichen Rückabwicklungsverhältnisses, welches der Rechtslage nach Ausübung eines vertraglichen oder gesetzlichen Rücktrittsrechtes ähnelt. Modifikationen zu den Rücktrittsregeln ergeben sich aus §361a Abs. 2 S. 2ff BGB. §7 Abs. 1 S. 2 VerbrKrG sieht auch die Möglichkeit des Ersatzes des Widerrufsrechts durch ein Rückgaberecht gem. §361b BGB für die Fälle des §4 Abs. 1 S. 4 Nr. 2 VerbrKrG vor.
Der Hintergrund des Widerrufsrechts liegt hier nicht in einem Überrumpelungs- oder Übereilungsschutz, wie ihn §1 HaustürWG oder §4 FernUSG vorsehen, sondern in der wirtschaftlichen Tragweite der Entscheidung und den damit einhergehenden vertraglichen Schwierigkeiten.[440]

Die Verbraucherkreditrichtlinie selbst enthält keine Vorgaben hinsichtlich der Gewährung eines Widerrufsrechts für den Verbraucher bzw. den hierfür maßgeblichen Voraussetzungen. Insofern kann sich die Frage nach der Vereinbarkeit von §7 Abs. 1 VerbrKrG mit der Richtlinienvorgabe streng genommen gar nicht stellen. Ein Hinweis auf die Möglichkeit eines solchen Rechts für den Verbraucher lässt sich allerdings Art. 4 Abs. 3 VerbrKrRL entnehmen, in dem wiederum auf einen Anhang zur Verbraucherkreditrichtlinie verwiesen wird. Dort findet sich als Beispiel eine Liste solcher Angaben, *„deren Aufnahme in den schriftlichen Vertrag von den Mitgliedstaaten als wesentlich vorgeschrieben werden kann."* Ziffer VII nennt für *„Kreditverträge, die die Finanzierung des Erwerbs von bestimmten Waren oder Dienstleistungen betreffen"* als mögliche wesentliche Vorschrift eine *„etwaige Bedenkzeit"* für den Verbraucher. Dieser Hinweis im Anhang darf jedoch nicht als Vorgabe der Verbraucherkreditrichtlinie für ein grundsätzliches Widerrufsrecht überinterpretiert werden.[441]

---

[439] vgl. zur geänderten Konstruktion nach Einführung von §361a BGB: *Bülow/Artz*, NJW 2000, 2049, 2052; *Tonner*, BB 2000, 1413, *Heinrichs*, in: Festschrift *Medicus*, 177ff

[440] Begr. RegE, BT-Drucks. 11/5462, S. 21f; vgl. auch Darstellung bei *Kessal-Wulf*, in: *Staudinger*, VerbrKrG, §7, Rz. 1; *v.Westphalen*, in: *v.Westphalen/Emmerich/v.Rottenburg*, VerbrKrG, §7, Rz. 1

[441] Ziffer VII des Anhangs verdeutlich nur, dass der Richtliniengeber sich der Möglichkeit eines Abrückens vom Vertrag in Anlehnung z.B. an den „Rücktritt" in Art. 5 der Haustürgeschäfterichtlinie und Art. 5 der Time-sharing-Richtlinie bewusst war. - vgl. zur geänderten rechtlichen Konstruktion vor und nach dem 1.10.2000: *Bülow*, ZIP 1999, 1293ff mwN; *Bülow/Artz*, NJW 2000, 2049, 2051 mwN

§7 VerbrKrG kann demzufolge nur unter Ausschöpfung der Option in Art. 15 VerbrKrRL als weitergehende Verbraucherschutzbestimmung zulässig sein.[442]

2. *Verzugszinsen, Anrechnung von Teilleistungen, Gesamtfälligkeitstellung bei Teilzahlungskrediten (§§11, 12 VerbrKrG)*

Die Vorschriften der §§11, 12 VerbrKrG regeln einzelne Aspekte der schon angesprochenen „Schuldturmproblematik", auf die der deutsche Gesetzgeber anlässlich der Umsetzung der Verbraucherkreditrichtlinie reagieren wollte.[443] Die Regelungen der §§11, 12 VerbrKrG sind im sachlichen Zusammenhang zu sehen. Kern der Regelung des §11 VerbrKrG ist die Flexibilisierung der Verzugszinsen durch Koppelung an den Bundesbankdiskontsatz. §12 VerbrKrG regelt die Voraussetzungen, unter denen der Kreditgeber bei Teilzahlungskrediten wegen Zahlungsverzugs des Verbrauchers den Vertrag kündigen kann (Gesamtfälligkeitstellung).[444] §12 VerbrKrG lehnt sich namentlich an §4 Abs. 2 AbzG und §326 BGB an.[445]

§11 Abs. 1 VerbrKrG bringt für den Verbraucher insofern Rechtssicherheit, als die Verzugszinsforderung des Kreditgebers nunmehr gesetzlich fixiert ist. Abs. 2 S. 2 beschränkt den Ersatz des Verzugsschadens wegen rückständiger Zinsen, die nach Eintritt des Verzugs angefallen sind, auf den gesetzlichen Zinssatz (§246 BGB). Zudem enthält Abs. 3 eine Modifizierung der Anrechnungsreihenfolge bei Teilleistungen zugunsten des Verbrauchers. Zunächst sind Zahlungen auf das rückständige Kapital und erst dann auf rückständige Verzugszinsen anzurechnen.

Entscheidend für die Schaffung des §12 VerbrKrG war ausweislich der Materialien die Überlegung, dass der Kreditgeber im Falle eines offenbar gefährdeten Kredits eine Möglichkeit haben muss, sich von diesem loszusagen.[446] Diese für den Verbraucher mit besonders einschneidenden finanziellen Konsequenzen verbundene Gesamtfälligkeitstellung wird aber zu seinen Gunsten im Ausgleich

---

[442] *Bülow*, VerbrKrG, §7, Rz. 13; *v.Westphalen*, in: *v.Westphalen/Emmerich /v.Rottenburg*, VerbrKrG, §7, Rz. 2; *Ulmer*, in: *MünchKomm*, VerbrKrG, §7, Rz. 4

[443] Begr. RegE, BT-Drucks. 11/5462, S. 13ff, 25ff; *Bülow*, VerbrKrG, §11, Rz. 26; *Emmerich*, in: *v.Westphalen/Emmerich/v.Rottenburg*, §11, Rz. 1; *Kessal-Wulf*, in: *Staudinger*, VerbrKrG, §11, Rz. 1; *Bruchner*, in: *Bruchner/Ott/Wagner-Wieduwilt*, VerbrKrG, §12, Rz. 1; *Habersack*, in: *MünchKomm*, VerbrKrG, §11, Rz. 1, 3; *ders.*, in: *Hadding/Welter*, Rechtsfragen bei Bankleistungen, 361, 364; *Matusche*, EU-Verbraucherschutz und deutsches Bankvertragsrecht, 53

[444] Die Regelungen des §11 Abs. 1 VerbrKrG findet sich für das deutsche Recht ebenfalls in Artt. 48 Abs. 1 Nr. 2 S. 2, 49 Nr. 2 S. 2 WechselG und Artt. 45 Nr. 2 S. 2, 46 Nr. 2 S. 2 ScheckG.

[445] *Emmerich*, in: *v.Westphalen/Emmerich/v.Rottenburg*, §11, Rz. 2

[446] Begr. RegE, BT-Drucks. 11/5462, S. 27; *Emmerich*, in: *v.Westphalen/Emmerich/v.Rottenburg*, §12, Rz. 2; *Bülow*, VerbrKrG, § 12, Rz. 10

mit den berechtigten Interessen des Kreditgebers nur unter ganz bestimmten qualifizierten Voraussetzungen ermöglicht.[447] Dies bedeutet für den Verbraucher zum einen Rechtssicherheit, zum anderen Schutz vor übereilten Kündigungen durch den Kreditgeber.
Mit den beschriebenen Regelungen in §§11, 12 VerbrKrG geht der deutsche Gesetzgeber deutlich über die Vorgaben der Richtlinie hinaus, macht mithin von der Option in Art. 15 Verbraucherkreditrichtlinie zugunsten eines intensiveren Schutzes des Verbrauchers Gebrauch.[448]

[447] vgl. Begr. RegE, BT-Drucks. 11/5462, S. 27f: *„noch eine letzte Chance zur Rettung des Kredits"* - vgl. auch *Emmerich*, in: *v.Westphalen/Emmerich/v.Rottenburg*, §12, Rz. 2; *Habersack*, in: *MünchKomm*, VerbrKrG, §12, Rz. 1, 9ff; *ders.*, in: *Hadding/Welter*, Rechtsfragen bei Bankleistungen, 361, 364; *Bruchner*, in: *Bruchner/Ott/Wagner-Wieduwilt*, VerbrKrG, §12, Rz. 1, 9

[448] *Kessal-Wulf*, in: *Staudinger*, VerbrKrG, §11, Rz. 1, §12, Rz. 2; *Habersack*, in: *Münch-Komm*, VerbrKrG, §11, Rz. 5

3. Kapitel: Grenzen bei der Umsetzung von Optionen

Wie im vorausgegangenen Kapitel festgestellt stehen Optionen zur Ausgestaltung durch den nationalen Gesetzgeber in den verschiedenen verbraucherschützenden Richtlinien unter dem Vorbehalt der EG-Vertragskonformität.[449]
Im Folgenden sollen zunächst in Anlehnung an die bisher in der Literatur[450] erarbeiteten Kriterien mögliche Grenzen, die der Vorbehalt setzt, aufgezeigt und dann auf ihre Tauglichkeit hin untersucht werden. Die Darstellung geht dabei wie die bisherige Literatur von der Überprüfung einer bereits erfolgten Richtlinienumsetzung in deutsches Recht aus. Anhaltspunkte für die Ausgestaltung einer noch umzusetzenden Richtlinie sollen erst im folgenden Abschnitt erarbeitet werden.
Die Grenzen des nationalen Gestaltungsspielraumes sind dabei auf zwei unterschiedlichen Ebenen zu präzisieren: zum einen beschränkt EG-Primärrecht das legislative Handeln des nationalen Gesetzgebers, zum anderen auferlegt aber auch EG-Sekundärrecht dem Gesetzgeber Schranken bei der Ausgestaltung von Optionen.[451]

§ 6 EG-Primärrecht als Schranke für nationale Regelung

Zunächst sollen mögliche primärrechtliche Grenzen erörtert werden. Als solche kommen das Binnenmarktkonzept des EG-Vertrages selbst sowie die europäischen Diskriminierungs- und Beschränkungsverbote in Betracht.

A. Vereinbarkeit mit der Zielsetzung der Binnenmarktverwirklichung nach Art. 95 (Art. 100a EG-Vertrag)

Wie oben dargestellt steht die *neue Strategie* der Harmonisierung in bestimmten Aspekten in einem diametralen Verhältnis zum Ziel der Verwirklichung des freien Binnenmarktes (Art. 14 Abs. 2).[452] Insbesondere die optionelle Harmonisierung als ein möglicher Harmonisierungsansatz im Rahmen der *neuen Strategie* kann – wie oben dargestellt[453] – zu beträchtlichen Unterschieden in den an-

---

[449] vgl. schon die Ergebnisse der Auslegung der Optionen unter 2. Kapitel: § 4 A. III. (S.53ff)
[450] vgl. Nachweise in Fn. 33 und 52
[451] *Grundmann*, Europäisches Schuldvertragsrecht, §2, Rz. 52ff, bezeichnet diese als *„negative Standards"* im Gegensatz zu den *„positiven Standards"*, die z.B. die Mindestharmonisierung durch Vorgabe gewisser Mindeststandards setzt. - vgl. schon Darstellung unter 2. Kapitel: § 4 A. I. (S.50ff)
[452] vgl. schon Darstellung unter 2. Kapitel: § 4 C. (S.64ff)
[453] vgl. schon Darstellung unter 2. Kapitel: § 4 A. II. (S.51ff)

geglichenen Rechtsgebieten führen. In Bezug auf den Verbraucherschutz setzt dies freilich voraus, dass die überschießende Schutzmaßnahme tatsächlich dem Verbraucherschutz dient; d.h. die nationale Regelung muss diesem Ziel noch intensiver dienen als die Gemeinschaftsregelung.
Die Ausschöpfung von Optionen durch den nationalen Gesetzgeber steht demzufolge in gewisser Weise in einem Antagonismus zum eigentlichen Ziel der Binnenmarktverwirklichung innerhalb der Union; es stehen sich Marktliberalisierung und Schutz der Verbraucher in der EU gegenüber. Mit jeder nachhaltigen über den Mindeststandard hinausgehenden nationalen Regelung zum Schutz der Verbraucher geht so eine entharmonisierende Wirkung einher, die aus rechtspolitischer Sicht unerwünscht, aber – wie gesehen – als unausweichlicher Bestandteil der Harmonisierung im Lichte des Subsidiaritätsprinzips hinzunehmen ist.[454] Dieses rechtspolitische Spannungsverhältnis kann jedoch nicht darüber hinwegtäuschen, dass die Mindestharmonisierung resp. optionelle Harmonisierung aus rechtlicher Sicht nicht zu beanstanden ist.[455] Im Gegenteil: als Ausdruck des Subsidiaritätsprinzips lässt sich diese in mancherlei Hinsicht sogar als notwendige Voraussetzung der Rechtsangleichung innerhalb der Gemeinschaft ansehen.[456]
Die Ausgestaltung von Optionen durch den nationalen Gesetzgeber stellt daher per se keinen Verstoß gegen das Binnenmarktkonzept des EGV dar. Zu erwägen wäre allenfalls eine differenziertere Abstufung nach der Intensität der Entharmonisierungswirkung. Ist eine bestimmte Schwelle aufgrund der nationalen Ausgestaltung überschritten, so muss die Regelung als mit dem EGV unvereinbar – in welcher Form auch immer – zurücktreten.

Eine Beurteilung nach der Schwere der Entharmonisierungswirkung erscheint allerdings zur Grenzbestimmung untauglich, ist doch die Einordnung nach der Intensität der entharmonisierenden Wirkung bzw. dem Grad der Abweichung der nationalen Umsetzungsmaßnahme von der Richtlinienvorgabe kaum auf rechtlich handhabbare Kriterien zurückzuführen. Zudem liefe ein solches Vorgehen auf eine rein kasuistische Betrachtungsweise einzelner Umsetzungsmaßnahmen hinaus, die zwar über kurz oder lang zu einem System wachsen könnte, derzeitig aber nicht weiterführen kann. Aus den genannten Gründen erweist sich obiger Ansatz zur Grenzbestimmung im Endeffekt als untauglich.

---

[454] vgl. schon Darstellung unter 2. Kapitel: § 4 C. (S.64ff)
[455] vgl. schon die Darstellungen unter 2. Kapitel: § 4 B. I. (S.57ff)
[456] vgl. schon Darstellung unter 2. Kapitel: § 4 C. (S.64 ff), Nachweise in Fn. 345ff

B. Vereinbarkeit mit den europäischen Grundfreiheiten

Eine weitere mögliche Begrenzung des Gestaltungsspielraums auf primärrechtlicher Ebene bilden die europäischen Grundfreiheiten, die Bestandteil des Gemeinsamen Marktes sind (Art. 2). Es handelt sich dabei um die Gewährleistung der Freiheit des Warenverkehrs, des Personenverkehrs, der die Freizügigkeit der Arbeitnehmer und die Niederlassungsfreiheit umfasst, der Freiheit der Dienstleistungen und des Kapital- und Zahlungsverkehrs[457] zwischen den Mitgliedstaaten. Die Grundfreiheiten sind ein entscheidender Teil des auf den Gemeinsamen Markt bzw. Binnenmarkt[458] ausgerichteten Integrationsprozesses des EG-Vertrages.[459]
Wie bereits dargestellt ist der Anwendungsbereich der Grundfreiheiten nicht auf staatliche Regelungen des öffentlichen Rechts beschränkt, sondern erfasst grundsätzlich auch das Privatrecht der Mitgliedstaaten.[460] Das europäische Schuldvertragsrecht kommt dabei in erster Linie mit der Warenverkehrs- und Dienstleistungsfreiheit, teils auch mit der Freiheit des Kapital- und Zahlungsverkehrs in Berührung. Die Niederlassungsfreiheit wird demgegenüber primär durch andere europarechtliche Vorgaben, beispielsweise aus dem Bereich des Gesellschaftsrecht, ausgestaltet.[461]

Zum Verständnis der einschränkenden Wirkung der Grundfreiheiten auf das Privatrecht ist eine dogmatische Darstellung der Grundfreiheiten für die weitere Abhandlung methodisch unerlässlich; insbesondere gilt es, die Rechtsprechung des *EuGH*, die *„in systematischer Hinsicht nicht leicht zu verstehen ist“*[462], kurz wiederzugeben und an den entscheidenden Stellen auf das Privatrecht zu übertragen. Die Ausführungen beschränken sich dabei im Wesentlichen auf die Rechtsprechung des *EuGH* zur Warenverkehrsfreiheit gem. Art. 28, deren Übertragbarkeit auf die übrigen Grundfreiheiten anschließend erfolgen soll.

---

[457] Freier Warenverkehr gem. Artt. 23-32 (Artt. 9-37 EG-Vertrag); Freier Personenverkehr gem. Artt. 39-42 (Artt. 48-51 EG-Vertrag) und Artt. 43-48 (Artt. 52-58 EG-Vertrag); Freiheit der Dienstleistungen gem. Artt. 49-55 (Artt. 59-66 EG-Vertrag); Freiheit des Kapital- und Zahlungsverkehrs gem. Artt. 56-60 (Artt. 73b-h EG-Vertrag)

[458] vgl. zu den Begrifflichkeiten schon Darstellung unter 1. Kapitel: § 2 A. (S.13ff), Nachweise in Fn. 92f

[459] *Müller-Graff*, in: *v.d.Groeben/Thiesing/Ehlermann*, EGV, Art. 30, Rz. 1, 3 jeweils mwN; *ders.*, NJW 1993, 13

[460] vgl. schon Darstellung unter 1. Kapitel: § 1 A. (S.1ff), Nachweise in Fn. 38

[461] Die grobe Einteilung ist freilich anhängig von der Definition des Europäischen Schuldvertragsrechts. - vgl. schon Darstellung unter 1. Kapitel: § 1 A. (S.1ff), Nachweise in Fn. 22 - Zumindest im Rahmen des hier allein in Rede stehenden Verbrauchervertragsrecht stehen die drei zuerst genannten Freiheiten im Vordergrund.

[462] so Generalanwalt am *EuGH Tesauro* im Rahmen der Schlussanträge zu *EuGH* 27.10.1993 – Rs. C-292/92 (*Hünermund*), Slg. 1993, I-6787, 6812

I. Das System der Grundfreiheiten und ihre Auswirkungen auf das Privatrecht

Die Grundfreiheiten gelten heute unmittelbar mit der Folge, dass Privatrechtssubjekte aus ihnen Rechte ableiten können.[463] Sie hindern die Anwendung nationalen Rechts, das ihnen entgegensteht; sie greifen allerdings nur dann ein, wenn bestehende Regelungen behindernd wirken, nicht aber, wenn sich gerade das Fehlen einer solchen nationalen Vorschrift behindernd auf den innergemeinschaftlichen Handel auswirkt.[464]
Im Bereich des Privatrechts bilden die Grundfreiheiten das Mittel, binnenmarktgleiche bzw. -ähnliche Verhältnisse zu schaffen. Sie zielen darauf ab, dass der Anbieter von Waren- und Dienstleistungen möglichst die den rechtlichen Maßstäben des Herkunftsstaates entsprechenden Waren und Dienstleistungen europaweit anbieten kann, ohne durch beschränkende Normen der Bestimmungsländer behindert zu werden.[465] Mit den Grundfreiheiten soll so die Privatautonomie über die Grenzen der Mitgliedstaaten erstreckt werden.[466] Aus der Sicht des Privatrechts bilden die Grundfreiheiten mithin ein Herzstück des EG-Primärrechts.[467]
Dieses Ziel bedingt nicht notwendigerweise eine binnenmarktweite Rechtsvereinheitlichung;[468] ausreichend beispielsweise in Bezug auf den freien Warenverkehr ist vielmehr, dass Anbieter von Waren binnenmarktweit nach den Vorschriften tätig werden können, die an ihrem Geschäftssitz gelten und dass die Waren, die in einem Mitgliedstaat rechtmäßig in den Verkehr gebracht werden,

---

[463] Die unmittelbare Anwendbarkeit ist nur dort verneint worden, wo Normen zu unbestimmt und deshalb nicht unmittelbar vollziehbar waren. (vgl. zu Art. 67 EG-Vertrag: *EuGH* 11.11.1981 – Rs. 203/80 (*Cassati*), Slg. 1981, 2595; anders dann in *EuGH* 23.2.1995 – verb. Rs. C-358 und C-416/93 (*Bordessa*), Slg. 1995, I-361); vgl. Darstellungen bei *Grundmann*, Europäisches Schuldvertragsrecht, §2, Rz. 56; *Steindorff*, EG-Vertrag und Privatrecht, 59, 60; *Müller-Graff*, in: *v.d.Groeben/Thiesing/Ehlermann*, EGV, Vor. Art. 30 – 37, Rz. 12 und Art. 30, Rz. 1; *Epiney*, in: *Callies/Ruffert*, EGV, Art. 28, Rz. 4, 46f; *Keßler*, Das System der Warenverkehrsfreiheit, 5; *Klauer*, Die Europäisierung des Privatrechts, 22, 23

[464] *Mülbert*, ZHR 159 (1995), 2, 8

[465] *Steindorff*, EG-Vertrag und Privatrecht, 56; *Ahlt*, Europarecht, 82

[466] *Müller-Graff*, in: *v.d.Groeben/Thiesing/Ehlermann*, EGV, Vor. Art. 30 – 37, Rz. 3 mwN sowie Art. 30, Rz. 7; *ders.*, NJW 1993, 13; *Grundmann*, Europäisches Schuldvertragsrecht, §1, Rz. 10 mwN, §2, Rz. 52; *Mülbert*, ZHR 159 (1995), 2, 8; indirekt *Höpping*, Auswirkungen der Warenverkehrsfreiheit auf das IPR, 13; *v.Wilmowsky*, JZ 1996, 590

[467] Dies bestätigen auch die zahlreichen Beiträge zum Europäischen Privatrecht (soweit sie Primär- und nicht Sekundärrecht zum Gegenstand haben), die in der Mehrzahl die Grundfreiheiten als Prüfungsmaßstab in den Vordergrund stellen. - vgl. nur *Roth*, ZEuP 1994, 5ff; *Basedow*, RabelsZ 59 (1995), 1ff; *Mülbert*, ZHR 159 (1995), 2ff

[468] vgl. schon Darstellung zur Harmonisierung auf Mindeststandardbasis unter 2. Kapitel: § 4 (S.49ff)

nach dessen Regeln auch binnenmarktweit abgesetzt werden können. Dieser Grundsatz wird auch als Herkunftslandprinzip bezeichnet.[469]

Gleichzeitig setzen die Grundfreiheiten dem Privatrecht aber auch Grenzen.[470] Diese Feststellung wirkt nach dem soeben Gesagten zunächst wenig plausibel, will doch Privatrecht Freiheiten grundsätzlich nicht beschränken, sondern privates autonomes Handeln gerade ermöglichen.[471] Insbesondere mit der Weiterentwicklung der Grundfreiheiten durch den *EuGH* zu umfassenden Beschränkungsverboten stellt sich jedoch in gesteigertem Maße die Frage, ob zwingende privatrechtliche Normen – wie die des Verbraucherrechts[472] – im Lichte der Grundfreiheiten Bestand haben können.

1. Umfang und Beschränkungen des Anwendungsbereichs der Grundfreiheiten im Privatrecht

Aufgrund der beschriebenen Wirkungsweise auf das Privatrecht stellt sich in einem ersten Schritt die Frage nach dem Anwendungsbereich der Grundfreiheiten im Privatrecht.
Eine erste Einschränkung ergibt sich durch das Kriterium der Zwischenstaatlichkeit. Wie bereits erwähnt schützen die Grundfreiheiten nur gegen Beschränkungen des grenzüberschreitenden Handels innerhalb der Gemeinschaft. So bezieht sich z.B. die Warenverkehrsfreiheit nur auf den Import und Export einer Ware; die Dienstleistungsfreiheit knüpft daran an, dass entweder die Dienstleistung an sich, der Erbringer oder der Empfänger derselben nationale Grenzen innerhalb des Binnenmarktes überschreitet. Es ist daher nahezu unbestritten, die Anwendung der Grundfreiheiten auf Sachverhalte zu verneinen, denen ein grenzüberschreitendes Element gänzlich fehlt.[473]

---

[469] vgl. *Weyer*, Freier Warenverkehr, 215ff; *Mülbert*, ZHR 159 (1995), 2, 19; *Steindorff*, ZHR 150 (1986), 687, 689; *ders.*, ZHR 158 (1994), 149, 163; *Ahlt*, Europarecht, 82; *Weinand*, Europarecht und unlauterer Wettbewerb, 108; *Gebauer*, Grundfragen der Europäisierung des Privatrechts, 86; *Kieninger*, EWS 1998, 277, 278 - vgl. auch Darstellung unter 3. Kapitel: § 6 B. II. 4. (S.111ff)

[470] vgl. schon Darstellung unter 1. Kapitel: § 1 A. (S.1ff), insbesondere Nachweise in Fn. 38

[471] vgl. schon Darstellung im Rahmen des Verbraucherprivatrecht unter 1. Kapitel: § 3 A. (S.25ff)

[472] dazu sogleich im Text

[473] *Epiney*, in: *Callies/Ruffert*, EGV, Art. 28, Rz. 43; *Kluth*, in: *Callies/Ruffert*, EGV, Art. 50, Rz.8 mwN; *Eilmansberger*, JBl 1999, 345, 354; *Roth*, ZEuP 1994, 5, 10; *Steindorff*, EG-Vertrag und Privatrecht, 61, 63, 78; *Nicolaysen*, Europarecht II, §17 II 6; *Streinz*, Europarecht, Rz. 683; *Grundmann*, Europäisches Schuldvertragsrecht, §2, Rz. 52ff, 110; *Mülbert*, in: *Hopt*, Europäische Integration als Herausforderung des Rechts, 105, 109; *Hammer*, Handbuch zum freien Warenverkehr, 106, 107; *v.Wilmowsky*, JZ 1996, 590, 591

Der *EuGH* selbst hat das Kriterium der Zwischenstaatlichkeit nie explizit ausgesprochen, einen dahingehenden Standpunkt jedoch oftmals deutlich anklingen lassen.[474] Eine Abkehr von dieser Einschränkung wird jedoch teilweise in einer jüngeren Entscheidung des *EuGH* in der Rechtssache *Pistre u.a.*[475] gesehen; teils wird diese Entscheidung als Aufgabe der Unanwendbarkeit der Artt. 28f auf rein innerstaatliche Sachverhalte interpretiert.[476]
Die Bedeutung der Rechtssache *Pistre* wird in diesem Zusammenhang m.E. jedoch überschätzt. In dieser Rechtssache ging es um ein Strafverfahren gegen französische Staatsangehörige im Zusammenhang mit in Frankreich vertriebenen französischen Erzeugnissen. Gegenstand des Strafverfahrens war das Versäumnis, eine Genehmigung zu erwirken, die nach nationalem Recht für die Verwendung bestimmter Bezeichnungen beim Vertrieb der Waren erforderlich war. Der Gerichtshof weist in Tz. 44 und 45 des Urteils das Argument zurück, dass unter diesen Umständen die Strafverfolgung nicht von Art. 30 EG-Vertrag erfasst werde; das Gericht führte aus, dass Art. 30 EG-Vertrag nicht schon deshalb als unanwendbar gelten könne, weil keines der Elemente des bei dem nationalen Gericht anhängigen konkreten Falles über die Grenzen eines einzelnen Mitgliedstaats hinausweise, da sich auch in einer solchen Lage die Anwendung der nationalen Maßnahme auf den freien Warenverkehr zwischen den Mitgliedstaaten auswirken könne. Allerdings ist hierbei zu berücksichtigen, dass sich das beschriebene Problem in dieser Rechtssache in einer eher ungewöhnlichen Art und Weise stellte. Es war vorgebracht worden, dass die Vereinbarkeit des nationalen Rechts mit Art. 30 EG-Vertrag deshalb von Bedeutung sei, weil im Falle seiner Rechtswidrigkeit allein im Hinblick auf Einfuhren eine Diskriminierung der inländischen Erzeuger vorliege. Eine solche umgekehrte Diskriminierung hätte aber gegen das nationale Recht verstoßen. Folglich konnten sich die inländischen Erzeuger mittelbar auf Art. 30 EG-Vertrag berufen, um zu verhindern, dass das nationale Recht ihnen gegenüber angewandt würde.[477] Es handelt sich folglich um eine nicht verallgemeinerungsfähige Einzelfallkonstellation, in dem auch ein rein innerstaatlicher Handel ausnahmsweise einmal zu negativen Auswirkungen auf den Handel zwischen den Mitgliedstaaten führen konnte. Eine

[474] so. z.B. in *EuGH* 15.12.1982 – Rs. 286/81 (*Oosthoek*), Slg. 1982, 4575, 4586; *EuGH* 23.10.1986 – Rs. 355/86 (*Cognet*), Slg. 1986, 3231; *EuGH* 14.7.1988 – Rs. 407/85 (*Drei Glocken*), Slg. 1988, 4233; jüngst unter Berufung auf *Oosthoek*: *EuGH* 5.12.2000 – Rs. C-448/98 (*Guimont*), EuZW 2001, 158, Tz. 21

[475] *EuGH* 7. 5.1997 – Rs. C-321, C-322, C-323 und C-324/94 (*Pistre u. a.*), Slg. 1997, I-2343, Tz. 35f

[476] *Weyer*, EuR 1998, 435, 443f; *ders.*, in: Festschrift *Baur*, 115; vor der Entscheidung *Pistre* schon: *Schubert*, Der Gemeinsame Markt als Rechtsbegriff, 155, Fn. 148 mwN

[477] vgl. die Ausführungen des Generalanwalts am *EuGH Jacobs* vom 25.5.2000 im Rahmen der Schlussanträge zu *EuGH* 7.11.2000 - Rs. C-312/98 (*Warsteiner Brauerei Haus Cramer GmbH & Co. KG*), Slg. 2000, I-9187, Tz. 43ff

generelle Aufgabe des Erfordernisses der Zwischenstaatlichkeit kann darin nicht gesehen werden.[478]
Für die Anwendbarkeit der Warenverkehrsfreiheit bzw. der Grundfreiheiten insgesamt ist weiterhin eine tatsächliche oder mittelbare Auswirkung auf den Handel zwischen den Mitgliedstaaten erforderlich. Privatrechtliche Normen können demgemäß überhaupt nur dann in Frage gestellt werden, wenn grenzüberschreitende Vorgänge zu beurteilen sind. Die Anwendung nationaler Normen verstößt deshalb nicht gegen Grundfreiheiten, wenn reine Inlandssachverhalte zu bewerten sind.[479] Die Grundfreiheiten dürfen demnach nicht als allgemeine Liberalisierungs- und Deregulierungsvorschriften missverstanden werden, sondern stellen spezifische Instrumente zur Beseitigung der gerade dem grenzüberschreitenden Austausch im Wege stehenden Hemmnisse dar.[480]

Eine weitere Einschränkung für das Privatrecht ist in der Entscheidung des *EuGH* in der Sache *Alsthom Atlantique*[481] im Hinblick auf die Rechtswahlfreiheit gesehen worden.[482] Im Rahmen dieser Entscheidung zur Ausfuhrfreiheit äußert sich der *EuGH* – obiter dictum – in diesem Sinne. Das Gericht führt aus, dass zwingendes französisches Kaufrecht die Ausfuhrfreiheit des Art. 34 (jetzt Art. 29) *„im Übrigen"* auch deshalb nicht verletzen könne, weil die Parteien mit der Wahl einer anderen Rechtsordnung die Geltung französischen Rechts hätten vermeiden können.[483]
Verallgemeinert ließe sich dieser Ansatz in der Weise interpretieren, dass allein diejenigen nationalen Normen, die nach internationalprivatrechtlichen Grundsätzen des EVÜ[484] nicht disponibel sind, als behindernde Maßnahme überhaupt in Betracht kommen und so einem Rechtfertigungszwang unterliegen. Es ist folglich in Erwägung zu ziehen, dass eine Grundfreiheitenkontrolle des

[478] vgl. zur Sonderstellung der Entscheidung *Pistre* jüngst auch *EuGH* 5.12.2000 – Rs. C-448/98 (*Guimont*), EuZW 2001, 158, Tz. 17f, 20f
[479] vgl. schon Darstellung im Rahmen der Inländerdiskriminierung unter 2. Kapitel: § 4 C. (S.64ff)
[480] vgl. auch die Ausführungen von Generalanwalt am *EuGH Tesauro* im Rahmen der Schlussanträge zu *EuGH* 15.12.1993 - Rs. C-292/92 (*Hünermund*), Slg. 1993, I-6787, 6814, Tz. 28; *Eilmansberger*, JBl 1999, 434, 438, 452; *Roth*, in: Festschrift *Großfeld*, 929, 944; *Höpping*, Auswirkungen der Warenverkehrsfreiheit auf das IPR, 53, Fn. 229
[481] *EuGH* 24.1.1991 – Rs. C-339/89 (*Alsthom Atlantique*), Slg. 1991, I-107, 124, Tz. 15; zustimmend auch die *Kommission*, Sitzungsbericht, Slg. 1991, I-113, Tz. 17
[482] *Grundmann*, Europäisches Schuldvertragsrecht, §2, Rz. 68; *ders.*, JZ 1996, 274, 278; *ders.*, Europäisches Bankaufsichtsrecht, 42; *Remien*, in: *Jickeli*, Europäisches Privatrecht, 11, 37; *ders.*, ZfRV 36 (1995), 116, 129; *Basedow*, in: Festschrift *Mestmäcker*, 347, 352; *Kieninger*, in: *Scholz*, Europäische Integration, 113f
[483] *EuGH*, aaO – vgl. zur Frage der Rechtswahl speziell im deutsch/französischen Verbraucherkreditrecht auch: *Klotz*, RIW 1997, 197ff
[484] vgl. Fn. 44

Privatrechts in den Bereichen generell entbehrlich ist, in denen Rechtswahlfreiheit besteht.[485]
Folgt man diesem Ansatz, entzögen sich bereits weite Teile des Schuldvertragsrechts einer Grundfreiheitenkontrolle, sofern sie gem. Art. 3 EVÜ (bzw. Art. 27 EGBGB) unter den dort genannten Voraussetzungen durch Rechtswahl abbedungen werden können. Eine Grundfreiheitenkontrolle schuldvertragsrechtlicher Normen wäre nur im Rahmen zwingender Sonderanknüpfungen gem. Artt. 5, 7 EVÜ (bzw. Artt. 29, 34 EGBGB) möglich.
Die Verallgemeinerung dieses obiter dictum des *EuGH* ist jedoch in mehrerlei Hinsicht zweifelhaft und deshalb auch zurecht kritisiert worden.[486]
Generalanwalt am *EuGH van Gerven* hielt den Gesichtspunkt der Rechtswahlfreiheit für die Entscheidung des Falles in seinem Schlussantrag zu *Alsthom Atlantique* sogar für *„unerheblich"*.[487] Kaum Bedeutung wird auch der Tatsache beigemessen, dass das Urteil *Alsthom Atlantique* zu einer *„spezifischen Beschränkung der Ausfuhr"* gem. Art. 34 EG-Vertrag ergangen ist und damit zur Warenverkehrsfreiheit gem. Art. 28 keine Aussage trifft. Die Notwendigkeit einer genauen Differenzierung der Artt. 28 und 29 wird auch durch die Rechtsprechung des Gerichtshofs zur Ausfuhrfreiheit unterstützt, welche der *EuGH* mit der Dogmatik speziell der Einfuhrfreiheit gem. Art. 29 nie gleichgeschaltet hat.[488] Ob diese fehlende Konvergenz von Wareneinfuhr- und Ausfuhrfreiheit berechtigt ist, soll an dieser Stelle vorerst noch dahinstehen.[489] Eine Übertragung der Entscheidung *Alsthom Atlantique* auf die Dogmatik des Art. 28 resp. der übrigen Grundfreiheiten ist aber schon aus diesem Grunde nicht so ohne weiteres – zumal ohne Begründung – zulässig.

Gleichwohl macht die Feststellung, die Vertragsparteien könnten im Falle der Rechtswahlfreiheit zwingendem Sachrecht eines Mitgliedstaates durch die Wahl einer anderen Rechtsordnung ausweichen, auf den ersten Blick durchaus Sinn. Eine Behinderung des zwischenstaatlichen Wirtschaftverkehrs erscheint insofern zunächst tatsächlich ausgeschlossen.

---

[485] so die in Fn. 482 genannten Autoren

[486] *Mülbert*, ZHR 159 (1995), 2, 10; *Steindorff*, EG-Vertrag und Privatrecht, 78, 79; *Müller-Graff*, in: *Horn/Baur/Stern*, 40 Jahre Römische Verträge, 107, 113; *v. Wilmowsky*, JZ 1996, 590, 595; eher beiläufig *ders.*, ZEuP 1995, 735, 736

[487] Slg. 1991, I-114, 118, Tz. 8, 15

[488] So hat der *EuGH* die Ausfuhrfreiheit gem. Art. 29 im Gegensatz zu Art. 28 seit seiner *Groenveld*-Entscheidung aus dem Jahre 1979 nie als umfassendes Beschränkungsverbot ausgelegt und immer nur *„spezifische Beschränkungen der Ausfuhrströme"* als tatbestandsmäßige Behinderungen akzeptiert. – vgl. dazu sogleich unter 3. Kapitel: § 6 B. I. 2. (S.98ff) und 3. Kapitel: § 6 B. III. 1. b. (S.168ff)

[489] vgl. zu dieser Frage Darstellung unter 3. Kapitel: § 6 B. III. 1. b. (S.168ff)

Diese Betrachtung erweist sich jedoch als allzu vordergründig. Selbst wenn zwingende Normen des nationalen Rechts durch die Wahl einer anderen Rechtsordnung ausgeschaltet werden, so *„ändert diese Wahlmöglichkeit doch nichts daran, dass deutsches Sachrecht gewisse Gestaltungen nicht zulässt und deswegen beschränkend wirkt*"[490]. Die Rechtswahlfreiheit kann mitunter die von zwingendem Sachrecht ausgehenden Belastungen mildern, sie jedoch nicht gänzlich eliminieren. Auch disponibles Schuldrecht verursacht eine Reihe von potentiellen Belastungen des grenzüberschreitenden Wirtschaftverkehrs; in concreto verbleibt ein nicht unerhebliches Informationskostenrisiko, welches den Parteien durch die Wahl einer fremden Rechtsordnung entsteht. In einem ersten Schritt müssen die Parteien eruieren, ob überhaupt eine diesbezüglich freizügigere Rechtsordnung besteht, die ihren Anforderungen gerecht wird und die Wirksamkeit des Vertrages gewährleistet. In einem zweiten Schritt sind die Parteien gezwungen, mögliche liberalere Rechtsordnungen auf andere etwaige problematische Punkte sowie auf ihre Konsequenzen hin zu untersuchen. Möglich erscheinen zudem Fälle, in denen die Belastungen bei Personen eintreten, die mit den über das anwendbare Recht entscheidenden Vertragsparteien nicht deckungsgleich sind.[491]

Schon diese Erwägungen zeigen, dass für die Parteien nur aufgrund des Umstandes, dass in Bezug auf eine bestimmte zwingende nationale Vorschrift Rechtswahlfreiheit besteht, nicht viel gewonnen ist. Auch im Falle der Rechtswahlfreiheit sind – gestützt auf die *Dassonville*-Formel[492] – grenzüberschreitende Transaktionen im Vergleich zu inländischen geeignet, den freien Verkehr von Waren, Dienstleistungen etc. mittelbar oder potentiell zu behindern. Die Rechtswahlfreiheit beseitigt mithin nicht alle Belastungen, die zwingendes Schuldvertragsrecht bzw. Zivilrecht an sich hervorrufen kann.[493]
Auch die *„zwingenden Praktikabilitätserwägungen*", die namentlich von *Grundmann*[494] für eine Verallgemeinerung im Sinne des genannten obiter dictum ins Feld geführt werden, sind nicht stichhaltig. Die Überlegung, dass die jüngeren Entscheidungen des *EuGH* das Ziel verfolgen, weniger schwerwiegende Behinderungen aus dem Anwendungsbereich der Grundfreiheiten herauszunehmen, sind zwar grundsätzlich richtig;[495] eine Deutung der Entscheidung

[490] *Mülbert*, ZHR 159 (1995), 2, 10
[491] vgl. *v. Wilmowsky*, JZ 1996, 590, 595
[492] vgl. Darstellung unter 3. Kapitel: § 6 B. II. 2. (S.106ff)
[493] i.E. auch *v. Wilmowsky*, JZ 1996, 590, 595; *Mülbert*, ZHR 159 (1995), 2, 10; *Müller-Graff*, in: *Horn/Baur/Stern*, 40 Jahre Römische Verträge, 107, 113; Generalanwalt am *EuGH van Gerven*, Slg. 1991, I-114, 118, Tz. 8
[494] *Grundmann*, Europäisches Schuldvertragsrecht, §2, Rz. 68f
[495] vgl. zur Rechtsprechung des *EuGH*, insbesondere zum Urteil *Keck und Mithouard* die Darstellungen unter 3. Kapitel: § 6 B. I. 3. (S.102ff) und 3. Kapitel: § 6 B. II. 5. (S.121ff)

Alsthom Atlantique im obigen Sinne kann jedoch nicht damit begründet werden, dass „*angesichts der bestehenden Belastung des EuGH eine vertretbare Prozessdauer bei Vorlageverfahren nach Art. 177 EGV utopisch*“[496] wäre, wenn man nicht eine beschränkende Überprüfungsbefugnis durch den *EuGH* im obigen Sinne annähme.

Einschränkungen der Grundfreiheitenkontrolle sollten auf andere Art und Weise in dogmatisch nachvollziehbarer Methode vorgenommen werden, wie dies vom *EuGH* in noch darzulegenden Fällen auch geschehen ist. Eine Deutung der Entscheidung in obigem Sinne erscheint so keineswegs zwingend, im Hinblick auf die Begründung sogar verfehlt.[497] Im Gegenteil spricht gegen eine Interpretation der Entscheidung in diesem Sinne eine andere durchschlagende praktische Erwägung. Berücksichtigt man die Tatsache, dass die Rechtswahlfreiheit als Teil der Vertragsfreiheit in beiderseitigem Einverständnis vereinbart werden muss, stößt man schnell an die faktischen Grenzen eben dieser Vertragsfreiheit. In Fällen, in denen die Rechtswahl nicht genutzt wird, um zwingendem Sachrecht zu entgehen, kann dies oftmals darauf zurückzuführen sein, dass sich eine Partei mit ihrem Wunsch hinsichtlich der Rechtswahlfreiheit nicht durchsetzen konnte. Auf diese Weise entwickeln auch an sich disponible Normen zumindest für eine Partei zwingenden Charakter.[498] Dieser Problematik kommt für das im Rahmen dieser Arbeit relevante Verbraucherschutzrecht kaum eine Bedeutung zu, bestehen doch für dieses internationalprivatrechtlich zwingende Anknüpfungen in Art. 5 EVÜ (inhaltsgleich mit Art. 29, 30 EGBGB) und Art. 7 EVÜ (inhaltsgleich mit Art. 34 EGBGB).[499] Verbraucherverträge sind, sofern sie den Voraussetzungen der genannten Vorschriften entsprechen, einer Rechtswahl nicht zugänglich, mithin sogar im Falle der zweifelhaften Übertragung des obiter dictum im Urteil *Alsthom Atlantique* nicht dem Anwendungsbereich der Grundfreiheiten entzogen.

2. *Formen der Beschränkung des Privatrechts durch die Grundfreiheiten*

Als Ausgangspunkt für die Interpretation der Grundfreiheiten stehen zwei Prinzipien zur Verfügung, die – wie nachfolgend zu zeigen sein wird – für alle Grundfreiheiten Wirkung entfalten. Dies sind die Prinzipien der Marktgleichheit

---

[496] *Grundmann*, aaO, Rz. 69

[497] vgl. Nachweise in Fn. 495

[498] *Steindorff*, EG-Vertrag und Privatrecht, 78, der die Entscheidung des *EuGH* in der Sache *Alsthom Atlantique* dabei gänzlich unberücksichtigt lässt.

[499] vgl. nur *Bülow*, VerbrKrG, §1, Rz. 154, 158, 164; *Ulmer*, in: *MünchKomm*, VerbrKrG, Vor. §1, Rz. 44, 45, 50; *Kessal-Wulf*, in: *Staudinger*, VerbrKrG, Einl., Rz. 48f; *Grundmann*, Europäisches Schuldvertragsrecht, §2, Rz. 72; für das deutsche und französische Verbraucherkreditrecht: *Klotz*, RIW 1997, 197ff

und der Freiheit des Marktzugangs;[500] erstere wird dabei mittels eines Diskriminierungsverbots, letztere mittels eines Beschränkungsverbots durchgesetzt.
Dass die Frage nach möglichen Kollisionen von Privatrecht und Grundfreiheiten in der Vergangenheit kaum eine Rolle spielte,[501] beruht nicht zuletzt auf zwei Aspekten. Ausschlaggebend ist zum einen die ursprüngliche Ausgestaltung der Art. 30, 48, 52 und 59 E(W)G-Vertrag als bloße Diskriminierungsverbote; d.h. den Mitgliedstaaten ist es im Schutzbereich der jeweiligen Grundfreiheit verboten, eigene Staatsangehörige besser zu behandeln als Staatsangehörige anderer Mitgliedstaaten. Das Verbot der Diskriminierung aus Gründen der Staatsangehörigkeit findet sich überdies in Art. 12 (Art. 6 EG-Vertrag) im Ersten Teil des Vertrages als Teil der Grundsätze des EG-Vertrages. Mit der Formulierung "unbeschadet besonderer Bestimmungen dieses Vertrags" wird die Subsidiarität zu den Grundfreiheiten zum Ausdruck gebracht, die als besondere Bestimmungen in diesem Sinne anzusehen sind.[502] Art. 12 bringt damit schon aufgrund seiner systematischen Stellung zum Ausdruck, dass in der Gemeinschaft nichts so verboten ist wie eine Diskriminierung aus Gründen der Staatsangehörigkeit.[503] Diskriminierende Regelungen sind dem Privatrecht jedoch eher wesensfremd und heute – schon aufgrund des gegenwärtigen Standes der europäischen Integration – kaum mehr von Bedeutung; insbesondere für das Schuldvertragsrecht ist zu konstatieren, dass es grenzüberschreitende Transaktionen weder schlichtweg untersagt, noch diese kontingentiert.[504] Auch finden sich bis auf wenige Ausnahmen[505] keine Normen, die nach der Staatsangehörigkeit differenzieren.
Im Hinblick auf die Freiheit des Marktzugangs lässt sich überdies feststellen, dass das Privatrecht typischerweise kein Mittel ist, den Zugang zu nationalen Märkten zu beschränken resp. diese nach außen abzuschotten. Wenn überhaupt ergibt sich eine Behinderung des grenzüberschreitenden Verkehrs allenfalls daraus, dass das Privatrecht von Mitgliedstaat zu Mitgliedstaat unterschiedlich aus-

---

[500] vgl. *Roth*, in: Gedächtnisschrift *Knobbe-Keuk*, 729, 737 - vgl. zur konkreten Bedeutung der Prinzipien für die Freiheit des Warenverkehrs Darstellung unter 3. Kapitel: § 6 B. II. (S.104ff)

[501] vgl. schon Darstellung unter 1. Kapitel: § 1 A. (S.1ff)

[502] vgl. nur *Eilmansberger*, JBl 1999, 345, 360, 361, 362 mwN

[503] vgl. zur Vereinbarkeit der Inländerdiskriminierung mit Art. 12 schon Darstellung unter 2. Kapitel: § 4 C. (S.64ff), insbesondere die Nachweise der *EuGH* Rechtsprechung in Fn.377

[504] *Grundmann*, Europäisches Schuldvertragsrecht, §2, Rz. 53 mwN; *Epiney*, in: *Callies/Ruffert*, EGV, Art. 28, Rz. 12; *Klauer*, Die Europäisierung des Privatrechts, 107, 108 - vgl. auch Darstellungen unter 3. Kapitel: § 6 B. I. 3. (S.102ff) und 3. Kapitel: § 6 B. II. 1. (S.105ff)

[505] Als diskriminierende Privatrechtsnormen kommen z.B. §25 PatG, §28 GebrauchsMG, §16 GeschmacksMG, aber auch §110 ZPO im Verfahrensrecht in Betracht. - vgl. *Klauer*, Die Europäisierung des Privatrechts, 65

gestaltet ist und auf diese Weise in noch darzustellender Form behindernd wirken kann.[506]

Im Europäischen Schuldvertragsrecht ist von den dargelegten Verbotsformen mithin praktisch nur das Beschränkungsverbot von Bedeutung, d.h. das Verbot sonstiger diskriminierungsfreier Beschränkungen, welches nicht nur in der Judikatur des *EuGH* immer mehr in den Mittelpunkt gerückt ist. Dieses Beschränkungsverbot steht nach ständiger Rechtsprechung des *EuGH*[507] heute bei allen Grundfreiheiten als zweite Funktion neben dem Diskriminierungsverbot, wobei die beiden Funktionen dem Wortlaut des EGV entsprechend bei den einzelnen Grundfreiheiten unterschiedlich ausgeprägt sind.[508]
Diese Konzeption findet ihre Grundlage schon in der sog. *Dassonville*-Formel des *EuGH*[509], in der das Gericht im Rahmen einer Entscheidung zum freien Warenverkehr festgestellt hat, dass eine Maßnahme gleicher Wirkung im Sinne von Art. 30 EG-Vertrag keinen diskriminierenden Charakter haben muss; vielmehr kann eine staatliche Maßnahme auch dann einfuhrbeschränkende Wirkung entfalten, wenn sie gleichermaßen für eingeführte und heimische Ware gilt.[510] Diese Interpretation der Warenverkehrsfreiheit hat der *EuGH* zwischenzeitlich auf die anderen Grundfreiheiten übertragen und auch diese Freiheiten teils entgegen dem ausdrücklichen Wortlaut von bloßen Diskriminierungs- zu umfassenden

---

[506] in diesem Sinne: *Roth*, ZEuP 1994, 5, 27; *Klauer*, Die Europäisierung des Privatrechts, 62, 63; *Eilmansberger*, JBl 1999, 345, 363, 364, 366

[507] *EuGH* 11.07.1974 – Rs. C 8/74 (*Dassonville*), Slg. 1974, 837, eingeschränkt in *EuGH* 24.11.1993 - verb. Rs. C-267 und C-268/91 (*Keck und Mithouard*), Slg. 1993, I-6097 für die Warenverkehrsfreiheit; *EuGH* 25.7.1991 - Rs. C-76/90 (*Säger*), Slg. 1991, I-4221 und *EuGH* 30.11.1995 – Rs. C-55/94 (*Gebhard*), Slg. 1995, I-4165; *EuGH* 23.11.1999 – verb. Rs. C-369 und C-376/96 (*Arblade und Leloup*), Slg. 1999, I-8453, Tz. 33 = EuZW 2000, 88 für die Dienstleistungsfreiheit; *EuGH* 31.3.1993 – Rs. C-19/92 (*Kraus*), Slg. 1993, I-1663, 1697, *EuGH* 15.12.1995 – Rs. C-415/93 (*Bosman*), Slg. 1995, I-4921; *EuGH* 15.5.1997 – Rs. C-250/95 (*Futura Participations*), Slg. 1997, I-2471 und *EuGH* 16.7.1998 – Rs. 264/96 (*ICI*), Slg. 1998, I-4695; *EuGH* 27.1.2000 – Rs. C-190/98 (*Graf*), Slg. 2000, I-493, Tz. 18 = EuZW 2000, 252; *EuGH* 14.12.2000 – Rs. C-141/99 (*AMID*), noch nicht in der amtlichen Sammlung veröffentlicht, Tz. 20, 22 für Niederlassungs- und Arbeitnehmerfreizügigkeit; deutlich nunmehr auch in *EuGH* 14.10.1999 – Rs. C-439/97 (*Sandoz*), Slg. 1999, I-7041 = EuZW 2000, 86, Tz. 18 für die Kapitalverkehrsfreiheit (vgl. schon Wortlaut des Art. 56) – vgl. Darstellung unter 3. Kapitel: § 6 B. III. 1. (S.167ff)

[508] vgl. zu den teils ungenau verwendeten Begrifflichkeiten *Weyer*, Freier Warenverkehr, 87ff; *Heermann*, GRUR Int. 1999, 579, 580f

[509] vgl. Darstellung unter 3. Kapitel: § 6 B. II. 2. (S.106ff), Fn. 546

[510] *Mülbert*, ZHR 159 (1995), 2, 14; *Ahlt*, Europarecht, 88; *Lux*, in: *Lenz*, EGV, Art. 28, Rz. 1, 12, 14f; ausdrücklich auch Generalanwalt am *EuGH van Gerven* in *EuGH* im Rahmen der Schlussanträge zu *EuGH* 23.11.1989 – Rs. C-145/88 (*Torfaen Borough Council/B & Q plc*), Slg. 1989, 3851, 3872f, Tz. 16ff

Beschränkungsverboten weiterentwickelt. Mit dieser Rechtsprechung hat der *EuGH* insoweit eine Konvergenz der Grundfreiheiten bewirkt.[511]

In der neueren Rechtsprechung des *EuGH* zeichnet sich bezüglich dieser strengen Dichotomie in gewisser Hinsicht ein Wandel ab. Der *EuGH* ist in einigen neueren Entscheidungen[512] dazu übergegangen, Diskriminierungs- und Beschränkungsverbot zu einem allgemeinen Beschränkungsbegriff zu „vermengen".[513] Auf diese Weise hat das Gericht teils schwierige Differenzierungen zwischen direkten und indirekten Diskriminierungen und unterschiedslos anwendbaren, aber gleichfalls beschränkenden Maßnahmen eingeebnet; zugleich hat der *EuGH* damit einigen in der Literatur vertretenen Ansichten[514] eine eindeutige Absage erteilt, die schon die Unterteilung in Diskriminierungs- und Beschränkungsverbot für zu „*grobmaschig*" halten und ein „*feineres Kategorienschema*" für notwendig halten.

Im Ergebnis bringen jedoch weder eine Nivellierung der verschiedenen Beschränkungsformen im Sinne der *EuGH* Rechtsprechung noch eine stärkere Ausdifferenzierung im Sinne der Literatur Änderungen im Anwendungsbereich der Grundfreiheiten mit sich. Es finden in beiden Fällen nur „Verschiebungen" innerhalb des von beiden Seiten im Wesentlichen anerkannten Anwendungsbereichs der Grundfreiheiten statt. Der Auseinandersetzung um die möglichen Beschränkungsformen kommt so kaum eine praxisrelevante Bedeutung zu.[515] Gewichtige Konsequenzen der neuen *EuGH*-Rechtsprechung ergeben sich allerdings im Hinblick auf die Rechtfertigungsmöglichkeiten beschränkender Maßnahmen, die erst im Rahmen der *Cassis*-Rechtsprechung erörtert werden sollen.[516]

---

[511] vgl. *Weiß*, EuZW 1999, 493, 496f; *Roth*, in: Festschrift *Großfeld*, 929f – vgl. Rechtsprechungsnachweise in Fn. 507; zur Übertragbarkeit der Rechtsprechung zu Art. 28 auf die anderen Grundfreiheiten Darstellung unter 3. Kapitel: § 6 B. III. (S.166ff)

[512] so z.B. in *EuGH* 28.4.1998 – Rs. C-120/95 (*Decker*), Slg. 1998, I-1831, Tz. 31f; *EuGH* 28.4.1998 – Rs. C-158/96 (*Kohll*), Slg. 1998, I-1931, Tz. 33f; *EuGH* 15.5.1997 – Rs.C-250/95 (*Futura Participations*), Slg. 1997, I-2471, Tz. 23f; *EuGH* 16.7.1998 – Rs. 264/96 (*ICI*), Slg. 1998, I-4695, Tz. 18f; unklar auch in *EuGH* 26.10.1999 – Rs. C-294/97 (*Eurowings Luftverkehr*), Slg. 1999, I-7447, Tz. 36, 40, 41 = EuZW 2000, 93

[513] vgl. noch Darstellung im Rahmen der *Cassis*-Rechtsprechung unter 3. Kapitel: § 6 B. II. 4. b. (S.114ff)

[514] Kritisch äußert sich insbesondere *Eilmansberger*, JBl 1999, 345, 347f, 434ff; vgl. auch *Heermann*, GRUR Int. 1999, 579, 581.

[515] vgl. aber *Eilmansberger*, aaO mit durchaus überzeugender Argumentation und Kategorisierung

[516] vgl. Darstellung unter 3. Kapitel: § 6 B. II. 4. (S.111ff, 114ff)

3. *Kritische Stellungnahmen in der Literatur sowie eigene Bewertung*

Nachfolgend soll noch zu zwei Aspekten der vom *EuGH* entwickelten Grundrechtsdogmatik Stellung genommen werden, die in den letzten Jahren in der Literatur vermehrt kritisiert wurden.

Zum einen wird aufgrund der dargestellten Systematik der Grundfreiheiten das schon angesprochene Phänomen der Inländerdiskriminierung wiederholt deutlich. Der Anwendungsbereich der Grundfreiheiten führt in Verbindung mit deren rechtlicher Ausgestaltung als besondere Diskriminierungsverbote zu dem etwas befremdlich anmutenden Ergebnis, dass eine Ausländerdiskriminierung in der Gemeinschaft um jeden Preis zu vermeiden ist, eine Inländerdiskriminierung aber unter den oben geschilderten Umständen hinzunehmen ist.[517] Dieses Ergebnis erscheint im Hinblick auf die Folgen schwer vertretbar, ist jedoch – wie gesehen – unausweichliche Folge der beschriebenen Dogmatik. Wie bereits dargestellt bildet die Inländerdiskriminierung obschon der berechtigten Kritik die plausibelste Lösung für das beschriebene Dilemma.[518]

Ein weiterer Kritikpunkt ist der befürchtete Umfang der Kontrollmöglichkeiten der nationalen Privatrechte durch den *EuGH*. Diese Befürchtung vom *„horror iuris"*, die namentlich von *Steindorff*[519] im Hinblick auf eine Ausweitung der Grundfreiheitenkontrolle durch den *EuGH* im Sinne einer allumfassenden gemeinschaftsrechtlichen Verhältnismäßigkeitskontrolle formuliert wurde, erscheint jedoch in mehrerlei Hinsicht letztlich unbegründet. Zu konzedieren ist, dass durch die Ausdehnung der Grundfreiheiten zu Beschränkungsverboten der potentielle Anwendungsbereich im Privatrecht wesentlich erweitert wurde. Dennoch werden durch die Praxis der Rechtsprechung des *EuGH* die erhobenen Vorwürfe selbst entkräftet, praktiziert doch der *EuGH* im Bereich des Privatrechts bislang eine sehr eingeschränkte Grundfreiheitenkontrolle. Allenfalls in anerkannten Rechtsgebieten wie dem Immaterialgüter- und Lauterkeitsrecht[520] pflegt der Gerichtshof eine Überprüfung vorzunehmen, welche dann – dies muss konzediert werden – in sehr umfangreicher Form stattfindet. Außerhalb dieser anerkannten Sondergebiete scheint der *EuGH* bisher allerdings vor einer

---

[517] vgl. Nachweise der Rechtsprechung des *EuGH* in Fn. 376 sowie kritische Stimmen in der Literatur in Fn. 380

[518] vgl. schon Darstellung unter 2. Kapitel: § 4 C. (S.64ff)

[519] *Steindorff*, JZ 1994, 95, 97; abgeschwächt noch *ders.* in: *Brüggemeier*, Verfassungen für ein ziviles Europa, 131, 140ff; teilweise zustimmend: *Mülbert*, ZHR 159 (1995), 2, 6f

[520] vgl. Nachweise in Fn. 40 zu möglichen Verstößen nationaler Bestimmungen gegen die Grundfreiheiten in den Bereichen gewerblicher Rechtsschutz, Urheberrecht sowie unlauterer Wettbewerb

Grundfreiheitenkontrolle des Privatrecht regelrecht zurückzuschrecken.[521] Oftmals ist das Gericht einer strukturierten Prüfung ausgewichen, indem es mit wechselnden Begründungen den Anwendungsbereich der betreffenden Grundfreiheit negierte. In den das Privatrecht betreffenden Entscheidungen *Krantz, CMC-Motorradcenter*[522] verneinte das Gericht die Anwendung von Art. 30 EG-Vertrag mit der Begründung, dass die Wirkung *„zu ungewiss und mittelbar"* sei; in der Entscheidung *Alsthom Atlantique*[523] lehnt der *EuGH* den Anwendungsbereich der Ausfuhrfreiheit gem. Art. 34 EG-Vertrag – wie gesehen – neben dem Argument der Rechtswahlfreiheit mit der Formulierung ab, dass *„kein spezifisches Ausfuhrhindernis"* vorliege.[524]
In diese Reihe fügt sich von seiner Tendenz her auch das Urteil des *EuGH* in der Sache *Keck und Mithouard*[525] aus dem Jahre 1993 ein, das den Beschränkungstatbestand partiell wieder einengte. Namentlich *Steindorff* formulierte seine Vorstellung vom *„horror iuris"* vor eben dieser sog. *Keck*-Entscheidung, die aufgrund zahlreicher damit verbundener Probleme gerade im Hinblick das Privatrecht erst im nachfolgenden eingehend betrachtet werden soll.[526]

In der Dogmatik kann diese Praxis nicht immer überzeugen[527], dennoch verdeutlicht sie die Tendenz zu einer sehr restriktiven Grundfreiheitenkontrolle des Pri-

---

[521] Einige wenige Entscheidungen zum allgemeinen Privatrecht ergingen in den nachfolgenden Urteilen: *EuGH* 24.10.1978 – Rs. 15/78 (*Koestler*), Slg. 1978, 1971 zu §§762, 764 BGB im Hinblick auf Termingeschäfte; *EuGH* 7.3.1990 – Rs. C-69/88 (*Krantz*), Slg. 1990, I-583 zu einer sachenrechtlichen Konstellation (Rangfolge dinglicher Rechte im Konkurs); *EuGH* 30.4.1991 – Rs. C-239/90 (*Boscher*), Slg. 1991, I-2034 zu einer französischen Verfahrensvorschrift, die eine Handelsregistereintragung für eine öffentliche Versteigerung voraussetzte; *EuGH* 24.1.1991 – Rs. C-339/89 (*Alsthom Atlantique*), Slg. 1991, I-107 zu einem französischen Freizeichnungsverbot für Sachmängel; *EuGH* 13.10.1993 – Rs. C-93/92 (*CMC-Motorradcenter*), Slg. 1993, I-5009 zur deutschen vorvertraglichen Aufklärungspflicht aus *culpa in contrahendo*

[522] *EuGH* 7.3.1990 – Rs. C-69/88 (*Krantz*), Slg. 1990, I-583, Tz. 11; *EuGH* 13.10.1993 – Rs. C-93/92 (*CMC-Motorradcenter*), Slg. 1993, I-5009, Tz. 12 (sog. *„too uncertain"*-Rechtsprechung) - vgl. zu dieser Art Spürbarkeitskriterium auch Darstellung unter 3. Kapitel: § 6 B. II. 5. a. (S.122ff)

[523] *EuGH* 24.1.1991 – Rs. C-339/89 (*Alsthom Atlantique*), Slg. 1991, I-107, Tz. 14; ebenso schon in *EuGH* 8.11.1979 - Rs. 15/79 (*Groenveld*), Slg. 1979, 3409, Tz. 7; *EuGH* 7.2.1984 - Rs. 237/82 (*Jongeneel Kaas*), Slg. 1984, 483, 499

[524] Die o.g. Entscheidung ist allerdings im Zusammenhang mit der spezifischen Dogmatik des Gerichtshofs zu Art. 29 zu sehen und erscheint insofern konsequent. – vgl. schon Darstellung unter 3. Kapitel: § 6 B. I. 1. (S.93ff), Nachweise in Fn. 488

[525] *EuGH* 24.11.1993 – verb. Rs. C-267 und C-268/91 (*Keck und Mithouard*), Slg. 1993, I-6097 - vgl. Darstellung unter 3. Kapitel: § 6 B. II. 5. (S.121ff)

[526] vgl. Darstellung unter 3. Kapitel: § 6 B. II. 5. (S.121, 143ff)

[527] vgl. schon Darstellung unter 3. Kapitel: § 6 B. I. 1. (S.93ff) sowie im Folgenden unter 3. Kapitel: § 6 B. II. 5. a. (S.122ff)

vatrechts durch den *EuGH*. Für den hier in Rede stehenden Bereich des Schuldvertragsrecht ist ein Verstoß bislang vom *EuGH* noch gar nicht angenommen worden.
Die geäußerten Befürchtungen erweisen sich demnach als in dieser Form nicht haltbar.[528] Die befürchtete *„systemsprengende Wirkung der 'Grundfreiheitenkontrolle'"*[529] ist bislang nicht eingetreten und als solche auch nicht mehr zu erwarten.

II. Die Warenverkehrsfreiheit gem. Art. 28 (Art. 30 EG-Vertrag) – Dogmatik und Rechtsprechung des *EuGH*

Die in ihren Grundzügen bereits aufgegriffene Dogmatik des *EuGH* zu den Grundfreiheiten soll nun im Folgenden anhand der Freiheit des Warenverkehrs kurz referiert und im Hinblick auf etwaige Besonderheiten im Bereich des Privatrechts diskutiert werden. In der Praxis der Rechtsprechung nehmen die Artt. 28 ff eine sehr bedeutende Rolle ein, wie schon aus der Vielzahl der Entscheidungen des *EuGH* zu Rechtsfragen des freien Warenverkehrs[530] hervorgeht. Dieser Entscheidungspraxis des *EuGH* kam in der Vergangenheit zudem oftmals eine Art Vorreiterrolle für das Verständnis der übrigen Grundfreiheiten zu.[531]

Die Freiheit des Warenverkehrs ist Gegenstand umgangreicher Regelungen in den Art. 23 bis 32 (Art. 9 bis 37 EG-Vertrag). Von diesen Vorschriften standen in der Anfangszeit der Europäischen Wirtschaftsgemeinschaft die Art. 9 bis 29 EG-Vertrag im Vordergrund, die sich mit der Zollunion und den sog. tarifären Handelshemmnissen beschäftigen.[532] Diese Vorschriften werden ergänzt durch Regelungen über sog. nichttarifäre Handelshemmnisse, deren Grundnorm Art. 28 darstellt.[533] Dieser verbietet mengenmäßige Einfuhrbeschränkungen sowie

---

[528] i.E. auch *Grundmann*, Europäisches Schuldvertragsrecht, §2, Rz. 64, 66; *v.Wilmowsky*, JZ 1996, 590, 591; *Klauer*, Die Europäisierung des Privatrechts, 71ff; *Müller-Graff*, in: *Horn/Baur/Stern*, 40 Jahre Römische Verträge, 107, 113; wohl auch *Remien*, JZ 1994, 349, 353

[529] *Mülbert*, ZHR 159 (1995), 2, 6

[530] vgl. das Verzeichnis der Entscheidungen des *EuGH* bei *Hammer*, Handbuch zum freien Warenverkehr, 243ff

[531] vgl. aber auch die „Fundamentalkritik" von *Schwintowski*, RabelsZ 65 (2000), 38ff – vgl. zur Übertragbarkeit der Rechtsprechung des *EuGH* zu Art. 28 auf die anderen Grundfreiheiten noch Darstellung unter 3. Kapitel: § 6 B. III. (S.166ff)

[532] vgl. Darstellung bei *Ahlt*, Europarecht, 82, 83f; *Beutler/Bieber/Pipkorn/Streil*, Europäische Union, 285ff

[533] Mit dieser negativen Abgrenzung ist gesagt, dass sich die Artt. 28 ff gerade nur gegen Handelsbehinderungen zwischen den Mitgliedstaaten richten, die nicht schon vom Verbot der Zölle und zollgleichen Abgaben erfasst sind. Art. 28ff stellen damit die *„zweite Säule der Grundregeln des freien Warenverkehrs"* dar (*Müller-Graff*, in: *v.d.Groeben/Thie-*

alle Maßnahmen gleicher Wirkung.[534] Spiegelbildlich untersagt Art. 29 die mengenmäßige Ausfuhrbeschränkung sowie alle Maßnahmen gleicher Wirkung.

1. Der Anwendungsbereich des Art. 28

Der sachliche Anwendungsbereich setzt entsprechend seiner systematischen Stellung voraus, dass die beschränkenden Maßnahmen den Verkehr von Waren betreffen. Eine Definition des Begriffs Ware findet sich in den Artt. 23 bis 31 nicht. Nach der frühen Rechtsprechung des *EuGH*[535] sind unter Waren dabei *„alle körperlichen Gegenstände ... zu verstehen, die einen Geldwert haben und deswegen Gegenstand von Handelsgeschäften sein können."*[536] Nach neuerer Rechtsprechung des *EuGH*[537] ist nicht entscheidend, ob die betreffenden Produkte einen Handelswert haben. Jede Art von Handelsgeschäft ist demnach ausreichend. Nach ganz herrschender Ansicht[538] muss die beschränkende Maßnahme zudem einer einzelstaatlichen Urheberschaft zurechenbar sein, d.h. es muss sich um eine staatliche Maßnahme handeln.

Maßgebliches Kriterium für die Anwendbarkeit von Art. 28 ist jedoch die handelshemmende Wirkung der staatlichen Maßnahme. Art. 28 verbietet seinem Wortlaut gemäß „mengenmäßige Einfuhrbeschränkungen sowie alle Maßnahmen gleicher Wirkung".
Zum notwendigen Verständnis des Begriffs der Maßnahme gleicher Wirkung ist es wichtig, zunächst den eigentlichen Ausgangsbegriff des Art. 28, den der Einfuhrbeschränkungen zu hinterfragen. Dieser Begriff, der im EGV nicht definiert wird, ist im historischen Kontext zu sehen. Die Gründungsstaaten aus dem Jahre 1957 sahen sich vornehmlich mit den „klassischen Formen" der Einfuhrhemmnisse, d.h. der Warenkontingentierung sowie dem totalen Einfuhrverbot konfrontiert.[539] Mengenmäßige Beschränkungen im Sinne von Art. 28 lassen sich

---

sing/Ehlermann, EGV, Vor. Art. 30 bis 37, Rz. 1) - vgl. auch *Epiney*, in: *Callies/Ruffert*, EGV, Art. 28, Rz. 1

[534] vgl. zum Normzweck der Artt. 28 ff schon Darstellung im Rahmen der Systematik der Grundfreiheiten unter 3. Kapitel: § 6 B. I. (S.92ff)

[535] *EuGH* 10.12.1968 – Rs. 7/68 (*Kommision./.Italien*), Slg. 1968, 633, 642

[536] ausführlich *Lux*, in: *Lenz*, EGV, Art. 28, Rz. 19; *Ahlt*, Europarecht, 82, 83; *Hammer*, Handbuch zum freien Warenverkehr, 6f; *Ahlfeld*, Zwingende Erfordernisse, 24

[537] *EuGH* 9.7.1992 - Rs. C-2/90 (*Kommission./.Belgien*), Slg. 1992, I-4431, 4478

[538] *EuGH* 24.11.1982 – Rs. 249/82 (*Kommission./.Irland*), Slg. 1982, 4005; *EuGH* 18.05.1989 – verb. Rs. C-266 und C-267/87 (*Royal Pharmaceutical Society*), Slg. 1989, 1295; *Lux*, in: *Lenz*, EGV, Art. 28, Rz. 16; *Müller-Graff*, in: *v.d.Groeben/Thiesing/Ehlermann*, EGV, Art. 30, Rz. 15; vgl. zur umstrittenen Frage, ob auch handelshemmende Maßnahmen von Personen des Privatrechts ausreichen, die Nachweise bei *Hammer*, Handbuch zum freien Warenverkehr, 6

[539] vgl. Darstellung bei *Hammer*, Handbuch zum freien Warenverkehr, 7

demzufolge definieren als „*staatliche Maßnahmen, die mittels einer Rechtsvorschrift das Verbringen von Waren aus anderen Mitgliedstaaten der Gemeinschaft der Menge, dem Zeitraum oder dem Wert nach begrenzen (Kontingent) oder völlig untersagen (Verbringungsverbot).*“[540] Eine Abgrenzung zum Begriff der Maßnahmen gleicher Wirkung soll an dieser Stelle nicht erfolgen, erweist er sich in der rechtlichen Konsequenz nur im Hinblick auf ganz bestimmte – noch darzustellende – Aspekte von Bedeutung.[541]

2. *Die Dassonville-Formel des EuGH und ihre Bedeutung für das Privatrecht der Mitgliedstaaten*

In der Entwicklung der Gemeinschaft hat sich der Schwerpunkt des Art. 28 immer mehr auf die potentielle Behinderung durch Maßnahmen gleicher Wirkung verlagert.[542] Dies erscheint aus heutiger Sicht plausibel, ist doch offener Protektionismus angesichts des gegenwärtigen Standes der Integration kaum mehr an der Tagesordnung in der Gemeinschaft. Insbesondere im Bereich des hier in Rede stehenden Schuldvertragsrecht steht die Nicht-Existenz offen protektionistischer Regelungen durch die Mitgliedstaaten nahezu außer Frage.[543]
Handelshemmende Beschränkungen durch die Mitgliedstaaten haben sich als Folge der aufgezeigten Entwicklung so auf sublimere Ebenen verlagert, d.h. auf Maßnahmen, die nicht dem Inhalt, sondern nur der Wirkung nach den Handel zwischen den Mitgliedstaaten behindern. Für diese Art der Behinderung[544], die von den klassischen Formen der Einfuhrbeschränkung nicht erfasst wird, erlangt mithin der Begriff der Maßnahmen gleicher Wirkung entscheidende Bedeutung.

Obwohl dem Begriff eine zentrale Bedeutung in der Praxis zukommt, findet sich auch diesbezüglich keine Definition im EGV. Eine methodische Klarstellung

---

540 *Lux*, in: *Lenz*, EGV, Art. 28, Rz. 10; vgl. auch *Müller-Graff*, in: *v.d.Groeben/Thiesing/Ehlermann*, EGV, Art. 30, Rz. 16ff mwN sowie *EuGH* 12.07.1973 – Rs. 2/73 (*Geddo*), Slg. 1973, 856, Tz. 7 („...*alle staatlichen Maßnahmen, die sich, je nach Falllage, als eine gänzliche oder teilweise Untersagung der Einfuhr, Ausfuhr oder Durchfuhr darstellen.*“)

541 Unterschiede ergeben sich im Hinblick auf die Rechtsprechung des *EuGH* im Sinne der Urteile *Cassis de Dijon* und *Keck*. - vgl. *Müller-Graff*, in: *v.d.Groeben/Thiesing/Ehlermann*, EGV, Art. 30, Rz. 24f; *Epiney*, in: *Callies/Ruffert*, EGV, Art. 28, Rz. 8

542 vgl. *Müller-Graff*, in: *v.d.Groeben/Thiesing/Ehlermann*, EGV, Art. 30, Rz. 33 mwN; *Epiney*, in: *Callies/Ruffert*, EGV, Art. 28, Rz. 12; *Grundmann*, Europäisches Schuldvertragsrecht, §2, Rz. 53; *Hammer*, Handbuch zum freien Warenverkehr, 7 mwN

543 vgl. schon Darstellung unter 3. Kapitel: § 6 B. I. 2. (S.98ff)

544 *Matthies*, in: *Grabitz/Hilf*, EGV, Art. 30, Rz. 4 spricht in diesem Zusammenhang von einem „*getarnten Protektionismus*“ und bescheinigt den Mitgliedstaaten einen „*erstaunlichen Erfindungsreichtum*“ diesbezüglich. Der Begriff „*Protektionismus*“ ist an dieser Stelle jedoch zu eng gewählt, da dadurch eine Finalität suggeriert wird, die im Rahmen des Art. 28 unstreitig nicht erforderlich ist. – dazu sogleich im Text

zum begrifflichen Kern ist vielmehr erst durch die Rechtsprechung des *EuGH* erfolgt, der – beginnend mit dem Urteil in der Rechtssache *Dassonville* – Grundsätze zu den Maßnahmen gleicher Wirkung entwickelt hat.[545] Für das Verständnis des Begriffs der Maßnahme gleicher Wirkung ist die Entscheidung des *EuGH* aus dem Jahre 1974 in der Rechtssache *Dassonville*[546] grundlegend. Der *EuGH* hatte sich dabei im Wege des Vorabentscheidungsverfahrens gem. Art. 177 EG-Vertrag (jetzt Art. 234) mit der Frage zu befassen, ob bestimmte belgische Regelungen, die bei der Einfuhr von „Scotch Whisky" eine britische Echtheitsbezeichnung erforderlich machten[547], Maßnahmen gleicher Wirkung im Sinne von Art. 28 darstellten. Dies hat der *EuGH* im Ergebnis bejaht. Seine Überlegungen hat das Gericht in der sog. *Dassonville*-Formel zusammengefasst, die bis heute den Ausgangspunkt einer jeden Prüfung im Bereich von Art. 28 darstellt:

> *„Maßnahme gleicher Wirkung ist jede Regelung der Mitgliedstaaten, die geeignet ist, den innergemeinschaftlichen Handel unmittelbar oder mittelbar, tatsächlich oder potentiell zu behindern."*[548]

An dieser Definition ist zunächst auffällig, dass sie tatbestandlich denkbar weit gezogen ist. Sie verlangt weder eine handelsbeschränkende Zielrichtung – die *Dassonville*-Formel stellt demnach ausschließlich auf die objektive Behinderungseignung ab[549] – noch eine Spürbarkeit der Maßnahme.[550] Die Nicht-

---

545 vgl. *Müller-Graff*, in: *v.d.Groeben/Thiesing/Ehlermann*, EGV, Art. 30, Rz. 29, 56 mwN; *Matthies*, in: *Grabitz/Hilf*, EGV, Art. 30, Rz. 12ff

546 *EuGH* 11.07.1974 – Rs. 8/74 (*Dassonville*), Slg. 1974, 837

547 Umfangreichere Darstellungen des Sachverhalts finden sich z.B. bei: *Hammer*, Handbuch zum freien Warenverkehr, 13ff; *Hödl*, Verkaufsbehindernde Maßnahmen, 77ff

548 ständige Rechtsprechung seit: *EuGH* 11.07.1974 – Rs. 8/74 (*Dassonville*), Slg. 1974, 837, 852f, Tz. 5; in jüngerer Zeit wiederholt in: *EuGH* 24.11.1993 - verb. Rs. C-267 und C-268/91 (*Keck und Mithouard*), Slg. 1993, I-6097, Tz. 16; *EuGH* 15.12.1993 - Rs. C-292/92 (*Hünermund*), Slg. 1993, I-6787, Tz. 18; *EuGH* 23.10.1997 – Rs. C-158/94 (*Kommission./.Frankreich*), Slg. 1997, I-5789, Tz. 28; *EuGH* 28.4.1998 – Rs. C-120/95 (*Decker*), Slg. 1998, I-1831, Tz. 31; *EuGH* 3.12.1998 – Rs. C-67/97 (*Bluhme*), Slg. 1998, I-8033, Tz. 18; *EuGH* 9.2.1999 – Rs. C-383/97 (*van der Laan*), Slg. 1999, I-731, Tz. 16; *EuGH* 21.9.1999 – Rs. C-44/98 (*BASF*), Slg. 1999, I-6269, Tz. 16; *EuGH* 13.1.2000 – Rs. C-254/98 (*Schutzverband gegen unlauteren Wettbewerb*), Slg. 2000, I-151, Tz. 22 = EuZW 2000, 309; *EuGH* 12.10.2000 – Rs. C-3/99 (*Cidre Stassen SA u.a.*), Slg. 2000, I-8749, Tz. 45; *EuGH* 16.11.2000 – Rs. C-217/99 (*Kommission./.Belgien*), EuZW 2001, 157, Tz. 16; *EuGH* 5.12.2000 – Rs. C-448/98 (*Guimont*), EuZW 2001, 158, Tz. 15

549 *Müller-Graff*, in: *v.d.Groeben/Thiesing/Ehlermann*, EGV, Art. 30, Rz. 55; *Hammer*, Handbuch zum freien Warenverkehr, 15; *Epiney*, in: *Callies/Ruffert*, Art. 28, Rz. 16 mwN; *Weyer*, Freier Warenverkehr, 110; *Eilmansberger*, JBl 1999, 345, 363

550 so ausdrücklich *EuGH* 13.03.1984 – Rs. 16/83 (*Prantl*), Slg. 1984, 1299; *EuGH* 5.4.1984 - Rs. 178/82 (*van der Haar*), Slg. 1984, 1797, Tz. 11-13; bestätigt auch in *EuGH* 18.5.1993 -

Berücksichtigung von Absichten oder sonstigen subjektiven Merkmalen der Mitgliedstaaten erscheint im Hinblick auf die kaum lösbaren Schwierigkeiten, eben diese manipulierbaren Motive bei der Schaffung handelsbeschränkender Regelungen zu erforschen, sogar verständlich; hinzu kommt, dass eine Maßnahme gleicher Wirkung auch dann vorliegen kann, wenn die nationale Vorschrift sich auf in- und ausländische Waren faktisch gleichermaßen auswirkt.[551] Der *EuGH* verzichtet damit ausdrücklich auf den diskriminierenden Charakter der Maßnahme.[552]

Für das im Rahmen dieser Arbeit relevante Verbrauchervertragsrecht stellt sich nun die entscheidende Problematik, inwieweit die *Dassonville*-Formel auch für das Privatrecht der Mitgliedstaaten Geltung entfaltet. Zu berücksichtigen ist insoweit, dass die Grundsätze zu den Maßnahmen gleicher Wirkung insbesondere für öffentlichrechtliche Normen entwickelt wurden.[553] Gleichwohl belegen zentrale Entscheidungen des *EuGH*, insbesondere im Bereich des unlauteren Wettbewerbs[554], dass die Grundfreiheiten prinzipiell auch für die hier in Rede stehenden privatrechtlichen Normen beschränkende Wirkung entfalten können.[555]

Rs. C-126/91 (*Yves Rocher)*, Slg. 1993, I-2361, 2386 - vgl. auch *Müller-Graff*, in: *v.d.Groeben/Thiesing/Ehlermann*, EGV, Art. 30, Rz. 59; *Hammer*, Handbuch zum freien Warenverkehr, 15 mwN

[551] *Müller-Graff*, in: *v.d.Groeben/Thiesing/Ehlermann*, EGV, Art. 30, Rz. 43; *Epiney*, in: *Callies/Ruffert*, EGV, Art. 28, Rz. 15; *Mülbert*, ZHR 159 (1995), 2, 14; *Ahlt*, Europarecht, 88; *Hammer*, Handbuch zum freien Warenverkehr, 17; *Ahlfeld*, Zwingende Erfordernisse, 28, 71; *Hödl*, Verkaufsbehindernde Maßnahmen, 79, 80; *Höpping*, Auswirkungen der Warenverkehrsfreiheit auf das IPR, 41; *Sack*, WRP 1998, 103

[552] Die Diskussion um die Hintergründe für diese extensive Auslegung des Begriffs durch den *EuGH* soll an dieser Stelle nicht noch einmal geführt werden; diesbezüglich kann auf andere Darstellungen (z.B. bei *Hammer*, Handbuch zum freien Warenverkehr, 13, 16f; *Hödl*, Verkaufsbehindernde Maßnahmen, 78ff; *Müller-Graff*, in: *v.d.Groeben/Thiesing/Ehlermann*, EGV, Art. 30, Rz. 28ff, 39ff) verwiesen werden.

[553] vgl. z.B. die Entscheidungen *EuGH* 11.7.1974 - Rs. 8/74 (*Dassonville)*, Slg. 1974, 837; *EuGH* 20.2.1979 - Rs. 120/78 (*Cassis de Dijon*), Slg. 1979, 649; *EuGH* 13.3.1979 - Rs. 87/78 (*Grandes Distilleries Peureux*), Slg. 1979, 975; *EuGH* 14.7.1981 - Rs. 155/80 (*Oebel*), Slg. 1981, 1993; *EuGH* 13.3.1984 - Rs. 16/83 (*Prantl*), Slg. 1984, 1299; *EuGH* 12.3.1987 - Rs. 178/84 (*Kommission./.BRD*), Slg. 1987, 1227; *EuGH* 15.12.1993 - Rs. C-292/92 (*Hünermund*), Slg. 1993, I-6787 - vgl. auch das Verzeichnis der Entscheidungen des *EuGH* zu Art. 28 bei *Hammer*, Handbuch zum freien Warenverkehr, 243ff

[554] Zentrale Entscheidungen ergingen zu Preisnachlässen außerhalb von Schlussverkäufen (*EuGH* 7.3.1990 - Rs. C-362/88 (*GB-Inno-BM*), Slg. 1990, I-667, 689), zu Verboten eines Wiederverkaufs unter Einstandspreis (*EuGH* 24.11.1993 - verb. Rs. C-267 und C-268/91 (*Keck und Mithouard*), Slg. 1993, I-6097, 6130) sowie zu Werbeverboten (*EuGH* 18.5.1993, Rs. C-126/91 (*Yves Rocher)*, Slg. 1993, I-2361, 2386; *EuGH* 15.12.1993 - Rs. C-292/92 (*Hünermund*), Slg. 1993, I-6787, 6822).

[555] vgl. schon Darstellung und Nachweise unter 1. Kapitel: § 1 A. (S.1ff), insbesondere Fn. 38 sowie unter 3. Kapitel: § 6 B. (S.91ff)

Innerhalb der anerkannten Sondergebiete[556] greift der *EuGH* in gewohnter Manier auf die *Dassonville*-Formel zurück, meist ohne auf den privatrechtlichen Charakter der Normen näher einzugehen. Auch in den wenigen vorhandenen Entscheidungen[557] außerhalb dieser anerkannten Bereiche des Privatrechts verweist der *EuGH* zunächst auf die *Dassonville*-Formel, schränkt diese jedoch teilweise mit wechselnden Begründungen anschließend ein.[558] Im Grundsatz ist damit gesagt, dass auch schuldvertragsrechtliche Normen als Maßnahmen gleicher Wirkung im Sinne des Art. 28 in Betracht kommen.[559]

3. Die vertragliche Schutzklausel gem. Art. 30 (Art. 36 EG-Vertrag)

Der EG-Vertrag enthält in Art. 30 Rechtfertigungsgründe für alle staatlichen Maßnahmen, die den freien Warenverkehr zwischen den Mitgliedstaaten beschränken. Entgegen seinem Wortlaut lassen sich durch Art. 30 nicht nur Verbote und mengenmäßige Beschränkungen rechtfertigen, sondern auch die soeben dargestellten Maßnahmen gleicher Wirkung.[560] Die Rechtfertigungsgründe stellen konzeptionell primärrechtlich verankerte Ausnahmen vom Grundsatz des freien Warenverkehrs zwischen den Mitgliedstaaten dar. Art. 30 S. 1 führt die Rechtfertigungsgründe im einzelnen auf, S. 2 verlangt, dass diese weder Mittel einer willkürlichen Diskriminierung noch einer verschleierten Beschränkung des Handels zwischen den Mitgliedstaaten sind. Eine Maßnahme kann aber nur dann nach Art. 30 gerechtfertigt sein, solange es an einer abschließenden gemeinschaftsrechtlichen Regelung fehlt.[561] Auf diese Weise ist gewährleistet, dass sekundärrechtlich angeglichene Materien nicht auf dem Wege über Art. 30 umgangen werden.

---

[556] vgl. Nachweise in Fn. 40 zu möglichen Verstößen nationaler Bestimmungen gegen die Grundfreiheiten in den Bereichen gewerblicher Rechtsschutz, Urheberrecht sowie unlauterer Wettbewerb

[557] vgl. Nachweise in Fn. 521

[558] vgl. Darstellung unter 3. Kapitel: § 6 B. II. 5. a. (S.122ff)

[559] *Grundmann*, Europäisches Schuldvertragsrecht, §2, Rz. 64, 65; *ders.*, Europäisches Bankaufsichtsrecht, 36ff; *Sonnenberger*, in: *MünchKomm*, IPR, Einl., Rz. 158; *Basedow*, RabelsZ 59 (1995), 1, 28f; *v.Hoffmann*, ZfRV 36 (1995), 45; *Müller-Graff*, in: *Horn/Baur/Stern*, 40 Jahre Römische Verträge, 107, 111, 112 - vgl. zu den Einschränkungen im Anwendungsbereich der Grundfreiheiten schon Darstellung 3. Kapitel: § 6 B. I. 1. (S.93ff)

[560] vgl. *Müller-Graff*, in: *v.d.Groeben/Thiesing/Ehlermann*, EGV, Art. 36, Rz. 10; *Matthies*, in: *Grabitz/Hilf*, Art. 36, Rz. 1

[561] *EuGH* 23.5.1996 – Rs. C-5/94 (*Hedley Lomas*), Slg. 1996, I-2553, 2554; *EuGH* 10.7.1984 – Rs. 72/83 (*Campus Oil*), Slg. 1984, 2727, 2728; *EuGH* 18.05.1989 – verb. Rs. C-266 und C-267/87 (*Royal Pharmaceutical Society*), Slg. 1989, 1295, 1328

Die in Art. 30 aufgezählten Ausnahmetatbestände sind abschließender Natur, d.h. es besteht ein numerus clausus anerkannter Schutzgüter.[562] Nach ständiger Rechtsprechung des Gerichtshofs sind die in Art. 30 genannten Rechtfertigungsgründe als Ausnahmetatbestände grundsätzlich eng auszulegen.[563] Eine Rechtfertigung nach Art. 30 erfordert weiterhin, dass die mitgliedstaatliche Maßnahme dem Grundsatz der Verhältnismäßigkeit entspricht, d.h. die Maßnahme muss geeignet sein, den intendierten Schutz bestimmter Rechtsgüter zu gewährleisten und es darf kein Mittel geben, welches den freien Verkehr von Waren in der Gemeinschaft weniger einschneidend beeinträchtigt. Zudem muss die Maßnahme dem verfolgten Zweck angemessen sein.[564]
Auch begrenzt der *EuGH* den Anwendungsbereich von Art. 30 auf Rechtfertigungsgründe nicht rein wirtschaftlicher Art.[565] Die Mitgliedstaaten dürfen folglich Art. 30 nicht zur Begründung wirtschaftlicher Vorteile der Wirtschaftsteilnehmer oder zum Schutz bei wirtschaftlichen Schwierigkeiten heranziehen.[566] Zudem sind insbesondere die im Rahmen dieser Arbeit bedeutsamen Schutzgüter Lauterkeit des Handelsverkehrs und Verbraucherschutz[567] nicht von Art. 30 erfasst. Schon diese Begrenzungen des Anwendungsbereichs von Art. 30 verdeutlichen, dass der Schutzklausel im Rahmen der hier in Rede stehenden Harmonisierung des Verbraucherschutzrechts keine große Bedeutung zukommt. Im

---

562 *Müller-Graff*, in: *v.d.Groeben/Thiesing/Ehlermann*, EGV, Art. 36, Rz. 27; *Ahlfeld*, Zwingende Erfordernisse, 58; *Höpping*, Auswirkungen der Warenverkehrsfreiheit auf das IPR, 75; vgl. ausführlich zu den einzelnen anerkannten Schutzgütern: *Ahlt*, Europarecht, 94ff; *Ahlfeld*, Zwingende Erfordernisse, 61ff

563 *EuGH* 10.12.1968 – Rs. 7/68 (*Kommission./.Italien*), Slg. 1969, 633, 644; *EuGH* 17.6.1981 – Rs. 113/80 (*Kommission./.Irland*), Slg. 1981, 1625, Tz. 7; *EuGH* 10.1.1985 – Rs. 229/83 (*Leclerc*), Slg. 1985, 1; vgl. auch *Ahlt*, Europarecht, 94; *Ahlfeld*, Zwingende Erfordernisse, 58; *Höpping*, Auswirkungen der Warenverkehrsfreiheit auf das IPR, 75; *Langeheine*, in: *Grabitz/Hilf*, EGV, Art. 100a, Rz. 71; *Müller-Graff*, in: *v.d.Groeben/Thiesing/Ehlermann*, EGV, Art. 36, Rz. 22; *Hammer*, Handbuch zum freien Warenverkehr, 25

564 vgl. beispielhaft die Ausführungen des *EuGH* in *EuGH* 12.3.1987 - Rs. 178/84 (*Kommission./.Deutschland)*, Slg. 1987, 1227f; *EuGH* 25.7.1991 – Rs. C-1/90 und C-176/90 (*Aragonesa*), Slg. 1991, I-4151, 4184; *EuGH* 8.4.1992 – Rs. C-62/90 (*Kommission./.Deutschland*), Slg. 1992, I-2575

565 *EuGH* 9.6.1982 – Rs. 95/81 (*Kommission./.Italien*), Slg. 1982, 2187; *EuGH* 28.4.1998 – Rs. C-120/95 (*Decker*), Slg. 1998, I-1831, Tz. 39; *EuGH* 13.1.2000 – Rs. C-254/98 (*Schutzverband gegen unlauteren Wettbewerb*), Slg. 2000, I-151, Tz. 33 = EuZW 2000, 309; vgl. auch *Ahlfeld*, Zwingende Erfordernisse, 59f; *Hammer*, Handbuch zum freien Warenverkehr, 26; *Müller-Graff*, in: *v.d.Groeben/Thiesing/Ehlermann*, EGV, Art. 36, Rz. 33f

566 *Hammer*, Handbuch zum freien Warenverkehr, 26 mwN zur einschlägigen *EuGH* Rechtsprechung

567 Eine Rechtfertigung im Rahmen von Art. 30 ist nur zum Schutz der Gesundheit und des Lebens von Menschen möglich. "Zwingende Erfordernisse" im Sinne der *Cassis*-Rechtsprechung kommen insofern nicht in Betracht. – vgl. zum Schutz der wirtschaftlichen Interessen der Verbraucher Darstellung unter 3. Kapitel: § 6 B. II. 4. c. (S.118ff)

Vordergrund steht hier vielmehr die sog. *Cassis*-Rechtsprechung des *EuGH*, die nachfolgend darzustellen sein wird.

4. *Das Urteil Cassis de Dijon und seine Bedeutung für das Privatrecht der Mitgliedstaaten*

Die Dimension der *Dassonville*-Formel und damit deren Bedeutung für den Binnenmarkt wurde erst nach und nach erkannt. Ein Grund dafür ist in der Tatsache zu sehen, dass es sich bei den dem *EuGH* vorgelegten Sachverhalten – wie im Urteil *Dassonville* selbst – nicht um unterschiedslos anwendbare Maßnahmen handelte; vielmehr standen in den betreffenden Sachverhalten immer Regelungen zur Entscheidung, die nicht unterschiedslos für heimische und eingeführte Waren anzuwenden waren.[568]

a. **Die Entscheidung *Cassis de Dijon***

Im Jahre 1979 befasste sich der Gerichtshof in der sog. *Cassis de Dijon*-Entscheidung[569] dann erstmals mit einer Regelung, welche ausdrücklich unterschiedslos auf einheimische wie auf eingeführte Waren anzuwenden war. Auf diese Weise wurde die enorme Reichweite des Art. 28, die dieser mittels der *Dassonville*-Formel erhalten hatte, deutlich, so dass sich der Gerichtshof zu einer ersten Modifikation[570] seines Grundkonzeptes zu Art. 28 veranlasst sah. Im Ausgangspunkt hat der *EuGH* es bei der *Dassonville*-Formel gelassen, hat aber die Möglichkeit von Beschränkungen der Freiheit des Warenverkehrs eröffnet. Dabei hatte das Gericht die Wahl, entweder Art. 36 EWG-Vertrag (jetzt Art. 30) extensiv auszulegen oder den Begriff der Maßnahme gleicher Wirkung bereits auf tatbestandlicher Ebene einzugrenzen.

Mit dem Urteil *Cassis de Dijon* hat sich der *EuGH* für letztere Möglichkeit entschieden, obwohl es nahegelegen hätte, Art. 36 EWG-Vertrag anzuwenden und zu fragen, ob die Vorschrift aus Gründen der öffentlichen Sicherheit oder des

---

[568] vgl. *Hammer*, Handbuch zum freien Warenverkehr, 19; *Ahlfeld*, Zwingende Erfordernisse, 30; *Müller-Graff*, in: *v.d.Groeben/Thiesing/Ehlermann*, Art. 30, Rz. 83ff

[569] *EuGH* 20.02. 1979 – Rs. 120/78 (*Cassis de Dijon*), Slg. 1979, 649 – vgl. zum Sachverhalt *Schulze/Schulte-Nölke*, Casebook Verbraucherrecht, Fall 3 (*Cassis de Dijon*)

[570] Ob in der *Cassis de Dijon*-Formel eine Erweiterung oder Beschränkung der *Dassonville*-Formel zu sehen ist, wurde in der Literatur kontrovers diskutiert. Diese Auseinandersetzung soll hier allerdings nicht noch einmal geführt werden, stattdessen kann auf die umfangreichen Darstellungen bei *Hödl*, Verkaufsbehindernde Maßnahmen, 88ff, *Hammer*, Handbuch zum freien Warenverkehr, 21f mwN sowie bei *Ahlfeld*, Zwingende Erfordernisse, 30ff verwiesen werden, insgesamt ablehnend *Schwintowski*, RabelsZ 64 (2000), 38ff

Schutzes der Gesundheit gerechtfertigt ist.[571] Der *EuGH* geht jedoch im Rahmen der sog. *Cassis*-Formel davon aus, dass unter bestimmten Umständen eine mitgliedstaatliche Maßnahme, die die Einfuhr im Sinne der *Dassonville*-Formel behindert, ausnahmsweise schon auf tatbestandlicher Ebene keine Maßnahme gleicher Wirkung darstellt; der *EuGH* versieht die *Dassonville*-Formel auf diese Weise mit einer immanenten Schranke.[572] Seitdem fasst das Gericht seine Rechtsprechung formelhaft etwa folgendermaßen zusammen:
Liegt keine gemeinschaftliche Regelung vor, so ist es Sache der Mitgliedstaaten, alle die Herstellung und Vermarktung der Ware betreffenden Vorschriften für ihr Hoheitsgebiet zu erlassen. Hemmnisse, die sich aus dem Unterschied der nationalen Rechtsvorschriften – sofern diese unterschiedslos für einheimische und eingeführte Waren Geltung beanspruchen – ergeben, müssen hingenommen werden,

> *„soweit diese Bestimmungen notwendig sind, um zwingenden Erfordernissen gerecht zu werden, insbesondere den Erfordernissen einer wirksamen steuerlichen Kontrolle, des Schutzes der öffentlichen Gesundheit, der Lauterkeit des Handelsverkehrs und des Verbraucherschutzes."*[573]

---

[571] Art. 36 EWG-Vertrag (jetzt Art. 30) wird in dem Urteil jedoch nicht erwähnt. (vgl. *Müller-Graff*, in: *v.d.Groeben/Thiesing/Ehlermann*, EGV, Art. 30, Rz. 184, *Ahlfeld*, Zwingende Erfordernisse, 81ff) Dies mag man zum Teil mit dessen sehr restriktiver Auslegung durch den *EuGH* begründen. (vgl. schon Darstellung unter 3. Kapitel: § 6 B. II. 3. (S.109ff)); kritisch zur Einordnung als tatbestandsausschließend: *Epiney*, in: *Callies/Ruffert*, EGV, Art. 28, Rz. 38; insgesamt ablehnend *Schwintowski*, RabelsZ 64 (2000), 38ff

[572] so ausdrücklich in *EuGH* 17.6.1981 – Rs. 113/80 (*Kommission./.Irland*), Slg. 1981, 1625, 1638; vgl. auch *Ahlt*, Europarecht, 91; *Höpping*, Auswirkungen der Warenverkehrsfreiheit auf das IPR, 56; *Moench*, NJW 1987, 1109; *Müller-Graff*, in: *v.d.Groeben/Thiesing/Ehlermann*, EGV, Art. 30, Rz. 190; *Roth*, WRP 2000, 979, 980; kritisch zur Einschränkung schon auf der Tatbestandsebene: *Epiney*, in: *Callies/Ruffert*, EGV, Art. 28, Rz. 38; *Roth*, aaO, 979, 984

[573] ständige Rechtsprechung seit : *EuGH* 20.02.1979 – Rs. 120/78 (*Cassis de Dijon*), Slg. 1979, 649, 662; wiederholt z.B. in: *EuGH* 26.6.1980 - Rs. 788/79 (*Gilli*), Slg. 1980, 2071; *EuGH* 25.4.1985 - Rs. 207/83 (*Kommission./.Vereinigtes Königreich*), Slg. 1985, 1201; *EuGH* 18.5.1993 - Rs. C-126/91 (*Yves Rocher*), Slg. 1991, I-2361; *EuGH* 6.7.1995 - Rs. C-470/93 (*Mars*), Slg. 1995, I-1923; *EuGH* 24.11.1993 - verb. Rs. C-267 und C-268/91 (*Keck und Mithouard),* Slg. 1993, I-6097; *EuGH* 2.2.1994 - Rs. C-315/92 (*Clinique*), Slg. 1994, I-317; *EuGH* 26.11.1996 – Rs. C-313/94 (*Graffione*), Slg. 1996, I-6039, Tz. 17; *EuGH* 26.6.1997 – Rs. C-368/95 (*Vereinigte Familiapress*), Slg. 1997, I-3689; *EuGH* 9.7.1997 – verb. Rs. C-34, C-35 und C-36/95 (*De Agostini*), Slg. 1997, I-3843; *EuGH* 9.2.1999 – Rs. C-383/97 (*van der Laan*), Slg. 1999, I-731; *EuGH* 21.9.1999 – Rs. C-124/97 (*Läärä*), Slg. 1999, I-606 = EuZW 2000, 148; *EuGH* 12.10.2000 – Rs. C-3/99 (*Cidre Stassen SA u.a.*), Slg. 2000, I-8749, Tz. 50; *EuGH* 5.12.2000 – Rs. C-448/98 (*Guimont*), EuZW 2001, 158, Tz. 27 - eine vollständige Auflistung der Urteile bis 1997 findet sich bei *Müller-Graff*, in: *v.d.Groeben/Thiesing/Ehlermann*, EGV, Art. 30, Rz. 49

Zwischenzeitlich hat der *EuGH* diese Formel dahingehend präzisiert, dass die betreffende Maßnahme sich durch Erfordernisse „rechtfertigen"[574] lassen muss, die *im Allgemeininteresse liegen und den Erfordernissen des freien Warenverkehrs vorgehen.*[575]
Die Beurteilung eines hinreichenden Allgemeininteresses, die nicht selten von der der Mitgliedstaaten abweicht, behält sich der Gerichtshof dabei vor. Zudem ist aufgrund der Entscheidungspraxis des *EuGH* klargestellt, dass anders als bei Art. 30 der Katalog der zwingenden Gründe nicht abschließend ist; nachträglich wurden vom *EuGH* der Umweltschutz[576], soziale und kulturelle Gründe[577], die Aufrechtrechterhaltung der Medienvielfalt[578] und die Gefährdung des finanziellen Gleichgewichts des Systems der sozialen Sicherheit[579] als mögliche „zwingende Erfordernisse" akzeptiert bzw. letzteres zumindest in Erwägung gezogen. „Zwingende Erfordernisse" können aber immer nur solche Schutzgüter betreffen, die nicht schon in Art. 30 eine Regelung gefunden haben.[580] Hinzu kommt, dass diese – wie schon im Rahmen von Art. 30 – auf Erfordernisse nicht rein wirtschaftlicher Art zu begrenzen sind.[581]

Ein weiterer bemerkenswerter Aspekt des Urteils *Cassis de Dijon* ist in der Formulierung *„in einem anderen Mitgliedstaat rechtmäßig hergestellt und in*

---

[574] Trotz der dogmatischen Einordnung als immanente tatbestandliche Schranken durch den *EuGH* findet sich des öfteren die Formulierung, dass die Maßnahme nach der *Cassis de Dijon*-Formel „gerechtfertigt" ist. Gemeint ist damit gleichwohl die Verneinung der Tatbestandsvoraussetzungen des Art. 28, keinesfalls eine Rechtfertigung im Sinne eines vertraglich normierten Ausnahmegrundes gem. Art. 30. Letztendlich ist dieser Streit ob seiner fehlenden Auswirkungen in der Praxis aber rein akademischer Natur.

[575] so in den Entscheidungen *EuGH* 24.11.1993 - verb. Rs. C-267 und C-268/91 (*Keck und Mithouard),* Slg. 1993, I-6097; *EuGH* 2.2.1994 – Rs. C-315/92 (*Clinique*), Slg. 1994, I-317

[576] *EuGH* 20.9.1988 – Rs. 302/86 (*Kommission./.Dänemark*), Slg. 1988, 4627

[577] *EuGH* 11.7.1985 – Rs. 60,61/84 (*Cinéthèque*), Slg. 1985, 2605

[578] *EuGH* 26.6.1997 – Rs. C-368/95 (*Vereinigte Familiapress*), Slg. 1997, I-3689

[579] *EuGH* 28.4.1998 - Rs. C-120/95 (*Decker*), Slg. 1998, I-1831; *EuGH* 28.4.1998 – Rs. C-158/96 (*Kohll*), Slg. 1998, I-1931

[580] *EuGH* 25.7.1991 – Rs. C-1 und C-176/90 (*Aragonesa*), Slg. 1991, I-4151; *Höpping*, Auswirkungen der Warenverkehrsfreiheit auf das IPR, 58; *Hammer*, Handbuch zum freien Warenverkehr, 25 (vgl. zu Art. 30 schon Darstellung unter 3. Kapitel: § 6 B. II. 3. (S.109ff)

[581] *EuGH* 9.6.1982 - Rs. 95/81 (*Kommission./.Italien*), Slg. 1982, 2187; *EuGH* 7.2.1984 - Rs. 238/82 (*Duphar*), Slg. 1984, 523; *EuGH* 10.7.1994 - Rs. 72/83 (*Campus Oil*), Slg. 1984, 2727; *EuGH* 28.4.1998 – Rs. C-120/95 (*Decker*), Slg. 1998, I-1831; *EuGH* 28.4.1998 – Rs. C-158/96 (*Kohll*), Slg. 1998, I-1931; zustimmend: *Müller-Graff*, in: *v.d.Groeben/Thiesing/Ehlermann*, EGV, Art. 30, Rz. 204, 226f; *ders*., in: *v.d.Groeben/ Thiesing/Ehlermann*, EGV, Art. 36, Rz. 33ff; *Ahlfeld*, Zwingende Erfordernisse, 59 – vgl. schon Darstellung unter 3. Kapitel: § 6 B. II. 3. (S.109ff)

Verkehr gebracht"[582] zu sehen, welche als Normierung des Grundsatzes der gegenseitigen Anerkennung verstanden worden ist.[583] Dieses Prinzip, das auch als Herkunfts- oder Ursprungslandprinzip[584] bezeichnet wird, basiert auf dem Gedanken der Gleichwertigkeit der verschiedenen Rechtsordnungen, der einige Jahre später auch im *Weißbuch*[585] der Kommission Ausdruck gefunden hat;[586] es besagt in seinem Kern, dass Anbieter von Waren binnenmarktweit nach den Vorschriften tätig werden können, die an ihrem Geschäftssitz gelten, und dass die Waren, die in einem Mitgliedstaat rechtmäßig hergestellt und in den Verkehr gebracht werden, auch binnenmarktweit abgesetzt werden können. Eine Einschränkung der Verkehrsfähigkeit ist nur zugunsten „zwingender Erfordernisse" des Allgemeinwohls unter Beachtung des Prinzips der Verhältnismäßigkeit möglich.[587]

Die Grundlagen dieses Prinzips sind bereits in der *Dassonville*-Entscheidung des *EuGH* angelegt, denn auch dort geht der *EuGH* davon aus, dass sich die betroffenen Waren „*in einem anderen Mitgliedstaat ordnungsgemäß im freien Verkehr*" befanden.[588] Im Urteil *Cassis de Dijon* stellt der *EuGH* diesen Grundsatz erstmals ausdrücklich in den Vordergrund, ohne diesen letztendlich aber neu geschaffen zu haben.[589]

b. Aufgabe der Begrenzung auf unterschiedslos anwendbare Maßnahmen? - Tendenzen in der neueren *EuGH*-Rechtsprechung

Unabdingbare Vorraussetzung für eine Rechtfertigung einzelstaatlicher Maßnahmen nach der *Cassis*-Formel war nach bislang nahezu unbestrittener Ansicht in Rechtsprechung und Literatur, dass die betreffende Maßnahme unterschiedslos auf eingeführte und heimische Waren anwendbar ist, d.h. keinen diskriminie-

---

[582] *EuGH* aaO

[583] *v.Hoffmann*, ZfRV 36 (1995), 45, 46; *Eilmansberger*, JBl 1999, 345, 363; *Streinz*, Europarecht, Rz. 974; *Weinand*, Europarecht und unlauterer Wettbewerb, 108 mwN

[584] vgl. Nachweise in Fn. 469

[585] *Weißbuch* der Kommission zur Vollendung des Binnenmarktes, KOM (85) 310 endg. vom 14.6.1985

[586] vgl. schon Darstellung unter 2. Kapitel: § 4 A. I. (S.50ff)

[587] vgl. die Mitteilung der Kommission über die Auswirkungen des Urteils des *EuGH* vom 20.2.1979 in der Rs. 120/78 (*Cassis de Dijon*), ABl. EG 1980, Nr. C 256/2

[588] *EuGH* 11.07.1974 – Rs. 8/74 (*Dassonville*), Slg. 1974, 837, 853

[589] in diesem Sinne auch *Hödl*, Verkaufsbehindernde Maßnahmen, 92, 93 mwN; *Müller-Graff*, in: *v.d.Groeben/Thiesing/Ehlermann*, EGV, Art. 30, Rz. 190, der den Grundsatz in der Kombination von *Dassonville*-Formel, *Cassis*-Rechtsprechung und Art. 36 EG-Vertrag (jetzt Art. 30) sieht.

renden Charakter hat.[590] Damit war nach bisherigem Verständnis im Umkehrschluss auch gleichzeitig klargestellt, dass der *EuGH* die Anwendung der „zwingenden Erfordernisse" auf nicht-diskriminierende Maßnahmen beschränkt.[591] Von dieser Einschränkung ist das Gericht allerdings in einigen neueren Entscheidungen abgerückt und hat umfassend, d.h. auch für nicht unterschiedslos anwendbare Maßnahmen „zwingende Erfordernisse" zur „Rechtfertigung"[592] zumindest angeprüft.[593]

Teilweise wird die Aufgabe dieser ständigen Rechtsprechung des *EuGH* bereits – obiter dictum – in der Entscheidung *De Agostini*[594] aus dem Jahre 1997 gesehen;[595] deutlicher wird der Gedanke eines einheitlichen Rechtfertigungstatbestandes vom *EuGH* jedoch in den Urteilen *Decker*[596] und *Kohll*[597] aus dem Jahre 1998 zum Ausdruck gebracht. In concreto ging es dabei um die Kostenerstattung für einen Brillenkauf im EG-Ausland sowie eine zahnärztliche Behandlung in einem anderen Mitgliedstaat.[598] Der *EuGH* bejahte für den Brillenkauf eine Be-

---

590 So die ganz herrschende Ansicht in der Literatur. (vgl. *Müller-Graff*, in: *v.d.Groeben/Thiesing/Ehlermann*, EGV, Art. 30, Rz. 193, *Matthies*, in: *Grabitz/Hilf*, EGV, Art. 30, Rz. 20; *Epiney*, in: *Callies/Ruffert*, EGV, Art. 28, Rz. 23; *Streinz*, Europarecht, Rz. 739; *Heermann*, GRUR Int. 1999, 579, 580f; **aA** *v.Wilmowsky*, CMLRev 30 (1993), 543f; zurückhaltender *ders.*, EuR 1996, 362, Fn. 1; zweifelnd auch: *Winter*, DÖV 1998, 377, 381; *Epiney*, in: *Callies/Ruffert*, EGV, Art. 28, Rz. 38)

591 ständige Rechtsprechung seit *EuGH* 17.6.1981 - Rs.113/80 (*Kommission./.Irland*), Slg. 1981, 1625, 1639, Tz. 10; deutlich *EuGH* 30.11.1995 – Rs. C-55/94 (*Gebhard*), Slg. 1995, I-4165, Tz.37; *EuGH* 7.5.1997 – Rs. C-321, C-322, C-323 und C-324/94 (*Pistre u. a.*), Slg. 1997, I-2343, 2376, Tz. 52; *EuGH* 29.4.1999 – Rs. C-224/97 (*Ciola*), Slg. 1999, I-2517, Tz. 16

592 vgl. Fn. 574

593 vgl. schon Darstellung im Rahmen des Beschränkungstatbestandes unter 3. Kapitel: § 6 B. I. 2. (S.98ff)

594 *EuGH* 9.7.1997 – verb. Rs. C-34, C-35 und C-36/95 (*De Agostini*), Slg. 1997, I-3843

595 so *Sack*, WRP 1998, 103, 110; *ders.*, GRUR 1998, 871, 876; *Novak*, DB 1997, 2589ff; *Roth*, in: Festschrift *Großfeld*, 929, 945, Fn. 95; *ders.*, WRP 2000, 979ff; **aA** *Weyer*, EuR 1998, 435, 448 Fn. 78; *Heermann*, GRUR Int. 1999, 579, 589

596 *EuGH* 28.4.1998 – Rs. C-120/95 (*Decker*), Slg. 1998, I-1831, Tz. 31ff für die Freiheit des Warenverkehrs

597 *EuGH* 28.4.1998 – Rs. C-158/96 (*Kohll*), Slg. 1998, I-1931, Tz. 29ff für die Freiheit des Dienstleistungsverkehrs; unklar jüngst auch in *EuGH* 26.10.1999 – Rs. C-294/97 (*Eurowings Luftverkehr*), Slg. 1999, I-7447, Tz. 36, 40, 41 = EuZW 2000, 93

598 Beide Urteile betrafen die Behandlung Luxemburger Staatsangehöriger im Ausland. Im Fall *Decker* ging es um eine Brille, die von einem Optiker in Belgien angefertigt wurde, im Fall *Kohll* um eine zahnärztliche Behandlung in Deutschland (Trier). Dabei wurde in beiden Fällen die Erstattung der Kosten nach den Tarifen des Versicherungsstaates aufgrund einer luxemburgischen Vorschrift im Falle der Auslandsbehandlung von der Genehmigung des jeweiligen Versicherungsträgers abhängig gemacht und mangels vorheriger Genehmigung abgelehnt. - vgl. zu den sozialrechtlichen Aspekten der o.g. Urteile z.B. *Becker*, NZS 1998, 359; *Hirsch*, ZeuS 1999, 503, 505

schränkung des freien Warenverkehrs, im Falle der Zahnbehandlung eine Beschränkung des Dienstleistungsverkehr sowohl für den Dienstleistungserbringer wie auch für den Patienten. Ansatzpunkt war in beiden Fällen die Ungleichbehandlung des jeweiligen Auslandssachverhaltes gegenüber entsprechenden Inlandssachverhalten, mithin also keineswegs unterschiedslos anwendbare Bestimmungen.[599]
Im Rahmen der Rechtfertigung lehnt der *EuGH* in beiden Fällen eine Beschränkung aus Gründen der öffentlichen Gesundheit gem. Artt. 36 bzw. 56 EG-Vertrag (jetzt Artt. 30 und 46) ab, prüft aber daneben das von der Luxemburger Regierung vorgebrachte „zwingende Erfordernis" der Gefährdung des finanziellen Gleichgewichts des Systems der sozialen Sicherheit. Im Ergebnis hält der *EuGH* dies als mögliche Rechtfertigung zwar nicht für durchschlagend, dennoch wäre nach bisheriger ständiger Rechtsprechung eine solche Prüfung im Falle nicht unterschiedslos anwendbarer Regelungen erst gar nicht in Frage gekommen.[600]

Diese Rechtsprechung hat der *EuGH* mittlerweile auch auf die Niederlassungsfreiheit ausgedehnt. In einer Entscheidung aus dem Jahre 1999[601] argumentierte das Gericht, nachdem es eine Diskriminierung durch eine unterschiedliche steuerliche Behandlung der im Vereinigten Königreich ansässigen Konsortialgesellschaften festgestellt hatte[602], im Rahmen einer möglichen Rechtfertigung nicht auf Grundlage von Art. 56 EG-Vertrag (jetzt Art. 46), sondern prüfte als mögliches „zwingendes Erfordernis" die Steuergerechtigkeit und Kohärenz des Steuersystems. Auch im Bereich der Arbeitnehmerfreizügigkeit hat der *EuGH* zeitlich schon vor den genannten Urteilen *Decker* und *Kohll* das „Nebeneinander" von Schutzklausel und *Cassis-Rechtsprechung* im Rahmen von Art. 48 EG-Vertrag (jetzt Art. 39) ausdrücklich hervorgehoben.[603]

Ob der *EuGH* die bisherige dichotome Konzeption der Rechtfertigung damit endgültig aufgegeben hat und die *Cassis*-Formel quasi gleichberechtigt neben die einzelnen vertraglich vorgesehenen Schutzklauseln stellen wird, lässt sich trotz der genannten Judikate noch nicht mit Sicherheit beantworten. Die konver-

[599] In älteren Entscheidungen hat der *EuGH* eine solche Form der Beschränkung ausdrücklich als Diskriminierung anerkannt: *EuGH* 16.12.1992 – Rs. C-211/91 (*Kommission./.Belgien*), Slg. 1992, I-6757, 6777; *EuGH* 4.5.1993 – Rs. C-17/92 (*Distribuidores Cinematográficos*), Slg. 1993, I-2239, 2272

[600] vgl. *Hakenberg*, ZEuP 1999, 849, 852; *Weiß*, EuZW 1999, 493,496

[601] *EuGH* 16.7.1998 – Rs. 264/96 (*ICI*), Slg. 1998, I-4695

[602] *EuGH* 16.7.1998 – Rs. 264/96 (*ICI*), Slg. 1998, I-4695, Tz. 23; kritisch zu dieser Feststellung: *Weiß*, EuZW 1999, 493, 495, der eine unterschiedliche Behandlung von In- und Ausländern verneint.

[603] *EuGH* 15.1.1998 – Rs. C-15/96 (*Schöning-Kougebetopoulou*), Slg. 1998, I-47, Tz. 21

gierende Tendenz der neueren Rechtsprechung zu den einzelnen Grundfreiheiten spricht jedenfalls insgesamt dafür. Die Rechtfertigung beschränkender Maßnahmen unterläge so – unabhängig von ihrer Klassifizierung als diskriminierend oder nur beschränkend, d.h. unterschiedslos anwendbar – einem einheitlichen Gradmesser, *„nämlich der Suche nach sachlichen Gründen"*[604]. Konsequenz wäre eine nicht unerhebliche Erweiterung des Spielraums der Mitgliedstaaten, beschränkende Maßnahmen im Binnenmarkt aufrechtzuerhalten.[605] Zudem erwiese sich die teils schwierige Differenzierung zwischen direkten und indirekten Diskriminierungen und unterschiedslos anwendbaren Maßnahmen als obsolet, stellt sie sich für den Fortgang im Rahmen der Rechtfertigung doch als folgenlos heraus.[606]

In der Literatur ist einschränkend (nur) unter Berufung auf das Urteil *De Agostini* eine Differenzierung zwischen formalen Diskriminierungen, die weiterhin nur mit den Schutzklauseln zu rechtfertigen sein sollen und faktischen Diskriminierungen, für die ein einheitlicher Rechtfertigungstatbestand gelten soll, vorgenommen worden.[607] Im Hinblick auf *De Agostini*, dem mit dem dort zu bewertenden Fernsehwerbeverbot keine diskriminierende staatliche Maßnahme zu Grunde lag, sondern eine rechtliche, vermutlich aber nicht tatsächlich unterschiedslos anwendbare Maßnahme, die aber de facto nur Ausländer trifft[608], wäre diese Erklärung tragfähig. Insbesondere in den Fällen *Decker* und *Kohll* allerdings orientiert sich der *EuGH* nicht an der vorgeschlagenen Differenzierung. Das Erfordernis einer Genehmigung gilt in beiden Fällen allein für Importwaren bzw. im Ausland erbrachter Dienstleistungen, so dass hier nicht nur von einer faktischen Diskriminierung gesprochen werden kann. Diese Rechtsprechung verdeutlicht somit, dass die vorgeschlagene Aufgabe der Dichotomie nur im Falle faktisch diskriminierender Maßnahmen vom *EuGH* nicht nachvollzogen wurde.
Allerdings finden sich in der neueren Entscheidungspraxis des Gerichtshofs auch immer wieder Urteile, die die bis 1998 in ständiger Rechtsprechung verfolgte Rechtfertigungssystematik beibehalten und eine scharfe Trennung von

---

[604] *Weiß*, EuZW 1999, 493, 497

[605] vgl. aber zu den Konsequenzen für die Rechtsangleichung Darstellung unter 4. Kapitel: § 9 A. I. (S.223ff)

[606] vgl. schon Darstellung unter 3. Kapitel: § 6 B. I. 2. (S.98ff)

[607] so *Roth*, in: Festschrift *Großfeld*, 929, 945 Fn. 95; anders nunmehr *ders.*, WRP 2000, 979ff, 984, der materiell und formal diskriminierende Regelungen der Rechtfertigung für zugänglich hält.

[608] *EuGH* 9.7.1997 – verb. Rs. C-34, C-35 und C-36/95 (*De Agostini*), Slg. 1997, I-3843, Tz. 42; in diesem Sinne auch jüngst in *EuGH* 13.1.2000 – Rs. C-254/98 (*Schutzverband gegen unlauteren Wettbewerb*), Slg. 2000, I-151, Tz. 23, 25 = EuZW 2000, 309 – vgl. dazu auch Darstellung im Rahmen der *Keck*-Rechtsprechung unter 3. Kapitel: § 6 B. II. 5. b. (1) (S.128ff)

vertraglicher Schutzklausel und *Cassis*-Rechtsprechung vornehmen. Besonders deutlich wird die Differenzierung im Urteil *Ciola*[609] aus dem Jahre 1999.
Die bisherige Judikatur lässt so m.E. eine nachhaltige Homogenität für ein endgültiges Urteil noch vermissen.[610] Im Hinblick auf das hier relevante durch Richtlinien geprägte Schuldvertragsrecht dürfte dieser Problematik allerdings nur eine begrenzte Bedeutung zukommen, da hier fast ausschließlich unterschiedslos anwendbare Bestimmungen zu überprüfen sind, für die die *Cassis*-Rechtsprechung völlig unzweifelhaft einschlägig ist.[611] Bedeutung erlangt die Frage allerdings – wie noch zu zeigen sein wird – für den nationalen Gestaltungsspielraum.[612]

c. Verbraucherschutz als „zwingendes Erfordernis"

Das Gericht hat in der *Cassis*-Formel klargestellt, dass eine Behinderung im Sinne des Art. 28 nur dann hinzunehmen ist, wenn sie in einem Bereich erfolgt, für den – entsprechend der Dogmatik des Art. 28 – keine abschließende Gemeinschaftsregelung besteht. Damit soll verhindert werden, dass getroffene Gemeinschaftsreglungen durch die Mitgliedstaaten ausgehöhlt werden und so erneut Handelsbeschränkungen im innereuropäischen Handel entstehen.[613] Inwieweit die hier in Rede stehenden Richtlinien der EU zum Verbrauchervertrags-

---

609 *EuGH* 29.4.1999 – Rs. C-224/97 (*Ciola*), Slg. 1999, I-2517, Tz. 16; zuvor explizit z.B. auch in *EuGH* 25.7.1991 – Rs. C-288/89 (*Gouda, Mediawet*), Slg. 1991, I-4007, 4040, Tz. 12f; *EuGH* 30.11.1995 – Rs. C-55/94 (*Gebhard*), Slg. 1995, I-4165, Tz. 37; indirekt jüngst auch in *EuGH* 21.9.1999 – Rs. C-124/97 (*Läärä*), Slg 1999, I-6067, Tz. 28, 30 = EuZW 2000, 148; *EuGH* 23.11.1999 – verb. Rs. C-369 und C-376/96 (*Arblade und Leloup*), Slg. 1999, I-8453, Tz. 34 = EuZW 2000, 88

610 Positiv zur neuen Rechtsprechung des *EuGH* äußern sich: *Nowak*, DB 1997, 2589, 2593; *Weiß*, EuZW 1999, 493, 497f; *Sack*, WRP 1998, 103, 110; *ders.* WRP 1998, 871, 876; *Roth*, WRP 2000, 979ff; ablehnend Generalanwalt am *EuGH Tesauro* im Rahmen der Schlussanträge zu *EuGH* 28.4.1998 – Rs. C-120/95 (*Decker*), Slg. 1998, I-1831, Tz. 46ff; implizit auch Generalanwalt am *EuGH Jacobs* im Rahmen der Schlussanträge vom 25.5.2000 zu *EuGH* 7.11.2000 - Rs. C-312/98 (*Warsteiner Brauerei Haus Cramer GmbH & Co. KG*), Slg. 2000, I-9187, Tz. 56; *Weyer*, EuR 1998, 435, 448; *Heermann*, GRUR Int. 1999, 579, 589 allerdings nur unter Berücksichtigung des Urteils *De Agostini*; *Becker*, NZS 1998, 359, 361 im Hinblick auf die Entscheidungen *Decker* und *Kohll*; ohne Wertung: *Hirsch*, ZeuS 1999, 503, 510

611 vgl. schon Darstellung unter 3. Kapitel: § 6 B. I. 2. (S.98ff), Nachweise in Fn. 504f

612 vgl. Darstellung unter 4. Kapitel: § 9 A. I. (S.223ff)

613 vgl. *Höpping*, Auswirkungen der Warenverkehrsfreiheit auf das IPR, 58; *Müller-Graff*, in: *v.d.Groeben/Thiesing/Ehlermann*, EGV, Art. 30, Rz. 198; *Ahlt*, Europarecht, 91; *v.Hoffmann*, ZfRV 36 (1995), 45, 46

recht abschließender Natur sind, bedarf einer eingehenden Analyse, die erst später erfolgen soll.[614]
Weiterhin muss die Maßnahme einen Zweck verfolgen, der im Allgemeininteresse liegt und den Erfordernissen des freien Warenverkehrs vorgeht. Von den oben genannten vom *EuGH* anerkannten „zwingenden Erfordernissen" ist vorliegend insbesondere der Verbraucherschutz von Bedeutung, der oftmals nicht scharf von der ebenfalls im Urteil *Cassis de Dijon* aufgeführten Lauterkeit des Handelsverkehrs getrennt wird.[615] Diese beiden „zwingenden Erfordernisse" werden naturgemäß des öfteren zusammen auftreten.
Der Verbraucherschutz ist seit 1979 ausdrücklich als möglicher „Rechtfertigungsgrund" vom *EuGH* anerkannt.[616] Ihm kommt bis dato eine recht große Bedeutung im Rahmen der *Cassis*-Rechtsprechung zu, was vor dem Hintergrund des weitgespannten Begriffs verständlich ist. Zudem ziehen die Mitgliedstaaten den Verbraucherschutz häufig als eine Art Sekundärrechtfertigung heran, um im Falle des primär vorgetragenen „zwingenden Erfordernisses" eine Art Auffangtatbestand vorweisen zu können.

Aufgrund der offenen Begrifflichkeit ist jedoch auch im Rahmen der *Cassis*-Formel eine Präzisierung der zwingenden Verbraucherschutzerfordernisse vonnöten. Dazu kann auf die obigen Ausführungen zur Konkretisierung des Verbraucherschutzes durch die zahlreichen Programme und Aktionspläne der Europäischen Gemeinschaft seit den 70er Jahren verwiesen werden.[617] Von herausragender Bedeutung ist dabei der Teilaspekt des Schutzes der wirtschaftlichen Interessen der Verbraucher, der seit der Schaffung von Art. 129a EG-Vertrag durch den Maastricht Vertrag auch explizit im Primärrecht verankert ist. Auch der durch den Vertrag von Amsterdam neugefasste Art. 153 führt als eine

---

[614] vgl. Darstellung unter 3. Kapitel: § 7 B. (S.183ff) sowie allgemein für die Richtlinie bereits unter 1. Kapitel: § 2 B. (S.21ff)

[615] vgl. Darstellung bei *Müller-Graff*, in: *v.d.Groeben/Thiesing/Ehlermann*, EGV, Art. 30, Rz. 214ff; *Ahlt*, Europarecht, 91; jüngst wieder Generalanwalt am *EuGH Jacobs* im Rahmen der Schlussanträge vom 25.5.2000 zu *EuGH* 7.11.2000 - Rs. C-312/98 (*Warsteiner Brauerei Haus Cramer GmbH & Co. KG*), Slg. 2000, I-9187, Tz. 58; ausführlich in Abgrenzung zur Lauterkeit des Handelsverkehrs: *Ahlfeld*, Zwingende Erfordernisse, 97ff, 152ff

[616] anerkannt z.B. auch in *EuGH* 30.4.1991 - Rs. C-239/90 (*Boscher*), Slg. 1991, I-2023; *EuGH* 22.1.1981 – Rs. 58/80 (*Dansk Supermarked*), Slg. 1981, 181; *EuGH* 7.3.1990 – Rs. 362/88 (*GB-Inno-BM*), Slg. 1990, I-667; erwogen z.B. auch in *EuGH* 12.3.1987 - Rs. 178/84 (*Kommission./.Deutschland),* Slg. 1987, 1227 sowie in *EuGH* 14.7.1988 - Rs. 407/85 (*Drei Glocken*), Slg. 1988, 4275; *EuGH* 26.11.1996 – Rs. C-313/94 (*Graffione*), Slg. 1996, I-6039, Tz. 17; *EuGH* 9.7.1997 – verb. Rs. C-34, C-35 und C-36/95 (*De Agostini*), Slg. 1997, I-3843; *EuGH* 12.11.1998 – Rs. C-102/96 (*Kommission./.Deutschland*),Slg. 1998, I-6871; *EuGH* 12.10.2000 – Rs. C-3/99 (*Cidre Stassen SA u.a.*), Slg. 2000, I-8749, Tz. 50; *EuGH* 5.12.2000 – Rs. C-448/98 (*Guimont*), EuZW 2001, 158, Tz. 27

[617] vgl. schon Darstellung unter 1. Kapitel: § 3 C. (S.39ff)

von drei Hauptaufgaben der Gemeinschaft auf, einen Beitrag zum Schutz der wirtschaftlichen Interessen der Verbraucher zu leisten.[618] Den genannten Normen ist demnach zu entnehmen, dass die Mitgliedstaaten neben den Beiträgen[619] der EG allgemein berechtigt sind, die wirtschaftlichen Interessen der Verbraucher zu schützen.[620]
Schließlich lässt sich der *Cassis*-Formel resp. dem Begriff der „zwingenden Erfordernisse" entnehmen, dass die behindernde Maßnahme – wie bei Art. 30 – erforderlich sein muss, um das verfolgte Ziel, eben den Schutz dieser „zwingenden Erfordernisse" zu erreichen. Die Maßnahme ist demzufolge am Grundsatz der Verhältnismäßigkeit zu messen[621], d.h. sie muss geeignet, erforderlich und angesichts des gemeinschaftlichen Interesses am freien Warenverkehr auch angemessen sein.[622] Insbesondere darf der Zweck nicht durch Maßnahmen erreicht werden können, die den innergemeinschaftlichen Handelsverkehr weniger beschränken. Deshalb ist von mehreren möglichen Mitteln dasjenige auszuwählen, das den freien Warenverkehr am wenigsten einschränkt.[623]
Im Rahmen dieser Prüfung argumentiert der *EuGH* gerade im Hinblick auf den Verbraucherschutz vermehrt auf der Grundlage des sog. *Informationsmodells*.[624] Dieses besagt, dass für den Bereich des Schuldrechts verstärkt auf Aufklärung und Informationsvermittlung statt auf Verbote zu setzen ist, d.h. regulative Eingriffe sind dort nicht erforderlich, wo sich das gleiche Ziel auch durch Verbrau-

---

[618] vgl. schon Darstellung unter 1. Kapitel: § 3 C. (S.39ff)

[619] vgl. zum Kompetenzverhältnis von Gemeinschaft und Mitgliedstaat im Bereich Verbraucherschutz schon Darstellung unter 1. Kapitel: § 3 C. (S.39ff)

[620] Die Darstellung weiterer anerkannter „zwingender Erfordernisse" ist methodisch für die vorliegende Arbeit nicht notwendig - vgl. aber die umfangreichen Darstellungen bei *Ahlfeld*, Zwingende Erfordernisse, 84ff; *Müller-Graff*, in: *v.d.Groeben/Thiesing/Ehlermann*, EGV, Art. 30, Rz. 203ff; *Höpping*, Auswirkungen der Warenverkehrsfreiheit auf das IPR, 61ff; *Ahlt*, Europarecht, 91ff

[621] vgl. beispielhaft die Ausführungen in *EuGH* 20.9.1988 – Rs. 302/86 (*Kommission./.Dänemark*), Slg. 1988, 4607; *EuGH* 16.5.1989 – Rs. 382/87 (*Buet*), Slg. 1989, 1235, 1251; *EuGH* 13.12.1990 – Rs. C-238/89 (*Pall*), Slg. 1990, I-4827; *EuGH* 16.12.1992 – Rs. C-169/91 (*City of Stoke-on-Trent*), Slg. 1992, I-6654, 6658; *EuGH* 2.2.1994 – Rs. C-315/92 (*Clinique*), Slg. 1994, I-317, 336

[622] *Müller-Graff*, in: *v.d.Groeben/Thiesing/Ehlermann*, EGV, Art. 30, Rz. 231f; *Höpping*, Auswirkungen der Warenverkehrsfreiheit auf das IPR, 59; *Ahlt*, Europarecht, 91; speziell für den Verbraucherschutz als „zwingendes Erfordernis": *Ahlfeld*, Zwingende Erfordernisse, 84, 97ff

[623] *EuGH* 10.11.1982 - Rs. 261/81 (*Rau./.De Smedt*), Slg. 1982, 3961; *EuGH* 13.12.1990 – Rs. C-238/89 (*Pall*), Slg. 1990, I-4827; *EuGH* 18.5.1993 - Rs. C-126/91 (*Yves Rocher*), Slg. 1993, I-2361, 2390; *EuGH* 6.7.1995 - Rs. C-470/93 (*Mars*), Slg. 1995, I-1923, 1941

[624] so gerade für den Verbraucherschutz in *EuGH* 7.3.1990 - Rs. C-362/88 (*GB-Inno-BM*), Slg. 1990, I-667; *EuGH* 6.7.1995 - Rs. C-470/93 (*Mars*), Slg. 1995, I-1923; *EuGH* 26.10.1995 – Rs. C-51/94 (*Kommission./.BRD*), Slg. 1995, I-3599

cherinformation erreichen lässt.[625] Dieses Prinzip liegt im Übrigen auch den hier in Rede stehenden Richtlinien zum Verbrauchervertragsrecht zugrunde.[626]

d. Die Bedeutung der *Cassis*-Formel für das Privatrecht

Für mögliche Kollisionen des Privatrechts der einzelnen Mitgliedstaaten mit den Grundfreiheiten ergeben sich für die *Cassis*-Formel – wie auch schon im Grundsatz bei der *Dassonville*-Formel – keine Besonderheiten. Der *EuGH* prüft in gewohnter Manier – meist ohne auf den privatrechtlichen Charakter der Norm einzugehen – eine mögliche „Rechtfertigung" der behindernden Wirkung schon auf Tatbestandsebene.[627] Insbesondere das *Informationsmodell* im Verbraucherschutz ist vom *EuGH* grundsätzlich auch für privatrechtliche Konstellationen anerkannt worden;[628] allenfalls im Bereich des Verbrauchervertragsrecht fehlen diesbezüglich bislang ausdrückliche Judikate des Gerichts.

5. Die Eingrenzung des Anwendungsbereichs des Art. 28 durch das Urteil Keck und Mithouard

Die Dimension der *Dassonville*-Formel führte auch nach dem Urteil *Cassis de Dijon* zu Schwierigkeiten bei der Behandlung der zahlreichen dem *EuGH* vorgelegten tatsächlichen oder vermeintlichen Anwendungsfälle des Art. 28. Der *EuGH* bemängelte schließlich in einer an Deutlichkeit kaum zu übertreffenden Form, dass

> *„sich die Wirtschaftsteilnehmer immer häufiger auf Art. 30 EWGV berufen, um jedwede Regelung zu beanstanden, die sich als Beschränkung ihrer geschäftlichen*

---

[625] *Staudenmayer*, in: *Schulte-Nölke/Schulze*, Europäische Rechtsangleichung und nationale Privatrechte, 63, 73ff; *Wolf*, in: *Grabitz/Hilf*, EG-Verbraucher- und Datenschutzrecht, A1, Rz. 23; *Pfeiffer* in *Grabitz/Hilf*, EG-Verbraucher- und Datenschutzrecht, A5 Art. 8, Rz. 23; *Klauer*, Die Europäisierung des Privatrechts, 110ff, 137ff, 435f; *Roth*, JZ 1999, 529, 533; *Reich*, VUR 1999, 3, 6; *Müller-Graff*, in: *Horn/Baur/Stern*, 40 Jahre Römische Verträge, 107, 120

[626] vgl. z.B. Art. 5 Fernabsatz-Richtlinie (§2 FernAbsG); Art. 3 Time-sharing-Richtlinie (§3 TzWrG); Art. 4 Verbraucher-Richtlinie (§4 VerbrKrG); Art. 4 Haustürgeschäftewiderrufs-Richtlinie (§2 HaustürWG) – vgl. Nachweise der Richtlinien in Fn. 21

[627] so z.B. in den Entscheidungen *EuGH* 7.3.1990 - Rs. C-362/88 (*GB-Inno-BM*), Slg. 1990, I-667; *EuGH* 18.5.1993 - Rs. C-126/91 (*Yves Rocher*), Slg. 1993, I-2361, 2390; *EuGH* 2.2.1994 – Rs. C-315/92 (*Clinique*), Slg. 1994, I-317; *EuGH* 6.7.1995 - Rs. C-470/93 (*Mars*), Slg. 1995, I-1923; außerhalb der anerkannten Sondergebiete für das allgemeine Privatrecht auch in *EuGH* 30.4.1991 – Rs. C-239/90 (*Boscher*), Slg. 1991, I-2034

[628] so in den Entscheidungen *EuGH* 7.3.1990 - Rs. C-362/88 (*GB-Inno-BM*), Slg. 1990, I-667

Freiheit auswirkt, auch wenn sie nicht auf Erzeugnisse aus anderen Mitgliedstaaten gerichtet ist."[629]

Aus der Weite der *Dassonville*-Formel resultierte mithin das Problem, dass dem Gerichtshof zahlreiche nationale Regelungen als potentielle Anwendungsfälle des Art. 30 E(W)G-Vertrag vorgelegt wurden, deren Erfassung ersichtlich nicht beabsichtigt war, da sie in keiner Weise eine Gefahr für die Verwirklichung des Binnenmarktes darstellten. Der *EuGH* wurde so mit einer ganzen Reihe von Vorschriften konfrontiert, die aus der Sicht nationaler Wirtschaftskreise der Mitgliedstaaten in irgendeiner Weise „lästig" waren, da sie das gewünschte Maß an Liberalität vermissen ließen.[630]
Über die Frage, ob es sich bei diesen Stellungnahmen des Gerichtshofs um ein realistisches Szenario handelte, und der *EuGH* von einer Flut unbegründeter Klagen zur Warenverkehrsfreiheit „bedroht" war, lässt sich heute trefflich spekulieren. Gleichwohl waren die Befürchtungen für den *EuGH* so real, dass er sich zu einer Überprüfung und Klarstellung seiner Rechtsprechung auf diesem Gebiet veranlasst sah.[631]

a. Die Rechtsprechung des *EuGH* bis zum Urteil *Keck und Mithouard*

Die genannte Prämisse hat Gerichtshof und Literatur dazu veranlasst, auch nach der *Cassis de Dijon*-Entscheidung mögliche Kriterien zur Begrenzung des Anwendungsbereichs des Art. 28 zu suchen. Der *EuGH* selbst hat in seinen Urteilsbegründungen bis zur Entscheidung *Keck und Mithouard*[632] zahlreiche Versuche zur Eingrenzung der *Dassonville*-Formel unternommen, dennoch ist es ihm bis dahin nicht gelungen, ein allgemeinverbindliches und schlüssiges System zur Begrenzung der *Dassonville*-Formel zu entwickeln.[633] Oftmals hat sich das Gericht dabei sogar in Bezug auf einzelne Aussagen in ausdrücklichem Wider-

---

629 *EuGH* 24.11.1993 - verb. Rs. C-267 und C-268/91 (*Keck und Mithouard*), Slg. 1993, I-6097, 6131

630 vgl. die Ausführungen des Generalanwalts am *EuGH Tesauro* im Rahmen der Schlussanträge zu *EuGH* 27.10.1993 – Rs. C-292/92 (*Hünermund*), Slg. 1993, I-6787, Tz. 11, 25, 27 – vgl. zur Ablehnung der Grundfreiheiten als allgemeine Liberalisierungsvorschriften Darstellung unter 3. Kapitel: § 6 B. I. 1. (S.93ff), Nachweise in Fn. 480

631 Zweifel äußern diesbezüglich z.B. *Steindorff*, ZHR 1994, 158 und *Eilmansberger*, JBl 1999, 434, 436

632 *EuGH* 24.11.1993 - verb. Rs. C-267 und C-268/91 (*Keck und Mithouard*), Slg. 1993, I-6097

633 In diesem Sinne äußerte sich sogar Generalanwalt am *EuGH Tesauro* im Rahmen der Schlussanträge zu *EuGH* 27.10.1993 – Rs. C-292/92 (*Hünermund*), Slg. 1993, I-6787, Tz. 23, 24

spruch zu vorausgegangenen Entscheidungen gesetzt. Beispielhaft sollen die folgenden Entscheidungen hervorgehoben werden.[634]

In der Entscheidung *Cinéthèque*[635] erwog der *EuGH* eine Einengung des Anwendungsbereich des Art. 28 mit der Begründung, dass eine Regelung nicht die Lenkung der Handelströme bezwecke. In der *Dassonville*-Entscheidung stellte das Gericht hingegen ausschließlich auf die objektive Eignung zur Behinderung des Warenverkehrs ab.[636] Stellt der Gerichtshof nunmehr fest, dass es nicht Zweck einer Regelung ist, den Warenverkehr zu beschränken, so ist damit keine Aussage über die tatsächliche Wirkung der Regelung getroffen. Der Ansatz des *EuGH* erweist sich insofern konzeptionell als nicht schlüssig.
In den Urteilen *Krantz*, *CMC-Motorradcenter* und *Peralta*[637] argumentierte der *EuGH* mit einer Art Spürbarkeitskriterium[638], vergleichbar der im Wettbewerbsrecht gepflegten Rechtsprechung. Sei die Wirkung *„zu ungewiss und mittelbar“*, um eine Beschränkung des Handels zwischen den Mitgliedstaaten darzustellen, so soll eine Maßnahme gleicher Wirkung ausscheiden (sog. *„too-uncertain“*-Rechtsprechung). Die beiden erstgenannten Entscheidungen müssen allerdings

---

[634] vgl. zu diesen und weiteren Eingrenzungsversuchen: *Hammer*, Handbuch zum freien Warenverkehr, 30, 35ff; *Ahlfeld*, Zwingende Erfordernisse, 35ff; *Eilmansberger*, JBl 1999, 434, 435f; *Roth*, in: Festschrift *Großfeld*, 929, 933, 934

[635] *EuGH* 11.7.1985 – Rs. 60,61/84 (*Cinéthèque*), Slg. 1985, 2605, Tz. 21; ähnlich in *EuGH* 23.11.1989 – Rs. C-145/88 (*Torfaen Borough Council/B & Q plc*), Slg. 1989, 3851, Tz. 14; *EuGH* 16.12.1992 – Rs. C-169/91 (*City of Stoke-on-Trent*), Slg. 1992, I-6654, Tz. 9; *EuGH* 13.10.1993 – Rs. C-93/92 (*CMC-Motorradcenter*), Slg. 1993, I-5009, Tz. 10

[636] vgl. schon Darstellung unter 3. Kapitel: § 6 B. II. 2. (S.106ff)

[637] *EuGH* 7.3.1990 – Rs. C-69/88 (*Krantz*), Slg. 1990, I-583, Tz. 11; unter Verweis auf das Urteil *Krantz EuGH* 13.10.1993 – Rs. C-93/92 (*CMC-Motorradcenter*), Slg. 1993, I-5009, Tz. 12; unter Verweis auf die beiden erstgenannten Urteilen auch *EuGH* 14.7.1994 – Rs. C-379/92 (*Peralta*), Slg. 1994, I-3453, 3497, Tz. 24

[638] so die Deutung durch *Fezer*, JZ 1994, 317, 324; *ders.*, JZ 1994, 623, 624; generell eine Spürbarkeit fordert *Sack*, EWS 1994, 37, 45; *ders.*, GRUR 1998, 871, 873; *ders.*, WRP 1998, 103, 113, 116f mwN; *Jestaedt/Kaestle*, EWS 1994, 26, 27f; ähnlich Generalanwalt am *EuGH Jacobs* in den Schlussanträgen zu *EuGH* 9.2.1995 - Rs. C-412/93 (*Leclerc-Siplec*), Slg. 1995, I-179, 195f, Tz. 42, der eine *„wesentliche Beschränkung“* des Marktzugangs fordert und Generalanwalt am *EuGH Elmer* in den Schlussanträgen zu *EuGH* 14.12.1995 - Rs. C-387/93 (*Banchero*), Slg. 1995, I-4663, 4677, Tz. 35; **aA** der *EuGH* in den beiden zuletzt genannten Fällen; Generalanwalt *Lenz* in den Schlussanträgen zu *EuGH* 29.6.1995 – Rs. C-391/92 (*Kommission./.Griechenland*), Slg. 1995, I-1621, 1628f, Tz. 17f; Generalanwalt *Tesauro* im Rahmen der Schlussanträge zu *EuGH* 15.12.1993 - Rs. C-292/92 (*Hünermund*), Slg. 1993, I-6787, 6810, Tz. 21; *Keßler*, Das System der Warenverkehrsfreiheit, 23, 24, eingeschränkt dann in der Beurteilung nach *Keck*, 178, 180; *Armbrüster*, RabelsZ 60 (1996), 72, 78; *Weyer*, Freier Warenverkehr, 297f, 429f; *Jaensch*, Unmittelbare Drittwirkung, 146f mwN; *Müller-Graff*, in: *v.d.Groeben/Thiesing/Ehlermann*, EGV, Art. 30, Rz. 59 mwN - vgl. schon Darstellung im Rahmen der *Dassonville*-Formel unter 3. Kapitel: § 6 B. I. 3. (S.102ff)

vor dem Hintergrund gesehen werden, dass es sich dabei um zwei der wenigen dem *EuGH* vorgelegten Fälle mit privatrechtlichem Sachverhalt handelte[639], von deren Kontrolle das Gericht außerhalb der anerkannten Sonderbereiche[640] bisher immer Abstand genommen hatte. Diese Rechtsprechung führt insofern zu Wertungswidersprüchen, als selbst geringfügigste Behinderungen öffentlich-rechtlicher Natur bis auf ganz wenige Ausnahmen bis heute wie selbstverständlich anhand der Warenverkehrsfreiheit kontrolliert werden, wesentlich einschneidendere privatrechtliche Behinderungen wie hier dagegen von vornherein vom Anwendungsbereich ausgenommen sein sollen. Auch aus praktischer Sicht bleibt die Frage unbeantwortet, wie eine solche Spürbarkeitsgrenze rechtlich zu handhaben ist, ohne einen weiteren Verlust von Rechtssicherheit zu provozieren.

Vor dem Hintergrund, einer Grundfreiheitenkontrolle des Privatrechts zu entgehen, erscheint das Bestreben des *EuGH* zwar verständlich, dennoch begibt sich der Gerichtshof mit einer solchen Handhabung unnötig in eine zweifelhafte Grauzone von unerheblichen hypothetischen Auswirkungen auf die Warenverkehrsfreiheit wie in den genannten Fällen und der *Dassonville*-Formel, die auch mittelbare oder potentielle Behinderungen ausreichen lässt.[641] Ein ausdrücklicher Widerspruch ergibt sich auch zu den Ausführungen des Gerichts in den Urteilen *Prantl* und *van der Haar*[642], in denen das Erfordernis einer Spürbarkeit nachdrücklich abgelehnt wird. Auch methodisch erscheint diese Vorgehensweise keineswegs stringent, ja im Grunde überflüssig, liegt doch in den genannten privatrechtlichen Konstellationen eine „Rechtfertigung“ aus übergeordneten Allgemeinwohlinteressen im Sinne der *Cassis*-Rechtsprechung auf der Hand.
Ähnlich zu den zuletzt dargestellten Begrenzungsversuchen finden sich auch einige Urteil des *EuGH*, in denen das Gericht den Anwendungsbereich mit der Begründung verneint, es handele sich um eine „*Regelung, die in keinem Zusammenhang mit der Einfuhr stehe und daher nicht geeignet sei, den Handel zwischen den Mitgliedstaaten zu behindern.*“[643] Auch in diesen Fällen schreckt

---

[639] Dem Urteil *Krantz* lag eine sachenrechtliche Konstellation (Rangfolge dinglicher Rechte im Konkurs) zu Grunde, im Fall *CMC-Motorradcenter* ging es um die vorvertragliche Haftung aus *culpa in contrahendo*. - vgl. Nachweise weiterer Entscheidungen im Bereich des allgemeinen Privatrechts in Fn. 521

[640] vgl. schon Darstellungen unter 3. Kapitel: § 6 B. I. 2. (S.98f) und 3. Kapitel: § 6 B. I. 3. (S.102ff)

[641] vgl. schon Darstellung unter 3. Kapitel: § 6 B. II. 2. (S.106ff)

[642] *EuGH* 13.03.1984 – Rs. 16/83 (*Prantl*), Slg. 1984, 1299, Tz. 20; *EuGH* 5.4.1984 - Rs. 178/82 (*van der Haar*), Slg. 1984, 1797, Tz. 11-13; ebenso *Hödl*, Verkaufsbehindernde Maßnahmen, 154 - vgl. schon Darstellung unter 3. Kapitel: § 6 B. II. 2. (S.106ff)

[643] *EuGH* 14.7.1981 – Rs. 155/80 (*Oebel*), Slg. 1981, 1993; *EuGH* 31.3.1982 – Rs. 75/81 (*Blesgen*), Slg. 1982, 1211; *EuGH* 25.11.1986 – Rs. 148/85 (*Forest*), Slg. 1986, 3449; *EuGH* 11.7.1990 – Rs. 23/89 (*Quietlynn*), Slg. 1990, I-3059; *EuGH* 7.5.1991 – Rs. 350/89 (*Sheptonhurst)*, Slg. 1991, I-2387; ausführlich zu den genannten Urteilen *Hammer*, Hand-

der *EuGH* vor einer konsequenten Handhabung der *Dassonville*-Formel regelrecht zurück und greift auf ein wenig fassbares Kriterium zurück, das in seinen Auswirkungen der teilweise aus den Urteilen *Krantz*, *CMC-Motorradcenter* und *Peralta*[644] entnommenen *de-minimis*-Regel ähnelt. Hinzu kommt, dass das Gericht in den Urteilen *Oebel*, *Blesgen* und *Quietlynn*[645] erkennbar auf die Motive der Mitgliedstaaten zurückgreift. Der *EuGH* führt aus, dass die in Rede stehenden Vorschriften keine Regelung des Warenverkehrs zwischen den Mitgliedstaaten *„bezwecken"*.
Diese Erwägungen stehen allerdings schon von ihrem Ansatz her konträr zur *Dassonville*-Formel, nach der den Motiven der Mitgliedstaaten ausdrücklich eine Relevanz abgesprochen wird.[646] Der Intention der Mitgliedstaaten kann – wenn überhaupt – nur eine Indizwirkung für die nachfolgende Prüfung zukommen.[647] Auch methodisch erweist sich das Vorgehen – ausgehend von der *Dassonville*-Formel – wiederum als inkonsequent.[648] Das Kriterium einer Spürbarkeit ist – wie soeben gezeigt – im Rahmen von Art. 28 nach zutreffender Ansicht abzulehnen. Speziell in den Urteilen *Oebel* zum deutschen Nachtbackverbot und *Blesgen* zur Beschränkung der Ausgabe hochalkoholischer Getränke bestand für den *EuGH* keine Notwendigkeit zur dogmatisch zweifelhaften Einführung einer faktischen *de-minimis*-Regel, fehlt es doch schon an einem grenzüberschreitenden Sachverhalt, der den Anwendungsbereich von Art. 28 erst eröffnet. Im Ergebnis sind die genannten Urteile so zweifellos richtig entschieden, in der dogmatischen Begründung allerdings wenig überzeugend.[649]

In diese Reihe von Versuchen zur Begrenzung des Anwendungsbereiches der Grundfreiheiten fügt sich auch die schon genannte Entscheidung des *EuGH* in der Rechtssache *Alsthom Atlantique*[650] ein, in der der *EuGH* – obiter dictum – für das Privatrecht eine Einschränkung der Grundfreiheitenkontrolle durch die Rechtswahlfreiheit vorgenommen hat. Dass auch diese Entscheidung des *EuGH* dogmatisch angreifbar und auch nicht ohne weiteres auf die Dogmatik zur Wa-

---

buch zum freien Warenverkehr, 35ff; *Eilmansberger*, JBl 1999, 434, 435; *Roth*, in: Festschrift *Großfeld*, 929, 933f; *Sack*, WRP 1998, 103, 104

644 vgl. Nachweise in Fn. 637

645 vgl. Nachweise in Fn. 643

646 vgl. schon Darstellung unter 3. Kapitel: § 6 B. II. 2. (S.106ff), Nachweise in Fn. 549

647 wie in der *Keck*-Entscheidung vom *EuGH* später auch praktiziert. - vgl. Darstellung unter 3. Kapitel: § 6 B. II. 5. b. (S.126ff)

648 so auch *Sack*, EWS 1994, 37, 45; *White*, CMLRev 26 (1989), 235, 250; *Drasch*, Herkunftslandprinzip, 106f; Generalanwalt am *EuGH Tesauro* im Rahmen der Schlussanträge zu *EuGH* 15.12.1993 - Rs. C-292/92 (*Hünermund*), Slg. 1993, I-6787, Tz. 13

649 vgl. zur Entwicklung dieser Fallgruppe nach *Keck* Darstellung unter 3. Kapitel: § 6 B. II. 5. c. (S.146, 147ff)

650 *EuGH* 24.1.1991 – Rs. C-339/89 (*Alsthom Atlantique*), Slg. 1991, I-107, 124

renverkehrsfreiheit im Sinne der *Dassonville*-Formel übertragbar ist, wurde bereits oben dargelegt.[651]

Daneben wurden in der Literatur zahlreiche Vorschläge zur Eingrenzung des Anwendungsbereichs des Art. 28 erarbeitet.[652] Diese sollen an dieser Stelle nicht aufgearbeitet werden, zumal sich im Ergebnis keiner der Ansätze in der Rechtsprechung des *EuGH* durchgesetzt hat. Eine Ausnahme stellt dabei in gewisser Hinsicht ein englischsprachiger Beitrag von *White*[653] dar, der eine Differenzierung zwischen *„characteristics required of imported products"* und *„circumstances in which they may be sold"* vorschlug, damit zunächst aber nur in der Literatur Gehör fand. Diese Thesen fanden sich aber schließlich im Jahre 1993 in leicht abgewandelter Form in den Schlussanträgen des Generalanwalts am *EuGH Tesauro* zum Fall *Hünermund*[654] wieder, von wo aus sie wohl auch Eingang in die parallel verhandelte Rechtssache *Keck* und damit letztendlich in die Judikatur des *EuGH* gefunden haben.

b. Das Urteil *Keck und Mithouard*

Den bislang letzten und nachhaltigsten Beitrag des *EuGH*, den weiten Anwendungsbereich des Art. 28 nochmals einzuschränken, stellt das Urteil in der Sache *Keck und Mithouard*[655] vom 24. November 1993 dar. In diesem Urteil befasste sich der Gerichtshof mit Artikel 1 Loi de Finances Nr 63-628, nach dem ein Weiterverkauf von Waren unter dem Einkaufspreis des Verkäufers in Frankreich verboten ist. Zu entscheiden war, ob dieses Verbot gegen Art. 30 EG-Vertrag verstieß, soweit es ausländische Waren betraf und deren Weiterverkauf einschränkte. In dieser sog. *Keck*-Entscheidung wählte der *EuGH* einen dogmatisch anderen Weg zur Eingrenzung der *Dassonville*-Formel als in der *Cassis de Dijon*-Entscheidung; das Gericht entwickelte eine Bereichsausnahme zu Art. 28 und nahm so den Schutzbereich für *„bestimmte Verkaufsmodalitäten"* zurück. Diese Regelungen sollen sich dem Anwendungsbereich des Art. 28 entziehen, ohne dass es noch auf das Vorliegen „zwingender Erfordernisse" oder von Rechtfertigungsgründen gem. Art. 30 ankommt.

---

651 vgl. schon Darstellung unter 3. Kapitel: § 6 B. I. 1. (S.93ff), insbesondere die Nachweise der kritischen Stimmen in Fn. 486

652 vgl. Darstellung der einzelnen Ansätze bei *Hammer*, Handbuch zum freien Warenverkehr, 87ff

653 *White*, CMLRev 26 (1989), 246ff

654 *EuGH* 15.12.1993 - Rs. C-292/92 (*Hünermund*), Slg. 1993, I-6787 - vgl. ausführlich zu diesem Urteil *Schulze/Schulte-Nölke*, Casebook Verbraucherrecht, Fall 8 (*Hünermund*)

655 *EuGH* 24.11.1993 - verb. Rs. C-267 und C-268/91 (*Keck und Mithouard*), Slg. 1993, I-6097 - vgl. zum Sachverhalt Darstellung bei *Schulze/Schulte-Nölke*, Casebook Verbraucherrecht, Fall 7 (*Keck*)

Der *EuGH* beginnt seine Ausführungen auch im Urteil *Keck* – wie gewohnt – mit einem Hinweis auf die *Dassonville*-Formel.[656] Sodann findet sich der Hinweis, dass nationale Regelungen, die den Weiterverkauf zum Verlustpreis verbieten, keine Regelung des Warenverkehrs zwischen den Mitgliedstaaten *„bezwecken"*.[657] Diese Wendung, die sich bereits in den früheren Urteilen *Oebel*, *Blesgen* und *Quietlynn*[658] findet, genügt dem *EuGH* aber nunmehr nicht mehr, den Anwendungsbereich des Art. 28 zu negieren.
Diese Vorgehensweise erscheint vor dem Hintergrund der oben dargelegten zweifelhaften Dogmatik[659] der genannten Urteile folgerichtig, kann doch das Abstellen auf die fehlende Intention der Regelungen – wie aus der *Dassonville*-Formel unzweideutig hervorgeht[660] –nicht das ausschlaggebende Kriterium der Anwendbarkeit oder Nichtanwendbarkeit von Art. 28 sein. Den Motiven der Mitgliedstaaten kann – wenn überhaupt – nur eine Indizwirkung für die nachfolgend notwendige Untersuchung zukommen. Der Gerichtshof formuliert diesen Gedanken wie folgt:[661]

> *„Zwar können solche Rechtsvorschriften das Absatzvolumen und damit das Volumen des Absatzes von Erzeugnissen aus anderen Mitgliedstaaten insoweit beschränken, als sie den Wirtschaftsteilnehmern eine Methode der Absatzförderung nehmen. Es ist jedoch fraglich, ob diese Möglichkeit ausreicht, um die in Rede stehenden Rechtsvorschriften als eine Maßnahme mit gleicher Wirkung wie eine mengenmäßige Einfuhrbeschränkung anzusehen."*

Der *EuGH* war also folgerichtig angehalten, über den ersten Aspekt der Intention der Regelung hinaus, weitere Kriterien zur Einordnung der französischen Regelung heranzuziehen. Diese neu zu entwickelnden Kriterien hat das Gericht in Tz. 16 des Urteils formuliert. Im einzelnen hat der *EuGH* ausgeführt,

> *„...entgegen der bisherigen Rechtsprechung"* sei *„die Anwendung nationaler Bestimmungen, die bestimmte Verkaufsmodalitäten beschränken oder verbieten, auf Erzeugnisse aus anderen Mitgliedstaaten nicht geeignet, den Handel zwischen den Mitgliedstaaten im Sinne des Urteils Dassonville...unmittelbar oder mittelbar, tatsächlich oder potentiell zu behindern, sofern diese Bestimmungen für alle betroffenen Wirtschaftsteilnehmer gelten, die ihre Tätigkeit im Inland ausüben, und sofern sie den Absatz der inländischen Erzeugnisse und der Erzeugnisse aus an-*

[656] *EuGH* aaO, Tz. 11
[657] *EuGH* aaO, Tz. 12
[658] vgl. Nachweise in Fn. 643
[659] vgl. schon Darstellung unter 3. Kapitel: § 6 B. II. 5. a. (S.122ff)
[660] vgl. schon Darstellung unter 3. Kapitel: § 6 B. II. 2. (S.106ff), Nachweise in Fn. 549
[661] *EuGH*, aaO, Tz. 13

deren Mitgliedstaaten rechtlich wie tatsächlich in der gleichen Weise berühren."[662]

Diese sog. *Keck*-Formel erweist sich jedoch in mancherlei Hinsicht als erklärungsbedürftig. Kaum ein anderes Urteil des Gerichtshofs hat ein derart großes Echo in Form von Urteilsbesprechungen und möglichen Interpretationsansätzen hervorgerufen. Auch heute – mehr als 7 Jahre nach *Keck* – ist diese Diskussion noch immer nicht abgeschlossen.[663]
Im Folgenden ist es nun für den Fortgang der Arbeit notwendig, die wesentlichen Aspekte des Urteils kurz nachzuzeichnen und dogmatisch einzuordnen. Nur auf diese Weise kann im Hinblick auf die hier entscheidende Frage der Übertragbarkeit der entwickelten Grundsätze auf das Privatrecht eine fundierte Lösung erzielt werden.

(1) Welche Regelungen entzieht das Urteil dem Anwendungsbereich?

Zunächst ist herauszustellen, welche Regelungen genau der *EuGH* durch die *Keck*-Entscheidung vom Anwendungsbereich der Warenverkehrsfreiheit ausgenommen hat.
Das Urteil hat dazu geführt, den Begriff der Maßnahme gleicher Wirkung auf Regelungen zu konzentrieren, die produktbezogen sind oder sich auf Absatz und Vermarktung eines Produktes beziehen. Der *Keck*-Formel lassen sich neben dem Begriff der Verkaufsmodalität selbst zwei Ansatzpunkte entnehmen. „*Bestimmte Verkaufsmodalitäten*" stellen keine Maßnahmen gleicher Wirkung dar,

> *„sofern diese Bestimmungen für alle betroffenen Wirtschaftsteilnehmer gelten, die ihre Tätigkeit im Inland ausüben..."*
> *„und sofern sie den Absatz der inländischen Erzeugnisse und der Erzeugnisse aus anderen Mitgliedstaaten rechtlich wie tatsächlich in der gleichen Weise berühren."*

Diese beiden Aspekte lassen sich demzufolge als besondere Voraussetzungen begreifen, die eine staatliche Regelung erfüllen muss, um als „*bestimmte Verkaufsmodalität*" im Sinne der *Keck*-Rechtsprechung zu gelten. In einem ersten Schritt ist jedoch der in mancherlei Hinsicht klärungsbedürftige Begriff der Verkaufsmodalität selbst aufzugreifen.

---

[662] *EuGH* aaO, Tz. 16

[663] vgl. *Hammer*, Handbuch zum freien Warenverkehr, 92ff, 106ff mit einer umfangreichen Darstellung und Analyse des Meinungstands; einige ausgewählte Publikationen neuerer Zeit sind die von *Heermann*, GRUR Int. 1999, 579ff; *Roth*, in: Festschrift *Großfeld*, 929ff; *Eilmansberger*, JBl 1999, 345ff, 434ff, insgesamt ablehnend *Schwintowski*, RabelsZ 64 (2000), 38ff

(aa) Der Begriff der *„bestimmten Verkaufsmodalitäten"*

Der *EuGH* greift in der *Keck*-Entscheidung – soweit ersichtlich – zum ersten Male in nachhaltiger Weise[664] auf den Begriff *„bestimmte Verkaufsmodalitäten"*[665] zurück. Das Gericht bildet ein Begriffspaar, welches zwischen produktbezogen Regelungen und solchen, die bloße Modalitäten des Verkaufs regeln, unterscheidet. Mit der Differenzierung produkt/vertriebsbezogen greift der Gerichtshof dabei auf ein vordergründig sehr formelles Kriterium zurück, welches zudem vom *EuGH* nur unvollständig erläutert wurde; der Begriff der Verkaufsmodalität selbst ist im Gegensatz zur beispielhaften Aufzählung von produktbezogenen Regelungen weder im Urteil *Keck* noch in einem der zahlreichen Folgeurteile positiv definiert.[666] Der Terminus lässt sich insofern in einem ersten möglichen Schritt lediglich negativ dahingehend bestimmen, dass es sich im Falle der Verkaufsmodalitäten jedenfalls nicht um Regelungen handelt,

> *„nach welchen Waren bestimmten Vorschriften entsprechen müssen (wie etwa hinsichtlich ihrer Bezeichnung, ihrer Form, ihrer Abmessungen, ihres Gewichts, ihrer Zusammensetzung, ihrer Aufmachung, ihrer Etikettierung, ihrer Verpackung)."*[667]

Da diese negative Definition letztendlich aber nicht zufrieden stellen konnte, ist in der Literatur von vielen Autoren der Versuch unternommen worden, eine tragfähige positive Definition des Begriffs zu entwickeln. Anhaltspunkte ließen sich dabei in erster Linie der zunehmenden Anzahl der vom *EuGH* entschiedenen Präzedenzfälle entnehmen.[668] Die einzelnen Definitionsversuche sollen hier nicht im einzelnen nachgezeichnet werden;[669] vielmehr kann davon ausgegangen werden, dass sich im Kern folgende Begriffsbestimmung herauskristallisiert hat:

---

[664] Teilweise wurde der in *Keck* eingeschlagene Weg schon in der Entscheidung *EuGH* 11.7.1990 – Rs. C-23/89 (*Quietlynn*), Slg. 1990, I-3059 gesehen (vgl. *Sack*, EWS 1994, 37, 42; *Hödl*, Verkaufsbehindernde Maßnahmen, 150). *Remien*, JZ 1994, 349, 352 weist zutreffend darauf hin, dass auch Generalanwalt am *EuGH Lenz*, Slg. 1990, I-3059, Tz. 7ff in der genannten Rechtssache zwischen *„Regelungen, die die Art und Weise des Vertriebs betreffen und Regelungen, die Bedingungen, denen die Erzeugnisse selbst genügen müssen"* unterschieden hat. Im Endeffekt haben diese Andeutungen bis zur Entscheidung *Keck* aber keine nachhaltige Wirkung auf die Rechtsprechung des *EuGH* gehabt.

[665] *„certaines modalités de vente"* in der französischen Fassung, *„certain selling arrangements"* in der englischen Fassung

[666] vgl. Nachweise in Fn. 750 und 751

[667] *EuGH* 24.11.1993 - verb. Rs. C-267 und C-268/91 (*Keck und Mithouard*), Slg. 1993, I-6097

[668] vgl. Nachweise in Fn. 750

[669] vgl. aber die umfassende Darstellung bei *Hammer*, Handbuch zum freien Warenverkehr, 131ff mit zahlreichen weiteren Nachweisen in der Literatur; insgesamt ablehnend *Schwin-*

Verkaufsmodalitäten sind Regelungen, die die Art und Weise der Verkaufstätigkeit betreffen (das Wer, Wo, Wann und Wie[670]), mithin Vorschriften, die all das regeln, was mit der Durchführung der Verkaufstätigkeit in Zusammenhang steht.

Dem einschränkenden Adjektiv „*bestimmte*" kommt dabei die Bedeutung zu, klarzustellen, dass sich nicht schlechthin jede Verkaufsmodalität dem Anwendungsbereich des Art. 28 entzieht, sondern nur diejenigen, die die zusätzlichen, besonderen Voraussetzungen der *Keck*-Formel erfüllen. Es hat folglich keinesfalls die Funktion, dem *EuGH* weite Spielräume in der Auslegung des Begriffs Verkaufsmodalität im Sinne einer Case-by-Case Analyse[671] zu eröffnen, sondern bestätigt nur die Logik der *Keck*-Formel, dass der Anwendungsbereich des Art. 28 nur insoweit zurückgenommen ist, als ganz bestimmte Voraussetzungen erfüllt sind. Gleichwohl handelt es sich bei der Einordnung staatlicher Regelungen in das Prüfungsgefüge der *Keck*-Formel um eine Entscheidung im Einzelfall anhand der nachfolgend darzustellenden Voraussetzungen.[672]

(bb) Voraussetzung der unterschiedslosen Anwendbarkeit

Die vom *EuGH* entwickelte Bereichsausnahme des Art. 28 entfaltet dem ausdrücklichen Wortlaut der Tz. 16 nur Gültigkeit, sofern die in Rede stehenden Bestimmungen *„für alle betroffenen Wirtschaftsteilnehmer gelten, die ihre Tätigkeit im Inland ausüben"*; d.h. die durch *Keck* ausgelöste Verengung des Anwendungsbereichs des Art. 28 gilt nur für nicht-diskriminierende Verkaufsmodalitäten. Die Differenzierung nach der unterschiedlichen bzw. unterschiedslosen Anwendbarkeit einer Maßnahme findet ihren Ursprung bereits in der *Cassis de Dijon*-Rechtsprechung des *EuGH*, die nach ständiger Rechtsprechung und ganz herrschender Ansicht in der Literatur bislang auf unterschiedslos anwendbare Regelungen beschränkt war.[673] Eine Übertragung der diesen Grundsatz aufweichenden Tendenzen der neueren *EuGH* Rechtsprechung[674] zur *Cassis*-Formel auf die *Keck*-Formel ist bislang nicht erfolgt und auch aufgrund der diesbezüglich statischen Dogmatik des Art. 28 nicht zu erwarten. Mit dem freien Warenverkehr sind außerhalb der Rechtfertigungsgründe des Art. 30 sowie ggfs. einiger neuerer *EuGH* Entscheidungen zur *Cassis*-Formel nur diskriminierungs-

towski, RabelsZ 64 (2000), 38ff in seiner „Fundamentalkritik" an der Rechtsprechung des *EuGH* zu Art. 28

[670] so Generalanwalt am *EuGH Tesauro* im Rahmen der Schlussanträge zu *EuGH* 15.12.1993 – Rs. C-292/92 (*Hünermund*), Slg. 1993, I-6787, Tz. 20

[671] so *Roth*, CMLRev 31 (1994), 852; *Hammer*, Handbuch zum freien Warenverkehr, 126, 154, 163, 242, die von *„Hintertür"* spricht.

[672] dazu sogleich im Text – vgl. Nachweise in Fn. 714

[673] vgl. Nachweise in Fn. 591 und 590

[674] vgl. Darstellung unter 3. Kapitel: § 6 B. II. 4. b. (S.114ff)

freie Vorschriften vereinbar. Wirkt eine Regelung, auch wenn es sich um eine Verkaufsmodalität im oben dargestellten Sinne handelt, in irgendeiner Weise protektionistisch oder schafft sie einen tatsächlichen Wettbewerbsvorteil zugunsten der nationalen Produktion, ist der Anwendungsbereich von Art. 28 unverändert eröffnet.[675] *Keck* ist insofern als partielle Reduktion des Art. 28 auf ein Diskriminierungsverbot zu verstehen.[676]

(cc) Voraussetzung der rechtlich und tatsächlich gleichen Berührung

Mit der Voraussetzung, dass die in Rede stehende Bestimmung den Absatz *„rechtlich wie tatsächlich in der gleichen Weise berühren"* muss, bringt der *EuGH* zum Ausdruck, dass die Verkaufsmodalität über die notwendige unterschiedslose Anwendbarkeit hinaus auch von ihren Auswirkungen bestimmte Voraussetzungen erfüllen muss, um mit *Keck* aus dem Anwendungsbereich der Warenverkehrsfreiheit zu fallen. Die Differenzierung zwischen rechtlicher und tatsächlicher Berührung verdeutlicht, dass unterschiedliche Auswirkungen auf den Handel zwischen den Mitgliedstaaten aus der Sicht des *EuGH* nicht nur aus rechtlichen Gründen, sondern auch aus rein tatsächlichen in Betracht kommen können.[677] Eine rechtlich unterschiedlich „berührende" Bestimmung wird dabei regelmäßig auch zu einer tatsächlich unterschiedlichen „Berührung" führen, wohingegen der umgekehrte Falle nur in seltensten Ausnahmefällen zutreffend sein wird.[678] Überdies unterstreicht der *EuGH* mit der Formulierung, dass er auch im Bereich der Verkaufsmodalitäten versteckte Diskriminierungen – gleich ob rechtlicher oder faktischer Art – trotz unterschiedsloser Anwendbarkeit weiterhin nicht ohne Rechtfertigung hinzunehmen bereit ist.[679] Diesem *„Diskrimi-*

---

[675] Der *EuGH* lehnte in *EuGH* 10.11.1994 – Rs. C-320/93 (*Ortscheid*), Slg. 1994, I-5243, 5259, Tz. 3 die Anwendbarkeit der *Keck*-Formel auf ein Werbeverbot, welches allein ausländische Arzneimittel betraf, folgerichtig ab.

[676] *Klauer*, Die Europäisierung des Privatrechts, 77; *Roth*, in: Festschrift *Großfeld*, 929, 930; *Adrian*, EWS 1998, 288, 289; *Heermann*, GRUR Int. 1999, 579, 587; *Ahlt*, Europarecht, 90; *Müller-Graff*, in: *v.d.Groeben/Thiesing/Ehlermann*, EGV, Art. 30, Rz. 257; *Eilmansberger*, 437 Nr. 6; *Hammer*, Handbuch zum freien Warenverkehr, 125

[677] vgl. Formulierung in der *Dassonville*-Formel unter 3. Kapitel: § 6 B. II. 2. (S.106ff)

[678] Eine tatsächlich ungleiche *„Berührung"* stellte der Gerichtshof – soweit ersichtlich – erstmals in der Entscheidung *De Agostini* aus dem Jahre 1997 fest. Für ein schwedisches Verbot von Fernsehwerbung, also unzweifelhaft eine Verkaufsmodalität, wollte der *EuGH* nicht ausschließen, dass diese zu einer tatsächlich unterschiedlichen Anwendbarkeit des Werbeverbotes führen kann und ließ den Anwendungsbereich des Art. 28 folgerichtig eröffnet (*EuGH* 9.7.1997 – verb. Rs. C-34, C-35 und C-36/95 (*De Agostini*), Slg. 1997, I-3843, Tz. 42, 43; ebenso jüngst in *EuGH* 13.1.2000 – Rs. C-254/98 (*Schutzverband gegen unlauteren Wettbewerb*), Slg. 2000, I-151, Tz. 23, 25 = EuZW 2000, 309).

[679] Generalanwalt am *EuGH Tesauro* im Rahmen der Schlussanträge zu *EuGH* 15.12.1993 – Rs. C-292/92 (*Hünermund*), Slg. 1993, I-6787, Tz. 22, 25; *Klauer*, Die Europäisierung des Privatrechts, 110 mwN; *Jestaedt/Kaestle*, EWS 1994, 26, 27f; *Fezer*, JZ 1994, 317, 321f;

nierungstest"[680] kommt dabei im Rahmen der *Keck*-Formel eine ganz wesentliche Bedeutung zu.

Die Formulierung der *„rechtlich und tatsächlich gleichen Berührung"* des Absatzes lässt jedoch die Frage, anhand welcher Kriterien dieses neutral formulierte Erfordernis zu messen ist, weitestgehend offen. Anhaltspunkte dafür finden sich in Tz. 17 des Urteils, welche als eine Art Resumée der vorausgegangenen Ausführungen angesehen werden kann:[681]

> *„Sind diese Voraussetzungen nämlich erfüllt, so ist die Anwendung derartiger Regelungen auf den Verkauf von Erzeugnissen aus einem anderen Mitgliedstaat, die den von diesem Staat aufgestellten Bestimmungen entsprechen, nicht geeignet, den Marktzugang für diese Erzeugnisse zu versperren oder stärker zu behindern, als sie dies für inländische Erzeugnisse tut..."*

Dieser Bewertung des Gerichts lässt sich entnehmen, dass das neutrale Kriterium der „Berührung" anhand der Eignung, den Marktzugang für Erzeugnisse aus anderen Mitgliedstaaten zu versperren oder stärker zu behindern als für inländische Erzeugnisse, zu bestimmen ist, mithin anhand einer Art handelspolitischen Neutralität. Im Vordergrund muss dabei die Untersuchung einer möglichen Behinderung des Marktzugangs stehen; eine wesentlich einschneidender wirkende Sperrung des Marktzugangs durch eine Verkaufsmodalität erscheint vor dem Hintergrund der vom *EuGH* in Tz. 17 vorgenommenen Wertungen nahezu ausgeschlossen.[682]

Ziel der Überprüfung der zweiten Voraussetzung der *Keck*-Formel muss es also sein festzustellen, ob eine mitgliedstaatliche Maßnahme geeignet ist, den Marktzugang für die betreffenden Erzeugnisse negativ zu beeinflussen; „berühren" stellt so letztendlich auf die Auswirkungen der zu überprüfenden Verkaufsmodalität auf den Marktzugang ab, d.h. auf eine mögliche Behinderung desselben.[683] Bestätigt wird diese Interpretation auch durch die sprachliche Fassung des Urteils in der französischen Originalversion. Dort wird das Verb „entraver" verwendet, das im Deutschen vorzugsweise mit „hindern" oder

---

[680] *Roth*, in: Festschrift *Großfeld*, 929, 945

[681] *EuGH* 24.11.1993 - verb. Rs. C-267 und C-268/91 (*Keck und Mithouard*), Slg. 1993, I-6097, Tz. 17

[682] vgl. zur Interpretation von Tz. 17 im Sinne einer widerlegbaren Vermutung sogleich im Text

[683] deutlich in *EuGH* 26.6.1997 – Rs. C-368/95 (*Vereinigte Familiapress*), Slg. 1997, I-3689, Tz. 12; *Weyer*, Freier Warenverkehr, 111, 377f; *Eilmansberger*, JBl 1999, 434, 437, 440; *Becker*, NZS 1998, 361; *Müller-Graff*, in: *v.d.Groeben/Thiesing/Ehlermann*, EGV, Art. 30, Rz. 254; *Hammer*, Handbuch zum freien Warenverkehr, 123ff; *Ahlfeld*, Zwingende Erfordernisse, 153; *Höpping*, Auswirkungen der Warenverkehrsfreiheit auf das IPR, 55

verwendet, das im Deutschen vorzugsweise mit „hindern“ oder „hemmen“ statt des neutralen „berühren“ übersetzt werden sollte.
Der *EuGH* hat in der *Keck*-Entscheidung zu dieser Voraussetzung keine weiteren Ausführungen gemacht und schlichtweg festgestellt, dass ein Verkauf zu Verlustpreisen diesen Anforderungen genügt. Auch in den zahlreichen Nachfolgentscheidungen hat das Gericht von Fall zu Fall entschieden, ob und inwiefern der Marktzugang für die betreffenden Erzeugnisse erschwert wird.[684]

Im Schrifttum sind allerdings seit 1993 verschiedene Ansätze entwickelt worden, die schwierige Frage, wann eine relevante Behinderung des Marktzugangs vorliegt, einer berechenbaren und vor allem praktikablen Lösung zuzuführen. Diese Versuche sind für die vorliegende Arbeit nur zum Teil relevant und sollen aus diesem Grunde nicht vollständig wiedergegeben werden, zumal sich auch diesbezüglich letztendlich keiner nachhaltig in der Rechtsprechung des *EuGH* durchgesetzt hat.[685]
Genannt seien nur die folgenden Ansätze. Namentlich *Sack* fordert – wie bereits ausgeführt[686] – in einer in sich konsequenten Argumentation auch im Rahmen der *Keck*-Formel die Einführung eines Spürbarkeitskriteriums. Ein solches Kriterium ließe sich in Tz. 16 und 17 des Urteils zwar ohne große Probleme hineininterpretieren, führt jedoch auch hier wegen mangelnder Praktikabilität und nicht zuletzt schwieriger Nachweisbarkeit nicht zu einem tragfähigen Ergebnis.[687] Ein weiterer wiederholt geäußerter Ansatz findet seine Grundlage in den sog. Anpassungs- oder Transaktionskostenkosten. Die Vertreter dieser Ansicht[688] ziehen zur Abgrenzung im Rahmen der *Keck*-Formel diejenigen Kosten heran, die den Marktteilnehmern durch die Anpassung an die verschiedenen unterschiedlich ausgeformten nationalen Rechtsordnungen insbesondere in Bezug auf unterschiedlich strenge Schutzstandards entstehen. Unterschiedslos anwendbare Vertriebsregelungen sollen dann keine *„bestimmten Verkaufsmodalitäten“* darstellen, wenn sie ausländische Anbieter von Waren dazu zwingen, ihre im Herkunftsland *„rechtmäßig praktizierten Aktionsparameter den Erfordernissen*

---

[684] vgl. zur Nachfolgejudikatur Darstellung unter 3. Kapitel: § 6 B. II. 5. c. (S.146ff)
[685] vgl. aber die Darstellung bei *Heermann*, GRUR Int. 1999, 579, 583ff
[686] vgl. Nachweise in Fn. 638; nach *Keck* ebenso: *Jestaedt/Kästle*, EWS 1994, 26, 27f; *Fezer*, JZ 1994, 317, 326
[687] vgl. *Ahlfeld*, Zwingende Erfordernisse, 44 mwN
[688] in diesem Sinne z.B. *Ackermann*, RIW 1994, 189, 194; *Basedow*, RabelsZ 59 (1995), 1, 9; *Drasch*, Herkunftslandprinzip, 112; *Kieninger*, EWS 1998, 277, 284; *Leible*, WRP 1997, 517, 521; *Steindorff*, ZHR 158 (1994), 149, 166; *Kirchner*, in: *Weyers*, Europäisches Vertragsrecht, 103, 117f

des Bestimmungslandes anzupassen, und dadurch Anpassungskosten entstehen.“[689]

Dieser Argumentation sind aber auch zahlreiche Autoren[690] entgegengetreten. So vertritt z.B. *Mülbert*[691] die Auffassung, dass *„der vom EuGH explizit intendierten Entlastung praktisch kaum mehr ein Anwendungsbereich“* verbleibe, würde man strengere nationale Vorschriften per se als stärkere tatsächliche Belastung bewerten.
Dieser Auffassung ist zuzugeben, dass der *EuGH* in der Entscheidung *Cinéthèque*[692] erkennen lässt, dass er nicht gewillt ist, eine stärkere Belastung ausländischer Anbieter allein mit dem Hinweis auf Unterschiede zwischen den Rechtsordnungen zu begründen. Allerdings lässt die Auffassung unberücksichtigt, dass ein bloßer Hinweis auf mögliche belastende Unterschiede in den Rechtsordnungen auch nach Ansicht des Gerichts keinesfalls genügen kann; die Entstehung von Anpassungskosten kann von dem vermeintlich oder tatsächlich Belasteten nicht nur behauptet werden, sie muss auch im Einzelfall konkret festgestellt und nachgewiesen werden. Insofern ist die geäußerte Beurteilung, mit dem Ansatz der Anpassungskosten beraube der Gerichtshof sich der Anwendung seiner *Keck*-Formel, nicht so stichhaltig, wie sie auf den ersten Blick erscheint. *Joliet*[693] argumentiert, die Problematik könne nicht primär in der Frage liegen, ob der Export für die Anbieter zusätzliche Kosten hervorrufe, sondern ob die im Einfuhrstaat geltenden Vertriebsvorschriften einen Wettbewerbsvorteil für die dort ansässigen Anbieter begründe. Wie dieser Wettbewerbsvorteil in concreto zu messen ist, lässt diese Ansicht aber offen; insofern hilft dieser Ansatz ebenfalls nicht weiter. *Sack*[694] kritisiert den Ansatz der Anpassungskosten mit dem Hinweis, dass diese *„nur eine Gleichstellung mit der auf einen Mitgliedstaat beschränkten Werbung für inländische und eingeführte Waren“* bewirke. Diese Auffassung ist auf nationaler Ebene zweifellos richtig, bringt jedoch für den grenzüberschreitenden Handel, um den es ja gerade geht, keinen

689 *Heermann*, GRUR Int. 1999, 579, 584 unter Hinweis auf die Ansichten von *Ackermann*, RIW 1994, 189, 194; *Leible*, WRP 1997, 517, 521; *Steindorff*, ZHR 158 (1994), 149, 166

690 *Joliet*, GRUR Int. 1994, 979, 985; *Remien*, JZ 1994, 349, 352; *Sack*, WRP 1998, 103, 106; *ders.*, GRUR 1998, 871, 873; *Mülbert*, ZHR 159 (1995), 2, 27; *Steindorff*, ZHR 158 (1994), 149, 166; *Weyer*, Freier Warenverkehr, 285ff - vgl. auch Darstellungen bei *Hammer*, Handbuch zum freien Warenverkehr, 148ff; *Heermann*, GRUR Int. 1999, 579, 584

691 *Mülbert*, ZHR 159 (1995), 2, 27

692 *EuGH* 11.7.1985 – Rs. 60,61/84 (*Cinéthèque*), Slg. 1985, 2605; dazu Generalanwalt am *EuGH van Gerven* im Rahmen der Schlussanträge zu *EuGH* 23.11.1989 – Rs. C-145/88 (*Torfaen Borough Council/B & Q plc*), Slg. 1989, 3851, 3872f, Tz. 16ff

693 *Joliet*, GRUR Int. 1994, 979, 985; ähnlich *Hammer*, Handbuch zum freien Warenverkehr, 148

694 *Sack*, WRP 1998, 103, 106; *ders.*, GRUR 1998, 871, 873

gewinnbringenden Ansatz. Die von *Sack* ins Feld geführte Alternative einer Spürbarkeit kann aus genannten Gründen nicht überzeugen.[695]

Der Gerichtshof selbst hat den Kostenansatz bis zum Jahre 1999 nicht nachhaltig aufgegriffen. In den Entscheidungen *Clinique* und *Mars*[696] zögerte er jedoch nicht, neben Vorschriften der Verpackung auch *„zusätzliche Werbekosten"* unter den Art. 30 EG-Vertrag fallen zu lassen. Auch in den Entscheidungen *De Agostini* und jüngst *Schutzverband gegen unlauteren Wettbewerb*[697] zog der *EuGH* stärkere Auswirkungen auf Erzeugnisse aus anderen Mitgliedstaaten in Erwägung. In den beiden zuletzt genannten Entscheidungen bejahte der *EuGH* die seit jeher besonders umstrittenen Fälle einer faktischen Diskriminierung, d.h. er verneinte eine tatsächlich gleiche Berührung im Sinne der *Keck*-Formel.[698] Stärker in den Vordergrund ist der Ansatz der „Mehrkosten" wieder durch einige Entscheidungen des *EuGH* aus den Jahren 1999 und 2000 gerückt; in einer aktuellen Entscheidung vom 16. November 2000 führt der *EuGH* aus:[699]

> *„Obgleich sie* [die in Streit stehende belgische Vorschrift] *für alle Erzeugnisse unterschiedslos gilt, ist eine Verpflichtung wie die aus Artikel 6 Absatz 1 Nummer 1 der Königlichen Verordnung geeignet, den innergemeinschaftlichen Handel zu hemmen. Sie kann den Einführer nämlich zwingen, die Aufmachung seiner Erzeugnisse dem jeweiligen Vermarktungsgebiet anzupassen und dadurch Mehrkosten für Verpackung und Etikettierung hinzunehmen..."*

Ob das Kriterium von Anpassungs- bzw. Mehrkosten zur Bestimmung der gleichen Berührung damit endgültig und nachhaltig Einzug in die Rechtsprechung des Gerichts gefunden hat, bleibt abzuwarten. Das häufige Wiederaufgreifen der Argumentation in den letzten beiden Jahren spricht allerdings dafür.

Im Endeffekt kann den Anpassungskosten in Anbetracht der teils berechtigten Kritik m.E. zumindest keine allein entscheidende Rolle zur Messung der Berührung resp. Behinderung des Marktzugangs zukommen; es spiegelt aber die richtige Einschätzung wider, dass das Eindringen in fremde Märkte mit der Unsi-

---

[695] vgl. Verweis in Fn. 686

[696] *EuGH* 2.2.1994 – Rs. C-315/92 (*Clinique*), Slg. 1994, I-317, Tz. 19; *EuGH* 6.7.1995 - Rs. C-470/93 (*Mars*), Slg. 1995, I-1923, Tz. 13

[697] *EuGH* 9.7.1997 – verb. Rs. C-34, C-35 und C-36/95 (*De Agostini*), Slg. 1997, I-3843, Tz. 42; *EuGH* 13.1.2000 – Rs. C-254/98 (*Schutzverband gegen unlauteren Wettbewerb*), Slg. 2000, I-151, Tz. 23, 26 = EuZW 2000, 309

[698] vgl. Darstellung unter 3. Kapitel: § 6 B. II. 5. d. (2) (aa) (S.157ff), Fn. 808

[699] *EuGH* 16.11.2000 – Rs. C-217/99 (*Kommission./.Belgien*), EuZW 2001, 157, Tz. 17 mit Hinweis auf *EuGH* 9.8.1994 – Rs. C-51/93 (*Meyhui*), Slg. 1994, I 3879, Tz. 13 und *EuGH* 3.6.1999 – Rs. C-33/97 (*Colim*), Slg. 1999, I-3175, Tz. 36

cherheit belastet ist, einem zusätzlichen Aufwand an Kosten und Information ausgesetzt zu sein. Speziell im Hinblick auf grenzüberschreitende Schuldverträge können erhöhte Kosten der Durchführung aber auch bereits bei der Aushandlung der betreffenden Verträge entstehen. Ferner können Anbieter möglicherweise gezwungen sein, statt einheitlicher Verträge, die für ihr gesamtes (nationales und europäisches) Absatzgebiet verwendbar sind, differenzierte Lösungen für die jeweiligen nationalen Märkte zu entwickeln.[700] Auch solche zusätzlichen Kosten lassen sich den Anpassungskosten zuordnen, beruhen sie letztendlich doch gerade auf der Unterschiedlichkeit der Rechtsordnungen innerhalb der Gemeinschaft.
Die obigen Ausführungen sowie die des Gerichtshofs selbst verdeutlichen aber, dass die Annahme von Anpassungskosten eine empirisch richtige Grundlage haben und schon aus diesem Grunde nicht so einfach von der Hand zu weisen sind. Zudem fehlt bis heute eine wirklich tragfähige Alternative im Sinne einer allgemein anerkannten Lösung, die bei realistischer Betrachtung aufgrund der beschriebenen Schwierigkeiten aber auch in Zukunft kaum zu erwarten ist. Der Theorie von den Anpassungskosten kann somit – und das nicht zuvörderst aufgrund der mangelnden Alternative – zumindest eine gewisse Indizwirkung für die Feststellung der *„rechtlich und tatsächlich gleichen Berührung"* zugestanden werden.[701] Sie trägt zumindest ein Stück weit dazu bei, etwaige Behinderungen des Marktzugangs zu erkennen bzw. diese genauer zu untersuchen. Hinzu kommt, dass, ließe man den Kostenaspekt ganz außen vor, die Rechtsprechung des *EuGH* zu den produktbezogenen unterschiedslos anwendbaren Bestimmungen im Vergleich dazu inkonsequent erschiene. Gerade in diesem Bereich kommt möglichen Anpassungserfordernissen des Produkts selbst eine wesentliche Rolle zu.[702]
Wichtig ist es auch festzuhalten, dass eine Einordnung niemals generalisierend erfolgen kann, sondern jede Regelung anhand der konkreten Umstände im Einzelfall gesondert überprüft und bewertet werden muss.

(dd) Zusammenfassende Bewertung der *Keck*-Rechtsprechung

Im Urteil *Keck* wird deutlich, dass der Gerichtshof am allgemeinen Beschränkungsverbot des Art. 28 sowie den dazu entwickelten Leitlinien grundsätzlich

[700] vgl. *Kirchner*, in: *Weyers*, Europäisches Vertragsrecht, 103, 117f; auch *Roth*, ZEuP 1994, 5, 26 orientierte sich schon vor dem Urteil *Keck* an Kosten, die auf den Vertrieb durchschlagen *„oder aber – wie bei zwingendem Verbrauchervertragsrecht – zu einer Verwendung unterschiedlich formulierter Formularverträge und Geschäftsbedingungen zwingen"*.
[701] i.E. auch *Drasch*, Herkunftslandprinzip, 115; *Steindorff*, ZHR 158 (1994), 149, 166; *Heermann*, GRUR Int. 1999, 579, 584
[702] dazu sogleich im folgenden Gliederungspunkt

festhält.[703] Die beschriebene Bereichsausnahme gilt nur für *„bestimmte Verkaufsmodalitäten"*, die die obigen Voraussetzungen erfüllen. Auch nach *Keck* bleibt Art. 28 auf staatliche Regelungen von Verkaufsmodalitäten anwendbar, die ausländische Waren trotz unterschiedsloser Anwendbarkeit rechtlich oder faktisch diskriminieren. Jede Form von Diskriminierung im engeren Sinne, gleich ob durch produkt- oder vertriebsbezogene Regelungen verursacht, die im Schutzbereich der Warenverkehrsfreiheit eigene Staatsangehörige besser behandeln als Staatsangehörige anderer EU-Mitgliedstaaten, bleibt freilich auch nach der *Keck*-Rechtsprechung verboten. Gerade im Bereich der Verkaufsmodalitäten dürfte das Diskriminierungsverbot sogar an Bedeutung gewinnen, da mit der Einschränkung der *Dassonville*-Formel durch *Keck* nun nicht mehr ausnahmslos jede Behinderung der Einfuhr vom Begriff der Maßnahmen gleicher Wirkung erfasst wird. Auch die *Cassis*-Rechtsprechung wird durch *Keck* nicht tangiert und behält weiterhin Gültigkeit.[704]

Der Gerichtshof greift in der *Keck*-Entscheidung im Ausgangspunkt auf einen eher formalistischen Ansatz zurück, füllt die Differenzierung zwischen produkt- und vertriebsbezogen Regelungen im Anschluss jedoch mit den soeben beschriebenen besonderen Voraussetzungen der *Keck*-Formel aus. Mit anderen Worten: nicht allein die begriffliche Einordnung einer Maßnahme als Verkaufsmodalität ist entscheidend, ausschlaggebend ist vielmehr deren behindernde Wirkung, die wiederum anhand der in der *Keck*-Formel selbst genannten Voraussetzungen festzustellen ist.[705] Ausgesprochen treffend wurde diese Einschätzung jüngst auch vom Generalanwalt am *EuGH Fennelly* in den Schlussanträgen in der Rechtssache *Graf* zum Ausdruck gebracht:[706]

> *„Die formale Unterscheidung zwischen die Produkte betreffenden Vorschriften und Verkaufsmodalitäten ist weniger bedeutsam als der Grund, der zu dieser Unterscheidung geführt hat: die Ermittlung der Umstände, unter denen verschiedene Vorschriften dieselbe unerwünschte Wirkung haben, nämlich die, den Zugang zum Markt zu beeinträchtigen."*

---

[703] *Joliet*, GRUR Int. 1994, 979, 983; *Sack*, EWS 1994, 37, 45; *Basedow*, RabelsZ 59 (1995), 1, 8; *Jaensch*, Unmittelbare Drittwirkung, 102 mwN; *Höpping*, Auswirkungen der Warenverkehrsfreiheit auf das IPR, 49f; *Klauer*, Die Europäisierung des Privatrechts, 100ff; vgl. auch die umfangreichen Ausführungen des Generalanwalts am *EuGH van Gerven* im Rahmen der Schlussanträge zu *EuGH* 2.6.1994 – verb. Rs. C-401 und C-402/92 (*Tankstation t'Heukske*), Slg. 1994, I-2199, Tz. 19ff

[704] vgl. Nachweise der ständigen Rechtsprechung des *EuGH* auch nach *Keck* in Fn. 573

[705] vgl. Nachweise in Fn. 683

[706] Generalanwalt am *EuGH Fennelly* im Rahmen der Schlussanträge vom 16.9.1999 zu *EuGH* 27.1.2000 – Rs. C-190/98 (*Graf*), Slg. 2000, I-493, Tz. 19

Auf diese Weise erweist sich im Endeffekt – wie im vorausgegangenen Gliederungspunkt dargelegt – doch das Kriterium der Behinderung des Marktzugang als der entscheidende Aspekt. Solange der innerstaatliche Vertrieb importierter Waren nur geregelt wird (im Sinne von Modalitäten des Vertriebs) und nicht unterbunden wird, ist und bleibt der unbeschränkte Marktzugang für ausländische Anbieter gewährleistet.
Indem der *EuGH* auf die handelshemmende Wirkung einer Maßnahme abstellt, führt der Gerichtshof die *Dassonville*-Formel konsequent fort; diese erfährt mit *Keck* zwar eine Einschränkung im Bereich der *„bestimmten Verkaufsmodalitäten"*, behält im Ausgangspunkt aber weiterhin uneingeschränkt Gültigkeit.[707] Die *Keck*-Entscheidung fügt sich insofern gut in das vom *EuGH* entwickelte dogmatische System der Warenverkehrsfreiheit ein.[708]

Zu hinterfragen bleibt allerdings die hinter dieser Einordnung stehende Bewertung der einzelnen Reglungen durch den *EuGH*. Das Gericht führt in Tz. 17 des Urteils aus:[709]

> *„Sind diese Voraussetzungen nämlich erfüllt, so ist die Anwendung derartiger Regelungen auf den Verkauf von Erzeugnissen aus einem anderen Mitgliedstaat, die den von diesem Staat aufgestellten Bestimmungen entsprechen, nicht geeignet, den Marktzugang für diese Erzeugnisse zu versperren oder stärker zu behindern, als sie dies für inländische Erzeugnisse tut. Diese Regelungen fallen daher nicht in den Anwendungsbereich von Art. 30 [jetzt Art. 28] EG-Vertrag."*

Diese Formulierung verdeutlicht, dass das Gericht offenbar davon ausgeht, dass bei den fraglichen Verkaufsmodalitäten unter den genannten Voraussetzungen keine Eignung bestehe, den Handel zwischen den Mitgliedstaaten zu behindern. Dieser Satz muss im Sinne einer Vermutung verstanden werden, dass nationale Vorschriften über Verkaufsmodalitäten, so sie denn die genannten Bedingungen erfüllen, *„nämlich"* regelmäßig andere Auswirkungen auf den grenzüberschreitenden Verkehr haben als produktbezogene.[710] Sind die Bedingungen hingegen

---

[707] so auch ausdrücklich Generalanwalt am *EuGH van Gerven* im Rahmen der Schlussanträge zu *EuGH* 2.6.1994 – verb. Rs. C-401 und C-402/92 (*Tankstation t'Heukske*), Slg. 1994, I-2199, Tz. 19ff; *Epiney*, in *Callies/Ruffert*, EGV, Art. 28, Rz. 36; vgl. zum Kriterium der behindernden Wirkung innerhalb der *Dassonville*-Formel Nachweise in Fn. 549, zu den Entscheidungen nach *Keck* Nachweise in Fn. 548

[708] anders *Schwintowski*, RabelsZ 64 (2000), 38ff in seiner „Fundamentalkritik", der die Eingrenzungsversuche des Art. 28 durch den *EuGH* und insbesondere *Keck* für verfehlt hält.

[709] *EuGH* 24.11.1993 - verb. Rs. C-267 und C-268/91 (*Keck und Mithouard*), Slg. 1993, I-6097, Tz. 17

[710] *Eilmansberger*, JBl 1999, 434, 436f; *Heermann*, GRUR Int. 1999, 579, 587f, 592; *Höpping*, Auswirkungen der Warenverkehrsfreiheit auf das IPR, 50; *Roth*, in Gedächtnisschrift

nicht erfüllt, so verbleibt die Bestimmung als potentiell geeignet, den Marktzugang für Erzeugnisse aus anderen Mitgliedstaaten zu versperren oder stärker zu behindern, als sie dies für inländische Erzeugnisse tut, im Anwendungsbereich des Art. 28. Produktbezogenheit wird demnach als potentiell marktzugangserschwerend, Vertriebsbezogenheit unter den besonderen Voraussetzungen der *Keck*-Formel als marktzugangsneutral vermutet.

Diese Annahme basiert auf der richtigen, empirisch nachweisbaren Tatsache, dass Vorschriften des Einfuhrlandes, die bestimmte Voraussetzungen an das Produkt selbst („*wie etwa hinsichtlich ihrer Bezeichnung, ihrer Form, ihrer Abmessungen, ihres Gewichts, ihrer Zusammensetzung, ihrer Aufmachung, ihrer Etikettierung, ihrer Verpackung*"[711]) stellen, den Absatz in- und ausländischer Ware nicht in gleichem Maße berühren. Jedes eingeführte Produkt unterliegt bereits den speziellen rechtlichen Anforderungen des Herkunftslandes und muss im Falle abweichender Anforderungen des Bestimmungslandes angepasst werden.[712]
Die heimischen Produkte unterliegen hingegen nur den Anforderungen, die ihnen im Einfuhrstaat selbst auferlegt werden, und sind so möglichen Anpassungserfordernissen, die aus den unterschiedlichen Rechtsordnungen resultieren, nicht ausgesetzt. Dies hat denknotwendig zur Konsequenz, dass Anforderungen, die das Einfuhrland an Produkte stellt, den Vertrieb importierter Produkte regelmäßig stärker belastet als den der inländischen heimischen Produktion.[713] Eine vertriebsbezogene Regelung ist dagegen ihrer Art nach regelmäßig nicht geeignet, „*den Marktzugang zu versperren oder stärker zu behindern, als sie dies für inländische Erzeugnisse tut*".
In Tz. 17 handelt es sich demzufolge um eine legitime Vermutung des *EuGH*, die nicht im Sinne eines Automatismus sofort zu einem endgültigem Ergebnis führt, sondern im Einzelfall anhand der dargestellten Kriterien, im Wesentlichen dem des Marktzugangs, zu überprüfen ist. Trotz der grundsätzlichen Vermutung muss für jede Bestimmung eine Entscheidung im Einzelfall getroffen werden, d.h. die Vermutung auf ihre Richtigkeit im Einzelfall überprüft werden.[714]

Knobbe-Keuk, 729, 740; Generalanwalt am *EuGH Fennelly* im Rahmen der Schlussanträge vom 16.9.1999 zu *EuGH* 27.1.2000 – Rs. C-190/98 (*Graf*), Slg. 2000, I-493, Tz. 19

711 *EuGH* 24.11.1993 - verb. Rs. C-267 und C-268/91 (*Keck und Mithouard*), Slg. 1993, I-6097

712 vgl. zu den sog. Anpassungs- oder Transaktionskosten schon im voraus gegangenen Gliederungspunkt sowie zum Herkunftslandprinzip Darstellung unter 3. Kapitel: § 6 B. I. (S.92ff), Nachweise in Fn. 469

713 vgl. beispielhaft die Ausführungen des Generalanwalts am *EuGH van Gerven* im Rahmen der Schlussanträge zu *EuGH* 2.6.1994 – verb. Rs. C-401 und C-402/92 (*Tankstation t'Heukske*), Slg. 1994, I-2199, 2214f, Tz. 19ff

714 *Heermann*, GRUR Int. 1999, 579, 583, 592; *Leible*, WRP 1997, 517, 521; *Glöckner*, GRUR Int. 2000, 29, 34; wohl auch Generalanwalt am *EuGH Fennelly* im Rahmen der

(2) Die Rezeption des Urteils in der Literatur

Kaum ein anderes Urteil des Gerichtshofs ist auf so viel Resonanz im europäischen Schrifttum gestoßen wie die *Keck*-Entscheidung. Dies beruht sicherlich nicht zuletzt auf der Bedeutung, die der *EuGH* selbst dem Urteil beigemessen hat. Zum einen verwies die zunächst mit dem Fall befasste zweite Kammer des *EuGH* gem. Art. 95 Abs. 3 der *EuGH*-Verfahrensordnung die Sache an das Plenum, um auch in verfahrensrechtlicher Hinsicht der grundlegenden Bedeutung des Urteils Rechnung zu tragen. Andererseits spiegelt auch die Urteilsbegründung in materiell rechtlicher Hinsicht wider, dass der *EuGH* den Fall zum Anlass genommen hat, seine bisherige Rechtsprechung auf diesem Gebiet *„zu überprüfen und klarzustellen"*[715] und – wie aus der Formulierung *„entgegen der bisherigen Rechtsprechung"*[716] ungewohnt deutlich hervorgeht – in gewisser Hinsicht zu revidieren.

Die *Keck*-Entscheidung ist seit 1993 nahezu unter jedem denkbaren Aspekt in der Literatur hinterfragt worden und dabei teilweise auf Zustimmung, teilweise aber auch auf strikte Ablehnung gestoßen.[717] Bis heute – mehr als 7 Jahre nach *Keck* – scheint diese Diskussion nicht abgeschlossen. Die zahllosen Urteilsanmerkungen und -besprechungen sollen hier aber nicht vollständig aufgegriffen werden;[718] vielmehr beschränkt sich die nachfolgende Darstellung auf einige fallgruppenartig zusammengefasste Kritikpunkte, die auch für das dogmatische Verständnis von Relevanz sind.

An der Entscheidung des *EuGH* wurde vermehrt kritisiert, dass es sich eigentlich um einen rein internen (französischen) Sachverhalt handele und so der Anwendungsbereich von Art. 28 mangels grenzüberschreitendem Bezug im Grunde gar nicht eröffnet sei.[719] Das Gericht habe deshalb einen hypothetischen Fall

Schlussanträge vom 16.9.1999 zu *EuGH* 27.1.2000 – Rs. C-190/98 (*Graf*), Slg. 2000, I-493, Tz. 19; anders Generalanwalts am *EuGH van Gerven* im Rahmen der Schlussanträge zu *EuGH* 2.6.1994 – verb. Rs. C-401 und C-402/92 (*Tankstation t'Heukske*), Slg. 1994, I-2199, 2214, Tz. 19ff

[715] *EuGH* 24.11.1993 - verb. Rs. C-267 und C-268/91 (*Keck und Mithouard*), Slg. 1993, I-6097, 6131, Tz. 14

[716] *EuGH* aaO, Tz. 16

[717] vgl. aber *Hammer,* Handbuch zum freien Warenverkehr, 92ff, 106ff mit einer umfangreichen Darstellung und Analyse des Meinungstands; einige ausgewählte Publikationen neuerer Zeit sind die von *Heermann*, GRUR Int. 1999, 579ff; *Roth*, in: Festschrift *Großfeld*, 929ff; *Eilmansberger*, JBl 1999, 345ff, 434ff

[718] vgl. aber die Zusammenstellung bei *Hammer*, Handbuch zum freien Warenverkehr, 151ff mit zahlreichen Nachweisen zu Stellungnahmen in der Literatur sowie bei *Hödl*, Verkaufsbehindernde Maßnahmen, 138ff

[719] vgl. zum Kriterium der Zwischenstaatlichkeit bereits Darstellung unter 3. Kapitel: § 6 B. I. 1. (S.93ff)

entschieden.[720] Der *EuGH* scheint diese Frage bewusst übergangen zu haben, um den Fall zum Anlass zu nehmen, seine bisherige Rechtsprechung *„zu überprüfen und klarzustellen"* und insofern der vom Gericht gefürchteten Flut von weiteren Vorlagen zur Vorabentscheidung zu entgehen. Diese Motivation, die in der Entscheidung *Keck und Mithouard* selbst anklingt[721], wird auch gestützt durch eine Äußerung des ehemaligen Richters am *EuGH Joliet*:[722]

> *„...dass uns die Frage...eines Tages in einem anderen Kontext, der Berührungspunkte mit dem innergemeinschaftlichen Handel aufweist, auf neue gestellt wird...wir hätten das Problem folglich nur aufgeschoben!"*

Die Verfahrensweise des Gerichts ist so zwar zu Recht der Kritik ausgesetzt, gleichwohl existiert *Keck* und muss zur Kenntnis genommen werden.
Ein Gros der Kritik bezog sich aber auf die inhaltlichen Begründungen und Wertungen des *EuGH* in der Rechtssache *Keck*. Im einzelnen wurden der knappe Begründungsstil des Urteils an sich, der Verzicht, den Begriff der Verkaufsmodalitäten zu definieren, die fehlende Nennung der Urteile, die nunmehr als „overruled" gelten müssen, sowie die daraus resultierende Rechtsunsicherheit kritisiert. Dem Gerichtshof wurde eine Rückkehr zum Formalismus vorgeworfen, der auf einer fragwürdigen und orakelhaften Abgrenzung beruhe und nur unnötige Abgrenzungsschwierigkeiten provoziere.[723] Wie sich der vorausgegangenen Darstellung und Interpretation des *Keck*-Urteils entnehmen lässt, sind diese Vorwürfe m.E. zum größten Teil unberechtigt und lassen sich mit obigen Ausführungen widerlegen. Insbesondere die Kritik im Hinblick auf eine vermeintliche Rückkehr zum Formalismus bleibt nach dem Gesagten allzu sehr an der Oberfläche. Auch der Vorwurf im Hinblick auf den vermeintlich fehlenden Hinweis, wie die rechtlich und tatsächlich gleiche Berührung gemessen werden soll, verliert vor dem Hintergrund obiger Ausführungen stark an Gewicht. Der *EuGH*

---

[720] so z.B. *Arndt*, ZIP 1994, 188, 189; *Armbrüster*, RabelsZ 60 (1996), 72, 74; *Remien*, JZ 1994, 349, 351; *Klauer*, Die Europäisierung des Privatrechts, 75, 76; *Hammer*, Handbuch zum freien Warenverkehr, 102f, 107, 108 mwN; *Keßler*, Das System der Warenverkehrsfreiheit, 72f; *Drasch*, Herkunftstandprinzip, 101; *Remien*, JZ 1994, 349, 351; *Roth*, in: Festschrift *Großfeld*, 929, 936; **a**A *Eilmansberger*, JBl 1999, 434, 446, der das grenzüberschreitende Element in der Möglichkeit der Absatzbeeinträchtigung sieht. Fraglich soll allein sein, ob diese mittelbare Beeinträchtigung ausreicht, Art. 28 anwendbar zu machen.

[721] vgl. Zitat unter 3. Kapitel: § 6 B. II. 5. (S.121ff), Fn. 629

[722] *Joliet*, GRUR Int. 1994, 979, 985

[723] vgl. im einzelnen: *Ackermann*, RIW 1994, 192; *Schilling*, EuR 1994, 6; *Steindorff*, ZHR 158 (1994), 152ff; *Gröning*, WRP 1994, 355ff; *Müller-Graff*, in: *Horn/Baur/Stern*, 40 Jahre Römische Verträge, 107, 114; vgl. auch die Darstellungen bei *Hammer*, Handbuch zum freien Warenverkehr, 151ff mwN; *Klauer*, Die Europäisierung des Privatrechts, 79ff; *Hödl*, Verkaufsbehindernde Maßnahmen, 138ff; insgesamt ablehnend *Schwintowski*, RabelsZ 64 (2000), 38ff

hat – wenn auch teils nicht mit der gewünschten Deutlichkeit – erkennen lassen, auf welche Kriterien er für dieses Merkmal abstellen will.[724] Eine allzu pauschale Kritik ohne hinreichende Analyse der *Keck*-Formel kann insofern auch an dieser Stelle nicht überzeugen.

Auch die Kritik, das Gericht habe die durch *Keck* überholten Urteile nicht genannt, ist bei näherer Betrachtung eher formalistischer Art. Der *EuGH* stand im *Keck*-Urteil unter keinerlei Begründungszwang, seine gesamte frühere Rechtsprechung noch einmal zu rekapitulieren. Schon aus praktischer Hinsicht erscheint diese Forderung offensichtlich „urteilssprengend".[725] Mit dem Hinweis in Tz. 16 – *„entgegen der bisherigen Rechtsprechung"* – gibt das Gericht aber hinreichend genau zu erkennen, dass *Keck* in gewisser Hinsicht Modifikationen der früheren Rechtsprechung mit sich bringt. Für das hier in Rede stehende Privatrecht außerhalb der anerkannten Sondergebiete[726] kommt aus rein praktischer Sicht hinzu, dass eine ausdrückliche Benennung möglicher Urteile als „overruled" mangels Existenz gar nicht möglich war.[727]

Schwerer wiegt allerdings die Kritik im Hinblick auf die rechtlichen und rechtspolitischen Wertungen des Urteils. Es wird als aus ökonomischer Sicht lebensfremd, naiv und an den Realitäten vorbeigehend bezeichnet. Auch sei es anmaßend in Bezug auf die enthaltenen rechtspolitischen Entscheidungen, die empirisch schlicht unzutreffend seien.[728]

Insbesondere letztere Kritik bleibt dabei leider oftmals unbegründet[729] und kommt so über teils berechtigte Beanstandungen im Einzelfall nicht hinaus. Der Vorwurf, *„die behindernden Wirkungen, die die vorausgegangene Rechtspre-*

---

[724] vgl. schon Darstellung unter 3. Kapitel: § 6 B. II. 5. b. (1) (cc) (S.131ff)

[725] in diesem Sinne auch der ehemalige Richter am *EuGH Joliet*, GRUR Int. 1994, 979, 986

[726] vgl. Nachweise in Fn. 40 zu möglichen Verstößen nationaler Bestimmungen gegen die Grundfreiheiten in den Bereichen gewerblicher Rechtsschutz, Urheberrecht sowie unlauterer Wettbewerb; im Bereich des Wettbewerbsrechts wurden insbesondere die Urteile *EuGH* 18.5.1993 - Rs. C-126/91 (*Yves Rocher)*, Slg. 1993, I-2361, *EuGH* 7.3.1990 - Rs. C-362/88 (*GB-Inno-BM*), Slg. 1990, I-667 und *EuGH* 13.12.1991 - Rs. C-18/88 (*GB-Inno-BM SA)*, Slg. 1991, I-5941 auf die Tragfähigkeit der jeweiligen Urteilsbegründungen auch nach *Keck* untersucht. - vgl. Nachweise in nachfolgender Fußnote

[727] vgl. aber die umfangreiche Darstellung bei *Hammer*, Handbuch zum freien Warenverkehr, 138ff zu den einzelnen möglicherweise überholten Urteile mit zahlreichen weiteren Nachweisen zu den verschiedenen Literaturansichten

[728] *Leible*, WRP 1994, 908, 909; *Möschel*, NJW 1994, 429, 430; *Reich*, CMLRev 31 (1994), 465, 471;*Roth*, CMLRev 31 (1994), 852; *Steindorff*, ZHR 158 (1994), 164; empirisch unzutreffend: *Sack*, WRP 1998, 103, 105; *v.Wilmowsky*, EuR 1996, 362, 368; *Klauer*, Die Europäisierung des Privatrechts, 79f; ähnlich Generalanwalt am *EuGH Jacobs* im Rahmen der Schlussanträge zu *EuGH* 9.2.1995 – Rs. C-412/93 (*Leclerc-Siplec*), Slg. 1995, I-179, 194, Tz. 38

[729] Eine Ausnahme bildet die Darstellung bei *Klauer*, Die Europäisierung des Privatrechts, 79f, die die Vermutung an Einzelfällen überprüft und in diesen für unhaltbar hält.

chung noch festgestellt hatte, werden wegdefiniert"[730], geht insofern ins Leere, als dass es sich bei der vom *EuGH* vermuteten Wirkung eben nicht um eine „*Fiktion*" handelt, sondern – wie oben gezeigt[731] – um eine empirisch zutreffende und zudem auch logisch überzeugende Vermutung, die im Einzelfall anhand der dargelegten Kriterien zu überprüfen ist. Die behindernde Wirkung ist so keinesfalls „*wegdefiniert*" worden resp. widersprüchlich zur vorausgegangenen Rechtsprechung; im Gegenteil ist die mit *Keck* eingeschlagene Linie zu einer restriktiveren Handhabung des Art. 28 im Bereich bestimmter behinderungsneutraler Regelungen schon in den Urteilen *Oebel*, *Blesgen*, *Quietlynn* e.a.[732] angedeutet worden, so dass diese Urteile sogar als Bestätigung für die empirische Richtigkeit der Vermutung herangezogen werden können.
Auch der Vorwurf, das Urteil sei rechtspolitisch anmaßend, ist in dieser Form kaum haltbar. Letztendlich beruht die gesamte Urteilsfindung freilich in gewisser Hinsicht auch auf rechtspolitischen Erwägungen;[733] mit dieser Einschätzung bzw. Urteilsfindung macht der *EuGH* aber gerade von einem Recht Gebrauch, welches ihm als oberster Gerichtshof der Gemeinschaft zusteht. Mit anderen Worten: die Vornahme einer rechtspolitischen Bewertung wie in *Keck* ist das gute Recht des Gerichts. Wie diese Beurteilung des *EuGH* selbst wiederum zu bewerten ist, muss natürlich den zahlreichen Kommentaren und Besprechungen des Urteils vorbehalten sein; allerdings wird man dem Gericht das Recht, in dieser Weise zu werten, nicht absprechen können.

(3) Zusammenfassende Bewertung der Keck-Rechtsprechung

Zusammenfassend lässt sich feststellen, dass das Urteil *Keck und Mithouard* in gewisser Hinsicht zurecht kritisiert worden ist; der Umfang der Urteilsbegründung ist in der Tat für eine so wesentliche Neuorientierung wie im Bereich „*bestimmter Verkaufsmodalitäten*" allzu dürftig.[734] Gleichwohl lassen sich dem Urteil – wie gezeigt – die entscheidenden Anhaltspunkte für die Interpretation der *Keck*-Formel entnehmen. Auch rechtssystematisch fügt sich die Entscheidung gut in die vorausgegangene Judikatur zur Warenverkehrsfreiheit ein. Bei *Keck* handelt es sich also keineswegs um einen Bruch in der Rechtsprechung, sondern

[730] *v. Wilmowsky*, EuR 1996, 362, 368
[731] vgl. die Darstellung im voraus gegangenen Gliederungspunkt
[732] vgl. Nachweise in Fn. 643; auch in diesen Entscheidungen wird die Regelung als „*nicht geeignet, den Zugang für diese Erzeugnisse zu versperren oder stärker zu behindern, als sie dies für inländische Erzeugnisse tun*" bezeichnet.
[733] Der ehemalige Richter am *EuGH Joliet*, GRUR Int. 1994, 979, 984, spricht im Zusammenhang mit *Keck* ausdrücklich von solchen Überlegungen „*rechtspolitischer Art*".
[734] Der leider oftmals allzu kurze Begründungsstil des *EuGH* wird auch nachfolgend im Rahmen der Auslegung europäischen Sekundärrechts druch den Gerichtshof deutlich. vgl. Darstellung unter 4. Kapitel: § 8 A. (S.191ff)

um einen in sich schlüssigen Ausbau der Dogmatik zu Art. 28, die mit der Entscheidung in der Rechtssache *Dassonville* ihren Anfang genommen hat.[735] Das Abstellen auf die handelshemmende Wirkung einer Maßnahme findet ihren Ursprung – wie dargestellt – schon in der *Dassonville*-Formel aus dem Jahre 1979, die durch *Keck* zwar eine Einschränkung im Bereich der *„bestimmten Verkaufsmodalitäten"* erfährt, im Ausgangspunkt aber weiterhin Gültigkeit hat.[736] Letztendlich wirkt *Keck* aufgrund des modifizierenden Ansatzes restriktiv, in gewisser Hinsicht aber auch nur problemverlagernd, da man sich fortan fragen muss, ob sich die betreffende Regelung nicht schon als *„bestimmte Verkaufsmodalität"* dem Anwendungsbereich der Warenverkehrsfreiheit entzieht, bevor eine mögliche Rechtfertigung nach der *Cassis*-Rechtsprechung in Betracht zu ziehen ist.[737]

Durch das zweite Korrektiv der *„bestimmten Verkaufsmodalität"* entfernt sich der *EuGH* – in der Tendenz konsequent – so immer weiter von einer umfassenden Verhältnismäßigkeitsprüfung sämtlicher nationaler Regelungen, vor der das Gericht schon in früheren Entscheidungen, insbesondere im Privatrecht, oftmals zurückgeschreckt ist.[738] Auch die geäußerten Befürchtungen im Hinblick auf die drohende Verhältnismäßigkeitskontrolle sämtlichen nationalen Rechts (*„horror iuris"*) erweisen sich insofern abermals als unbegründet.[739]

Hinzu kommt, dass der Gerichtshof trotz aller Kritik zu seiner Entscheidung steht und die *Keck*-Formel in seiner umfangreichen Nachfolgerechtsprechung konsequent weiterverfolgt hat.[740] Insbesondere die einzelnen Voraussetzungen der *Keck*-Formel sind vom Gerichtshof so mehrfach ausdrücklich bestätigt und ausgefüllt worden. Die mit *Keck* fortgesetzte Dogmatik der Warenverkehrsfreiheit ist demnach heute fester Bestandteil europäischer Rechtsprechung.

Der vom *EuGH* eingeschlagene Weg war dabei keineswegs zwingend; die Reichweite der *Dassonville*-Formel hätte freilich auch auf dogmatisch andere Art und Weise erreicht werden können.[741] Vor dem Hintergrund der restriktiven

---

[735] vorausgesetzt freilich, man interpretiert die *Keck*-Entscheidung in oben dargestelltem Sinne - vgl. auch *Heermann*, 579, 592; *Eilmansberger*, JBl 1999, 434, 438; *Hammer*, Handbuch zum freien Warenverkehr, 123ff

[736] vgl. Nachweise in Fn.

[737] in diesem Sinne ausdrücklich: *Roth*, in: Festschrift *Großfeld*, 929, 936 - Insofern erscheint es verständlich, dass die Parteien vor dem *EuGH* teilweise auf beiden Ebenen hilfsweise argumentieren.

[738] vgl. schon Darstellung unter 3. Kapitel: § 6 B. II. 5. a. (S.122ff) - anders *Klauer*, Die Europäisierung des Privatrechts, 80, die eine Lösung im Bereich der Verhältnismäßigkeitsprüfung statt formaler Unterscheidungen wie in *Keck* vorschlägt.

[739] vgl. schon Darstellung unter 3. Kapitel: § 6 B. I. 3. (102ff), Nachweise in Fn. 519

[740] dazu sogleich unter 3. Kapitel: § 6 B. II. 5. c. (S.146ff)

[741] z.B. im Sinne von *Klauer*, Fn. 738 im Rahmen der Verhältnismäßigkeit

Tendenz der *Keck*-Rechtsprechung ist diese aber insgesamt zu begrüßen[742], zumal frühere Versuche zur Eingrenzung des Anwendungsbereichs des Art. 28 keine nachhaltigen und vor allem keine dogmatisch überzeugenden Begründungen hervorgebracht haben.[743]
In der Literatur ist das *Keck*-Urteil oft in Zusammenhang mit dem Subsidiaritätsprinzip gebracht worden.[744] Es wurde argumentiert, dass der *EuGH* seine Kontrolle mitgliedstaatlicher Regelungen in einer Frage zurückgenommen habe, die besser auf nationaler Ebene zu entscheiden sei. Und diese sei eben in der Herausnahme *„bestimmter Verkaufsmodalitäten"* zu sehen. In der Tendenz ist eine solche Korrelation sicherlich nicht zu bestreiten, spiegeln sich doch in den Kernaussagen von *Keck* weitgehend die Grundprinzipien wieder, die durch Art. 3 b EG-Vertrag in den Vertrag eingefügt wurden. Dennoch ist ein nachweisbarer ursächlicher Zusammenhang nicht anzunehmen.
Formal gesehen ist die *Keck*-Entscheidung zwar im November 1993, d.h. kurze Zeit nach der Verankerung des Subsidiaritätsprinzips im EG- und im EU-Vertrag ergangen, der zugrunde liegende Sachverhalt liegt jedoch zeitlich vor dem Inkrafttreten von Art. 3 b EG-Vertrag, so dass dem Subsidiaritätsprinzip diesbezüglich keine Rückwirkung zukommen kann. Weitergehend wird teilweise über dieses formale Argument hinaus die Geltung des Subsidiaritätsprinzips wegen der ausschließlichen Zuständigkeit der Gemeinschaft für die Binnenmarktverwirklichung an sich verneint.[745] Auch dem *Keck*-Urteil selbst lässt sich keine positive Bestätigung obiger Ansicht entnehmen. Es steht inhaltlich – wie gesagt – zwar grundsätzlich im Einklang mit dem Subsidiaritätsprinzip, beruft sich jedoch an keiner Stelle explizit darauf. An dieser Nichtberufung hat das Gericht bemerkenswerterweise auch in den zahlreichen Nachfolgeentscheidungen

---

[742] positiv zu *Keck* äußern sich z.B.: *Arndt*, ZIP 1994, 188ff; *Joliet*, GRUR Int. 1994, 979ff; *Petschke*, EuZW 1994, 107ff; *Remien*, JZ 1994, 349ff; *Heermann*, GRUR Int. 1999, 579ff; *Eilmansberger*, JBl 1999, 434ff; *Höpping*, Auswirkungen der Warenverkehrsfreiheit auf das IPR, 45ff; vgl. auch Darstellung bei *Hammer*, Handbuch zum freien Warenverkehr, 164ff mit zahlreichen weiteren Nachweisen

[743] vgl. schon Darstellung unter 3. Kapitel: § 6 B. II. 5. a. (S.122ff)

[744] *Möschel*, NJW 1994, 429, 431; *Petschke*, EuZW 1994, 107, 111; *Jickeli*, JZ 1994, 57ff; *Ackermann*, RIW 1994, 189, 193; *Roth*, CMLRev 31 (1994), 845, 851; *Remien*, JZ 1994, 349, 353; *ders.* ZfRV 36 (1995), 116, 132; angedeutet auch von *Gamerith*, ÖJZ 1997, 165, 174; *Merkt*, RabelsZ 61 (1997), 647, 682 aA *Müller-Graff*, in *v.d.Groeben/Thiesing/Ehlermann*, EGV, Art. 30, Rz. 245 mwN; *ders.*, ZHR 159 (1995), 32, 73; *v.Wilmowsky*, EuR 1996, 362, 369; *Keßler*, Das System der Warenverkehrsfreiheit, 296, 298; vgl. auch Darstellungen bei *Hammer*, Handbuch zum freien Warenverkehr, 156, 167f; *Epiney*, in: Callis/Ruffert, Art. 28, Rz. 34; *Keßler*, Das System der Warenverkehrsfreiheit, 296ff; *Weinand*, Europarecht und unlauterer Wettbewerb, 182ff; *Drasch*, Herkunftslandprinzip, 103 mwN

[745] Diese Ansicht wurde oben eingehend behandelt und abgelehnt. – vgl. Darstellung unter 2. Kapitel: § 4 C. I. (S.65ff), Nachweise in Fn. 355f

zu *Keck* festgehalten, was im Endeffekt als Absage an eine kausale Verbindung von Subsidiaritätsprinzip und *Keck* zu bewerten ist. Die beiden Entwicklungen sind daher grundsätzlich nebeneinander zu betrachten, obwohl sie in der Tendenz in bewusster Weise korrellieren.

c. Überblick über die Nachfolgerechtsprechung

Nachfolgend soll ein kurzer Überblick über die Rechtsprechung des *EuGH* nach der Entscheidung *Keck und Mithouard* gegeben werde. Besonderes Augenmerk gilt dabei der Behandlung derjenigen Fälle, die der *EuGH* bislang mit wechselnden Begründungen aus dem Anwendungsbereich der Warenverkehrsfreiheit herausgenommen hat.

(1) Die Fortsetzung des Urteils Keck und Mithouard in der EuGH Rechtsprechung

Die *Keck*-Formel hat der *EuGH* seit 1994 konsequent weiterverfolgt, so dass die *Keck*-Rechtsprechung heute – entgegen mancher Unkenrufe von der juristischen *„Eintagsfliege“*[746] – als gefestigt angesehen werden muss. Der Gerichtshof hat in zahlreichen Entscheidungen das Vorliegen von *„bestimmten Verkaufsmodalitäten“* bejaht und diese entsprechend seinen Prämissen in der *Keck*-Entscheidung vom Anwendungsbereich des Art. 28 ausgenommen. Zunächst wiederholt das Gericht – wie auch in der *Keck*-Entscheidung – die *Dassonville*-Formel; nachfolgend findet sich oftmals der bereits aus den Fällen *Oebel*, *Blesgen*, *Quietlynn* e.a. sowie *Keck*[747] bekannte Hinweis, dass solche Vorschriften keine Regelung des Warenverkehrs zwischen den Mitgliedstaaten *„bezwecken“*.[748] Anschließend greift der Gerichtshof mehr oder weniger wörtlich auf die bekannte *Keck*-Formel zurück.
Eine erste Bestätigung verbunden mit einigen Klarstellungen erhielt das *Keck*-Urteil in der Rechtssache *Hünermund*[749], welches parallel zu *Keck* verhandelt und wenige Wochen später entschieden worden ist. Dieses liefert mit dem standesrechtlichen Werbeverbot in Apotheken zugleich ein erstes Beispiel für nationale Regelungen über Verkaufsmodalitäten. Neben diesem Werbeverbot in Apotheken nahm das Gericht in der Folgezeit z.B. bestimmte Modalitäten der La-

---

[746] vgl. Darstellung bei *Hammer*, Handbuch zum freien Warenverkehr, 230, 240 - vgl. zur Kritik im einzelnen schon Darstellung unter 3. Kapitel: § 6 B. II. 5. b. (2) (S.140ff)

[747] vgl. schon Darstellung unter 3. Kapitel: § 6 B. II. 5. b. (S.126ff), Nachweise in Fn. 657ff

[748] ähnliche Wendungen finden sich z.B. in: *EuGH* 29.6.1995 – Rs. C-391/92 (*Kommission./.Griechenland*), Slg. 1995, I-1621, 1646, Tz. 11; *EuGH* 11.8.1995 – Rs. C-63/94 (*Belgapom*), Slg. 1995, I-2467, 2490, Tz. 10

[749] *EuGH* 15.12.1993 - Rs. C-292/92 (*Hünermund*), Slg. 1993, I-6787 – vgl. ausführlich zu diesem Urteil *Schulze/Schulte-Nölke*, Casebook Verbraucherrecht, Fall 8 (*Hünermund*)

denschlusszeiten, ein Verkaufsverbot von Säuglingsnahrung in Apotheken, das Verbot des Verkaufs von Waren mit niedriger Gewinnspanne, das Verbot der Geschäftsöffnung an Sonn- und Feiertagen sowie jüngst eine Regelung über Fernsehwerbung vom Anwendungsbereich des Art. 28 aus.[750] In zahlreichen anderen Entscheidungen nahm der *EuGH* ausdrücklich produktbezogene Regelungen an und beließ diese damit im Anwendungsbereich der Warenverkehrsfreiheit.[751]

(2) Die Fortsetzung der Rechtsprechungslinie Krantz, CMC-Motorradcenter, Oebel, Blesgen e.a.

Der *EuGH* hat auch nach *Keck* einige Urteile gefällt, die an die aus den Entscheidungen *Krantz, CMC-Motorradcenter, Peralta, Oebel, Blesgen, Quietlynn* e.a.[752] bekannten Einschränkungen im Anwendungsbereich des Art. 28 anknüpfen. Regelungen, welche das Gericht als *"ohne spezifischen Bezug zur Warenverkehrsfreiheit"* erachtete, sind auf diese Weise wie *"bestimmte Verkaufsmodalitäten"* dem Anwendungsbereich des Art. 28 entzogen worden. In einigen Urteilen führte der *EuGH* zudem auch nach *Keck* die sog. *„too uncertain"*-Rechtsprechungslinie fort, die die Wirkungen der in Rede stehenden Bestimmungen als *"zu ungewiss und mittelbar"*[753] für eine Behinderung des freien Warenverkehrs bezeichnete.

---

[750] in obiger Reihenfolge: *EuGH* 2.6.1994 – verb. Rs. C-401 und C-402/92 (*Tankstation t'Heukske*), Slg. 1994, I-2199; *EuGH* 29.6.1995 – Rs. C-391/92 (*Kommission./.Griechenland*), Slg. 1995, I-1621; *EuGH* 11.8.1995 – Rs. C-63/94 (*Belgapom*), Slg. 1995, I-2467; *EuGH* 20.6.1996 – Rs. C-418 und C-421/93 (*Semeraro Casa Uno*), Slg. 1996, I-2975; *EuGH* 28.10.1999 – Rs. C-6/98 (*ARD*), Slg. 1999, I-7599 = EuZW 2000, 81; angeprüft, aber letztendlich verneint in *EuGH* 9.7.1997 – verb. Rs. C-34, C-35 und C-36/95 (*De Agostini*), Slg. 1997, I-3843, Tz. 42, 43; *EuGH* 13.1.2000 – Rs. C-254/98 (*Schutzverband gegen unlauteren Wettbewerb*), Slg. 2000, I-151, Tz. 23, 25 = EuZW 2000, 309 wegen fehlender gleicher „Berührung" und zuletzt *EuGH* 16.11.2000 – Rs. C-217/99 (*Kommission./.Belgien*), EuZW 2001, 157, Tz. 16f mit dem Hinweis auf Mehrkosten für Verpackung und Etikettierung

[751] z.B. in den Entscheidungen: *EuGH* 2.2.1994 – Rs. C-315/92 (*Clinique*), Slg. 1994, I-317; *EuGH* 6.7.1995 - Rs. C-470/93 (*Mars*), Slg. 1995, I-1923; *EuGH* 26.11.1996 – Rs. C-313/94 (*Ditta Fransa*), Slg. 1996, I-6039; *EuGH* 26.6.1997 – Rs. C-368/95 (*Vereinigte Familiapress*), Slg. 1997, I-3689; *EuGH* 12.10.2000 – Rs. C-3/99 (*Cidre Stassen SA u.a.*), Slg. 2000, I-8749, Tz. 46

[752] vgl. Nachweise in Fn. 637 und 643

[753] Diese oder ähnliche Formulierungen finden sich in: *EuGH* 30.11.1995 – Rs. C-134/94 (*Esso Espanola*), Slg. 1995, I-4223, 4249, Tz. 24; *EuGH* 17.10.1995 – verb. Rs. C-140, C-141 und C-142/94 (*DIP SpA u.a.*), Slg. 1995, I-3257, 3297, Tz. 29; *EuGH* 16.6.1998 – Rs. 266/96 (*Corsica Ferries France*), Slg. 1998, I-3949, 3992, Tz. 30f; *EuGH* 21.9.1999 Rs. C-44/98 (*BASF*), Slg. 1999, I-6269, Tz. 16 und 21; *EuGH* 27.1.2000 – Rs. C-190/98

Die dogmatische Inkonsequenz beider Ansätze zur *Dassonville*-Formel sowie deren mangelnde Praktikabilität wurde bereits oben ausführlich diskutiert.[754] Für die kritische Würdigung dieses Rechtsprechungszweiges resp. dessen Ablehnung kann insofern auf obige Ausführungen verwiesen werden. Das Zusammenspiel dieser Fallgruppe mit *Keck* soll nachfolgend erörtert werden.

(3) Bewertung der Nachfolgerechtsprechung

Der *EuGH* hat seit 1993 in zahlreichen Entscheidungen die mit *Keck* begonnene Linie konsequent weiterverfolgt. Diese Entwicklung ist – wie dargestellt – insgesamt zu begrüßen. In Frage zu stellen ist jedoch die isolierte Fortsetzung der soeben beschriebenen Rechtsprechungslinie *Krantz*, *CMC-Motorradcenter*, *Peralta*, *Oebel*, *Blesgen*, *Quietlynn* e.a. nach und neben *Keck*. Diese ist – wie nachfolgend zu zeigen sein wird – sowohl in systematischer als auch dogmatischer Hinsicht nicht schlüssig.
Systematisch verdeutlich die Entwicklung in der Rechtsprechung des *EuGH*, dass der Gerichtshof mit der Entscheidung *Keck* eine klarstellende und teils modifizierende Kursbegradigung seiner bisherigen Judikatur zur Warenverkehrsfreiheit vornehmen wollte. Die bis dahin ergangenen Urteile, die mit wechselnden Begründungen den Anwendungsbereich des Art. 28 verneinten, sollten so auf eine neue dogmatische Grundlage gestellt werden, die in *Keck* und *Hünermund* vom *EuGH* entwickelt wurde.[755] Entscheidungen wie *Cinéthèque*, *Krantz*, *CMC-Motorradcenter*, *Peralta*, aber auch *Oebel*, *Blesgen*, *Quietlynn* e.a.[756] sowie die gesamte Gruppe der sog. *Sunday trading cases*[757] finden im Ergebnis in *Keck* eine Bestätigung, müssen jedoch als dogmatisch überholt angesehen werden.[758] Diese Entscheidungen konnten mit ihren wechselnden Begründungen – wie oben dargelegt – keineswegs überzeugen, können aber mit *Keck* nunmehr auf ein neues dogmatisches Fundament gestellt werden.
Diese Einschätzung wird auch durch zwei neuere Entscheidungen im Bereich der genannten *Sunday trading cases* aus dem Jahre 1994 unterstrichen. In den

(*Graf*), Slg. 2000, I-493, Tz. 25 = EuZW 2000, 252 zur Freizügigkeit; zudem zeitlich kurz vor *Keck*: *EuGH* 14.7.1994 – Rs. C-379/92 (*Peralta*), Slg. 1994, I-3453, 3497, Tz. 24

[754] vgl. schon Darstellung unter 3. Kapitel: § 6 B. II. 5. a. (S.122ff)

[755] *Drasch*, Herkunftslandprinzip, 104f; angedeutet auch von *Höpping*, Auswirkungen der Warenverkehrsfreiheit auf das IPR, 52

[756] vgl. Nachweise in Fn. 635, 637 und 643

[757] *EuGH* 23.11.1989 – Rs. C-145/88 (*Torfaen Borough Council/B & Q plc*), Slg. 1989,I-3851; *EuGH* 28.2.1991 – Rs. C-312/89 (*Conforama*), Slg. 1991, I-997; *EuGH* 28.2.1991 – Rs. C-332/88 (*Marchandise*), Slg. 1991, I-1027; *EuGH* 16.12.1992 – Rs. C-169/91 (*City of Stoke-on-Trent*), Slg. 1992, I-6654

[758] in diesem Sinne auch Generalanwalt am *EuGH Tesauro* im Rahmen der Schlussanträge zu *EuGH* 27.10.1993 – Rs. C-292/92 (*Hünermund*), Slg. 1993, I-6787, Tz. 26, 37

Urteilen *Punto Casa* und *Tankstation t'Heukske*[759] stellt der *EuGH* entscheidend auf die unterschiedslose Anwendbarkeit der Regelungen sowie auf die gleichmäßige Betroffenheit in- und ausländischer Produkte, mithin auf die Voraussetzungen der *Keck*-Formel ab. Er vermeidet damit wenig fassbare Erwägungen wie in *Oebel, Blesgen, Quietlynn e.a.* sowie die farblose Formel von der *„zu ungewissen und mittelbaren"* Wirkung. Auch umgeht das Gericht mit der gezielten Anwendung der *Keck*-Formel die teilweise befürchtete umfangreiche Verhältnismäßigkeitskontrolle nationalen Rechts. Entscheidungen wie *Oebel, Blesgen, Quietlynn e.a.* sowie die älteren *Sunday trading cases* ließen sich – wie der *EuGH* in den genannten Entscheidungen oftmals selbst festgestellt hat – nach *Keck* relativ problemlos als Regelungen der Art und Weise des Vertriebs behandeln und anhand der *Keck*-Formel aus dem Anwendungsbereich der Warenverkehrsfreiheit ausscheiden.
Auch empirisch finden die Erwägungen der *Keck*-Formel, insbesondere die dort formulierte Vermutung über die fehlende Behinderungseignung bestimmter Regelungen, schon Ausdruck in den genannten älteren Urteilen[760], so dass die Entscheidungen als von *Keck* systematisch erfasst angesehen werden müssen.

Nach alledem erscheint die isolierte Fortsetzung dieser Rechtsprechungslinie nach *Keck* im Grunde unnötig und dogmatisch nicht schlüssig. Der Gerichtshof hat die wechselnden Begründungen der älteren Rechtsprechung mit der Entscheidung *Keck* systematisiert und mit einer dogmatisch stringenten Konstruktion inhaltlich überholt. Systematisch ist die Fortsetzung dieser Entscheidungspraxis neben *Keck* folglich inkonsequent und letztendlich widersprüchlich zu *Keck*. Ausführungen wie in den Rechtssachen *Esso Espanola, Corsica Ferries France* und zuletzt in *BASF* und *Graf*[761] können insofern nicht überzeugen und haben nach *Keck* keine eigenständige Bedeutung mehr.[762] Ihnen kann allenfalls noch eine Art Indizwirkung für eine systematisierte Entscheidungsfindung im Rahmen der *Keck*-Rechtsprechung zukommen. In diesem Sinne ließe sich auch eine neuere Entscheidung des *EuGH* vom 13. Januar 2000[763] deuten, in der das Gericht – nachdem es die Kriterien der *Keck*-Formel überprüft hat – auch noch

[759] *EuGH* 2.6.1994 – verb. Rs. C-69 und C-258/93 (*Punto Casa*), Slg. 1994, I-2355, Tz. 14 (zu einem Sonntagsbackverbot); *EuGH* 2.6.1994 – verb. Rs. C-401 und C-402/92 (*Tankstation t'Heukske*), Slg. 1994, I-2199, Tz. 14 (zu Ladenschlusszeiten an Tankstellen) – vgl. zu den genannten Urteilen *Hammer*, Handbuch zum freien Warenverkehr, 188f, 190f

[760] insbesondere in den Urteilen *Krantz, CMC-Motorradcenter* und *Peralta*, Nachweise in Fn. 637 - vgl. schon Darstellung unter 3. Kapitel: § 6 B. II. 5. b. (2) (S.140ff)

[761] vgl. Nachweise in Fn. 753

[762] aA *Roth*, in: Festschrift *Großfeld*, 929, 938; wohl auch *Drasch*, Herkunftslandprinzip, 108, 109

[763] *EuGH* 13.1.2000 – Rs. C-254/98 (*Schutzverband gegen unlauteren Wettbewerb*), Slg. 2000, I-151, Tz. 29 = EuZW 2000, 309

eine zu „*ungewisse und indirekte*" Wirkung der betreffenden österreichischen Regelung verneint.

Auch aus ergebnisorientierter Sicht ist die Fortführung dieser Rechtsprechungslinie unnötig, kann doch mittels *Keck* auf dogmatisch überzeugendere Weise in fast allen Fällen – wie schon für die Urteile *Oebel*, *Blesgen*, *Quietlynn* e.a. gesagt – ein identisches Ergebnis erreicht werden. Wenn auch eine Einordnung in den Begriff der Verkaufsmodalität nicht immer zweifelsfrei möglich ist, so kann doch anhand der in *Keck* entwickelten Voraussetzungen eine Einschätzung über die letztendlich entscheidende behindernde Wirkung der in Rede stehenden Maßnahme getroffen werden. Die Begrifflichkeit an sich darf dabei nicht die allein entscheidende Rolle spielen, sondern muss stets vor dem Hintergrund der ratio des Art. 28 gesehen werden.[764] Sollte sich eine zu überprüfende Bestimmung überhaupt nicht oder nur unter schweren Bedenken in die von *Keck* geschaffenen Begrifflichkeiten einordnen lassen, muss sie sich im Zweifel wie eine produktbezogene Maßnahmen an der Warenverkehrsfreiheit messen lassen. Die Behandlung solcher Zweifelsfälle, die insbesondere bei der Überprüfung privatrechtlicher Normen anzutreffen sind, sollen aber erst nachfolgend im Rahmen der Auswirkungen der *Keck*-Rechtsprechung auf das Privatrecht erörtert werden.[765]

d. Die Bedeutung der *Keck*-Rechtsprechung für das Privatrecht

Wie schon für die Entscheidungen *Dassonville* und *Cassis de Dijon* stellt sich insbesondere auch für die *Keck*-Rechtsprechung die Frage nach ihrer spezifischen Bedeutung für das Privatrecht. Diese Problematik ist im Rahmen der vorliegenden Arbeit von zentraler Bedeutung, lassen sich doch zwischen Rechtsangleichung und *Keck*-Rechtsprechung – und damit letztendlich auch in Bezug auf den nationalen Gestaltungsspielraum – ganz entscheidende Korrelationen feststellen.
Anders als in den beiden erstgenannten Entscheidungen lässt sich für die Übertragbarkeitkeit resp. Übertragung von *Keck* auf das Privatrecht keine pauschale Antwort finden; in der Literatur wird bis heute kontrovers diskutiert, ob *Keck* für das Privatrecht überhaupt „brauchbar" ist resp. wie die Entscheidung in privatrechtlichen Fallkonstellationen zu handhaben ist.

Der *EuGH* entwickelte *Keck* anlässlich einer Entscheidung zu einem französischen Verbot zum Weiterverkauf von Waren unter dem Einstandspreis, mithin

[764] vgl. schon Darstellung unter 3. Kapitel: § 6 B. II. 5. b. (3) (S.143ff) sowie im Folgenden unter 3. Kapitel: § 6 B. II. 5. d. (2) (cc) (S.163ff)
[765] vgl. Darstellung unter 3. Kapitel: § 6 B. II. 5. d. (1) (S.152, 153ff)

einer Art lauterkeitsrechtlichem Sachverhalt. Der Fall wurde dem *EuGH* jedoch nicht im Rahmen eines klassischen lauterkeitsrechtlichen Falles vorgelegt, sondern anlässlich eines Strafverfahrens vor dem Tribunal de Grande Instance Straßbourg gegen die Herren *Daniel Keck* und *Bernard Mithouard* wegen Verstoßes gegen Art 1 II, III Loi de Finances n° 63-628 vom 2. Juli 1963 in der Fassung des Artikels 32 der Ordonnance n° 86-1243 vom 1. Dezember 1986, welches den Verkauf unter Einstandspreis in Frankreich strafbewehrt verbietet.[766]
Dennoch verdeutlicht schon diese inhaltliche Nähe der *Keck*-Entscheidung zum Lauterkeitsrecht – die Beurteilung von bestimmten Produktaufmachungen oder Vertriebs- und Werbemethoden stellen zentrale Fragen des Lauterkeitsrecht dar[767] –, dass sie zumindest relativ unproblematisch auf die klassischen lauterkeitsrechtlichen Fallkonstellationen Anwendung finden kann. Der *EuGH* hat folgerichtig den Schritt zur Anwendung der *Keck*-Formel im Lauterkeitsrecht schnell vollzogen und beginnend mit den Entscheidungen *Clinique* und *Mars*[768] – teilweise unter Aufgabe seiner früheren Rechtsprechung[769] – eine einheitliche Linie entwickelt.
Auf eine Darstellung der Rechtsprechung in den sonstigen anerkannten Sondergebieten[770] kann vorliegend verzichtet werden; es genügt die insofern ganz wesentliche Feststellung, dass der *EuGH* die Anwendung der *Keck*-Rechtsprechung nicht von der Zugehörigkeit der zu überprüfenden Norm zum öffentlichen oder privaten Recht abhängig macht.

---

[766] Das deutsche Lauterkeitsrecht kennt ein solches ausdrückliches Verbot im Gegensatz zum französischen Recht nicht. Es erlaubt solche Verkaufspraktiken grundsätzlich, es sei denn, dass durch Verkäufe zum Verlustpreis gleichzeitig eine Irreführung des Verbrauchers über die Preisbemessung des gesamten Angebots erfolgt. (vgl. *Baumbach/Hefermehl*, UWG, §1, Rz. 256ff)

[767] *Klauer*, Die Europäisierung des Privatrechts, 81

[768] *EuGH* 2.2.1994 – Rs. C-315/92 (*Clinique*), Slg. 1994, I-317; *EuGH* 6.7.1995 - Rs. C-470/93 (*Mars*), Slg. 1995, I-1923; weitere Entscheidungen sind z.B. *EuGH* 26.11.1996 – Rs. C-313/94 (*Ditta Fransa*), Slg. 1996, I-6039; *EuGH* 26.6.1997 – Rs. C-368/95 (*Vereinigte Familiapress*), Slg. 1997, I-3689

[769] in Frage gestellt sind insbesondere die Entscheidungen *EuGH* 7.3.1990 - Rs. C-362/88 (*GB-Inno-BM*), Slg. 1990, I-667, *EuGH* 13.12.1991 - Rs. C-18/88 (*GB-Inno-BM SA)*, Slg. 1991, I-5941 und *EuGH* 18.5.1993 - Rs. C-126/91 (*Yves Rocher)*, Slg. 1993, I-2361; vgl. Darstellung bei *Klauer*, Die Europäisierung des Privatrechts, 371, 378, 380ff; *Hammer*, Handbuch zum freien Warenverkehr, 138ff

[770] vgl. Nachweise in Fn. 40 zu möglichen Verstößen nationaler Bestimmungen gegen die Grundfreiheiten in den Bereichen gewerblicher Rechtsschutz, Urheberrecht sowie unlauterer Wettbewerb

(1) Die Bedeutung von Keck für das Schuldvertragsrecht

Ganz wesentlich ist nun für den Fortgang der Arbeit die Frage nach der Anwendbarkeit der *Keck*-Rechtsprechung auf das sonstige Privatrecht außerhalb der anerkannten Sondergebiete, insbesondere auf das hier im Vordergrund stehende Schuldvertragsrecht. In diesem Bereich existieren bis heute keine einschlägigen Judikate des *EuGH*, wie Bestimmungen des allgemeinen Privatrechts in die mit *Keck* geschaffenen Kategorien einzuordnen sin. Auch die wenigen Urteile[771] der Vor-*Keck*-Ära zur Vereinbarkeit von privatrechtlichen Regelungen mit den Grundfreiheiten können nur Anhaltspunkte für die mögliche Handhabung nach *Keck* liefern; in der Tendenz veranschaulichen sie allerdings, dass der *EuGH* – wenn auch mit wechselnden Begründungen – diesbezüglich eine eher restriktive Überprüfung vornimmt.[772]

Nachfolgend soll deshalb untersucht werden, ob sich privatrechtliche Bestimmungen wie die des Schuldvertragsrecht in die *Keck'*sche Rechtsprechung einfügen lassen resp. auf welche Schwierigkeiten eine solche Einordnung trifft. In der Literatur werden diesbezüglich völlig konträre Ansätze vertreten, die von einer problemlosen Übertragung bis zur vollständigen Ablehnung der *Keck*-Formel im Privatrecht reichen. Schon diese große Meinungsvielfalt zeigt, dass eine dogmatisch eingehende Argumentation an dieser Stelle unentbehrlich ist; vor dem Hintergrund obigen Verständnisses der *Keck*-Formel wird sich diese Diskussion – wie nachfolgend zu zeigen sein wird – in der Bedeutung jedoch stark relativieren.

(aa) Die Anwendung befürwortende Stimmen

Zahlreiche Autoren wenden die *Keck*-Rechtsprechung – ohne Rücksicht auf die rechtliche Zuordnung der in Rede stehenden Vorschriften als öffentlich- oder privatrechtlich – auch auf das Privatrecht an; unabhängig von der grundsätzlichen Haltung zu *Keck* wird die Anwendung der *Keck*-Formel im Privatrecht nicht weiter hinterfragt bzw. deren Geltung stillschweigend unterstellt.[773] Die mit *Keck* geschaffenen Begrifflichkeiten finden so auch im allgemeinen Privat-

---

[771] vgl. Nachweise der Urteile in Fn. 41

[772] vgl. insbesondere die Urteile *Krantz*, *CMC-Motorradcenter* und *Alsthom Atlantique*, Nachweise in Fn. 41 – vgl. schon Darstellung unter 3. Kapitel: § 6 B. I. 3. (S.102ff) und 3. Kapitel: § 6 B. II. 5. a. (S.122ff)

[773] *Pfeiffer*, in: *Grabitz/Hilf*, EG-Verbraucher- und Datenschutzrecht, A5 Art. 8, Rz. 22; *Remien*, JZ 1994, 349, 353; *Armbrüster*, RabelsZ 60 (1996), 72, 75; *Gebauer*, Grundfragen der Europäisierung des Privatrechts, 77; *v.Wilmowsky*, JZ 1996, 590, 594, der *Keck* aber insgesamt ablehnt; indirekt auch *Müller-Graff*, in: *Horn/Baur/Stern*, 40 Jahre Römische Verträge, 107, 114 und *Roth*, JZ 1999, 529

recht mehr oder weniger unreflektiert Anwendung. Die ganz überwiegende Zahl schuld- und sachenrechtlicher Regelungen, die sich als Einschränkungen der Vertragsfreiheit darstellen, sollen so nach oft vertretener Ansicht prinzipiell von *Keck* erfasst werden und sich damit bereits gegenständlich dem Anwendungsbereich der Warenverkehrsfreiheit entziehen.[774] Teilweise wird noch pauschaler das gesamte Schuldvertragsrecht resp. das nationale Kaufrecht als Verkaufsmodalität im Sinne der *Keck*-Entscheidung begriffen bzw. – in abgeschwächter Form – in Zweifelsfällen zumindest eher den Verkaufsmodalitäten als den produktbezogenen Regelungen zugeordnet.[775] Folge einer solch grobmaschigen Einordnung wäre, dass schuldvertragsrechtliche Regelungen kaum noch den Voraussetzungen der *Cassis*-Formel unterlägen, entziehen sie sich doch in den allermeisten Fällen bereits als Verkaufsmodalität dem Anwendungsbereich des Art. 28 und damit der Kontrolle an sich.

(bb) Der Anwendung kritisch bis ablehnend gegenüberstehende Stimmen sowie alternative Lösungsansätze

Andere Autoren stehen der Anwendung der *Keck*-Rechtsprechung im Bereich privatrechtlicher Regelungen eher skeptisch bis ablehnend gegenüber.[776] Es wird kritisiert, dass das Begriffspaar produkt-/vertriebsbezogen für das allgemeine Privatrecht unpassend sei und allenfalls im Lauterkeitsrecht seinen Zweck erfüllen könne.[777] In vielen Teilbereichen des Privatrechts mache eine solche Differenzierung keinen Sinn, gehe es doch in der Sache oftmals weder um produktbezogene Regelungen noch um Modalitäten des Vertriebs von Waren. Speziell für das Schuldrecht wird argumentiert, dieses regele weder die Herstellung oder Darbietung von Produkten noch deren Vertrieb; vielmehr handele es sich oft um eine Art „Marktverhaltensrecht“, welches von der *Keck*-Formel nicht zufriedenstellend erfasst werden könne.[778] Das *Keck*-Urteil enthält nach dieser Ansicht in der Urteilsbegründung für das Privatrecht so gesehen eine Lücke.[779]
Wieder andere Autoren bleiben mit ihrer Kritik hinter dieser grundsätzlichen Ablehnung von *Keck* für das Privatrecht zurück und akzeptieren dessen Bedeu-

---

[774] in diesem Sinne: *v. Wilmowsky*, JZ 1996, 590, 594; *Remien*, JZ 1994, 349, 353; *Armbrüster*, RabelsZ 60 (1996), 72, 75; *Mülbert*, ZHR 159 (1995), 2, 24

[775] *Remien*, JZ 1994, 349, 353; *Armbrüster*, RabelsZ 60 (1996), 72, 75; *Basedow*, in: Festschrift *Mestmäcker*, 347, 353; mit Einschränkungen auch *Mülbert*, ZHR 159 (1995), 2, 24, 33, der aber eine dritte Gruppe neben den produkt- und vertriebsbezogenen schaffen will – dazu sogleich im Text

[776] *Klauer*, Die Europäisierung des Privatrechts, 81ff; *Mülbert*, ZHR 159 (1995), 2, 18, 22; *Petschke*, EuZW 1994, 107, 111; *Jickeli*, JZ 1995, 57, 60

[777] wie im vorausgegangenen Gliederungspunkt dargelegt

[778] *Klauer*, Die Europäisierung des Privatrechts, 63, 81, 83

[779] in diesem Sinne ausdrücklich *Mülbert*, ZHR 159 (1995), 2, 18

tung prinzipiell auch im Privatrecht; bemängelt wird aber, dass die Einordnung in die Begrifflichkeiten der *Keck*-Formel oftmals nur unter Schwierigkeiten möglich ist und auf diese Weise eine nicht unerhebliche Grauzone zahlreicher Misch- und Zweifelsfälle entsteht, für die die *Keck*-Formel keine adäquate Lösung bildet.[780]

Für die Vertreter beider Gruppen stellt sich nunmehr folgerichtig die Frage, ob das Begriffspaar aus Sicht des Gerichtshof das Spektrum möglicher behindernder Vorschriften abschließend erfasst oder ob nicht vielmehr neben den produkt- und vertriebsbezogenen Regelungen eine dritte Normgruppe existiert, die Regelungen auffängt, die weder produkt- noch vertriebsbezogen sind, sei es als Misch- oder Zweifelsfall oder als „Marktverhaltensrecht". Daraus resultierend stellt sich anschließend die Frage, wie eine solche Normgruppe – so sie denn existiert – im Rahmen von Art. 28 zu behandeln ist; d.h. ob sie den *„bestimmten Verkaufsmodalitäten"* im Sinne der *Keck*-Formel gleichzustellen ist und sich damit per se der Überprüfung entzieht oder ob sie wie eine produktbezogene Regelung anhand von Art. 28 zu überprüfen und gegebenenfalls zu rechtfertigen ist. Diese Frage wird – soweit ersichtlich – ausschließlich im Hinblick auf die Überprüfung privatrechtlicher Normen diskutiert, erscheint von ihrem gedanklichen Ansatz her aber ebenfalls auf Zweifelsfälle öffentlich-rechtlicher Natur übertragbar.
Zur Lösung dieser Problematik bietet sich zum einen der Rückgriff auf einige ältere das Privatrecht betreffende Entscheidungen des *EuGH* vor *Keck* an; zum anderen sind in der Literatur bislang – soweit ersichtlich – im Wesentlichen drei Lösungsansätze erarbeitet worden, die die unterstellte rechtliche Grauzone beseitigen resp. Alternativen zur *Keck*-Formel für das Privatrecht aufzeigen sollen.

(i) Lösungsansätze aus der früheren Judikatur des EuGH

Zunächst ist die Möglichkeit in Betracht gezogen worden, auf zwei frühere Nebenlinien der *EuGH* Rechtsprechung zurückzugreifen, die für die privatrechtliche Judikatur vor *Keck* von besonderem Interesse sind. Dies sind zum einen die schon genannten Urteile *Krantz* und *CMC-Motorradcenter* sowie die ebenfalls schon diskutierte Entscheidung *Alsthom Atlantique*[781], die allesamt einige der wenigen vorhandenen Judikate zum Verhältnis von Grundfreiheiten und Privatrecht darstellen. In den beiden erstgenannten Urteilen lehnte der Gerichtshof den Anwendungsbereich der Warenverkehrsfreiheit mit der Begründung ab, die

[780] *Jickeli*, JZ 1995, 57, 60; *Ackermann*, RIW 1994, 189, 193; *Sack*, EWS 1994, 181, 184; *Steindorff*, ZHR 158 (1995), 149ff; *Fezer*, JZ 1994, 317, 323
[781] vgl. Nachweise in den Fn. 637 und 650 – vgl. schon Darstellung unter 3. Kapitel: § 6 B. I. 1. (S.93ff) und 3. Kapitel: § 6 B. II. 5. a. (S.122ff)

Auswirkungen seien *„zu ungewiss und mittelbar"*; in letzterer Entscheidung verengte der *EuGH* den Anwendungsbereich des Art. 34 mit der Forderung eines *„spezifischen Ausfuhrhindernisses"*.
Mit diesen Kriterien ließe sich nun hilfsweise in den von *Keck* belassenen Zweifelsfällen argumentieren, um auf diese Weise das gesamte Spektrum behindernder Normen erfassen zu können. *Klauer*[782] gibt zu Bedenken, dass der Gerichtshof möglicherweise die Nebenlinie der *„zu ungewissen und mittelbaren"* Beschränkungen parallel zu *Keck* weiterverfolgen werde, *„um dem Zwang zu entgehen, Bestimmungen, die keine Beziehung zum Vertrieb konkreter Waren haben, als vertriebsbezogen bezeichnen zu müssen."* Dieser Ansatz ist vom *EuGH* – wie gesehen – auch nach *Keck* aufgegriffen worden.[783] Diese Auffassung leitet über zu einer weiteren möglichen Interpretation der *Keck*-Rechtsprechung im Privatrecht.

(ii) negative Abgrenzung der Verkaufsmodalitäten von den produktbezogenen Regelungen

Teilweise ist auch versucht worden, die befürchtete rechtliche Grauzone durch eine negative Abgrenzung der Verkaufsmodalitäten von den produktbezogenen Regelungen zu schließen;[784] mit anderen Worten: alles was nicht produktbezogen ist, soll sich – sofern die Voraussetzungen der *Keck*-Formel erfüllt sind – wie *„bestimmte Verkaufsmodalitäten"* dem Anwendungsbereich der Warenverkehrsfreiheit entziehen. Indem man feststellt, dass die in Rede stehende Regelung zumindest nicht produktbezogen ist, hält man die vom *EuGH* aufgestellte Vermutung zur Behinderungseignung produktbezogener Regeln zumindest formal ein, ohne aber positiv festzustellen, welche Wirkung die Regelung tatsächlich auf den freien Warenverkehr hat. Hilfsweise wird zudem oft mit einer Rechtfertigung im Sinne der *Cassis*-Rechtsprechung argumentiert; selbst wenn man die Regelung als produktbezogen ansieht, soll sie doch aus „zwingenden Erfordernissen" des Allgemeinwohls gerechtfertigt sein.

[782] *Klauer*, Die Europäisierung des Privatrechts, 95
[783] vgl. Darstellung unter 3. Kapitel: § 6 B. II. 5. c. (2) (S.147ff) und Bewertung unter 3. Kapitel: § 6 B. II. 5. c. (3) (S.148ff)
[784] *Fischer*, WiB 1994, 182, 185; *Kotthoff*, WRP 1996, 79, 82, 83; vgl. auch *Epiney*, in: *Callies/Ruffert*, EGV, Art. 28, Rz. 34; *Keßler*, Das System der Warenverkehrsfreiheit, 94, 97 mwN

(iii) Anerkennung einer dritten Gruppe von Regelungen

Andere Autoren[785] haben vorgeschlagen, die vermeintliche Lücke in der Urteilsbegründung durch die Anerkennung einer dritten Gruppe von Regelungen zu schließen, die die *Keck*-Formel nicht ausdrücklich nennt. Bedeutung erlangt dieser Lösungsansatz gerade bei der Überprüfung privatrechtlicher Normen, welche nach Ansicht dieser Autoren regelmäßig weder produkt- noch vertriebsbezogen ist, sondern eine Art „Marktverhaltensrecht" darstellt.[786]
Die Anerkennung einer dritten Gruppe führt dann denknotwendig zu der Frage, wie eine solche im Zusammenspiel mit *Keck* zu behandeln ist. In dieser Frage sind sich die Vertreter dieser Ansicht wiederum nicht einig, sondern kommen zu diametralen Ergebnissen. Teilweise werden die Regelungen den *„bestimmten Verkaufsmodalitäten"* gleichgestellt und damit dem Anwendungsbereich entzogen;[787] andere überprüfen die dritte Gruppe wie produktbezogene Regelungen in der üblichen Weise anhand von Art. 28.[788]

(iv) Ansatz von Klauer

Ein abgewandelter Ansatz für die Überprüfung privatrechtlicher Normen ist von *Klauer* entwickelt worden.[789] Auch sie argumentiert vorwiegend vor den oben beschriebenen Unzulänglichkeiten der *Keck*-Formel im Privatrecht, beschreitet dann allerdings einen dogmatisch anderen Weg als *Mülbert* e.a..[790] *Klauer* weist zunächst darauf hin, dass die Suche nach einem einzigen tauglichen Kriterium zur Begrenzung des Anwendungsbereichs des Art. 28 aufgrund der *„Vielgestaltigkeit der möglichen Fallgestaltungen"* von vornherein zum Scheitern verurteilt sei. Eine überzeugende Lösung könne nur in der kumulativen Anwendung der zahlreichen diskutierten Kriterien gefunden werden, die auf diese Weise in der Summe mehr als jeweils nur einen Aspekt der Warenverkehrsfreiheit beleuchten können.
Auch *Klauer* setzt in ihrem Ansatz an der *Dassonville*-Formel des *EuGH* an, konkretisiert diese jedoch – quasi anstelle der *Keck*-Formel – durch eine dreistufige Prüfung. Für die Bejahung des Anwendungsbereichs des Art. 28 soll es ausreichend sein, wenn alternativ eine der drei folgenden Prüfungspunkte erfüllt ist:

---

[785] *Mülbert*, ZHR 159 (1995), 2, 22; *Petschke*, EuZW 1994, 107, 111; *Jickeli*, JZ 1995, 57, 60f; mit Einschränkungen auch *Heermann*, GRUR Int. 1999, 579ff, der vor dem Hintergrund des Urteils *De Agostini* argumentiert

[786] vgl. schon Darstellung unter 3. Kapitel: § 6 B. II. 5. d. (1) (bb) (S.153ff)

[787] *Mülbert*, ZHR 159 (1995), 2, 22; *Petschke*, EuZW 1994, 107, 111

[788] *Jickeli*, JZ 1995, 57, 60

[789] *Klauer*, Die Europäisierung des Privatrechts, 95ff zu den theoretischen Grundlagen, 371ff zur Überprüfung im Einzelfall

[790] vgl. Nachweise in Fn. 785

(1) Handelt es sich um eine produktbezogene Regelung?

(2) Führt die staatliche Regelung zu einer Marktzugangssperre?

(3) Führt die Unterschiedlichkeit der betroffenen Rechtsordnungen zu einer Behinderung der Warenverkehrsfreiheit des betroffenen Privatrechtssubjekts? (Diversifikationszwang)

Das erste Kriterium ist dabei unzweifelhaft der *Keck*-Formel entnommen, kann aber nach *Klauer* für das Privatrecht wegen dessen zweifelhafter Einordnung meist nicht weiterhelfen; das zweite Kriterium stellt in Anknüpfung an *Dassonville* und *Keck* auf den Marktzugang ab und soll verhindern, *„dass alle Regelungen, die eine Marktzutrittsschranke beinhalten, zwanghaft als produktbezogen interpretiert werden müssen.“*[791] Entscheidendes Augenmerk legt *Klauer* für das Privatrecht schließlich auf das dritte Kriterium. Der Anwendungsbereich des Art. 28 ist ihr zufolge *„in all jenen Fällen eröffnet, in denen es zu einer Kollision zweier Rechtsordnungen kommt, die durch ihre unterschiedlichen Anforderungen den grenzüberschreitenden Warenverkehr behindern.“*[792] Das Argument des Diversifikationszwangs entnimmt sie dabei einigen lauterkeitsrechtlichen Urteilen[793], in denen der Gerichtshof die unterschiedliche nationale Gestaltung des Lauterkeitsrechts als ausreichend für die Eröffnung des Anwendungsbereichs des Art. 28 erachtet hat.

(2) Eigene Bewertung

Nachfolgend sollen die dargestellten Ansichten kurz diskutiert und vor dem Hintergrund des oben dargelegten Verständnisses der *Keck*-Formel bewertet werden.

(aa) Stellungnahme zu den unter (bb) genannten Ansichten

Den zuletzt genannten kritischen Stimmen ist zuzugeben, dass sich privatrechtliche Bestimmungen in der Tat oftmals nur schwer in das vom *EuGH* vorgegebene Schema einfügen, wenn man die formalistische Abgrenzung streng durchführt. Die vorgeschlagenen Alternativen stoßen jedoch in den allermeisten Fällen auf Bedenken systematischer und dogmatischer Art.

In einem ersten Schritt soll ein möglicher Rückgriff auf die frühere Rechtsprechungslinie *Krantz* und *CMC-Motorradcenter* sowie *Alsthom Atlantique* hinterfragt werden.

---

[791] *Klauer*, aaO, 97

[792] *Klauer*, aaO, 97

[793] *Klauer*, aaO, 97, Fn. 246 führt die Urteile *Buet*, *Oosthoek*, *GB-Inno* und *Yves Rocher* an.

Erstere Nebenlinie im Sinne einer *„zu ungewissen und mittelbaren"* Beschränkung wurde bereits oben ausführlich diskutiert und gerade im Hinblick auf ihren privatrechtlichen Hintergrund gewürdigt.[794] Die Entscheidungen, die – wie gezeigt – letztendlich als wenig überzeugender Beitrag des *EuGH*, der ungewünschten Kontrolle privatrechtlicher Regelungen zu entgehen, zu sehen sind, stellten aber schon vor *Keck* nur eine der wechselhaften und unsteten Begründungen des *EuGH* zur Verneinung des Anwendungsbereichs der Warenverkehrsfreiheit dar, die mit der Systematisierung durch *Keck* – wie bereits dargestellt[795] – ein Ende finden sollten und so ihre eigenständige Bedeutung neben *Keck* verloren haben.
Insofern erscheint es nicht sinnvoll, etwaige Grauzonen der *Keck*-Formel nunmehr mit der überholten Begründung auszufüllen, eine Regelung sei *„zu ungewiss und mittelbar"*.[796] Dieser Argumentation kann allenfalls in bestimmten Fällen eine Indizwirkung für eine systematisierte Betrachtung im Rahmen der *Keck* Dogmatik zukommen. Die Rechtsprechung des *EuGH* überzeugt insoweit nicht.[797]
Auch das Abstellen auf ein *„spezifisches Ausfuhrhindernis"* – wie in *Alsthom Atlantique* – lässt sich nicht auf Art. 28 übertragen. Diese Nebenlinie erging zur Warenausfuhrfreiheit gem. Art. 34 EG-Vertrag, welche der *EuGH* in der Dogmatik nie mit der Warenverkehrsfreiheit gleichgeschaltet hat;[798] insofern lässt sich die Ansicht vertreten, die Existenzberechtigung dieser Nebenlinie werde durch *Keck* nicht tangiert.[799] Andererseits erscheint die zu Art. 29 entwickelte Dogmatik vor dem Hintergrund der übrigen Grundfreiheiten wenig überzeugend. In Anbetracht der nicht mehr zu negierenden Entwicklung hin zu einer konvergenten Auslegung aller Grundfreiheiten steht die Berechtigung dieser Nebenlinie – wie noch zu zeigen sein wird – deshalb insgesamt in Frage.[800] So oder so stellt diese Nebenlinie keine tragfähige Ergänzung der *Keck*-Rechtsprechung dar.

Auch der Versuch, die beiden Begrifflichkeiten der *Keck*-Formel negativ voneinander abzugrenzen und so mögliche Zweifelsfälle aufzufangen, kann letzt-

---

[794] vgl. schon Darstellung unter 3. Kapitel: § 6 B. I. 1. (S.93ff) sowie unter 3. Kapitel: § 6 B. II. 5. a. (S.122ff)

[795] vgl. schon Darstellung unter 3. Kapitel: § 6 B. II. 5. c. (3) (S.148ff)

[796] Davon zu trennen sind die durchaus „richtigen" Ergebnisse dieser Nebenlinie, die in der *Keck*-Formel auch in empirischer Hinsicht eine Bestätigung gefunden haben. – vgl. schon Darstellung unter 3. Kapitel: § 6 B. II. 5. b. (2) (S.140ff)

[797] vgl. Darstellung unter 3. Kapitel: § 6 B. II. 5. c. (3) (S.148ff), Fn. 763

[798] vgl. Darstellung unter 3. Kapitel: § 6 B. I. 1. (S.93ff), Fn. 488 und 3. Kapitel: § 6 B. III. 1. b. (S.168ff)

[799] in diesem Sinne *Klauer*, Die Europäisierung des Privatrechts, 94, 95

[800] dazu im Folgenden unter 3. Kapitel: § 6 B. III. 1. (S.167, 168ff)

endlich nicht überzeugen. Die Kategorie der Verkaufsmodalitäten würde so zu einem Sammelbegriff ohne rechte Konturen verkommen. Alle Regelungen, denen ein Produktbezug fehlt, müssten sich so zwangsläufig an den qualifizierten Voraussetzungen der *Keck*-Formel messen lassen und entzögen sich bei deren Bejahung dem Anwendungsbereich der Warenverkehrsfreiheit. Eine solche Auffangfunktion lässt sich allerdings weder ausdrücklich noch indirekt dem *Keck*-Urteil oder einer Nachfolgeentscheidung entnehmen. Ob der *EuGH* deshalb für das Privatrecht bereit ist, die Gruppe der vertriebsbezogenen Regelungen so weit zu ziehen, darf nicht einfach unterstellt werden. Letztendlich ist eine solche Handhabung auch abhängig von der Frage nach der Existenz einer dritten Gruppe neben den beiden anerkannten Kategorien, welche nachfolgend zu diskutieren sein wird.

Auch der Ansatz, die *Keck*-Formel durch die Anerkennung einer dritten Gruppe von Bestimmungen neben produkt- und vertriebsbezogenen Regelungen zu ergänzen, erscheint letzten Endes nicht tragfähig. Schon die völlig konträre Behandlung einer solchen neu geschaffenen Gruppe verdeutlicht, dass die argumentative Konstruktion allzu gekünstelt und – wie nachfolgend zu zeigen sein wird – vor dem Hintergrund der *Keck*-Entscheidung im Grunde überflüssig, ja sogar hinderlich ist. Namentlich *Mülbert* argumentiert in Bezug auf eine dritte Gruppe zunächst im Einklang mit den Wertungen der *Keck*-Formel, dass warenbezogene Vorschriften marktabschottend wirken bzw. in der Sache bewirken, *„dass für nicht konforme Produkte ein Null-Kontingent besteht."* Mit der anschließenden Schlussfolgerung verlässt *Mülbert* dann allerdings den von *Keck* vorgezeichneten Weg.[801]

> *„Soweit Vorschriften des Empfängerstaates die ökonomischen Gewinnchancen der Warenanbieter hingegen in anderer Weise beeinflussen, als nicht durch Vorschriften über die Beschaffenheit und Aufmachung der Ware selbst, liegt keine Beschränkung im Sinne von Art. 30 vor. Dies gilt sowohl für die vom EuGH im Urteil Keck angesprochenen verkaufsbezogenen Bestimmungen als auch für sonstige Vorschriften."*

Eine solche Gleichstellung von *„sonstigen Vorschriften"* mit *„verkaufsbezogenen Bestimmungen"* widerspricht allerdings in augenfälliger Weise der ratio des *Keck*-Urteils. Dieses schafft – wie gesehen – gerade nur eine Bereichsausnahme für *„bestimmte Verkaufsmodalitäten"*, d.h. für Bestimmungen, die die gesonderten qualifizierten Voraussetzungen der *Keck*-Formel inhaltlich erfüllen.[802] Ist die Bereichsausnahme nicht einschlägig, muss sich eine Regelung in der üblichen

---

[801] *Mülbert*, ZHR 159 (1995), 2, 22; i.E. auch *Petschke*, EuZW 1994, 107, 111
[802] vgl. Darstellung unter 3. Kapitel: § 6 B. II. 5. b. (1) (S.128ff)

Weise anhand der *Cassis*-Formel bzw. der Schutzklausel in Art. 30 rechtfertigen lassen.
Mit einer pauschalen Nivellierung von sonstigen und verkaufsbezogenen Vorschriften wird man deshalb – ähnlich wie in den oben genannten befürwortenden Stimmen[803] – der *Keck*-Formel nicht gerecht. Wenn man überhaupt vor dem Hintergrund einer dritten Gruppe argumentiert, müsste man mit *Jickeli*[804] folgerichtig eine solche Gruppe – unabhängig von ihrer tatsächlichen Wirkung – den produktbezogenen Regelungen gleichstellen und in der üblichen Art und Weise einer Rechtfertigung zuführen. Mit der Auffassung, solche Bestimmungen grundsätzlich im Anwendungsbereich des Art. 28 zu belassen, träfe man also keinesfalls ein endgültiges Urteil über die Zulässigkeit der betreffenden Vorschrift; oftmals wird die Vorschrift sogar einer Rechtfertigung anhand der *Cassis*-Formel zugänglich sein.
Ähnlich argumentiert in diesem Zusammenhang auch *Heermann.*[805] Er sieht in dem Urteil *De Agostini*[806] aus dem Jahre 1997 eine Bestätigung für die Existenz einer dritten Gruppe. Im Fall *De Agostini* verneinte der *EuGH* für ein schwedisches Verbot von bestimmter Fernsehwerbung, also begrifflich unzweifelhaft eine Verkaufsmodalität, die zweite Voraussetzung der *Keck*-Formel, indem er nicht ausschließen wollte, dass diese zu einer tatsächlich unterschiedlichen Anwendbarkeit des Werbeverbotes führen kann. *Heermann* sieht in dieser Regelung eine *„sonstige Verkaufsmodalität"*, welche er konsequenterweise wie produktbezogene Regelungen behandeln will.
Zusammenfassend erweist sich die Diskussion um die Notwendigkeit einer dritten Gruppe in zweifacher Hinsicht fragwürdig. Zum einen sind die teilweise gezogenen Schlussfolgerungen im Hinblick auf eine Gleichschaltung mit den *„bestimmten Verkaufsmodalitäten"* nicht nachvollziehbar, zum anderen erscheint die Frage vor dem Hintergrund obiger Interpretation der *Keck*-Formel im Grunde bereits im Ansatz falsch gestellt.
Die Frage nach der Zuordnung der zahlreichen Misch- und Zweifelsfälle ist berechtigt[807], die Diskussion um die Existenz einer dritten Gruppe ist aber m.E. eine Scheindiskussion, mit der man sich den korrekten Weg zur Auslegung von *Keck* unnötig verbaut. Die Existenz von „sonstigen Verkaufsmodalitäten" im Gegensatz zu den *„bestimmten Verkaufsmodalitäten"* der *Keck*-Formel lässt sich dem Aufbau der *Keck*-Formel relativ unproblematisch entnehmen. So hat namentlich *Heermann* für den Fall *De Agostini* vollkommen richtig herausge-

---

[803] vgl. Nachweise in Fn. 773, 774 und 775
[804] *Jickeli*, JZ 1995, 57, 60
[805] *Heermann*, GRUR Int. 1999, 579, 581ff
[806] *EuGH* 9.7.1997 – verb. Rs. C-34, C-35 und C-36/95 (*De Agostini*), Slg. 1997, I-3843; wiederholt in *EuGH* 13.1.2000 – Rs. C-254/98 (*Schutzverband gegen unlauteren Wettbewerb*), Slg. 2000, I-151, Tz. 23, 25 = EuZW 2000, 309
[807] zu deren Behandlung sogleich im Text

stellt, dass hier ein Fall „sonstiger Verkaufsmodalitäten" vorliegt. Im Grunde ist mit dieser Feststellung allerdings nur gesagt, dass die in Rede stehende Verkaufsmodalität eben nicht die beiden qualifizierten Voraussetzungen der *Keck*-Formel erfüllt und demgemäß keine *„bestimmte Verkaufsmodalität"* darstellt. Die Besonderheit des Urteils *De Agostini* liegt dabei darin, dass dem *EuGH* hier – soweit ersichtlich – zum ersten Male eine Verkaufsmodalität zur Überprüfung vorlag, die den Absatz nicht *„rechtlich wie tatsächlich in der gleichen Weise"* berührte.[808] In diesem Zusammenhang lässt sich allenfalls darüber streiten, ob der *EuGH* die Fallgruppe der faktischen Diskriminierung nicht überspannt und so – trotz *Keck* – wieder zu „Vor-*Keck*-Ergebnissen" gelangt.[809]

Gleichwohl lässt sich der Diskussion zu Gute halten, dass sie verdeutlicht, dass neben den von *Keck* vorgegebenen Kategorien zahlreiche Misch-, Zweifelsfälle sowie sonstige Vorschriften existieren. Diese lassen sich teils als „sonstige Verkaufsmodalitäten"[810], teils schlicht als Misch- und/oder Zweifelsfall begreifen, wobei die Bezeichnung nicht entscheidend sein kann. Wie diese in die Vorgaben der *Keck*-Formel eingefügt werden können, soll nachfolgend aufgezeigt werden. Unzweifelhaft muss dabei sein, dass sich im Ergebnis nur diejenigen Verkaufsmodalitäten dem Anwendungsbereich des Art. 28 entziehen, die die in *Keck* aufgestellten qualifizierten Voraussetzungen erfüllen;[811] und dazu zählen neben den produktbezogenen Vorschriften auch nicht die „sonstigen Verkaufsmodalitäten". Diese Schlussfolgerung lässt sich deutlich dem Wortlaut der *Keck*-Formel entnehmen und stellt insofern eigentlich eine Selbstverständlichkeit dar. Auch mit der Anerkennung einer dritten Gruppe im Sinne eines „Marktverhaltensrecht" löst man sich unnötig von den eindeutigen Vorgaben der *Keck*-Formel, ohne *Keck* und die dahinter stehenden Wertungen ausreichend zu würdigen. Letztendlich entscheidet auch hier nicht die formale Unterscheidung, sondern die Wertungen, die hinter dieser Differenzierung stehen.[812]

---

[808] *EuGH* 9.7.1997 – verb. Rs. C-34, C-35 und C-36/95 (*De Agostini*), Slg. 1997, I-3843, Tz. 42, 43; ebenso jüngst in *EuGH* 13.1.2000 – Rs. C-254/98 (*Schutzverband gegen unlauteren Wettbewerb*), Slg. 2000, I-151, Tz. 23, 25 = EuZW 2000, 309

[809] in diesem Sinne kritisch *Gundel*, EuZW 2000, 311f zu *EuGH* 13.1.2000 – Rs. C-254/98 (*Schutzverband gegen unlauteren Wettbewerb*), Slg. 2000, I-151 = EuZW 2000, 309

[810] Diese Bezeichnung wählen neben *Mülbert* und *Heermann*, aaO auch *Leible*, WRP 1997, 517, 521; *Kieninger*, EWS 1998, 277, 281

[811] vgl. in diesem Zusammenhang auch die Ausführungen des Generalanwalts am *EuGH Fennelly* in Tz. 19 der Schlussanträge vom 16.9.1999 zu *EuGH* 27.1.2000 – Rs. C-190/98 (*Graf*), Slg. 2000, I-493; implizit auch Generalanwalt am *EuGH Alber* im Rahmen der Schlussanträge zu *EuGH* 13.4.2000 – Rs. C-176/96 (*Lehtonen*), Slg. 2000, I-2681, Tz. 49; *Roth*, in: Festschrift *Großfeld*, 929, 935

[812] vgl. schon Darstellung unter 3. Kapitel: § 6 B. II. 5. b. (1) (dd) (S.136ff) sowie sogleich im Text

Die gesamte Diskussion um die Existenz einer dritten Gruppe verliert insofern an Bedeutung, erweist sie sich doch vor dem Hintergrund obiger Interpretation der *Keck*-Formel dogmatisch fragwürdig und im Grunde eher hinderlich für eine möglichst eng an *Keck* orientierte Umsetzung.

Auch der von *Klauer* entwickelte Ansatz löst sich m.E. zu weit von den Vorgaben der *Keck*-Formel. Sie prüft jede einzelne Vorschrift anhand der von ihr entwickelten Kriterien in der vorgegebenen Reihefolge sukzessive durch, orientiert sich dabei aber nur noch in Teilen an den Vorgaben und Voraussetzungen der *Keck*-Formel. *Klauer* ist allerdings zu Gute zu halten, dass sie mit ihrem Schema den (vermeintlichen) Formalismus der *Keck*-Formel in den Hintergrund rückt und so die Möglichkeit schafft, in der konkreten Fallgestaltungen flexibler zu argumentieren. Sie schafft auf diese Weise im Bereich der privatrechtlichen Vorschriften ein Model, welches zumindest im Ergebnis zu stimmigen Ergebnissen führt. In seiner Bewertung ist dieser Ansatz deshalb m.E. grundsätzlich positiv zu werten.
Allerdings steht die von den Vorgaben der *Keck*-Formel doch relativ losgelöste Prüfung nicht unbedingt im Einklang mit der ständigen Rechtsprechung des *EuGH*, so dass sie trotz des wohl in den allermeisten Fällen deckungsgleichen Ergebnisses angreifbar erscheint. Zudem erweist sich eine solche Vorgehensweise speziell im Privatrecht vor dem Hintergrund obigen Verständnisses der *Keck*-Formel auch in diesem Fall als unnötig, lässt sich doch auch in engerer Anlehnung an *Keck* ein analoges Ergebnis erzielen.[813]
Die beschriebenen Alternativen zur *Keck*-Formel sind so aus den genannten Gründen letztendlich abzulehnen bzw. können nur in Bezug auf bestimmte Ansätze Zustimmung erfahren.

(bb) Stellungnahme zu den unter (aa) genannten Ansichten

Auch die zunächst genannten, einer Anwendung von *Keck* im Privatrecht grundsätzlich positiv gegenüberstehenden Stimmen, überzeugen nur zu einem geringen Teil. Die Vertreter dieser Ansicht greifen zwar auf den richtigen – wie eigentlich selbstverständlichen – Ansatz zurück, dass *Keck* grundsätzlich auch für das Privatrecht Geltung entfalten muss, reduzieren dann aber die privatrechtliche Bedeutung der *Keck*-Formel auf allzu pauschale Allgemeinplätze, ohne die dahinter stehende Wertung für das Privatrecht gesondert zu berücksichtigen. Eine pauschale Zuordnung des Schuldvertragsrechts resp. des Kaufrechts zu den Verkaufsmodalitäten wird den Anforderungen und insbesondere Wertungen der *Keck*-Formel m.E. nicht gerecht.

---

[813] dazu sogleich in Text

Der Gerichtshof hat durch *Keck* in bewusster Weise ganz bestimmte Anforderungen an die Wirkung einer dem Anwendungsbereich des Art. 28 entzogenen Verkaufsmodalität aufgestellt, welche nicht einfach durch eine generalisierende Zuordnung einer Maßnahme als Verkaufsmodalität resp. eher vertriebs- als produktbezogene Regelung verdrängt werden darf. Auch lässt sich eine solche Sichtweise argumentativ nicht stichhaltig begründen, sondern kann nur eine Tendenz für eine abschließende Bewertung einer jeden Vorschrift im Einzelfall sein. Auf diese Weise eine Überprüfung im Einzelfall zu umgehen, erscheint deshalb gerade vor dem Hintergrund der in *Keck* zum Ausdruck gebrachten Wertungen unangebracht. Auch das hilfsweise Rekurrieren auf ein im Zweifel vorliegendes „zwingendes Erfordernis" im Sinne der *Cassis*-Formel lässt die argumentative Schwäche dieser Ansicht erkennen. Einer solche Hilfskonstruktion mag zwar im Einzelfall eine argumentativ unterstützende Wirkung zukommen, sollte aber nicht der Regelfall für die dogmatisch zu differenzierende Abgrenzung zwischen Anwendungsbereich und Rechtfertigung innerhalb der Warenverkehrsfreiheit darstellen. Eine Anwendung der *Keck*-Formel im Privatrecht in der dargestellten Form überzeugt aus den genannten Gründen folglich nicht.

(cc) Abschließende Bewertung

Nachfolgend soll im Einklang mit obigem Verständnis der *Keck*-Formel deren Bedeutung für das Privatrecht zusammenfassend bewertet werden. Sämtliche Überlegungen müssen dabei vor dem Hintergrund von Sinn und Zweck der *Keck*-Rechtsprechung resp. der verwendeten Begrifflichkeiten im Zusammenspiel mit der Warenverkehrsfreiheit gesehen werden.
Unter dieser Prämisse erscheinen einige der oben ausgeführten Ansätze bereits im Ansatz zweifelhaft. Denn die Frage nach der Übertragbarkeit der *Keck*-Rechtsprechung in das Privatrecht resp. sogar deren Ablehnung im Privatrecht stellt sich streng genommen in dieser Form nicht. Im Grunde ist auch hier – wie in allen anderen das Privatrecht tangierenden Fällen – keine umfassende Neubetrachtung der Rechtsprechung vonnöten, sondern nur ein mehr oder weniger umfangreicher gedanklicher Transfer im Hinblick auf mögliche privatrechtliche Besonderheiten. Das Privatrecht muss – wie im Rahmen der *Dassonville* und *Cassis*-Rechtsprechung – auch im Rahmen von *Keck* als schlicht erfasst angesehen werden. Dies erscheint gerade für *Keck* plausibel, da hier in besonderem Maße die Wirkung der in Rede stehenden Maßnahme im Mittelpunkt der Betrachtung steht und keinesfalls deren Zuordnung zum öffentlichen oder privaten Recht. Auch der Gerichtshof macht die handelshemmende Wirkung einer Maßnahme nicht von der Zugehörigkeit zum öffentlichen oder privaten Recht ab-

hängig.[814] *Keck* kann insofern keine Ausnahme bilden, sondern setzt in Bezug auf das Privatrecht die übliche Vorgehensweise mit besonderen Vorzeichen fort. Privatrechtliche Besonderheiten sind auch hier vornehmlich unter teleologischen Gesichtspunkten zu berücksichtigen.[815]
Zu konzedieren ist den kritischen Ansichten allerdings, dass sich das allgemeine Privatrecht in der Tat nicht immer zweifelsfrei in die von *Keck* geschaffenen Kategorien einordnen lässt. Dies bestätigte unlängst auch Generalanwalt am *EuGH Fennelly* im Rahmen einer umfangreichen Stellungnahme zur Bedeutung der Rechtsache *Keck* für die übrigen Grundfreiheiten:[816]

> *„Außerdem ermöglicht die Zweiteilung zwischen Vorschriften, die die Produkte, und solche die den Vertrieb betreffen, selbst im Bereich des Warenhandels nicht die vollständige Beschreibung aller denkbaren Beschränkungen."*

Diese Aussage entfaltet Gültigkeit für Beschränkungen öffentlich rechtlicher Art, insbesondere aber auch bei Beschränkungen, welche in privatrechtlicher Form vorliegen. Gerade für das allgemeine Privatrecht erscheinen gewisse Unzulänglichkeiten der *Keck*-Formel dabei aber eher verständlich, wurde doch eine Überprüfung des Privatrechts vom Gerichtshof nie als so dringend empfunden und teilweise sogar bis heute mit wechselnden Begründungen gemieden.[817] Gleichwohl gilt *Keck* – wie gesagt – auch hier und muss nach Sinn und Zweck Beachtung finden. Unbestreitbar verbleiben dabei Misch- und Zweifelsfälle, die einer Einordnung in die Begrifflichkeiten produkt-/vertriebsbezogen schwer zugänglich sind. In solchen Fällen ist nach dem Schwerpunkt der in Rede stehenden Regelung zu suchen, welcher unter Mitberücksichtigung der handelshemmenden Auswirkung der Maßnahme zu würdigen ist. Verbleiben dann immer noch Zweifelsfälle, muss im Zweifel der Anwendungsbereich des Art. 28 wie für produktbezogene Regelungen eröffnet sein. Eine etwaige Zulässigkeit der Maßnahme lässt sich dann nur noch im Einzelfall anhand der *Cassis*-Formel resp. der Schutzklausel begründen.[818]

---

[814] vgl. schon Darstellungen unter 1. Kapitel: § 1 A. (S.1ff), Nachweise in Fn. 38f sowie unter 3. Kapitel: § 6 B. (S.91ff); dies geht im Übrigen in besonderem Maße auch aus dem Urteil *Keck* selbst hervor, welchem eigentlich ein lauterkeitsrechtlicher (und damit genuin privatrechtlicher) Sachverhalt zu Grunde liegt – vgl. schon Darstellung unter 3. Kapitel: § 6 B. II. 5. b. (S.126ff)

[815] dazu sogleich im Text

[816] Generalanwalt am *EuGH Fennelly* in Tz. 18 der Schlussanträge vom 16.9.1999 zu *EuGH* 27.1.2000 – Rs. C-190/98 (*Graf*), Slg. 2000, I-493

[817] vgl. schon Darstellungen unter 3. Kapitel: § 6 B. I. 3. (S.102ff), Nachweise in Fn. 520f sowie unter 3. Kapitel: § 6 B. II. 5. a. (S.122ff)

[818] vgl. schon Darstellung unter 3. Kapitel: § 6 B. II. 5. d. (2) (aa) (S.157ff)

Diese Vorgehensweise erscheint in Anbetracht des oben dargelegten Verständnisses der *Keck*-Rechtsprechung geboten und führt auch zu sach- und interessengerechten Ergebnissen, welche im Einklang mit den Wertungen des Gerichtshofs stehen. Dieser hat – wie dargestellt – im Urteil *Keck* deutlich gemacht hat, dass die Bereichsausnahme nur für *„bestimmte Verkaufsmodalitäten"* Gültigkeit entfaltet und keineswegs für jegliche Verkaufsmodalität.[819] Auch die vom *EuGH* aufgestellte Vermutung zur mangelnden Behinderungseignung *„bestimmter Verkaufsmodalitäten"* spricht für diese Sichtweise; die Vermutung kann eben nur für die *„bestimmten Verkaufsmodalitäten"* Wirkung entfalten und nicht für alle verbliebenen Zweifelsfälle. Die Anwendung der *Keck*-Formel im Privatrecht orientiert sich dabei entscheidend an Sinn und Zweck von Art. 28 sowie der bis dato ergangenen Rechtsprechung, wobei die gewählten Begrifflichkeiten vor ihrem rechtlichen Hintergrund interpretiert und gedanklich auf das Privatrecht transferiert werden müssen. Ausschlaggebendes Kriterium für die Auslegung und Anwendung der Begrifflichkeiten bleiben dabei die Auswirkungen der zu überprüfenden Maßnahme auf den Marktzugang, so dass auch im Privatrecht die Regelung allgemein wirtschaftlicher Tätigkeiten und Rahmenbedingungen, sofern sie den Voraussetzungen der *Keck*-Formel genügen, dem Anwendungsbereich der Grundfreiheiten entzogen sind.

Letztendlich steht also auch und gerade in privatrechtlichen Sachverhalten nicht die formalistische Betrachtung der in Rede stehenden Maßnahmen im Mittelpunkt, sondern die marktzugangserschwerende Wirkung und damit die Wertungen, die hinter der *Keck*-Entscheidung stehen.[820] Diese Einschätzung brachte jüngst auch Generalanwalt am *EuGH Fennelly* in den bereits zitierten Schlussanträgen in der Rechtssache *Graf* zum Ausdruck:[821]

> *„Die formale Unterscheidung zwischen die Produkte betreffenden Vorschriften und Verkaufsmodalitäten ist weniger bedeutsam als der Grund, der zu dieser Unterscheidung geführt hat: die Ermittlung der Umstände, unter denen verschiedene Vorschriften dieselbe unerwünschte Wirkung haben, nämlich die, den Zugang zum Markt zu beeinträchtigen."*

---

[819] vgl. schon Darstellung unter 3. Kapitel: § 6 B. II. 5. b. (1) (S.128ff)

[820] ebenso *Höpping*, Auswirkungen der Warenverkehrsfreiheit auf das IPR, 55; i.E. auch die oben dargestellte Ansicht von *Klauer* unter 3. Kapitel: § 6 B. II. 5. d. (1) (iv) (S.156ff) - vgl. auch Nachweise in Fn. 683

[821] Generalanwalt am *EuGH Fennelly* in Tz. 19 der Schlussanträge vom 16.9.1999 zu *EuGH* 27.1.2000 – Rs. C-190/98 (*Graf*), Slg. 2000, I-493

III. Die Bedeutung der Rechtsprechung zur Warenverkehrsfreiheit für die anderen Grundfreiheiten

In der Praxis der Rechtsprechung nehmen die Artt. 28 ff – wie gesehen – eine prägende Rolle ein. Den zahlreichen Entscheidungen des *EuGH* zu Rechtsfragen des freien Warenverkehrs ist insofern in der Vergangenheit oftmals eine Vorreiterrolle für das Verständnis der übrigen Grundfreiheiten zugekommen. Gerade im Bereich der Entwicklung hin zu einem umfassenden Beschränkungsverbot war hier lange Zeit unklar, inwieweit der *EuGH* gewillt ist, die *Dassonville*-Rechtsprechung auch auf die übrigen Grundfreiheiten zu übertragen. Nachdem diese Frage zwischenzeitlich höchstrichterlich geklärt ist, wird heute insbesondere der Umgang mit der *Keck*-Rechtsprechung im Anwendungsbereich der übrigen Grundfreiheiten diskutiert.

Das hier in Rede stehende europäische Schuldvertragsrecht berührt neben der Warenverkehrsfreiheit in erster Linie die Dienstleistungsfreiheit gem. Art. 49ff, teils aber auch die Freiheit des Kapital- und Zahlungsverkehrs gem. Art. 56ff. Die Ausschöpfung von Optionen durch den nationalen Gesetzgeber wird mithin gerade im Anwendungsbereich dieser Grundfreiheiten relevant. Die Niederlassungsfreiheit gem. Artt. 39ff wird demgegenüber primär durch andere europarechtliche Vorgaben, beispielsweise aus dem Bereich des Gesellschaftsrecht, ausgestaltet. Eine Behinderung des freien Warenverkehrs kommt – wie gesehen – in Betracht, wenn sich die in Rede stehende Regelung in der beschriebenen Weise auf den Verkehr bzw. Absatz körperlicher Gegenstände (Waren) auswirkt. Ebenso ist aber auch eine Behinderung grenzüberschreitender unkörperlicher Leistungen möglich, mit der Folge, dass der freie Dienstleistungsverkehr in der Gemeinschaft betroffen sein kann. Letzterer ist in den vergangenen Jahren neben der Warenverkehrsfreiheit zunehmend in den Mittelpunkt gerückt und vom Gerichtshof in zahlreichen Entscheidungen – vereinzelt auch in privatrechtlichen Konstellationen – konkretisiert worden.[822] Die Dienstleistungsfreiheit ist ausweislich des Wortlauts des Art. 50 Abs. 1 gegenüber der Waren- und Kapitalverkehrsfreiheit sowie den Personenverkehrsfreiheiten subsidiär. Diese Subsidiarität darf aber nicht im Sinne einer minderen Bedeutung der Dienstleistungsfreiheit missverstanden werden; im Gegenteil kommt ihr infolgedessen eine Art Auffangfunktion zu, die den Anwendungsbereich der Freiheit eher ausweitet.[823]

---

822 vgl. z.B. *EuGH* 10.5.1995 – Rs. C-384/93 (*Alpine Investments BV*), Slg. 1995, I-1141 zum sog. "cold calling"

823 vgl. *Schubert*, Der Gemeinsame Markt als Rechtsbegriff, 167ff; *Eilmansberger*, JurBl 1999, 345, 358, 361, 364 jeweils mit zahlreichen weiteren Nachweisen - vgl. zur Dienstleistungsfreiheit allgemein auch die umfangreichen Darstellungen bei *Schubert*, aaO, 167ff; *Eilmansberger*, aaO, 345, 358ff; *Pajunk*, Kapitalverkehrs- und Dienstleistungsfrei-

1. Die Grundfreiheiten als Beschränkungsverbote – die Bedeutung der Dassonville-Entscheidung

a. Die Gleichschaltung von Dienstleistungs-, Niederlassungs- und Kapitalverkehrsfreiheit mit der *Dassonville*-Formel

Das Konzept der Maßnahmen gleicher Wirkung ist dem Wortlaut nach allein in Art. 28 angelegt. Der *EuGH* hat es jedoch im Anschluss an *Dassonville* aus dem Jahre 1974 gleichermaßen auf die anderen Freiheiten erstreckt.[824] Die endgültige Hinführung zum Beschränkungsverbot wurde für die Dienstleistungsfreiheit in den Entscheidungen *Säger* und *Gebhard*[825] vollzogen, für die Personenverkehrsfreiheiten in *Kraus* und *Bosman*[826] begonnen und u.a. in *Futura Participations*[827] endgültig bestätigt. Den Gleichklang von Dienstleistungs- und Personenverkehrsfreiheiten mit der Warenverkehrsfreiheit verfolgt der *EuGH* seitdem in ständiger Rechtsprechung[828] konsequent weiter und hat sie in einer jüngeren Entscheidung[829] schließlich auch auf die Kapitalverkehrsfreiheit übertragen. Auf diese Weise hat der Gerichtshof die Entwicklung hin zu einer einheitlichen Auslegung der Grundfreiheiten weg vom Diskriminierungsverbot hin zu einem umfassenden Schutz vervollständigt und die Konvergenz diesbezüglich endgültig hergestellt.[830]

---

heit, 34, 36ff; *Ahlt*, Europarecht, 115ff; vgl. zu den Personenverkehrsfreiheiten und der Kapitalverkehrsfreiheit *Schubert*, aaO, 175ff, 181ff, 184ff; *Eilmansberger*, aaO, 345, 359ff; *Pajunk*, aaO, 34, 35; *Ahlt*, aaO, 97ff, 108ff, 122ff; *Jaensch*, Unmittelbare Drittwirkung, 93ff; *Freitag*, EWS 1997, 186ff; *Roth*, in: Gedächtnisschrift *Knobbe-Keuk*, 729ff, 745ff

[824] vgl. schon Darstellung unter 3. Kapitel: § 6 B. I. 2. (S.98ff)

[825] *EuGH* 25.7.1991 - Rs. C-76/90 (*Säger*), Slg. 1991, I-4221; *EuGH* 30.11.1995 – Rs. C-55/94 (*Gebhard*), Slg. 1995, I-4165

[826] *EuGH* 31.3.1993 – Rs. C-19/92 (*Kraus*), Slg. 1993, I-1663, 1697, *EuGH* 15.12.1995 – Rs. C-415/93 (*Bosman*), Slg. 1995, I-4921

[827] *EuGH* 15.5.1997 – Rs. C-250/95 (*Futura Participations*), Slg. 1997, I-2471

[828] vgl. zuletzt *EuGH* 23.11.1999 – verb. Rs. C-369 und C-376/96 (*Arblade und Leloup*), Slg. 1999, I-8453, Tz. 33 = EuZW 2000, 88 für die Dienstleistungsfreiheit; *EuGH* 16.7.1998 – Rs. C-264/96 (*ICI*), Slg. 1998, I-4695; *EuGH* 27.1.2000 – Rs. C-190/98 (*Graf*), Slg. 2000, I-493, Tz. 18 = EuZW 2000, 252 für Niederlassungs- und Arbeitnehmerfreizügigkeit

[829] *EuGH* 14.10.1999 – Rs. C-439/97 (*Sandoz*), Slg. 1999, I-7041 = EuZW 2000, 86, Tz. 18 (vgl. schon Wortlaut des Art. 56) – vgl. ausführlich zur Kapitalverkehrsfreiheit schon zuvor: *Freitag*, EWS 1997, 186ff

[830] vgl. auch die umfangreichen Darstellungen von *Grundmann*, Europäisches Schuldvertragsrecht, §2, Rz. 56ff; *Mülbert*, ZHR 159 (1995), 3, 28ff; *Keßler*, Das System der Warenverkehrsfreiheit, 263f; *Roth*, in: Gedächtnisschrift *Knobbe-Keuk*, 729ff; *Weiß*, EuZW 1999, 493ff – vgl. zur Konvergenz in der Dogmatik der Grundfreiheiten weitere Nachweise unter 3. Kapitel: § 6 B. III. 4. (S.180ff)

b. Die Ausfuhrfreiheit gem. Art. 29 (Art. 34 EG-Vertrag) – ein Sonderfall?

In Kontrast zu der soeben beschriebenen Konvergenz der vier Grundfreiheiten steht die schon mehrmals herangezogene Rechtsprechung des *EuGH* zur Ausfuhrfreiheit gem. Art. 29. Der *EuGH* hat die Ausfuhrfreiheit seit seiner *Groenveld*-Entscheidung aus dem Jahre 1979 nie als umfassendes Beschränkungsverbot ausgelegt, sondern bis heute immer nur *„spezifische Beschränkungen der Ausfuhrströme"* als tatbestandsmäßige Behinderungen akzeptiert.[831] Art. 29 soll demnach nur dann anwendbar sein, wenn die einheimischen Exporteure im Vergleich zu den einheimischen Gewerbetreibenden einer besonderen Belastung ausgesetzt sind. Ohne eine ausdrückliche Begründung für die abweichende Behandlung von Ein- und Ausfuhrhindernissen zu geben, verneinte der Gerichtshof in all den Fällen das *„spezifische Ausfuhrhindernis"*, in denen der Export durch nationale Vorschriften behindert wurde, die zugleich auch für die inländische Wirtschaftstätigkeit galten.[832]
Diese Rechtsprechung erscheint vor dem Hintergrund der soeben beschriebenen richtungsweisenden neueren *EuGH* Rechtsprechung überholt. In Anbetracht der konvergenten Auslegung der Grundfreiheiten hin zu einem umfassenden Beschränkungsverbot handelt es sich bei der Rechtsprechung zur Ausfuhrfreiheit aus heutiger Sicht im Grunde um einen anachronistischen und systemwidrigen Fremdkörper im Gesamtkomplex der Grundfreiheiten. Die Auslegung müsste auch hier – wie bei den übrigen Grundfreiheiten – vor dem Hintergrund des Binnenmarktzieles erfolgen. Analog zum Herkunftslandprinzip[833] in Bezug auf Einfuhrbeschränkungen sollte das Bestimmungslandprinzip in Bezug auf Ausfuhrbeschränkungen Gültigkeit haben, d.h. es muss auch dem Exporteur das Recht eingeräumt werden, seine Waren binnenmarktweit entsprechend der jeweiligen Regeln des Bestimmungslandes anzubieten. Es ist jedenfalls kein nachvollziehbarer Grund ersichtlich, warum eine Regelung der Grundfreiheitenkontrolle unterzogen werden soll, soweit sie Einfuhren belastet, dieselbe Regelung jedoch unbedenklich sein soll, soweit sie „nur" die Ausfuhr belastet. Dies erscheint gerade vor der theoretischen Austauschbarkeit der beteiligten Parteien

[831] vgl. Darstellungen bei *Klauer*, Die Europäisierung des Privatrechts, 83ff; *Eilmansberger*, JBl 1999, 434, 448ff, kritisch: *Roth*, ZEuP 1994, 5, 30; *Beutler/Bieber/Pipkorn/Streil*, Europäische Union (1993), 291; *v.Wilmowsky*, EuR 1996, 362, 367 mwN; *Nicolaysen*, EuR 1991, 95, 106f; *Schubert*, Gemeinsamer Markt, 163ff

[832] vgl. die Entscheidungen *EuGH* 8.11.1979 – Rs. 15/79 (*Groenveld*), Slg. 1979, 3409, 3415; *EuGH* 14.7.1981 – Rs. 155/80 (*Oebel*), Slg. 1981, 1993, 2009; *EuGH* 1.4.1982 – Rs. 141/81 (*Holdijk*), Slg. 1982, 1299; *EuGH* 24.1.1991 – Rs. C-339/89 (*Alsthom Atlantique*), Slg. 1991, I-107, 124; bejaht in: *EuGH* 3.2.1977 – Rs. 53/76 (*Bouhelier*), Slg. 1977, 197; *EuGH* 9.6.1992 – Rs. C-47/90 (*Delhaize*), Slg. 1992, I-3669

[833] vgl. Nachweise in Fn. 469

nicht plausibel, da dann ein und derselbe Sachverhalt – je nach Rollenverteilung – unterschiedlich zu beurteilen wäre.[834] Jede Einfuhr hat denknotwendig auch einen Ausfuhraspekt und vice versa.
Die Rechtsprechung des *EuGH* zu Art. 29 stellt nach dem Gesagten daher zu Unrecht einen Sonderfall in der Auslegung der Grundfreiheiten dar;[835] über kurz oder lang ist mit einer Gleichschaltung dieser anachronistischen Rechtsprechung mit der Judikatur zu den übrigen Grundfreiheiten durch den *EuGH* zu rechnen.

2. *Übertragbarkeit der Grundsätze der Cassis-Rechtsprechung auf die übrigen Grundfreiheiten*

Die *Cassis de Dijon* Entscheidung hat ihre Grundlage – wie gesehen[836] – in der Rechtsprechung des *EuGH* zur Warenverkehrsfreiheit. Der *EuGH* hat die dort entwickelten Grundsätze nach und nach auf die übrigen Grundfreiheiten übertragen und so eine Rechtfertigung auf Tatbestandsebene auch bei den anderen Grundfreiheiten zugelassen.[837] Den Mitgliedstaaten wird es so gestattet, sich auf „zwingende Erfordernisse" in Form von Allgemeininteressen zu berufen. Die Grundsätze der *Cassis*-Formel entfalten demnach nach heute überwiegender Ansicht für alle Grundfreiheiten Geltung.[838]

---

834 vgl. z.B. die Darstellung für die Entscheidung *Alsthom Atlantique* von *v.Wilmowski*, EuR 1996, 362, 366

835 Kritisch äußern sich ebenso *Roth*, ZEuP 1994, 5, 30; *Beutler/Bieber/Pipkorn/Streil*, Europäische Union (1993), 291; *v.Wilmowsky*, EuR 1996, 362, 367 mwN; *Nicolaysen*, EuR 1991, 95, 106f; *Schubert*, Gemeinsamer Markt, 163ff; anders die Interpretation von *Höpping*, Auswirkungen der Warenverkehrsfreiheit auf das IPR, 54, 70ff, die die Auslegung von Art. 28 an die von Art. 29 angleichen will und dies durch die *Keck*-Rechtsprechung bestätigt sieht.

836 vgl. Darstellung unter 3. Kapitel: § 6 B. II. 4. (S.111ff)

837 vgl. z.B. die Entscheidungen *EuGH* 25.7.1991 – Rs. C-288/89 (*Gouda, Mediawet*), Slg. 1991, I-4007, 4040, Tz. 12f; *EuGH* 10.5.1995 – Rs. C-384/93 (*Alpine Investments BV*), Slg. 1995, I-1141; *EuGH* 9.7.1997 – verb. Rs. C-34, C-35 und C-36/95 (*De Agostini*), Slg. 1997, I-3843, Tz. 53, *EuGH* 21.9.1999 – Rs. C-124/97 (*Läärä*), Slg. 1999, I-6067, Tz. 28, 31 = EuZW 2000, 148 für die Dienstleistungsfreiheit; *EuGH* 31.3.1993 – Rs. C-19/92 (*Kraus*), Slg. 1993, I-1663, Tz.- 32; *EuGH* 30.11.1995 – Rs. C-55/94 (*Gebhard*), Slg. 1995, I-4165, Tz. 37; *EuGH* 15.12.1995 – Rs. C-415/93 (*Bosman*), Slg. 1995, I-4921, Tz. 85f, 104; *EuGH* 13.4.2000 – Rs. C-176/96 (*Lehtonen*), Slg. 2000, I-2681, Tz. 51 = EuZW 2000, 375 für die Freizügigkeit; *EuGH* 15.5.1997 – Rs.C-250/95 (*Futura Participations*), Slg. 1997, I-2471, Tz. 26ff und *EuGH* 16.7.1998 – Rs. 264/96 (*ICI*), Slg. 1998, I-4695, Tz. 23ff für die Niederlassungsfreiheit; *EuGH* 3.2.1993 – Rs. C-148/91 (*Veronica*), Slg. 1993, I-487, Tz. 15f; angedeutet auch in *EuGH* 16.3.1999 – Rs. C-222/97 (*Trummer u.a.*), Slg. 1999, I-1661, Tz. 29f für die Kapitalverkehrsfreiheit

838 vgl. die umfangreichen Darstellungen bei *Schubert*, Der Gemeinsame Markt als Rechtsbegriff, 186ff; *Hirsch*, ZEuS 1999, 503, 510; *Freitag*, EWS 1997, 186, 195; *Knaul*, Auswirkungen des europäischen Binnenmarktes der Banken, 51ff; *Ahlfeld*, Zwingende Erfor-

Die konvergente Auslegung der Grundfreiheiten durch den *EuGH* und die Vorreiterrolle, der die Rechtsprechung zur Warenverkehrsfreiheit für die übrigen Freiheiten zukommt, wird auf diese Weise nochmals unterstrichen.

3. Die Bedeutung der Keck-Entscheidung für die übrigen Grundfreiheiten

Von aktueller Bedeutung und bislang noch ungeklärt ist die Frage nach der Übertragbarkeit der *Keck*-Rechtsprechung zu Art. 28 auf die übrigen Grundfreiheiten. Eine solche Diskussion ist erst in den letzten Jahren nach und nach angeregt worden. Dies mag zum einen mit der besonders kritischen Aufmerksamkeit erklärt werden, die die *Keck*-Rechtsprechung schon per se auf sich zog und so erst einmal „abgearbeitet" werden musste[839], zum anderen mit der noch relativ kurzen Zeitspanne nach dem Urteil *Keck* im Jahre 1993.

a. Tendenzen in der Rechtsprechung des *EuGH* sowie Stellungnahmen der Generalanwälte am *EuGH*

Der *EuGH* hat es bislang konsequent vermieden, die *Keck*-Rechtsprechung bzw. die darin verwandten Begrifflichkeiten in anderen Entscheidungen zu den Grundfreiheiten ausdrücklich anzuwenden. In der Entscheidung *Alpine Investments*[840] zur Dienstleistungsfreiheit nahm das Gericht zu dieser Problematik erstmals mehr oder weniger deutlich – wie schon die völlig abweichenden Interpretationen durch die Literatur zeigen – Stellung.
In dieser Rechtssache wandte sich eine auf Warentermingeschäfte spezialisierte niederländische Gesellschaft gegen das vom niederländischen Ministerium der Finanzen ihr gegenüber ausgesprochene Verbot des sog. „cold calling", d.h. die Praxis, mit Privatleuten ohne deren vorherige schriftliche Zustimmung telefonisch Kontakt aufzunehmen, um ihnen Finanzdienstleistungen verschiedenster Art anzubieten. Im Rahmen dieses dem *EuGH* zur Vorabentscheidung vorgelegten Verfahrens stellten sich die Regierungen der Niederlande und des Vereinigten Königreichs auf den Standpunkt, das fragliche Verbot des „cold callings" sei dem Anwendungsbereich der Dienstleistungsfreiheit gem. Art. 49 entzogen, da es allgemein anwendbar und nicht diskriminierend sei und es nicht bezwecke oder bewirke, dem nationalen Markt einen Vorteil gegenüber Dienstleistungserbringern aus anderen Mitgliedstaaten zu verschaffen. Da es nur die Art und Weise betreffe, in der die Dienstleistung angeboten würde, entspreche es vielmehr den nichtdiskriminierenden Maßnahmen, die Verkaufsmodalitäten regelten

dernisse, 221; zweifelnd noch *Keßler*, Das System der Warenverkehrsfreiheit, 268f in Bezug auf die Personenverkehrsfreiheiten

839 vgl. schon Darstellung unter 3. Kapitel: § 6 B. II. 5. b. (S.126ff)

840 *EuGH* 10.5.1995 – Rs. C-384/93 (*Alpine Investments BV*), Slg. 1995, I-1141, Tz. 34ff

und die nach der *Keck*-Rechtsprechung des *EuGH* nicht in den Anwendungsbereich des Art. 28 fielen.[841] Dieser Sicht ist der *EuGH* im Ergebnis nicht gefolgt. Das Gericht führt in Tz. 35f des Urteils aus:

> *„Zwar trifft es zu, dass ein Verbot, wie es dem Ausgangsverfahren zugrunde liegt, allgemeinen und nichtdiskriminierenden Charakter hat und dass es weder bezweckt noch bewirkt, dem nationalen Markt einen Vorteil gegenüber den Dienstleistungserbringern aus anderen Mitgliedstaaten zu verschaffen; doch ändert dies nichts daran, dass es, wie oben [...] ausgeführt, eine Beschränkung des grenzüberschreitenden freien Dienstleistungsverkehrs darstellen kann.*
> *Ein solches Verbot entspricht nicht den Regelungen der Verkaufsmodalitäten, die nach der Rechtsprechung Keck und Mithouard dem Anwendungsbereich des Artikels 30 EWG-Vertrag entzogen sind.*
> *Nach dieser Rechtsprechung ist die Anwendung nationaler Bestimmungen [...], die im Gebiet des Einfuhrmitgliedstaats bestimmte Verkaufsmodalitäten beschränken oder verbieten, auf Erzeugnisse aus anderen Mitgliedstaaten nicht geeignet, den Handel zwischen den Mitgliedstaaten zu behindern, sofern diese Bestimmungen erstens für alle betroffenen Wirtschaftsteilnehmer gelten, die ihre Tätigkeit im Inland ausüben, und sofern sie zweitens den Absatz der inländischen Erzeugnisse und der Erzeugnisse aus anderen Mitgliedstaaten rechtlich wie tatsächlich in der gleichen Weise berühren. Der Grund hierfür liegt darin, dass die Anwendung derartiger Regelungen nicht geeignet ist, den Marktzugang für diese Erzeugnisse im Einfuhrmitgliedstaat zu versperren oder stärker zu behindern, als sie dies für inländische Erzeugnisse tut.*
> *Ein Verbot wie das hier streitige geht aber von dem Mitgliedstaat aus, in dem der Leistungserbringer ansässig ist, und betrifft nicht nur die Angebote, die er Leistungsempfängern gemacht hat, die im Gebiet dieses Staates ansässig sind oder sich dorthin begeben, um Dienstleistungen entgegenzunehmen, sondern auch die Angebote an Leistungsempfänger in einem anderen Mitgliedstaat. Aus diesem Grund beeinflusst es unmittelbar den Zugang zum Dienstleistungsmarkt in den anderen Mitgliedstaaten. Es ist daher geeignet, den innergemeinschaftlichen Dienstleistungsverkehr zu behindern."*

Der Gerichtshof hat die in *Keck* entwickelte Bereichsausnahme in *Alpine Investments* demzufolge zwar nicht zur Anwendung gebracht, hat diese m.E. aber auf der anderen Seite auch nicht ausdrücklich als schlechthin irrelevant für die Dienstleistungsfreiheit bezeichnet. Die Entscheidung ist eher ambivalent ausgefallen, wie schon die völlig unterschiedliche Interpretation des Urteils durch die Literatur zeigt.[842]

---

[841] *EuGH* aaO, Tz. 33
[842] vgl. dazu im folgenden Gliederungspunkt

Intensiver als das Gericht selbst in seinen veröffentlichten Dokumenten haben sich einige Generalanwälte mit der Problematik einer etwaigen Übertragbarkeit der *Keck*-Rechtsprechung befasst. Die dazu vorliegenden Stellungnahmen sind allerdings – wie die Entscheidung des *EuGH* selbst – nicht einhellig.
In einer umfangreichen und grundsätzlichen Stellungnahme zur Bedeutung der Rechtssache *Keck* hat sich unlängst Generalanwalt am *EuGH Fennelly* in den Schlussanträgen vom 16. September 1999 in der Rechtssache *Graf*[843] geäußert. Letztendlich hält er eine Übertragung der Grundgedanken der *Keck*-Entscheidung für gerechtfertigt und sieht sich dabei im Einklang mit den Ergebnissen von Generalanwalt *Lenz* in der Rechtssache *Bosman*[844] aus dem Jahre 1995; dieser hat im Rahmen der Freizügigkeit eine Unterscheidung zwischen nationalen Vorschriften über den Zugang zum Markt und Vorschriften, die lediglich die Ausübung einer wirtschaftlichen Tätigkeit regeln, vorgeschlagen.[845] Generalanwalt *Fennelly* führt in Tz. 18 der Schlussanträge aus:

> *„Ich möchte vorab die oben in Nummer 1 aufgeworfene letzte Frage dahin beantworten, dass meines Erachtens die Rechtsprechung des Gerichtshofes zum freien Warenverkehr einschließlich des Urteils Keck nützliche Hinweise für die Anwendung von Artikel 48 EG-Vertrag (nach Änderung jetzt Artikel 39 EG) enthält. Ich möchte vor einer Prüfung der genaueren Fragen betreffend die Mobilität der Arbeitnehmer, um die es im vorliegenden Fall geht, einige Vorbemerkungen über die Fortentwicklung der Rechtsprechung Keck machen, jedoch sogleich hinzufügen, dass Analogien zwischen beiden Bereichen selten vollkommen sind und dass insbesondere die Erwägungen im Urteil Keck nur dann auf den Bereich der Freizügigkeit der Arbeitnehmer übertragen werden können, wenn man sie auf ihre wesentlichen Elemente reduziert und die starreren und formalistischeren Unterscheidungen - zwischen die Produkte betreffenden Vorschriften und bestimmten Verkaufsmodalitäten -, die den Prozess der Herstellung und des Vertriebs von Waren kennzeichnen, außer Acht lässt. Menschen sind keine Waren, und der Prozess der Abwanderung zum Zweck der Beschäftigung oder Niederlassung im Ausland einschließlich der Vorbereitung dafür kann nicht so klar in (Massen-) Produktion und Vermarktungsstufen eingeteilt werden. Außerdem ermöglicht die Zweiteilung zwischen Vorschriften, die die Produkte, und solchen, die den Ver-*

---

843 *EuGH* 27.1.2000 – Rs. C-190/98 (*Graf*), Slg. 2000, I-493 = EuZW 2000, 252

844 *EuGH* 15.12.1995 – Rs. C-415/93 (*Bosman*), Slg. 1995, I-4921, 5004, Tz. 194, 200f, 204f

845 vgl., Tz. 33 der Schlussanträge des Generalanwalts am *EuGH Fennelly* vom 16.9.1999 in der Rechtssache C-190/98 (*Graf*), Slg. 2000, I-493 sowie die Schlussanträge des Generalanwalts am *EuGH Lenz* vom 20.9.1995 zu *EuGH* 15.12.1995 - Rs. C-415/93 (*Bosman*), Slg. 1995, I-4921, 4930, Tz. 205, 206, 210; indirekt auch schon zuvor Generalanwalt am *EuGH Elmer* im Rahmen der Schlussanträge zu *EuGH* 14.12.1995 – Rs. C-387/93 (*Banchero*), Slg. 1995, I-4663, Tz. 28

trieb betreffen, selbst im Bereich des Warenhandels nicht die vollständige Beschreibung aller denkbaren Beschränkungen."

Generalanwalt *Alber* dagegen hat in den Schlussanträgen vom 22. Juni 1999 in der Rechtssache *Lehtonen*[846] eine andere Auffassung vertreten als die Generalanwälte *Lenz* und *Fennelly*. Er hält die Einführung einer solchen Beschränkung durch *Keck* im Rahmen des Art. 48 für nicht angezeigt. Unter Hinweis auf das Urteil *Keck* führt er aus, dass Vorschriften über die Ausübung eines Berufs eher den Erzeugnissen betreffenden Vorschriften entsprächen als Vorschriften über Verkaufsmodalitäten, da sie die Bürger direkt berührten, die somit jedes Mal, wenn sie von einem Mitgliedstaat in einen anderen umzögen, verschiedene Vorschriften berücksichtigen und neue Fertigkeiten erwerben müssten.[847] Auch Generalanwalt *Cosmas* lehnt in den Schlussanträgen vom 30. November 1999 in der Rechtssache *Corsten*[848] eine analoge Anwendung der *Keck*-Rechtsprechung auf die Dienstleistungsfreiheit unter Berufung auf das Urteil *Alpine Investments* ab; ob er einer Übertragung grundsätzlich negativ gegenüber steht oder nur in dem gegebenen Fall eine Analogie ablehnt, wird aus der kurzen Stellungnahme nicht recht deutlich.[849]

b. Stellungnahmen in der Literatur

Die Literatur hat sich mit der Frage einer möglichen Übertragbarkeit der *Keck*-Rechtsprechung erst in den letzten Jahren auseinandergesetzt. Es finden sich für nahezu alle denkbaren Ansätze – von der rigorosen Ablehnung bis zur unbedenklichen Übertragung der Rechtsprechung – Vertreter. Zumeist hat man sich aber darauf beschränkt, eine Übertragung gedanklich anzuregen und auf die noch ausstehende endgültige Klärung durch den *EuGH* zu verweisen.

Troberg[850] hält eine Übertragung im Bereich der Dienstleistungsfreiheit für folgerichtig, sieht dabei in der Entscheidung *Alpine Investments* weder eine Bestätigung in die eine noch in die andere Richtung, da der *EuGH* die Frage, ob das Verbot des „cold calling" eine Verkaufsmodalität darstellt, nicht geprüft habe.

---

846 *EuGH* 13.4.2000 – Rs. C-176/96 (*Lehtonen*), Slg. 2000, I-2681 = EuZW 2000, 375

847 vgl., Tz. 46, 48 der Schlussanträge des Generalanwalts am *EuGH Alber* vom 22.6.1999 zu *EuGH* 13.4.2000 – Rs. C-176/96 (*Lehtonen*), Slg. 2000, I-2681

848 *EuGH* 3.10.2000 – Rs. C-58/98 (*Corsten*), Slg. 2000, I-7919

849 vgl. die Schlussanträge des Generalanwalts am *EuGH Cosmas* vom 30.11.1999 zu *EuGH* 3.10.2000 – Rs. C-58/98 *(Corsten)*, Slg. 2000, I-7919, Tz. 23; ablehnend auch Generalanwalt am *EuGH Tesauro*, The Internal Market of the EC in the Light of the Recent Caselaw of the Court of Justice, Zentrum für Europäisches Wirtschaftsrecht – Vorträge und Berichte Nr. 65 (1996), 17ff

850 in: *v.d.Groeben/Thiesing/Ehlermann*, EGV, Art. 59, Rz. 33f, Fn. 31

Nach seiner Ansicht gibt es aber im Rahmen der Dienstleistungsfreiheit durchaus „Verkaufsmodalitäten“, die sich dort freilich nicht in einer physischen Beschaffenheit der Leistung gegenüberstellen lassen, wohl aber deren Inhalt. Zahlreiche andere Autoren[851] sehen sich trotz der Nichtanwendung der *Keck*-Rechtsprechung im konkreten Fall *Alpine Investments* nicht daran gehindert, die *Keck*-Rechtsprechung auf die anderen Grundfreiheiten auszudehnen. Der *EuGH* habe in *Alpine Investments* erkennen lassen, dass die Grundsätze der *Keck*-Rechtsprechung auf den Bereich der Dienstleistungsfreiheit grundsätzlich übertragen werden könnten. Der Umstand, dass der *EuGH* in *Alpine Investments* immerhin geprüft hat, ob eine Regelung einer Vertriebsmodalität iSd *Keck*-Rechtsprechung vorliegt, lasse darauf schließen, dass die Entscheidung auch im Bereich der Dienstleistungsfreiheit Gültigkeit entfalte. Unklar bleibt im Rahmen der Stellungnahmen jedoch zumeist, ob die Grundsätze der *Keck*-Rechtsprechung auch in derselben Weise anwendbar sind, d.h. welche Formen der Regelung bzw. Beschränkungen bei den anderen Freiheiten konkret den Verkaufsmodalitäten im Rahmen der Warenverkehrsfreiheit entsprechen sollen.[852]

Andere Autoren[853] lehnen eine Übertragung der *Keck*-Rechtsprechung ab. Sie stützen sich dabei zum einen auf die vermeintlich ablehnende Haltung des *EuGH* in *Alpine Investments* und sehen darin eine eindeutige Ablehnung der Übertragbarkeit durch den *EuGH*; zudem wird eine Übertragung aufgrund der unterschiedlichen Ausgestaltungen der Freiheiten für nicht tragbar gehalten.

---

[851] *Kluth*, in: *Callies/Ruffert*, EGV, Art. 50, Rz. 42; *Eilmansberger*, JBl 1999, 434, 440, 452; *Ahlt*, Europarecht, 119; umfangreich *Schubert*, Der Gemeinsame Markt als Rechtsbegriff, 167, 171, 175, 179, 181, 183, 184, 185; differenzierend: *Keßler*, Das System der Warenverkehrsfreiheit, 261, 268ff; *Hammer*, Handbuch zum freien Warenverkehr, 200, 201f; *Hödl*, Verkaufsbehindernde Maßnahmen, 159; *Schulze/Schulte-Nölke*, Casebook Verbraucherrecht, Fall 7 (*Keck*), 111, 125; *Remien*, ZfRV 36 (1995), 116, 132; *ders.*, JZ 1994, 349, 353; *Reich*, EuZW 1995, 404, 408; *Becker*, NJW 1996, 179, 180; *Kort*, JZ 1996, 132, 136; *Röthel*, EuZW 2000, 379, 380; unklar *Basedow*, RabelsZ 59 (1995), 1, 12; ohne ausdrückliche Stellungnahme: *Bröhmer*, in: *Callies/Ruffert*, EGV, Art. 56, Rz. 20; *Brechmann*, in: *Callies/Ruffert*, EGV, Art. 39, Rz. 49; *Mülbert*, ZHR 159 (1995), 2, 27f

[852] Ausnahmen bilden insofern die sehr umfangreichen Stellungnahmen von *Schubert*, Der Gemeinsame Markt als Rechtsbegriff, 167, 171, 175, 179, 181, 183, 184, 185; *Keßler*, Das System der Warenverkehrsfreiheit, 261, 268ff, 288, die sich aber letzten Endes für eine Rücknahme von *Keck* im Rahmen des Art. 28 ausspricht. – vgl. dazu den nachfolgenden Gliederungspunkt

[853] *Roth*, in: Festschrift *Großfeld*, 929, 930; *ders.*, in: Gedächtnisschrift *Knobbe-Keuk*, 729, 740f; *Klauer*, Die Europäisierung des Privatrechts, 433f; *v.Wilmowsky*, EuR 1996, 362, 370f; *Jaensch*, Unmittelbare Drittwirkung, 103 mwN; indirekt auch *Kieninger*, EWS 1998, 277, 285; *Sack*, WRP 1998, 103, 112f, 116f; *Keßler*, Das System der Warenverkehrsfreiheit, 268, 271f für die Personenverkehrsfreiheiten

Roth[854] spricht in diesem Zusammenhang von einer „*doppelt schief*" gestellten Frage. Zum einen gebe es weder bei der Niederlassungsfreiheit noch bei der Arbeitnehmerfreizügigkeit staatliche Regelungen, die sich als Verkaufsmodalitäten im Sinne der *Keck*-Rechtsprechung qualifizieren ließen, zum anderen könne eine Übertragung doch nur eine Rückkehr zum Diskriminierungsverbot bedeuten, von dem bislang keineswegs Abschied genommen worden sei. Nach *Roth* ist mit der *Keck*-Entscheidung die Rechtsprechung zu Art. 28 nur auf den Ansatz zurückgeführt worden, der für Dienstleistungs-, Niederlassungs- und Kapitalverkehrsfreiheit im Bereich vergleichbarer, den Marktzugang nicht erschwerender Vorschriften seit jeher gegolten habe. Eine von *Keck* angestoßene Entwicklung werde es daher im Rahmen der Personenfreiheiten nicht geben.[855]

c. Eigene Bewertung

Wie schon die völlig konträren Stellungnahmen in der Literatur deutlich machen, kann die Frage der Übertragbarkeit der *Keck*-Rechtsprechung weder anhand der *EuGH* Rechtsprechung noch anhand sonstiger Hinweise eindeutig beantwortet werden; eine logisch zwingende Bewertung lässt sich gerade aus der Entscheidung *Alpine Investments*[856] – entgegen der zahlreichen anderslautenden Stellungnahmen – nicht ableiten, da die Entscheidung diesbezüglich ambivalent bleibt. Letztendlich hat das Gericht in *Alpine Investments* nur gesagt, dass das Verbot des „cold calling" in diesem konkreten Fall nicht mit der Argumentation der *Keck*-Formel dem Anwendungsbereich der Dienstleistungsfreiheit entzogen werden kann; dennoch hat es die Begrifflichkeiten der *Keck*-Formel teils wie selbstverständlich verwandt, um das „cold calling" als nicht den Regelungen über Verkaufsmodalitäten entsprechend zu bezeichnen.[857] Dieses Ergebnis des *EuGH* ist letzten Endes auch als in sich unbedingt konsequent zu beurteilen.

Die Ablehnung der Annahme einer den Verkaufsmodalitäten entsprechenden Regelung im Dienstleistungsbereich ist im Rahmen der soeben dargestellten *EuGH* Dogmatik zur Warenausfuhrfreiheit gem. Art. 29 folgerichtig. Diese ist – wie dargestellt – zwar als Überbleibsel einer überholten Sichtweise höchst zweifelhaft, musste aber vom *EuGH* vorliegend berücksichtigt werden, um zu in sich schlüssigen Ergebnissen zu gelangen. Die *Keck*-Entscheidung betrifft Behinderungen von Verkaufsmodalitäten durch das Bestimmungsland, d.h. den Einfuhrstaat, die Entscheidung *Alpine Investments* jedoch Beschränkungen von Vermarktungsregelungen durch das Herkunftsland der Dienstleistung, d.h. den Aus-

---

854 in: Festschrift *Großfeld*, 929, 930; zuvor schon *ders.*, in: Gedächtnisschrift *Knobbe-Keuk*, 729, 740f

855 *Roth*, in: Gedächtnisschrift *Knobbe-Keuk*, 729, 741, Fn. 69

856 *EuGH* 10.5.1995 – Rs. C-384/93 (*Alpine Investments BV*), Slg. 1995, I-1141

857 *EuGH* aaO, Tz. 33, 36, 38

fuhrstaat. Formal gesehen findet diese Variante der Dienstleistungsfreiheit daher ihre Entsprechung auf dem Gebiet der Warenverkehrsfreiheit nicht in Art. 28, sondern in Art. 29, mithin der Warenausfuhrfreiheit. Für letztere ist die *Keck*-Rechtsprechung ausweislich der *EuGH* Dogmatik zu Art. 29 aber erst gar nicht anwendbar; vielmehr führt das Gericht die Sonderrolle, die Art. 34 EG-Vertrag in seiner Rechtsprechung eingenommen hat, im Rahmen der Dienstleistungsfreiheit fort.
Eine Anwendung der *Keck*-Formel im Fall *Alpine Investments* wäre demzufolge inkonsequent gewesen und hätte den Gerichtshof in Widersprüche zu seiner eigenen Rechtsprechung zur Warenausfuhrfreiheit gesetzt. Selbst wenn man – wie hier – die Rechtsprechung zu Art. 29 für inhaltlich überholt hält, ist doch das Bemühen zu einer weitgehenden Parallelauslegung von Waren- und Dienstleistungsfreiheit anzuerkennen und als in sich konsequent zu bezeichnen.

Auch andere Entscheidungen, in denen sich dem *EuGH* die Möglichkeit geboten hat, zur Übertragbarkeit von *Keck* auf die Dienstleistungsfreiheit Stellung zu beziehen – z.B. in *Schindler* und *Peralta*[858] – lassen keine eindeutigen Schlüsse auf die Sichtweise des Gerichts zu. In den beiden genanten Fällen hat der *EuGH* trotz der sich anbietenden Möglichkeiten die *Keck*-Rechtsprechung mit keiner Silbe erwähnt; ob aber nun dieses Schweigen geeignet ist, Rückschlüsse auf die Ablehnung der Anwendbarkeit zu ziehen, erscheint ebenfalls zweifelhaft. Der *EuGH* hat in den Jahren nach *Keck* zahlreiche Urteile zur Warenverkehrsfreiheit gefällt, in denen er die *Keck*-Entscheidung unerwähnt ließ. Daraus aber zu folgern, dass *Keck* aufgrund dessen wieder in Zweifel gezogen wird, wird heute – soweit ersichtlich – nicht mehr vertreten.
In einer neueren Entscheidung zur Freizügigkeit in der Rechtssache *Deliège* vom 11. April 2000[859] klingen die Gedanken der *Keck*-Rechtsprechung mehr oder minder deutlich an, wenn der *EuGH* herausstellt, dass die streitigen Auswahlregelungen weder eine Diskriminierung noch ein Zugangshindernis darstellen. Der *EuGH* verzichtet aber auch in dieser Entscheidung darauf, die betreffende Auswahlregelung analog *Keck* schon begrifflich dem Anwendungsbereich der Freizügigkeit zu entziehen, sondern argumentiert nachfolgend mit Verhältnismäßigkeitserwägungen, um die Regelung zu rechtfertigen.

Zusammenfassend lässt sich festhalten, dass die Rechtsprechung des *EuGH* erklärterweise nicht gegen die Übertragung der *Keck*-Formel spricht; vielmehr wird die *Keck*-Rechtsprechung nur scheinbar nicht nachvollzogen. Die Entscheidung *Alpine Investments* lässt sich aber dahingehend interpretieren, dass im

---

[858] *EuGH* 24.3.1994 – Rs. C-275/92 (*Schindler*), Slg. 1994, I-1039; *EuGH* 14.7.1994 – Rs. C-379/92 (*Peralta*), Slg. 1994, I-3453
[859] *EuGH* 11.4.2000 – verb. Rs. C-51/96 und C-191/97 (*Deliège*), Slg. 2000, I-2549, Tz. 61

Hinblick auf die vom „cold calling“ ausgehenden Behinderungen der Dienstleistung durch das Bestimmungsland *Keck* sehr wohl anwendbar sein könnte. Es deutet einiges darauf hin, dass der *EuGH* einer eindeutigen Stellungnahme ganz bewusst ausgewichen ist; stattdessen greift das Gericht dann vorzugsweise auf die sog. „*too uncertain*“ Rechtsprechung[860] oder auf allgemeine Verhältnismäßigkeitsüberlegungen zurück. Dass das Gericht eine Übertragung in Erwägung gezogen hat, wird in *Alpine Investments* und zuletzt in *Deliège* aber sehr deutlich. Letztendlich ist eine Übertragung m.E. jedoch unbedingt angebracht. Dies ergibt sich vor dem Hintergrund nachfolgender Erwägungen.

Zum einen erscheint es nur konsequent, die Konvergenz auch im Bereich des Anwendungsbereiches der Grundfreiheiten unter Zugrundelegung der mit *Keck* eingeleiteten Bereichsausnahme herzustellen. Der *EuGH* selbst hat den Gleichklang der Grundfreiheiten in den letzten Jahren immer deutlicher in den Vordergrund gerückt; im Bereich des Anwendungsbereichs (Beschränkungsverbot) sowie der „Rechtfertigung“ (*Cassis*-Formel) ist die Parallelauslegung – wie dargestellt[861] – weit fortgeschritten. Nach Generalanwalt am *EuGH Lenz* beruhen die Grundfreiheiten „*nicht nur auf einer gemeinsamen Grundlage. Sie bilden [...] auch eine Einheit, bei deren Behandlung so weit wie möglich dieselben Maßstäbe angelegt werden sollten.*“[862] Dieser Aussage ist uneingeschränkt zuzustimmen. Gerade vor dem Hintergrund der Ausdehnung des Anwendungsbereichs der Grundfreiheiten als umfassende Beschränkungsverbote wäre es unverständlich, wenn der *EuGH* die mit *Keck* erfolgte partielle Rücknahme nicht auch im Rahmen der übrigen Grundfreiheiten fortsetzten würde. Auch die sich aus *Keck* für die Rechtsangleichung innerhalb der Mitgliedstaaten ergebenden Konsequenzen[863] unterstreichen diese Forderung; die Wechselwirkung von Rechtsangleichung und Dogmatik der Grundfreiheiten erschöpft sich nicht im Bereich der Warenverkehrsfreiheit. Auch die zugestandenermaßen teilweise unterschiedliche Struktur der Grundfreiheiten spricht nicht per se gegen eine Übertragung; insofern wäre auch die Konvergenz in den genannten Bereichen letzten Endes nicht konsequent. Vor diesem Hintergrund stellt sich eigentlich die Frage, warum man *Keck* übertragen sollte, in dieser Form im Grunde nicht; vielmehr gilt es umgekehrt die Frage zu stellen, warum man – mutatis mutandis – *Keck* nicht übertragen sollte.[864]

---

[860] dazu sogleich im Text

[861] vgl. schon Darstellung unter 3. Kapitel: § 6 B. III. 1. (S.167ff) und 3. Kapitel: § 6 B. III. 2. (S.169ff)

[862] Generalanwalt am *EuGH Lenz* im Rahmen der Schlussanträge zu *EuGH* 15.12.1995 – Rs. C-415/93 (*Bosman*), Slg. 1995, I-4921, 5006, Tz. 200

[863] vgl. dazu noch die Ausführungen unter 4. Kapitel: § 9 (S.222ff)

[864] dazu sogleich im Text

Auch unter dem Gesichtspunkt der aus einer Nichtübertragung resultierenden abweichenden Schutzbereiche der Grundfreiheiten ist eine konvergente Auslegung geboten. Oftmals betrifft eine zu überprüfende Maßnahme nicht nur den Anwendungsbereich einer Freiheit, sondern ist unter mehreren Aspekten zu betrachten. Auch ist es denkbar, dass in Abhängigkeit vom Urheber der behindernden Maßnahme z.B. einmal die Warenverkehrsfreiheit, einmal die Dienstleistungsfreiheit betroffen ist. So stellt z.B. Werbung, die durch eine selbständige Werbeagentur betrieben wird, eine Dienstleistung dar, während Werbung durch den Warenanbieter selbst akzessorischen Charakter hat, wodurch die Eigenschaft als Dienstleistung verdrängt wird und sie rechtlich grundsätzlich der Warenverkehrsfreiheit zuzuordnen ist.[865] Im Rahmen des Art. 28 wäre ein Werbeverbot im Falle eines grenzüberschreitenden Aspekts an der *Keck*-Rechtsprechung zu messen und entzöge sich als Regelung einer *„bestimmten Verkaufsmodalität"* dem Anwendungsbereich; der Warenanbieter kann sich also nicht unter Berufung auf Art. 28 dem Werbeverbot entziehen. Unterstellt man nun, dass derselbe Anbieter alternativ eine Werbeagentur mit dem Marketing für seine Ware beauftragt, so wäre diese bei Nichtübertragung von *Keck* unter Berufung auf die Freiheit des Dienstleistungsverkehrs nicht an das Werbeverbot gebunden, da Art. 49 solche „Modalitäten des Vertriebs" nicht außen vor lässt.
Eine solch diametrale Beurteilung eines nahezu identischen Sachverhalt lässt sich m.E. weder plausibel erklären noch argumentativ rechtfertigen. Die daraus resultierenden Wertungswidersprüche sind so nicht hinnehmbar.
Im Falle der Dienstleistungsfreiheit kommt ein weiteres systematisches Argument hinzu. Gem. Art. 50 Abs. 1 (Art. 60 Abs. EG-Vertrag) steht diese im Verhältnis der Subsidiarität zur Warenverkehrsfreiheit. Legt man Art. 28 unter Berücksichtigung von *Keck* im Vergleich zu Art. 49 restriktiver aus, würde die an sich subsidiäre Dienstleistungsfreiheit die weiterreichend konzipierte Warenverkehrsfreiheit in bestimmten Fallkonstellationen aushebeln. Auch dies kann nicht Sinn und Zweck der *Keck*-Rechtsprechung sein und kann nur durch konvergente Auslegung der Grundfreiheiten vermieden werden.

Problematisch sind im Rahmen der Übertragung allerdings die erkennbar auf die Warenverkehrsfreiheit zugeschnittenen Begrifflichkeiten der *Keck*-Rechtsprechung. Diese lassen sich im Anwendungsbereich der übrigen Grundfreiheiten nicht immer wortgetreu und sinnvoll anwenden.
So bereitet es z.B. im Rahmen der Dienstleistungsfreiheit gewisse Schwierigkeiten, korrekte Entsprechungen für die *„bestimmten Verkaufsmodalitäten"* bzw. produktbezogene Regelungen zu finden. Es wurde vorgeschlagen, *„Bestimmungen, die das Dienstleistungsprodukt definieren und determinieren„* bzw. bloße *„Zugangsbeschränkungen„* als produktbezogene Bestimmungen anzusehen,

---

[865] Beispiel nach *Keßler*, Das System der Warenverkehrsfreiheit, 287, 288

während *„Bestimmungen, die die Vermarktung einer Dienstleistung regulieren bzw. die Rahmenbedingungen der Ausübung einer beruflichen Tätigkeit festlegen und damit erschweren“* als *„Ausübungsmodalitäten“* mit den Verkaufsmodalitäten im Sinne der *Keck*-Rechtsprechung gleichzusetzen sind.[866] Andere schlagen eine Unterteilung in *„leistungsbezogene Regelungen“* und *“Modalitäten der Leistungserbringung“* vor.[867] Für die Freizügigkeit wird angeregt, von *„Regelungen über den Zugang zur Erwerbstätigkeit“* bzw. *„Berufswahlregelungen“* und *„Berufsausübungsmodalitäten“* auf der anderen Seite zu differenzieren; im Bereich der Kapitalverkehrsfreiheit sollen *„nationale Modalitäten der Kapitalanlage und –investition“* bzw. *„Handelsmodalitäten“* den Verkaufsmodalitäten und *„kapitalbezogene Regelungen“* den produktbezogenen Regelungen entsprechen.[868]

Letztendlich kann aber die Begrifflichkeit für die den *„bestimmten Verkaufsmodalitäten“* entsprechenden Regelungen nicht die entscheidende Problematik sein. Wie schon im Rahmen der Warenverkehrsfreiheit ausgeführt[869], muss anhand der in *Keck* entwickelten Voraussetzungen die letzten Endes entscheidende behindernde Wirkung der zu überprüfenden Regelung ermittelt werden. Die Begrifflichkeit an sich darf auch hier nicht die allein entscheidende Rolle spielen, sondern muss stets vor dem Hintergrund der ratio der einzelnen Grundfreiheiten gesehen werden. Wie von Generalanwalt am *EuGH Fennelly*[870] jüngst im Rahmen der Personenverkehrsfreiheit zutreffend ausgeführt, können Analogien in diesem Bereich selten vollkommen sein und *„die Erwägungen im Urteil Keck können nur dann auf den Bereich der Freizügigkeit der Arbeitnehmer übertragen werden können, wenn man sie auf ihre wesentlichen Elemente reduziert und die starreren und formalistischeren Unterscheidungen [...] außer Acht lässt.“*
Für das hier in Rede stehende Privatrecht ist die Bedeutung der Begrifflichkeiten noch weiter eingeschränkt, da es – wie oben ausgeführt[871] – im Rahmen privat-

---

[866] vgl. z.B. *Eilmansberger*, JBl 1999, 345, 351; *ders.*, EuZW 1991, 691; *Remien*, JZ 1994, 349, 353; *Brechmann*, in: *Callies/Ruffert*, EGV, Art. 39, Rz. 49 mwN

[867] *Schubert*, Der Gemeinsame Markt als Rechtsbegriff, 167, 172 mwN

[868] vgl. *Schubert*, Der Gemeinsame Markt als Rechtsbegriff, 175, 177, 181, 183; *Troberg*, in: *v.d.Groeben/Thiesing/Ehlermann*, EGV, Art. 59, Rz. 33f mwN; *Kluth*, in: *Callies/Ruffert*, EGV, Art. 50, Rz. 42; *Bröhmer*, in: *Callies/Ruffert*, EGV, Art. 56, Rz. 20; vgl. auch die Schlussanträge der Generalanwälte am *EuGH Lenz* zu *EuGH* 15.12.1995 – Rs. C-415/93 (*Bosman*), Slg. 1995, I-4921, 5004, Tz. 194, 200f, 204f und *Fennelly* (Tz. 33) vom 16.9.1999 in der Rechtssache C-190/98 (*Graf*), Slg. 2000, I-493

[869] vgl. schon Darstellung unter 3. Kapitel: § 6 B. II. 5. c. (3) (S.148ff) und 3. Kapitel: § 6 B. II. 5. d. (2) (cc) (S.163ff)

[870] vgl. Tz. 18, 33 der Schlussanträge vom 16.9.1999 zu *EuGH* 27.1.2000 – Rs. C-190/98 (*Graf*), Slg. 2000, I-493 – vgl. schon Darstellung unter 3. Kapitel: § 6 B. III. 3. a. (S.170ff)

[871] vgl. schon Darstellung unter 3. Kapitel: § 6 B. II. 5. d. (S.150), insbesondere 3. Kapitel: § 6 B. II. 5. d. (1) (S.152ff)

rechtlicher Regelungen zumeist noch schwieriger ist, diese in die vorhandenen Begrifflichkeiten der *Keck*-Formel einzuordnen. Lässt sich eine zu überprüfende Regelung überhaupt nicht oder nur unter schweren Bedenken in die anhand von *Keck* geschaffenen Begrifflichkeiten einordnen, so muss sie sich im Zweifel wie eine „produktbezogene Maßnahmen" an der jeweiligen Grundfreiheit messen lassen.

Gegen die Übertragung von *Keck* auf die anderen Grundfreiheiten spricht auch nicht die vom *EuGH* auch nach *Keck* beibehaltene sog. *„too uncertain"* Rechtsprechung. Wie bereits ausgeführt[872] handelt es sich dabei um eine im Grunde dogmatisch überflüssige, aber als Hilfskonstruktion unschädliche Rechtsprechungslinie, die nach *Keck* auf ein neues Fundament hätte gestellt werden können. Der *EuGH* führt diese Linie jedoch gerade auch im Bereich der übrigen Grundfreiheiten fort – unlängst in der Entscheidung *BASF* und *Graf* zur Freizügigkeit vom 21. September 1999 und 21. Januar 2000[873] – und scheidet so zu *„ungewisse und mittelbare"* Beschränkungen aus dem Anwendungsbereich der Grundfreiheiten aus. Auf diese Weise vermeidet es das Gericht, zur Übertragung der *Keck*-Formel weiter Stellung zu beziehen. Die damit erzielten Ergebnisse ließen sich allerdings – wie ausgeführt[874] – in dogmatisch nachvollziehbarer Weise anhand der *Keck*-Rechtsprechung erzielen. Die *„too uncertain"* Rechtsprechung wäre dann als eigenständige Rechtsprechungslinie überflüssig, allenfalls käme ihr noch eine Art Indizwirkung für eine systematisierte Entscheidungsfindung im Rahmen der *Keck*-Rechtsprechung zu.[875] Letztendlich lässt sich daraus also kein Hindernis zur Übertragung von *Keck* auf die übrigen Grundfreiheiten konstruieren.

4. Ergebnis: Die Konvergenz der Grundfreiheiten

Zusammenfassend lässt sich feststellen, dass die Rechtsprechung des *EuGH* bereits in weiten Teilen zu einer konvergenten Auslegung der Grundfreiheiten geführt hat. Dieser Angleichungsprozess erstreckt sich – ausgehend von den Grundentscheidungen *Dassonville* und *Cassis de Dijon* – über einen Zeitraum von mehr als 20 Jahren. Ein weiterer Gleichklang der Auslegung im Hinblick auf den Anwendungsbereich – Bereichsausnahme *Keck* – ist vom *EuGH* bislang nur angedacht, aber nicht ausdrücklich vollzogen worden. Aber auch diesbezüglich ist mit obiger Argumentation davon auszugehen, dass über kurz oder lang auch insofern eine Harmonisierung innerhalb der Dogmatik der Grundfreiheiten

---

[872] vgl. schon Darstellung unter 3. Kapitel: § 6 B. II. 5. c. (2) (S.147, 148ff)
[873] *EuGH* 21.9.1999 Rs. C-44/98 (*BASF*), Slg. 1999, I-6269, Tz. 16, 21; *EuGH* 27.1.2000 – Rs. C-190/98 (*Graf*), Slg. 2000, I-493, Tz. 25 = EuZW 2000, 252
[874] vgl. Verweis in Fn. 872
[875] vgl. Darstellung unter 3. Kapitel: § 6 B. II. 5. c. (3) (S.148ff), Fn. 763

erfolgen wird. Die gemeinsame Grundlage der Grundfreiheiten erfordert eine Behandlung, bei der so weit wie möglich dieselben Maßstäbe angelegt werden sollten.[876]

C. *Zusammenfassung*

Primärrechtliche Grenzen für das Privatrecht betreffende nationale Regelungen zum Schutz des Verbrauchers ergeben sich – wie gesehen – aus den Grundfreiheiten des EGV. Die Rechtsprechung des *EuGH* hat in diesem Zusammenhang ein Gerüst geliefert, das unter Berücksichtigung privatrechtlicher Sonderheiten aber in Einklang mit der bisherigen Judikatur ausgefüllt werden kann.[877] Die Grundfreiheiten bieten demnach ein taugliches Kriterium zur Grenzbestimmung für den nationalen Gestaltungsspielraum bei der Umsetzung von Optionen.

§ 7 EG-Sekundärrecht als Schranke für nationale Regelung

Als weiterer Prüfungsmaßstab kommen sekundärrechtliche Vorgaben – unterstellt, diese sind ihrerseits mit den primärrechtlichen Vorgaben vereinbar – in Betracht. Auf die soeben dargestellten primärrechtlichen Grenzen ist nur dann zurückzugreifen, wenn das Sekundärrecht diesen Weg überhaupt offen lässt.[878] Dies ist im weitesten Sinne eine Frage der Regelungsintensität der jeweiligen sekundärrechtlichen Vorgabe und wird – speziell im Hinblick auf die hier im Mittelpunkt stehenden Richtlinien zum Verbraucherschutz – nachfolgend noch zu behandeln sein. Letztendlich wird aber schon aus der Ausgestaltung der Richtlinien zum Verbraucherschutz als Mindestvorgaben mit Öffnungsklausel[879] deutlich, dass diesem Konkurrenzverhältnis vorliegend keine große Bedeutung zukommt und die Bedeutung des Primärrechts als Mittel zur Grenzbestimmung noch unterstreichen.
Zuvor sollen etwaige beschränkende Aspekte der Richtlinie selbst sowie anderer sekundärrechtlicher Vorgaben aufgegriffen werden.

---

[876] allgemein zur Konvergenz der Grundfreiheiten: *Schubert*, Der Gemeinsame Markt als Rechtsbegriff, 186ff; *Steindorff*, JZ 1994, 95, 96; *Mülbert*, ZHR 159 (1995), 2, 28ff; *Behrens*, EuR 1992, 145, 158ff; *Roth*, in Gedächtnisschrift *Knobbe-Keuk*, 729, 740; *Hirsch*, ZEuS 1999, 503, 507ff

[877] vgl. noch die schematische Darstellung unter 4. Kapitel: § 8 B. I. (S.212ff)

[878] Aus Gründen der Übersichtlichkeit und in Vorwegnahme der Bedeutung ist hier die Darstellung der primärrechtlichen Grenzen vorausgegangen.

[879] vgl. schon Darstellung unter 2. Kapitel: § 4 (S.49ff)

A. Beschränkende Aspekte der Richtlinie selbst

I. Richtlinienkonformes Einhalten der Mindeststandards

Grenze einer jeden nationalen Umsetzung muss sein, dass die nationale Regelung nicht hinter dem Standard zurückbleibt, den das EG-Richtlinienrechts als Mindestvorgabe verbindlich vorschreibt; d.h. ein Unterschreiten des vorgegebenen Mindestniveaus zuungunsten des Verbrauchers ist im Rahmen einer richtlinienkonformen Umsetzung durch den nationalen Gesetzgeber denknotwendig ausgeschlossen.[880] Das Einhalten des Mindeststandards stellt eine im Grunde selbstverständliche Konsequenz der erfolgten Harmonisierung dar und bedarf insoweit keiner vertieften Darstellung. Sie ergibt sich auch aus einem Umkehrschluss aus der jeweiligen Öffnungsklausel (vgl. z.B. Art. 15 VerbrKrRL[881]), welche weitergehende Vorschriften zum Schutz des Verbrauchers ausdrücklich zulassen. Eine nationale Umsetzung, die den von der Richtlinie vorgeschriebenen Mindeststandard unterschreitet, ist dann in richtlinienkonformer Auslegung dahingegend anzuwenden, dass die zwingenden Vorgaben der Richtlinie erreicht werden.[882]

II. Lehre vom *festen Kern* einer Richtlinie

Vereinzelt[883] wird vertreten, dass alle Richtlinien zum Vertragsrecht eine Art *festen Kern* enthalten, bei dem weder der Umsetzungsspielraum relevant werden kann noch eine Erweiterung des Verbraucherschutzes denkbar ist. *Hoffmann* geht davon aus, dass bestimmte „bestandsfeste“ Regelungen in einer Richtlinie existieren, die den Kern der jeweiligen Regelung bilden und insoweit *voll vergemeinschaftet* sind. Als Beispiele für solche „unantastbare“ Regelungen führt er die generalklauselartige Umschreibung des unlauteren Charakters einer Vertragsbedingung in Art. 3 der Klausel Richtlinie, Art. 2 der Fernabsatzrichtlinie (Mindestinformationen) sowie den Fehlerbegriff der Richtlinie zu bestimmten Aspekten des Verbrauchsgüterkaufs und der Garantien für Verbrauchsgüter an.

---

[880] vgl. aber *Grundmann*, Europäisches Schuldvertragsrecht, §2, Rz. 105ff; *Schulte-Nölke/Schulze*, in: *Schulte-Nölke*, Europäische Rechtsangleichung und nationales Privatrecht, 11, 12; *Pfeiffer*, in: *Grabitz/Hilf*, EG-Verbraucher- und Datenschutzrecht, A5 Art. 8, Rz. 2; *Wolf*, in: Festschrift *Heinsius*, 967, 970; *Lutter*, JZ 1992, 595, 606

[881] vgl. schon Auflistung der Optionen in Fn. 270

[882] So ist z.B. im Rahmen des Finanzierungsleasings mit Erwerbsoption §3 Abs. 2 Nr. 1 VerbrKrG richtlinienkonform dahingehend auszulegen, dass zwingende Vorgaben der Verbraucherkreditrichtlinie (vgl. Art. 2 Abs. 1 lit. b VerbrKrRL) gelten und Ausnahmen nur für diejenigen Vorschriften des Verbraucherkreditgesetzes anzunehmen sind, die über diese Vorgaben hinausgehen. - vgl. Darstellung bei *Bülow*, VerbrKrG, §3, Rz. 68 und *Ulmer*, in: *MünchKomm*, VerbrKrG, §3, Rz. 25

[883] *Hoffmann* in *Heusel*, Neues europäisches Vertragsrecht und Verbraucherschutz, 39, 50

Infolgedessen scheidet nach dieser Ansicht bei bestimmten Kernregelungen eine Abweichung nach „oben“, d.h. zur Erweiterung des Verbraucherschutzes, aus. Gegen diese Sichtweise ist einzuwenden, dass sie im Einzelfall zwar Ansatzpunkte bieten kann, darüber hinaus jedoch nicht verallgemeinerungsfähig ist. Was ein „bestandfester“ Begriff im Sinne dieses Ansatzes ist, lässt sich kaum anhand greifbarer Aspekte bestimmen, geschweige denn innerhalb der Mitgliedstaaten konsensfähig festlegen. Eine solche Vorgehensweise mag zwar im Einzelfall hilfreiche Anhaltspunkte geben, kann jedoch als methodischer Ansatzpunkt insoweit nicht überzeugen, da sie letzten Endes nicht über eine isolierte Einzelfallbetrachtung hinausgeht.
Im Endeffekt handelt es sich bei der Theorie von einem *festen Kern* nur um einen Teilaspekt, der in die notwendige Auslegung einer Richtlinienbestimmung einfließen kann.[884] Isoliert stellt die Lehre kein taugliches Kriterium zur Grenzbestimmung dar.

B. Sperrwirkung bei Richtlinie mit Option?

Im Rahmen der Richtlinienumsetzung stellt sich die schon aufgeworfene Frage, inwieweit die sekundärrechtliche Vorgabe eine Sperrwirkung für abweichende nationale Regelungen entfaltet.[885] Eine solche Wirkung ist grundsätzlich abhängig von der Regelungsintensität der Richtlinie. Trifft der europäische Normgeber in Ausübung seiner Kompetenz für bestimmte Materien eine abschließende Regelung, so widerspricht es Sinn und Zweck der Harmonisierungsmaßnahme, dass der nationale Gesetzgeber einseitig Regelungen erlässt, die die Gemeinschaftsnormen beeinträchtigen oder in ihrer Tragweite ändern – auch nicht unter Berufung auf Art. 30 oder die *Cassis de Dijon*-Doktrin. In Sachverhalten mit grenzüberschreitenden Aspekten können deshalb strengere nationale Regelungen in abschließend harmonisierten Materien gegenüber EG-Ausländern nicht geltend gemacht werden, sofern diese Behinderungen im Sinne des oben dargestellten Konzepts der Maßnahmen gleicher Wirkung darstellen.[886]
Durch die abschließende europäische Harmonisierung ist zum Ausdruck gebracht, dass insoweit eine einheitliche Umsetzung auf nationaler Ebene intendiert wird, die nicht durch nationale Sonderregelungen bzw. –wertungen unterlaufen werden darf. In Bezug auf die Rechtfertigung abweichender beschränkender Maßnahmen durch den nationalen Gesetzgeber bedeutet dies, dass der Gemeinschaftsgesetzgeber mit der abschließenden Harmonisierung auch eine abschließende Konkretisierung möglicher rechtfertigender „zwingender Erfordernisse“ im Sinne der *Cassis*-Formel sowie der in Art. 30 vertraglich vorgese-

[884] vgl. zur Notwendigkeit der Auslegung noch Darstellung unter 4. Kapitel: § 8 A. (S.191ff)
[885] vgl. schon Darstellung zur Richtlinie unter 1. Kapitel: § 2 B. (S.21ff)
[886] vgl. schon Darstellung unter 1. Kapitel: § 1 A. (S.1ff), Nachweise in Fn. 46

henen Vorbehalte vorgenommen hat.[887] Das rechtfertigende Allgemeininteresse im Sinn der *Cassis de Dijon* Rechtsprechung – z.B. in Form des Verbraucherschutzes – ist demzufolge dann sowohl nach „unten" wie auch nach „oben" erschöpfend festgelegt. Die Mitgliedstaaten können den vorgegebenen Schutzstandard demzufolge weder unter- noch überschreiten. Eine begrenzte Ausnahme bietet insoweit nur die Möglichkeit des Art. 95 Abs. 4, wonach ein Mitgliedstaat unter bestimmten Voraussetzungen trotz einer bereits erfolgten Harmonisierung nach Art. 95 einzelstaatliche Bestimmungen beizubehalten berechtigt ist.[888]

Vorliegend stellt sich die Frage der Sperrwirkung in abgewandelter Form. Wie bereits dargestellt handelte es sich bei den hier zu untersuchenden Richtlinien im Bereich des Verbrauchervertragsrechts durchgehend um Mindestvorgaben, d.h. der europäische Normgeber hat bewusst auf eine abschließende Regelung verzichtet bzw. aus den oben dargelegten Gründen verzichten müssen.[889] Zudem weisen alle hier relevanten Richtlinien eine ausdrückliche Öffnungsklausel zur Zulassung strengerer nationaler Regelungen auf, so dass sich die Frage einer Sperrwirkung der Richtlinien für abweichende nationale Regelungen – ausgehend vom Wortlaut der Richtlinien – eigentlich in dieser Form nicht stellt. In letzter Konsequenz ließe sich daraus herleiten, dass eine Sperrwirkung aufgrund der Option hier gar nicht relevant werden kann.[890] Dennoch sind in der Literatur zahlreiche Vertreter auf den Plan getreten und halten strengeres nationales Rechts im Auslandssachverhalt aufgrund einer Sperrwirkung der Verbraucherschutzrichtlinien EG-Ausländern gegenüber grundsätzlich nicht für durchsetzbar, wohingegen im Inlandssachverhalt strengeres nationales Recht durchweg zulässig sein soll.[891]

---

[887] vgl. *Streinz*, in *Everling/Roth*, Mindestharmonisierung, 9, 30; *Kahl*, in: *Callies/Ruffert*, EGV, Art. 94, Rz. 5; *Müller-Graff*, in: in: *v.d.Groeben/Thiesing/Ehlermann*, EGV, Art. 30, Rz. 198, 201; *Bardenhewer/Pipkorn*, in: *v.d.Groeben/Thiesing/Ehlermann*, EGV, Art. 100a, Rz. 91; *Ahlt*, Europarecht, 87, 127; *Knaul*, Auswirkungen des europäischen Binnenmarktes der Banken, 91ff; *v.Hoffmann*, ZfRV 36 (1995), 45, 46

[888] vgl. schon Darstellung unter 2. Kapitel: § 4 B. I. (S.57ff), Nachweise in Fn. 305f

[889] vgl. Darstellung unter 2. Kapitel: § 4 B. (S.57ff) und 2. Kapitel: § 4 C. (S.64ff)

[890] in diesem Sinne deutlich *Pfeiffer*, in: *Grabitz/Hilf*, EG-Verbraucher- und Datenschutzrecht, A5 Art. 8, Rz. 1 im Hinblick auf Art. 8 der AGB-Richtlinie; *Merkt*, RabelsZ 61 (1997), 647, 670

[891] vgl. zur damit verbundenen Problematik der Inländerdiskriminierung schon Darstellung unter 2. Kapitel: § 4 C. II. (S.72ff)

I. Auffassungen in der Literatur zu einer möglichen Sperrwirkung

Einige, eine umfassende Sperrwirkung befürwortende Vertreter in der Literatur[892], namentlich *Grundmann*, stellen ausgehend von der These, dass das Privatrecht der *Cassis*-Rechtsprechung unterfällt, darauf ab, dass der in den jeweiligen Richtlinien fixierte Mindeststandard eine gemeinschaftsrechtliche Prägung des Allgemeininteresses enthalte. Soweit der Regelungsgehalt der EG-Richtlinie reiche, könne also strengeres nationales Recht gegenüber Anbietern aus dem EG-Ausland nicht mehr unter Berufung auf „zwingende Erfordernisse" zur Anwendung gebracht werden. In einer früheren Veröffentlichung aus dem Jahre 1990/91 zieht *Grundmann*[893] die Sperrwirkung im Bereich der Mindestharmonisierung – konkret im Rahmen der Verbraucherkreditrichtlinie – sogar noch umfangreicher. In Bezug auf das deutsche Verbraucherkreditgesetz vertritt er die These, dass aus dem Schweigen der Verbraucherkreditrichtlinie – etwa in Bezug auf eine mögliche Sittenwidrigkeit von Verbraucherkrediten gem. §138 BGB – abzuleiten sei, dass auch solche Bereiche einer strengeren nationalen Gesetzgebung in Zukunft verschlossen blieben.[894] Letztendlich habe es in der Verantwortung des EG-Richtliniengebers gelegen, die Regelungen verbraucherschützender zu gestalten; da er dies – möglicherweise zu Unrecht – nicht getan habe, könne z.B. die deutsche Sittenwidrigkeitsrechtsprechung zu Ratenkrediten ausländischen Kreditgebern nicht entgegengehalten werden. Diese Theorie hat *Grundmann* in den letzten Jahren jedoch ersichtlich nicht weiter verfolgt, sondern die Sperrwirkung wieder auf die oben genannte Reichweite zurückgeführt.
In kollisionsrechtlicher Hinsicht bedeutet diese Sichtweise, dass strengere nationale Regelungen insoweit nicht als international zwingend anzusehen sind, d.h. der Anwendungsbereich von Artt. 5-7 EVÜ bzw. Artt. 29f, 34 EGBGB eingeschränkt ist.[895] Die damit verbundene eingeschränkte Geltung nationalen Schuldrechts für den binnenmarktweiten Wirtschaftsverkehr stellt nach *Grundmanns* Ansicht aber nur einen moderaten Eingriff in die nationale Schuldrechtsgesetzgebung dar, da zum einen nur bestimmte Regelungskomplexe überhaupt

---

[892] *Grundmann*, Europäisches Schuldvertragsrecht, §2, Rz. 105ff; *ders.*, JZ 1996, 274, 278; *ders.*, IPRax 1992, 1, 4; *ders.*, in: *Hopt*, Europäische Integration als Herausforderung des Recht, 119, 121; *Emmerich*, FLF 91, 140, 144; *Heß*, Die Umsetzung von EG-Richtlinien im Privatrecht, 121f; wohl auch *Ahlt*, Europarecht, 127; speziell im Hinblick auf das deutsche Verbraucherkreditgesetz: *Habersack*, in: *Hadding/Welter*, Rechtsfragen bei Bankleistungen, 361, 366; *Ulmer*, in: *MünchKomm*, VerbrKrG, Vor. §1, Rz. 50

[893] *Grundmann*, in: *Hopt*, Europäische Integration als Herausforderung des Recht, 119, 121

[894] *Grundmann*, aaO

[895] *Habersack*, in: *Hadding/Welter*, Rechtsfragen bei Bankleistungen, 361, 366; *Ulmer*, in: *MünchKomm*, VerbrKrG, Vor. §1, Rz. 50; *Grundmann*, Europäisches Schuldvertragsrecht, §2, Rz. 115

gemeinschaftsrechtlich harmonisiert seien und die Inlandswirkung strengerer nationaler Normen erhalten bleibe.[896]

Der genannte Grundsatz wird auf teleologische, systematische aber auch praktische Erwägungen auf Grundlage des EG-Vertrages gestützt. Zum einen spreche die Harmonisierungsstrategie dafür, die im *Weißbuch*[897] im Jahre 1985 fixiert wurde, da darin eine Mindestharmonisierung unter gleichzeitiger Anerkennung im Rest angestrebt wurde.[898] Daraus lasse sich ableiten, dass die Mitgliedstaaten die anderen Rechtsordnungen im grenzüberschreitenden Verkehr - soweit sie dem harmonisierten Mindeststandard genügen – als gleichwertig anzuerkennen haben, also nicht mehr eigene zwingende Gründe des Allgemeininteresses einwenden dürften. Anderenfalls werde das Ziel der Richtlinien, eine innereuropäische Harmonisierung zu erreichen, verfehlt.[899] In unharmonisierten Bereichen sei eine Berufung der Mitgliedstaaten deshalb möglich, da sich hier die Mitgliedstaaten *„noch nicht positiv und spezifisch auf diesen Bereich bezogen zum letzten Integrationsschritt entschlossen“*[900] hätten.

In systematischer Hinsicht belege auch Art. 100b EG-Vertrag – der nach dem Vertrag von Amsterdam weggefallen ist – diese Sichtweise. Eine Maßnahme nach Art. 100b EG-Vertrag, die stets ohne vorherige Harmonisierung ergeht, führe dazu, dass den als gleichwertig anerkannten ausländischen Rechten nicht mehr inländische zwingende Gründe des Allgemeininteresses entgegengehalten werden dürften. Gleiches müsse a maiore gelten, wenn die Gleichwertigkeit durch vorangegangene Harmonisierung sichergestellt werde.[901] Auch ergebe der Umkehrschluss aus Art. 95 Abs. 4, 10, dass jenseits dieser Ausnahmeregelungen strengere nationale Regelungen Anbietern aus dem EG-Ausland nicht entgegen gehalten werden dürften.[902] Die für das Schuldrecht weit überwiegenden wirtschaftlichen „zwingenden Erfordernisse“ seien von Art. 95 Abs. 4, 10 gerade nicht erfasst, so dass eine abschließende Bewertung durch den europäischen Normgeber vorliege, die nicht durch andere „zwingende Erfordernisse“ umgangen werden dürfe. Ein weiteres systematisches Argument sieht *Grundmann* in den aufsichtsrechtlichen Richtlinien, bei deren Beachtung sich Unternehmen unstreitig auch im EG-Ausland auf die Einhaltung der Herkunftsstandards berufen könnten.[903]

---

[896] *Grundmann*, Europäisches Schuldvertragsrecht, §2, Rz. 115

[897] *Weißbuch* der Kommission zur Vollendung des Binnenmarktes, KOM (85) 310 endg. vom 14.6.1985

[898] *Grundmann*, Europäisches Schuldvertragsrecht, §2, Rz. 112; *ders.*, JZ 1996, 274, 279 - vgl. schon Darstellung unter 2. Kapitel: § 4 A. (S.49ff), Nachweise in Fn. 265

[899] *Emmerich*, FLF 91, 140, 144

[900] *Grundmann*, Europäisches Schuldvertragsrecht, §2, Rz. 113; *ders.*, JZ 1996, 274, 280

[901] *Grundmann*, Europäisches Schuldvertragsrecht, §2, Rz. 114; *ders.*, JZ 1996, 274, 280

[902] *Grundmann*, Europäisches Schuldvertragsrecht, §2, Rz. 114

[903] *Grundmann*, Europäisches Schuldvertragsrecht, §2, Rz. 114

Dieser Sichtweise sind zahlreiche andere Autoren[904] entgegengetreten. Eine Sperrwirkung könne sich nur dann entfalten, wenn das Allgemeininteresse gemeinschaftsrechtlich erschöpfend geregelt sei; dies sei aber eben nur im Falle der Vollharmonisierung anzunehmen. Im Bereich der Mindestharmonisierung habe der europäische Normgeber bewusst auf eine abschließende Regelung verzichtet; die gemeinschaftsrechtliche Festlegung sei eben nur nach „unten" erfolgt. Eine Festlegung nun auch nach „oben" anzunehmen, widerspreche dem Gedanken der Mindestharmonisierung.[905] Auch könne schon deshalb keine solch umfassende Sperrwirkung angenommen werden, da die Richtlinien, die nur eine Mindestharmonisierung verwirklichen, um den Mitgliedstaaten einen weitergehenden Schutzstandard zu ermöglichen, gerade auf eine endgültige Fixierung des Allgemeininteresses (noch) verzichten wollten oder mussten.[906] Ausweislich der Erwägungsgründe zahlreicher Richtlinien gehe es darum, *„den Gang in das ausländische Recht zu erleichtern, nicht aber, die Mitgliedstaaten bei der Durchsetzung schutzintensiveren Privatrechts zu hindern."*[907]
Auch in kompetenzrechtlicher Hinsicht ist angezweifelt worden, ob dem Rat als Rechtssetzungsorgan die Kompetenz zusteht, diejenigen Allgemeininteressen, die eine Einschränkung der Grundfreiheiten rechtfertigen, abschließend zu definieren.[908]

II. Eigene Bewertung

Das Ob und Wie einer möglichen Sperrwirkung für strengere nationale Regelungen kann nicht pauschal für das europäische Sekundärrecht beantwortet werden. Eine einheitliche Antwort ist ausgeschlossen, da der Umfang der Sperrwirkung abhängig ist von der Auslegung der jeweiligen sekundärrechtlichen Vorgabe.[909] Die Sperrwirkung hängt damit davon ab, ob und bis zu welchem Umfang die Richtlinie die betreffende Materie abschließend regelt. Keine abschlie-

---

[904] *Roth*, ZEuP 1994, 5, 32; *Streinz*, in: *Everling/Roth*, Mindestharmonisierung, 30, 31; *Knaul*, Auswirkungen des europäischen Binnenmarktes der Banken, 91f; *v.Hoffmann*, ZfRV 36 (1995), 45, 46; *Bülow*, VerbrKrG, §1, Rz. 169; *Mülbert*, in: *Hopt*, Europäische Integration als Herausforderung des Recht, 105, 109, 115, 123, 124; *Hinz*, ZEuP 1994, 553, 557; *Lutter*, JZ 1992, 593, 606; *Müller-Graff*, NJW 1993, 13, 19; *Remien*, RabelsZ 62 (1998), 627, 641; *Merkt*, RabelsZ 61 (1997), 647, 681

[905] *Streinz*, in: *Everling/Roth*, 30, 31

[906] *Roth*, ZEuP 1994, 5, 32

[907] *Roth*, aaO

[908] *Remien*, RabelsZ 62 (1998), 627, 641; *Pfeiffer*, in: *Grabitz/Hilf*, EG-Verbraucher- und Datenschutzrecht, A5 Art. 8, Rz. 2

[909] in diesem Sinne explizit: *v.Hoffmann*, ZfRV 36 (1995), 45, 46; *Merkt*, RabelsZ 61 (1997), 647, 657; im Grundsatz auch *Grundmann*, IPrax 1992, 1, 4, 5 – vgl. zur entscheidenden Auslegung von Richtlinien schon die Darstellung unter 1. Kapitel: § 2 B. (S.21ff) und nachfolgend unter 4. Kapitel: § 8 A. (S.191ff)

ßende Regelung liegt vor, wenn die Richtlinie ausdrücklich auf einen Teil der betreffenden Materie begrenzt ist oder ausdrücklich nur Mindestforderungen aufstellt.[910]
Im Bereich der Richtlinien zum Verbrauchervertragsrecht hat sich der Normgeber ausdrücklich auf Mindestvorgaben beschränkt und dem nationalen Gesetzgeber im Wege der Option sogar eigens eingeräumt, über den Mindestschutzstandard hinauszugehen. Deutlicher kann eine Ausgestaltungsbefugnis für den nationalen Gesetzgeber nicht ausfallen.

Erst im Anschluss an die Feststellung der grundsätzlichen Zulässigkeit strengerer nationaler Normen, stellt sich die Frage, inwieweit ein interessengerechter Ausgleich zwischen dem intendierten Harmonisierungseffekt und nationalen Gestaltungsspielräumen hergestellt werden kann. Unterstellt man eine Sperrwirkung wie sie die oben genannten Autoren annehmen, so würde man die ausdrücklich eingeräumte Ausgestaltungsbefugnis mit dem Verweis auf die abschließende Definition zwingender Allgemeininteressen ad absurdum führen. Mit einer Geltungsbeschränkung auf reine Inlandsachverhalte konterkariert man zudem das Ziel der Richtlinien, einen einheitlichen Binnenmarkt mit vergleichbaren Bedingungen zu schaffen. Zudem hätte eine solche Sperrwirkung eine verstärkte Inländerdiskriminierung zur Folge, die der *EuGH* im Grundsatz zwar akzeptiert[911], die aber auf diese Weise unnötig verstärkt wird.[912]
Gegen diese Sichtweise spricht auch nicht das *Weißbuch*[913] der Kommission aus dem Jahre 1985. Eine Mindestharmonisierung unter gegenseitiger Anerkennung im Rest erfordert schon begrifflich gerade die Anerkennung nationaler Besonderheiten. Eben diese Vorstellung von der Gleichwertigkeit, die letztendlich auch Ausdruck der *Cassis*-Rechtsprechung ist, führt dazu, dass die Harmonisierung im Bereich des Schuldvertragsrecht über Richtlinien erfolgt, die auf nationaler Ebene erst umgesetzt werden müssen. Auch die systematischen Argumente, die *Grundmann* ins Feld führt, können nicht überzeugen, da sie letzten Endes der Konzeption des *EuGH* zu den Maßnahmen gleicher Wirkung entgegen stehen. Auch die *exit-option* in Art. 95 Abs. 4, 10 gibt in diesem Zusammenhang nichts her, da sie einen anderen Fall mitgliedstaatlicher Ausscherrechte betrifft.[914]

---

[910] *Roth*, EuR 1986, 340, 352; *Jarass*, NJW 1990, 2420, 2421; *Bleckmann*, ZGR 1992, 365, 372; *Knaul*, Auswirkungen des europäischen Binnenmarktes der Banken, 93; *Müller-Graff*, in: *v.d.Groeben/Thiesing/Ehlermann*, EGV, Art. 30, Rz. 198, 201
[911] vgl. Darstellung unter 2. Kapitel: § 4 C. II. (S.72ff)
[912] vgl. zu dieser Problematik noch Darstellung unter 4. Kapitel: § 8 B. III. (S.216ff)
[913] *Weißbuch* der Kommission zur Vollendung des Binnenmarktes, KOM (85) 310 endg. vom 14.6.1985
[914] vgl. schon Darstellung unter 2. Kapitel: § 4 B. I. (S.57ff), Nachweise in Fn. 305f

Im Hinblick auf den früher von *Grundmann*[915] vertretenen Ansatz, auch das Schweigen der Richtlinie zu bestimmten Aspekten des Verbraucherschutzes verhindere eine Geltung EG-Ausländern gegenüber, ist diese Sichtweise schon deshalb verfehlt, weil insoweit überhaupt kein gemeinschaftsweites Niveau durch die Richtlinien vorgezeichnet ist, über welches der nationale Gesetzgeber hinausgehen könnte.[916] Im Hinblick auf die Verbraucherkreditrichtlinie muss es auch weiterhin der Rechtsprechung vorbehalten sein, trotz der Nichtregelung durch EG-Sekundärrecht den Verbraucherschutz unter Rückgriff auf §138 BGB zu gewährleisten – und dies auch mit Wirkung gegenüber EG-Ausländern.

Im Ergebnis bleibt festzuhalten, dass im Rahmen der Richtlinien zum Verbrauchervertragsrecht keine abschließende Regelung der „zwingenden Erfordernisse" durch den Richtliniengeber erfolgt ist. Strengere nationale Vorschriften können demzufolge grundsätzlich auch EG-Ausländern entgegen gehalten werden, immer vorausgesetzt, sie sind selbst mit Primärrecht vereinbar, d.h. stellen keine nicht gerechtfertigten Beschränkungen im Rahmen des Konzepts der Maßnahmen gleicher Wirkung dar.[917]

C. Vereinbarkeit mit anderem Sekundärrecht

Die strengere Schutzmaßnahme eines Mitgliedstaates muss auch mit sonstigen sekundärrechtlichen Vorgaben vereinbar sein. Wie schon im Rahmen der Einhaltung der Mindeststandards besteht auch hier das – im Grunde selbstverständliche – Erfordernis, dass die sekundärrechtlichen Vorgaben der Gemeinschaft sich nicht offen oder verdeckt widersprechen dürfen.[918] Es kann keinen Sinn machen, den Mitgliedstaaten unter Berufung auf die Öffnungsklauseln zu gestatten, andere sekundärrechtliche Vorgaben auszuhebeln oder sich gar vom gesamten *aquis communautaire* zu lösen. Weitergehende nationale Vorschriften zum Schutze des Verbrauchers dürfen demnach nicht das Nichtbefolgen anderer Richtlinien oder Verordnungen der Gemeinschaft nach sich ziehen.[919]
Andere sekundärrechtliche Vorgaben können dem Umsetzungsspielraum des nationalen Gesetzgebers demnach verbindliche Grenzen setzen.

---

[915] vgl. Fn. 893
[916] *Mülbert*, in: *Hopt*, Europäische Integration als Herausforderung des Recht, 123, 124
[917] vgl. zur Bedeutung dieser Frage für die Reichweite des Gestaltungsspielraums Darstellung unter 4. Kapitel: § 8 B. III. (S.216ff)
[918] vgl. *Everling*, in: Festschrift *Schmidt*, 165, 174; *Hayder*, RabelsZ 53 (1989), 622, 655; *Constantinesco*, JuS 1965, 289; *Heinemann*, ZIP 1991, 1193, 1195
[919] vgl. in diesen Zusammenhang noch die Darstellung im Rahmen der systematischen Auslegung europäischen Sekundärrechts unter 4. Kapitel: § 8 A. II. 3. (S.202ff)

D. Zusammenfassung

Die Richtlinien selbst sowie andere sekundärrechtliche Vorgaben stellen ein taugliches Mittel zur Bestimmung der Grenzen des Gestaltungsspielraums des nationalen Gesetzgebers dar. Eine abschließende Regelung der „zwingenden Erfordernisse“ ist im Rahmen der Mindestharmonisierung in Verbindung mit einer Öffnungsklausel nicht erfolgt. Insofern kann nur auf die bereits entwickelten primärrechtlichen Grenzen in Form der Grundfreiheiten zurückgegriffen werden.

4. Kapitel: Entwicklung einer allgemeingültigen Methode zur Bestimmung des Gestaltungsspielraums

§ 8 Bestimmung des Gestaltungsspielraums

Bei der Bestimmung der Reichweite des Gestaltungsspielraums, der sich als Konsequenz der beschriebenen Technik der optionellen Harmonisierung ergibt, geht es um die Frage, welche Anforderungen an eine „fehlerfreie" Umsetzung in das nationale Recht diesbezüglich zu stellen sind. Im Rahmen der Ausfüllung dieses Gestaltungsraumes kann es sich denknotwendig nicht um eine nur reproduzierende Umsetzung handeln, denn dem nationalen Gesetzgeber wird mit der Option ja gerade ein Mittel an die Hand gegeben, eigene gewachsene oder neue Vorstellungen in die Umsetzung der Richtlinie mit einfließen zu lassen.
Der nationale Gesetzgeber steht damit vor der konkreten Frage, welche Spielräume ihm derartige Optionen belassen, mit welchen Mittel und bis zu welchem Grade er diese ausfüllen kann. Die im 3. Kapitel ermittelten möglichen Grenzen müssen nun als Teil des Umsetzungsprozesses schon während der gesetzgeberischen Transferarbeit berücksichtigt werden; wie dieser Prozess konkret durchgeführt werden soll, ist Gegenstand der nachfolgenden Ausführungen.

A. 1. Schritt: Auslegung der Gemeinschaftsnorm(en)

Einen ersten und entscheidenden Schritt in diesem Prozess stellt die Auslegung der die Umsetzung bestimmenden Richtlinie – sofern auslegungsfähig – dar. Die Auslegung bildet die wichtigste Leitlinie für die Umsetzung von EG-Sekundärrecht in nationales Recht. Dieser Grundsatz ist in der Vergangenheit nicht immer beherzigt, geschweige denn deutlich ausformuliert worden, erscheint von seinem theoretischen Ansatz her aber eigentlich unabdingbar und im Grunde selbstverständlich.[920] Bereits bei einer „1:1-Umsetzung" ist durch Auslegung zu ermitteln, was das Gemeinschaftsrecht mit der Richtlinie vom Mitgliedstaat verlangt; dieser Grundsatz setzt sich in dem darüber hinaus gehenden, auf der Option beruhenden Gestaltungsspielraum fort.
Erster methodischer Ansatz zur Bestimmung der Reichweite des Gestaltungsspielraums muss demnach eine Interpretation der Richtlinie „von innen", d.h. aus der Richtlinie selbst heraus sein; abweichend von der bisherigen Vorgehensweise, eine bereits erfolgte Richtlinienumsetzung später „von außen" auf

---

[920] *Grundmann*, JZ 1996, 283; ebenso deutlich *Heß*, Die Umsetzung von EG Richtlinien im Privatrecht, 51, 118

etwaige „Umsetzungsfehler" zu untersuchen[921], hat dieser Ansatz den entscheidenden Vorteil, mögliche Konflikte von geplantem nationalen Recht und EG-Recht bereits im Vorfeld der Umsetzung aufzuzeigen, potentielle Fehler zu vermeiden und nicht erst später – im Wege der richtlinienkonformen und/oder gemeinschaftsrechtskonformen Auslegung[922] – wieder zu korrigieren. Ausgelegt werden muss mithin in einem ersten Schritt die Richtlinie resp. die einzelne Richtlinienvorgabe, welche der nationale Gesetzgeber mit Blick auf die Option zu Gunsten des Verbrauchers erweitern will.

Im deutschen Recht besteht weitgehend Einigkeit über den Kanon der Auslegungskriterien; die herkömmliche juristische Methodenlehre kennt einen Kanon von vier Auslegungselementen: das grammatische, das historische, das systematische und das teleologische.[923] Dieser Katalog lässt sich weitgehend auf *v. Savigny* zurückführen, der ebenfalls vier Auslegungselemente unterschied: das grammatische, das logische, das historische und das systematische.[924]
Damit ist aber nicht die Frage beantwortet, ob für die Auslegung europäischen Sekundärrechts die im nationalen Recht anerkannten Methoden beibehalten werden können oder ob diesbezüglich Modifikationen erfolgen müssen; letztendlich stellt sich damit die Frage nach einem gemeinsamen methodischen Instrumentarium im Gemeinschaftsrecht und nationalen Recht.[925]
Der *EuGH* – als nach Artt. 220, 234 zur Auslegung des EG-Vertrages berufenes Organ der Gemeinschaft – hat eine umfassende Stellungnahme zu den dogmati-

---

921 so z.B. für das Verbraucherkreditgesetz *Wolf*, in: Festschrift *Heinsius*, 967ff; *Weber*, Rechtsfragen der Durchsetzung des Gemeinschaftsrechts, 35ff; *Scheuing*, EuR 1985, 229ff

922 vgl. zur richtlinienkonformen Auslegung z.B. *di Fabio*, NJW 1990, 947ff; *Zuleeg*, in: *Schulze*, Auslegung europäischen Privatrechts und angeglichenen Rechts, 163ff; *Brechmann*, Richtlinienkonforme Auslegung, 1ff; in: *Schulze*, Auslegung europäischen Privatrechts und angeglichenen Rechts, 9, 14; *Grundmann*, ZEuP 1996, 399ff; *Schmidt*, Der Einfluss europäischer Richtlinien auf das Privatrecht, 82; *Knaul*, Auswirkungen des europäischen Binnenmarktes der Banken, 98ff, 215; *Schmidt*, RabelsZ 59 (1995), 569, 582f; *Ehricke*, RabelsZ 59 (1995), 598, 603f, 612f; *Lutter*, JZ 1992, 595, 604 jeweils mit weiteren Nachweisen; vgl. zur gemeinschaftsrechtskonformen Auslegung *Ehricke*, RabelsZ 59 (1995), 598, 603f, 623ff; *Schmidt*, RabelsZ 59 (1995), 569, 587ff

923 vgl. *Engisch*, Einführung in das juristische Denken, 71, 73ff; *Larenz/Canaris*, Methodenlehre, 312ff; *Schmalz*, Methodenlehre, Rz. 230ff

924 vgl. Darstellung bei *Larenz/Canaris*, Methodenlehre, 11ff mwN; *Buck*, Über die Auslegungsmethoden des Gerichtshofs, 83ff, 90ff, 134ff; *Ehricke*, RabelsZ 59 (1995), 598, 609f

925 vgl. die umfassenden Monographien von *Grundmann, Stephan M.*, Auslegung des Gemeinschaftsrechts, 192ff und *Heß*, Die Umsetzung von EG-Richtlinien im Privatrecht, 51ff und *Buck*, Über die Auslegungsmethoden des Gerichtshofs, 83ff - vgl. auch *Schulze*, in: *Schulze*, Auslegung europäischen Privatrechts und angeglichenen Rechts, 9ff; *Schulte-Nölke*, in: *Schulze*, Auslegung europäischen Privatrechts und angeglichenen Rechts, 143ff; *Grundmann*, Europäisches Schuldvertragsrecht, §3, Rz. 139 mwN; *Bleckmann*, ZGR 1992, 364ff

schen Grundlagen der Auslegung für das Primär- und Sekundärrecht bislang nicht abgegeben. Eine systematisierende Stellungnahme zu den Grundlagen ist vom *EuGH* im Rahmen seiner Rechtsprechung auch kaum zu erwarten; das Gericht hat sich vielmehr in den allermeisten Fällen darauf beschränkt, bestimmte Methoden schlicht anzuwenden, ohne näher auf Hintergründe und dogmatische Grundlagen einzugehen.[926] Einigkeit besteht jedoch dahingehend, dass es letzten Endes dem *EuGH* obliegt, für die Wahrung des Gemeinschaftsrechts und damit für dessen einheitliche Auslegung zu sorgen.[927] Den Gerichten der Mitgliedstaaten ist die eigenständige Auslegung im Interesse der gemeinschaftsweit einheitlichen Anwendung grundsätzlich verwehrt;[928] Fragen zur Auslegung des primären wie auch sekundären Gemeinschaftsrechts sind vielmehr gem. Art. 234 dem *EuGH* zur Entscheidung vorzulegen. Gerade im Hinblick auf das Sekundärrecht steht der *EuGH* damit regelmäßig vor der Herausforderung, *„auf der Grundlage unbestimmter und damit auslegungsbedürftiger Rechtsbegriffe im Rahmen des jeweiligen Zwecks der Richtlinienbestimmung das Gemeinschaftsprivatrecht zu konkretisieren und insoweit auch zu entwickeln."*[929]

Diese normkonkretisierende Auslegung ist nicht zu verwechseln mit der bereits erwähnten sog. richtlinienkonformen Auslegung[930]. Diese kann immer erst dann erfolgen, wenn eine bereits bestehende nationale Norm auf unterschiedliche Weise ausgelegt werden kann und eines der Auslegungsergebnisse dem Gemeinschaftsrecht widerspricht, das andere aber im Einklang mit ihm steht. Das nationale angeglichene Recht muss dann richtlinienkonform ausgelegt werden, um Anwendung finden zu können. Die richtlinienkonforme Auslegung betrifft

---

[926] Eingehendere Stellungnahmen finden sich oftmals in den Schlussanträgen der Generalanwälte am *EuGH*, z.B. jüngst Generalanwalt am *EuGH Léger* im Rahmen der Schlussanträge vom 28.10.1999 zu *EuGH* 23.3.2000 – Rs. C-208/98 (*Berliner Kindl Brauerei*), Slg. 2000, I-1741, Tz. 32ff - vgl. noch Darstellung zur Rechtsprechung des *EuGH* im Bereich der Auslegung der schuldvertragsrechtlichen Richtlinien unter 4. Kapitel: § 8 A. I. (S.195ff)

[927] vgl. *Schulze*, in: *Schulze*, Auslegung europäischen Privatrechts und angeglichenen Rechts, 9, 11; *Luttermann*, EuZW 1998, 264, 268; *Ahlt*, Europarecht, 38; *Müller-Graff*, in: 40 Jahre Römische Verträge, 107, 137; deutlich klingt die Rolle des *EuGH* auch im Titel der Monographie von *Klauer*, *Die Europäisierung des Privatrechts – Der EuGH als Zivilrichter* an; unlängst auch deutlich in dem Beschluss des *BGH* vom 30.11.1999, in dem der *BGH* dem *EuGH* zwei weitere Fragen zum Widerrufsrecht beim Abschluss eines Realkreditgeschäfts an der Haustür (§§1, 5 Abs. 2 HaustürWG, §§3 Abs. 2 Nr. 2, 7 VerbrKrG) vorlegte, NJW 2000, 521ff

[928] *Wolf*, in: *Grabitz/Hilf*, EG-Verbraucher- und Datenschutzrecht, A1, Rz. 24

[929] *Müller-Graff*, in: 40 Jahre Römische Verträge, 107, 137

[930] vgl. Nachweise in Fn. 922

mithin die Frage, wie nationales Recht auszulegen ist; sie setzt in einem ersten Schritt zunächst einmal Auslegung der Richtlinie selbst voraus.[931]

Nachfolgend sollen nun kurz die wesentlichen Elemente der Auslegung europäischen Sekundärrechts, insbesondere der des europäischen Schuldvertragsrechts nachgezeichnet werden.[932] Den Ausführungen liegt dabei die Annahme zu Grunde, dass das auszulegende Sekundärrecht seinerseits im Einklang mit den EGV steht.
Die Auslegung europäischen Sekundärrechts bedarf schon aufgrund der besonderen Stellung des Gemeinschaftsrechts im Verhältnis zum nationalen Recht einer autonomen und einheitlichen Betrachtung.[933] Dieses Erfordernis erschließt sich vor dem Hintergrund der einheitlichen Anwendung des Gemeinschaftsrechts in den Mitgliedstaaten; es würde seiner Wirksamkeit beraubt, könnte jeder Mitgliedstaat das Sekundärrecht nach freiem Belieben auslegen und anwenden. Als Ausgangspunkt für die Auslegung sind nach ganz überwiegender Auffassung in der Literatur[934] und im Einklang mit der Vorgehensweise des *EuGH*[935] die bereits genannten Auslegungsmethoden für Gesetze von Staaten heranzuziehen; sie sind diesbezüglich den dem Völkerrecht entnommenen Auslegungsmethoden vorzuziehen.[936] Diese Sichtweise trägt dem Umstand Rechnung, *„dass die Verträge über die Europäischen Gemeinschaften und die Europäische Union – anders als gemeinhin völkerrechtliche Verträge – die rechtliche Grundlage eigener, supranationaler Gemeinschaften und des Handelns ihrer Organe bilden und sich insofern als eine Art Grundgesetz dieser Gemeinschaften charakterisieren lassen"*.[937]

---

931 vgl. *Lutter*, JZ 1992, 595, 598; *Everling*, in: Festschrift *Schmidt*, 165, 174; *Heß*, Die Umsetzung von EG-Richtlinien im Privatrecht, 51

932 Eine intensivere Betrachtung enthalten die Monographien von *Grundmann, Stephan M.*, Auslegung des Gemeinschaftsrechts, 192ff und *Heß*, Die Umsetzung von EG-Richtlinien im Privatrecht, 51ff und *Buck*, Über die Auslegungsmethoden des Gerichtshofs, 83, 143ff

933 *Heß*, Die Umsetzung von EG-Richtlinien im Privatrecht, 51, 52; *Ahlt*, Europarecht, 38; *Oppermann*, Europarecht, Rz. 578; *Bleckmann*, ZGR 1992, 364, 365f

934 *Oppermann*, Europarecht, Rz. 577; *Schulze*, in: *Schulze*, Auslegung europäischen Privatrechts und angeglichenen Rechts, 9, 12 mwN; *Grundmann*, Europäisches Schuldvertragsrecht, §3, Rz. 139 mwN; *Heß*, Die Umsetzung von EG-Richtlinien im Privatrecht, 51ff mwN; *Ahlt*, Europarecht, 39

935 dazu sogleich unter 4. Kapitel: § 8 A. I. (S.195ff)

936 aA soweit ersichtlich nur *Bleckmann*, NJW 1982, 1177ff - vgl. zu den Auslegungskriterien im Völkerrecht die umfangreichen Darstellungen von *Grundmann, Stephan M.*, Auslegung des Gemeinschaftsrechts, 47ff und *Buck*, Über die Auslegungsmethoden des Gerichtshofs, 130ff

937 *Schulze*, in: *Schulze*, Auslegung europäischen Privatrechts und angeglichenen Rechts, 9, 12

Ein entscheidender Gesichtspunkt, den es im Rahmen der gesamten Auslegung zu berücksichtigen gilt, ist die Dynamik des Gemeinschaftsrechts. Diese gründet sich in erster Linie auf der intendierten Verwirklichung der Integrationsziele der Gemeinschaft und die damit verbundene zunehmende Durchdringung der nationalen Rechtsordnungen durch das europäische Recht.[938] Die Rechtsangleichung – unter anderem im Rahmen der Fortentwicklung des europäischen Binnenmarktes – ist dabei denknotwendig dynamisch angelegt. Diese dynamische und damit integrationsfreundliche Auslegung des Gemeinschaftsrechts resultiert unter anderem bereits aus der Präambel des EGV. Die Dynamik des Gemeinschaftsrechts stellt aber keine eigene Auslegungsmethode dar, sondern ist im Rahmen der nachfolgend skizzierten Methoden immer in die Auslegung mit einzubeziehen, vornehmlich im Rahmen der teleologischen Auslegung.[939]

I. Auslegung europäischer Richtlinien zum Vertragsrecht durch den *EuGH*

Die Stellungnahme des *EuGH* zu Fragen der Auslegung europäischen Sekundärrechts, insbesondere der schuldvertragsrechtlichen Richtlinien sind – wie bereits erwähnt – eher selten und zumeist apodiktisch kurz gehalten. In der Rechtsache *Dietzinger*[940] vom 17. März 1998 hatte der *EuGH* zum ersten Male die Gelegenheit, eine Richtlinie aus dem Kernbereich des europäischen Verbrauchervertragsrechts aufgrund einer Vorlage in einem Zivilprozess auszulegen. Hier ging es um eine Vorlage des Bundesgerichtshofs zu der in Deutschland heftig umstrittenen Frage, ob eine Bürgschaft deutschen Rechts zu den Verträgen gehört, die in den Anwendungsbereich der Richtlinie 85/577/EWG betreffend den Verbraucherschutz im Falle von außerhalb von Geschäftsräumen geschlossenen Verträgen fallen. Die zeitlich vorausgegangene Entscheidung *Di Pinto*[941] vom 14. März 1991 betraf zwei Fragen der Auslegung der Richtlinie 85/577/EWG, erfolgte aber im Rahmen eines Strafverfahrens auf Vorlage des *Cour d'Appel* Paris.[942] Andere vorausgegangene Vorlagen im Bereich des vertragsrechtlichen Verbraucherschutzes hatten Fragen unterbliebener, nicht ordnungsgemäßer

---

938 *Bleckmann*, NJW 1982, 1177, 1180; *Schmidt*, Der Einfluss europäischer Richtlinien auf das Privatrecht, 47; *Reich*, ZEuP 1994, 381, 389; *Buck*, Über die Auslegungsmethoden des Gerichtshofs, 213f; *Taschner*, in: *v.d.Groeben/Thiesing/Ehlermann*, EGV, Art. 100, Rz. 33

939 eingehend *Grundmann, Stephan M.*, Auslegung des Gemeinschaftsrechts, 381ff und *Buck*, Über die Auslegungsmethoden des Gerichtshofs, 213, 216

940 *EuGH* 17.3.1998 – Rs. C-56/96 (*Dietzinger*), Slg. 1998, I-1199ff – vgl. zum Sachverhalt *Schulze/Schulte-Nölke*, Casebook Verbraucherrecht, Fall 14 (*Dietzinger*)

941 *EuGH* 14.3.1991 – Rs. C-361/89 (*Di Pinto*), Slg. 1991, I-1189ff- vgl. zum Sachverhalt *Schulze/Schulte-Nölke*, Casebook Verbraucherrecht, Fall 10 (*Di Pinto*)

942 vgl. schon Darstellung unter 1. Kapitel: § 3 B. (S.33ff)

Richtlinienumsetzung etc.[943] zum Gegenstand, mithin eher grundsätzliche Fragen der Anwendbarkeit der Richtlinien.

Der Gerichtshofs hat in seiner *Dietzinger*–Entscheidung auf umfangreiche rechtstheoretische Ausführungen verzichtet; vielmehr kommt der *EuGH* unter Auslegung des Begriffs „Dienstleistung" (vgl. Art. 1 Abs. 1 der Richtlinie 85/577/EWG) zu dem erstaunlich einfachen Ergebnis, dass ein Kredit ohne weiteres eine „Dienstleistung" sei.[944] Im Gegensatz zu den umfangreichen Ausführungen des Generalanwalts *Jakobs*[945] findet sich auch nicht die von diesem gebrauchte Untergliederung der Frage in *terms*, *scheme* und *objectives* (Wortbedeutung, Kontext, Zweck). Diese Darstellungsweise fand sich bislang des öfteren in den Urteilen des *EuGH*[946] und entspricht – wie bereits erwähnt – in seinem äußeren Aufbau Teilen des beschriebenen Kanons im deutschen Recht. Im Anschluss an diese einfache Feststellung führt der *EuGH* – vom Wortlaut ausgehend – weiter aus:[947]

> *„Überdies findet sich im Wortlaut der Richtlinie kein Hinweis darauf, dass derjenige, der den Vertrag geschlossen hat, aufgrund dessen Waren zu liefern oder Dienstleistungen zu erbringen sind, der Empfänger dieser Waren oder Dienstleistungen sein müsste. Die Richtlinie 85/577 soll nämlich die Verbraucher schützen, indem sie es ihnen ermöglicht, einen Vertrag zu widerrufen, der nicht auf Initiative des Kunden, sondern auf die des Gewerbetreibenden geschlossen wurde, so dass der Kunde möglicherweise nicht alle Folgen seines Handelns überblicken konnte. Daher kann ein Vertrag, der einem Dritten zugute kommt, nicht allein deshalb vom Geltungsbereich der Richtlinie ausgeschlossen werden, weil die erworbenen Waren oder Dienstleistungen für diesen Dritten bestimmt sind, der nicht Partei des betreffenden Vertragsverhältnisses ist."*

Damit hat das Gericht – ohne es ausdrücklich auszusprechen – eine teleologische Auslegung des Art. 1 Abs. 1 der Richtlinie vorgenommen. Über die Frage, warum der *EuGH* die bewährte vom Generalanwalt gewählte Untergliederung

[943] *EuGH* 14.7.1994 – Rs. C-91/92 (*Dori*), Slg. 1994, I-3325 (zu den Folgen unterbliebener Richtlinienumsetzung); *EuGH* 7.3.1996 – Rs. C-192/94 (*El Corte Inglés*), Slg. 1996, I-1281 (zur „horizontalen" Anwendbarkeit der Richtlinie zur Angleichung der Rechts- und Verwaltungsvorschriften der Mitgliedstaaten über den Verbraucherkredit); *EuGH* 8.10.1996 – verb. Rs. C-178, C-179, C-188, C-189 und C-190/94 (*Dillenkofer*), Slg. 1996, I-4845 (zur Frage der Staatshaftung wegen Nichtumsetzung der Richtlinie über Pauschalreisen)

[944] *EuGH* 17.3.1998 – Rs. C-56/96 (*Dietzinger*), Slg. 1998, I-1199ff, Tz. 18

[945] Schlussanträge vom 20.3.1997 zu *EuGH* 17.3.1998 – Rs. C-56/96 (*Dietzinger*), Slg. 1998, I-1199ff

[946] vgl. z.B. in *EuGH* 6.10.1982 – Rs. 283/81 (*Srl C.I.L.F.I.T. u.a.*), Slg. 1982, 3415ff, Tz. 18f

[947] *EuGH* 17.3.1998 – Rs. C-56/96 (*Dietzinger*), Slg. 1998, I-1199ff, Tz. 19

nicht aufgegriffen hat, kann nur spekuliert werden. Ein Grund könnte auch in einem eher formalen Aspekt zu sehen sein; denn letztendlich hat sich der *EuGH* der von Generalanwalt *Jakobs* vertretenen Auffassung zur Auslegung nicht angeschlossen.

Eine dem bekannten Auslegungsschema formal entsprechende Vorgehensweise hat der *EuGH* in einer seiner letzten Entscheidungen zu einer Auslegungsfrage europäischen Verbrauchervertragsrechts beschritten. Die Entscheidung *Berliner Kindl*[948] vom 23. März 2000 betrifft zum ersten Male eine Frage der Auslegung der Richtlinie 90/88 über den Verbraucherkredit; in diesem Urteil hat der *EuGH* nun – ganz im Gegensatz zu seinem Begründungsstil in der Rechtssache *Dietzinger* – umfangreiche Ausführungen zu den einzelnen Auslegungsmethoden der betreffenden Richtliniennorm gemacht. Im Ergebnis gelangt das Gericht hier in Übereinstimmung mit Generalanwalt *Léger* in seinen Schlussanträgen[949] dazu, dass ein Bürgschaftsvertrag nicht in den Anwendungsbereich der Verbraucherkreditrichtlinie fällt.
Bemerkenswert ist, dass der Gerichtshof in dieser Entscheidung alle vier im deutschen Recht gebräuchlichen Auslegungsmethoden zur Begründung heranzieht. Als Ausgangspunkt der Begründung dient dem *EuGH* die wörtliche Auslegung der Verbraucherkreditrichtlinie;[950] das Gericht führt aus, dass nach dem insoweit eindeutigen Wortlaut des Art. 1 Abs. 2 lit. c VerbrKrRL eine Bürgschaft nicht als Kreditvertrag im Sinne der Richtlinie angesehen werden kann. Diese Auslegung sieht der *EuGH* durch die Systematik der Richtlinie bestätigt, da dieser eine Regelung der Bürgschaft nicht zu entnehmen sei.[951] Aus den Erwägungsgründen der Richtlinie ergibt sich nach Ansicht des *EuGH* zudem, dass sich auch unter teleologischen Gesichtspunkten eine Anwendung der Richtlinie auf die Bürgschaft verbietet.[952] Das Gericht begründet dabei insbesondere letzteres Auslegungsergebnis umfassend, indem die typischen Gefahren bei der Aufnahme von Krediten als für die Bürgschaft nicht zutreffend herausgearbeitet werden. Diesen Teil seiner Erwägungen schließt der *EuGH* mit einem Hinweis auf die Entschließung des Europäischen Parlamentes vom 11. März 1997 zu dem Bericht der Kommission über die Anwendung der Richtlinie 87/102 zum Verbraucherkredit, wonach Bürgschaften aus dem Anwendungsbereich ausgeklammert sind.[953] Dies stellt einen Hinweis auf die – wenngleich erst nachträg-

---

[948] *EuGH* 23.3.2000 - Rs. C-208/98 (*Berliner Kindl Brauerei*), Slg. 2000, I-1741 = EuZW 2000, 339
[949] Generalanwalt am *EuGH Léger* im Rahmen der Schlussanträge vom 28.10.1999 zu *EuGH* 23.3.2000 – Rs. C-208/98 (*Berliner Kindl Brauerei*), Slg. 2000, I-1741
[950] *EuGH* aaO, Tz. 18; ebenso Generalanwalt *Léger*, aaO, Tz. 33ff
[951] *EuGH* aaO, Tz. 19; ebenso Generalanwalt *Léger*, aaO, Tz. 44ff
[952] *EuGH* aaO, Tz. 20; ebenso Generalanwalt *Léger*, aaO, Tz. 52ff
[953] *EuGH* aaO, Tz. 23

lich – geäußerten Vorstellungen des am Normgebungsverfahren beteiligten Europäischen Parlamentes dar, die im nationalen Recht als historische resp. genetische Auslegungsmethode bezeichnet wird. Der *EuGH* gebraucht diese Methode der Erkenntnisgewinnung hier nicht isoliert, sondern in unmittelbarem Zusammenhang mit der teleologischen Auslegung; dies erscheint insoweit nicht verwunderlich, ist doch unabdingbare Voraussetzung einer Auslegung nach Sinn und Zweck die Ermittlung der konkreten Zielvorstellungen, die die am Normgebungsverfahren beteiligten Organe der Gemeinschaft verwirklichen wollten.
Im Ergebnis bleibt festzuhalten, dass der *EuGH* mit dieser Entscheidung die konventionellen Methoden zur Auslegung von Rechtsnormen auch für das europäische Sekundärrecht nochmals deutlich formuliert und damit letztendlich wohl auch dauerhaft anerkannt hat. Anhängig sind zur Zeit – soweit ersichtlich – noch drei weitere Rechtssachen, die Auslegungsfragen aus dem Kernbereich des europäischen Verbrauchervertragsrechts betreffen.[954]

II. Die Bedeutung einzelner Auslegungsmethoden im Europäischen Sekundärrecht

Die zuvor bereits erwähnten vier Auslegungsmethoden europäischen Sekundärrechts, deren sich – wie soeben gesehen – im Grundsatz auch der *EuGH* bedient, sollen nun nachfolgend auf ihre wesentlichen Merkmale sowie etwaige Abweichungen zum nationalen Recht hin untersucht werden.

1. Wörtliche Auslegung

Die wörtliche Auslegung, die teils auch als grammatische bezeichnet wird, hat die Aufgabe, erste Anhaltspunkte für den Wortsinn zu vermitteln. Grundsätzlich geht jede Auslegung auch im Gemeinschaftsrecht vom Wortlaut des Textes aus.[955] Der Normtext vermittelt eine erste Vorstellung, welche Fälle von der auszulegenden Norm eindeutig erfasst und welche eindeutig nicht erfasst werden. Zweck der Auslegung nach dem Wortlaut ist es zunächst, die linguistisch

---

[954] Rs. C-265 bis C-272/98 (*Compañ Calbuig u.a.*) und Rs. C-30/98 (*VR-Leasing*); mit Beschluss vom 30.11.1999 legte der *BGH* dem *EuGH* jüngst zwei weitere Fragen zum Widerrufsrecht beim Abschluss eines Realkreditgeschäfts an der Haustür vor (§§1, 5 Abs. 2 HaustürWG, §§3 Abs. 2 Nr. 2, 7 VerbrKrG), NJW 2000, 521ff; jüngst entschieden wurde vom *EuGH* zudem eine Frage zur Auslegung der Richtlinie über missbräuchliche Klauseln (*EuGH* 27.6.2000 – verb. Rs. C-240 bis C-244/98 (*Murciano Quintero u.a.*), EuZW 2000, 506).

[955] *Ahlt*, Europarecht, 38; *Zuleeg*, EuR 1969, 97, 99; *Lutter*, JZ 1992, 595, 599; *Schulte-Nölke* in: *Schulze*, Auslegung europäischen Privatrechts und angeglichenen Rechts, 143, 157; *Grundmann, Stephan M.*, Auslegung des Gemeinschaftsrechts, 236; *Schmidt*, Der Einfluss europäischer Richtlinien auf das Privatrecht, 49; grundlegend *Larenz/Canaris*, Methodenlehre, 320f

möglichen Bedeutungen des Normtextes herauszuarbeiten. Dieser Katalog denkbarer Wortlautbedeutungen erlaubt damit gleichzeitig die Bestimmung der Bedeutungsaußengrenzen des Normtextes.[956] Die Bedeutung der wörtlichen Auslegung kommt allerdings oftmals nicht über die Vermittlung erster Anhaltspunkte hinaus. Innerhalb des anhand der Textarbeit ermittelten möglicherweise weiten Bedeutungsbereiches (Begriffshof) ist die wörtliche Auslegung auf die Heranziehung der anderen Auslegungsmethoden angewiesen.

Eine erhebliche Schwierigkeit im Rahmen der Auslegung europäischen Sekundärrechts, die die soeben beschriebene Problematik noch verschärft, ergibt sich vor dem Hintergrund, dass der Inhalt der auszulegenden Norm in allen elf Amtssprachen[957] gleich verbindlich ist.[958] Der *EuGH* selbst hat sich in diesem Zusammenhang auch gegen jegliche bevorrechtigte Behandlung der im Vordergrund stehenden Arbeitssprachen ausgesprochen.[959]

Die Plurilingualität führt zwangsläufig zu einer erhöhten Zahl vom Wortlaut ausgehender möglicher Auslegungen und potenziert die soeben skizzierten Unzulänglichkeiten der isolierten Wortlautauslegung damit noch. So kann in der deutschen Fassung des Normtextes eine Formulierung eindeutig sein, wohingegen sich unter Berücksichtigung anderer sprachlicher Fassungen durchaus andere Interpretationen eröffnen können. Der nationale Rechtsanwender darf den Begriff deshalb nicht allein nach dem Verständnis seiner nationalen Rechtsordnung auslegen.[960] Eine solche Vorgehensweise wäre mit dem Erfordernis einer einheitlichen Anwendung des Gemeinschaftsrechts unvereinbar.[961] Vielmehr ist regelmäßig ein autonomer, gemeinschaftsrechtlicher Inhalt des Begriffs zu ermitteln.[962]

---

956 *Schulte-Nölke*, in: *Schulze*, Auslegung europäischen Privatrechts und angeglichenen Rechts, 143, 158

957 Amtssprachen sind zur Zeit: Dänisch, Deutsch, Englisch, Finnisch, Französisch, Griechisch, Italienisch, Niederländisch, Portugiesisch, Schwedisch und Spanisch

958 zuletzt *EuGH* 12.11.1998 – Rs. C-149/97 (*Institute of the Motor Industry*), Slg. 1998, I-7053, Tz. 16; *Grundmann*, Europäisches Schuldvertragsrecht, §3, Rz. 143; *Ahlt*, Europarecht, 38; *Schulte-Nölke*, in: *Schulze*, Auslegung europäischen Privatrechts und angeglichenen Rechts, 143, 158; *Grundmann, Stephan M.*, Auslegung des Gemeinschaftsrechts, 236; *Schmidt*, Der Einfluss europäischer Richtlinien auf das Privatrecht, 50; *Bleckmann*, ZGR 1992, 364, 366; *Schmidt*, RabelsZ 59 (1995), 569, 574

959 *EuGH* 27.10.1977 – Rs. 30/77 (*Bouchereau*), Slg. 1977, 1999, 2010 ; *EuGH* 28.3.1985 – Rs. 100/84 (*Kommission./. Vereinigtes Königreich*), Slg. 1985, 1169, 1182; *EuGH* 7.2.1995 – Rs. C-449/93 (*Rockfon*), Slg. 1995, I-4291, 4317

960 *Beutler/Bieber/Pipkorn/Streil*, Europäische Union, 246; *Grundmann*, Europäisches Schuldvertragsrecht, §3, Rz. 143; *Schmidt*, Der Einfluss europäischer Richtlinien auf das Privatrecht, 50

961 *EuGH* 12.11.1998 – Rs. C-149/97 (*Institute of the Motor Industry*), Slg. 1998, I-7053, Tz. 16

962 *Beutler/Bieber/Pipkorn/Streil*, Europäische Union, 246; *Schmidt*, RabelsZ 59 (1995), 569, 576; *Grundmann, Stephan M.*, Auslegung des Gemeinschaftsrechts, 237; *Schmidt*, Der

Der *EuGH* selbst scheint dem Wortlautargument ebenfalls nur begrenzte Bedeutung beizumessen; Hinweise auf den Wortlaut finden sich meist nur dann, wenn dieses Ergebnis in Übereinstimmung mit den nachfolgenden Ausführungen zu Systematik und ratio legis steht.[963] Im Hinblick auf die Gleichrangigkeit der Sprachfassungen hat der *EuGH* ausgeführt, dass im Falle der Abweichung der sprachlichen Fassungen die betreffende Vorschrift nach dem allgemeinen Aufbau und dem Zweck der Regelung ausgelegt werden muss;[964] dabei ist das Gesamtsystem der Bestimmungen zu berücksichtigen.[965]

2. *Historische Auslegung*

Abweichend von der Auslegung nationalen Rechts ist die Bedeutung der historischen Auslegung im europäischen Sekundärrecht stark eingeschränkt. In der deutschen Methodenlehre spielen historische Aspekte, insbesondere die gesetzgeberischen Materialien (von den Begründungen der ersten Referentenentwürfe über Regierungsentwürfe, Protokolle der Parlamentsausschüsse, Bundestags- und Bundesratsdrucksachen etc.) eine gewichtige Rolle. Im Rahmen des europäischen Sekundärrechts stößt man diesbezüglich allerdings schnell an praktische Grenzen; zum einen ist zu bedenken, dass die Richtlinie Ergebnis eines Kompromisses ist, aufgrund dessen Elemente aus verschiedenen Rechtsordnungen in die Richtlinie resp. die jeweilige Richtlinienbestimmung Eingang gefunden haben. Die Übersichtlichkeit der Normfindung leidet darunter in nicht unbeträchtlichem Maße.[966] Zum anderen bestehen aber auch grundsätzliche Unterschiede im Hinblick auf die zur Verfügung stehenden Gesetzesmaterialien, die auf dem

Einfluss europäischer Richtlinien auf das Privatrecht, 51; nur in wenigen Ausnahmefällen verwies der *EuGH* für die Auslegung auf das jeweilige nationale Recht - vgl. z.B. *EuGH* 6.10.1976 – Rs. 12/76 (*Dunlop*), Slg. 1976, 1473, 1487 zur Frage des Erfüllungsortes im EuGVÜ sowie *EuGH* 7.7.1992 – Rs. C-369/90 (*Micheletti*), Slg. 1992, I-4239, 4262 zur Staatsangehörigkeit

[963] *Heß*, Die Umsetzung von EG-Richtlinien im Privatrecht, 77ff, *Grundmann, Stephan M.*, Auslegung des Gemeinschaftsrechts, 192ff; *Schulte-Nölke*, in: *Schulze*, Auslegung europäischen Privatrechts und angeglichenen Rechts, 143ff

[964] *EuGH* 12.11.1998 – Rs. C-149/97 (*Institute of the Motor Industry*), Slg. 1998, I-7053, Tz. 16; *EuGH* 27.3.1990 – Rs. 372/88 (*Cricket St. Thomas*), Slg. 1990, I-1345, Tz. 18, 19; *EuGH* 6.10.1982 – Rs. 283/81 (*C.I.L.F.I.T.*), Slg. 1982, 3415, Tz. 18; *EuGH* 12.11.1969 – 29/69 (*Stadt Ulm*), Slg. 1969, 419, 425; *EuGH* 5.12.1967 – Rs. 19/67 (*van der Vecht*), Slg. 1967, 461, 473 – vgl. auch *Grundmann, Stephan M.*, Auslegung des Gemeinschaftsrechts, 192f, 394; *Schmidt*, Der Einfluss europäischer Richtlinien auf das Privatrecht, 50; *Bleckmann*, NJW 1982, 1177, 1180

[965] *EuGH* 6.10.1982 – Rs. 283/81 (*C.I.L.F.I.T.*), Slg. 1982, 3415, Tz. 18; *EuGH* 27.10.1977 – Rs. 30/77 (*Bouchereau*), Slg. 1977, 1999, 2010; *EuGH* 21.11.1974 – Rs. 6/74 (*Moulijn./.Kommission*), Slg. 1974, 1287, 1293

[966] vgl. *Lutter*, JZ 1992, 595, 599; *Schulte-Nölke*, in: *Schulze*, Auslegung europäischen Privatrechts und angeglichenen Rechts, 143, 158

besondern Rechtssetzungsverfahren der Europäischen Gemeinschaft beruhen. In diesem Zusammenhang ist zwischen den Erwägungsgründen der Richtlinien und den sonstigen verschiedenen Protokollerklärungen und Stellungnahmen zu unterscheiden. In praktischer Hinsicht steht man hier zunächst vor dem Problem, dass in den allermeisten Fällen die Überlegungen der normgebenden Organe, insbesondere die des Ministerrates nicht veröffentlicht sind.[967] Abgesehen von den zwingend notwendig veröffentlichten Erwägungsgründen, die gem. Art. 253 (Art. 190 EG-Vertrag) unverzichtbarer Teil der Richtlinie sind, fehlt es so oftmals an Materialien, die überhaupt als Ausgangspunkt der historischen Auslegung herangezogen werden könnten. Indem z.B. der Rat von einer Veröffentlichung seiner Überlegungen absieht, trifft er damit die bewusste Entscheidung, diese eben nicht zur Grundlage der Richtlinienauslegung machen zu wollen. Solche Materialien können dann – selbst wenn sie in unveröffentlichter Form doch vorliegen – nach ganz überwiegender Ansicht nicht Gegenstand konkretisierender Auslegung sein.[968]

Konsequenz der oben beschriebenen Dynamik des Gemeinschaftsrechts ist es auch, dass der historischen Auslegung im Gemeinschaftsrecht ein rein objektives Verständnis zugrunde gelegt werden muss; d.h. der Interpret der Norm wird aus der Bindung an den Willen des historischen Gesetzgebers entlassen; bei der Auswertung der wenigen vorhandenen Gesetzesmaterialien ist vielmehr der Wille im Sinne einer objektiv historischen Auslegung zu erforschen. Entscheidend sind nicht die historischen Intentionen der Normverfasser, sondern die heutige objektive Zweckrichtung des Gemeinschaftsrechts. Dieser Zweck kann nicht statisch bestimmt werden, sondern verfolgt – wie gesehen – dynamisch den jeweiligen Stand der einzelnen Gemeinschaftspolitiken.[969] Mit einer so verstande-

---

[967] *Lutter*, JZ 1992, 595, 599; *Ahlt*, Europarecht, 38; *Schmidt*, Der Einfluss europäischer Richtlinien auf das Privatrecht, 56, 59; *Bleckmann*, NJW 1982, 1177, 1178f

[968] in diesem Sinne *Beutler/Bieber/Pipkorn/Streil*, Europäische Union, 247; *Pechstein*, EuR 1990, 249, 254; *Schmidt*, Der Einfluss europäischer Richtlinien auf das Privatrecht, 60; *Grundmann*, Europäisches Schuldvertragsrecht, §3, Rz. 144; *Buck*, Über die Auslegungsmethoden des Gerichtshofs, 148; *Lutter*, JZ 1992, 595, 599; **aA** in Bezug auf Protokollerklärungen des Rates: *Herdegen*, ZHR 155 (1991), 52, 63 – vgl. noch Stellungnahme im Rahmen der teleologischen Auslegung unter 4. Kapitel: § 8 A. II. 4. (S.204ff)

[969] vgl. zu den unterschiedlichen Ansätzen - objektive oder subjektive Interpretationsmethode – die Darstellungen bei *Schmidt*, Der Einfluss europäischer Richtlinien auf das Privatrecht, 46; *Grundmann, Stephan M.*, Auslegung des Gemeinschaftsrechts, 341, 384, 394; *Lutter*, JZ 1992, 595, 602; *Merkt*, RabelsZ 1997, 647, 666; *Schmidt*, RabelsZ 59 (1995), 569, 582; *Grundmann*, Europäisches Schuldvertragsrecht, §3, Rz. 144, *Schulte-Nölke*, in: *Schulze*, Auslegung europäischen Privatrechts und angeglichenen Rechts, 143, 159; *Buck*, Über die Auslegungsmethoden des Gerichtshofs, 202ff, die allesamt die objektive Methode befürworten; **aA** *Heß*, Die Umsetzung von EG-Richtlinien im Privatrecht, 53ff, 74, 75 und *Bleckmann*, NJW 1982, 1177, 1178, die die subjektive Methode vertreten – vgl. auch die

nen historischen Auslegung werden jedoch die Grenzen zwischen dieser und einer an Sinn und Zweck der Norm orientierten teleologischen Auslegung unscharf, wenn nicht gar gänzlich eingeebnet.[970]

Dieses Verständnis der historischen Auslegung spiegelt sich auch in der Rechtsprechungspraxis des *EuGH* wider, der die historische Auslegung – wie zuletzt in der Entscheidung *Berliner Kindl*[971] gesehen – nicht als eigenständige Auslegungsmethode gebraucht. Vielmehr hat der *EuGH* die Entstehungsgeschichte einer Norm schon zuvor in einigen Entscheidungen[972] eher als Auslegungshilfe mit dem Charakter einer Hilfsbegründung herangezogen und diese – wie in *Berliner Kindl* – als Teil der Auslegung nach Sinn und Zweck verwertet; einen eigenständigen Begründungsstrang innerhalb der Auslegung hat der *EuGH* darauf nicht gestützt. Insbesondere aufgrund der beschriebenen dynamischen Entwicklung des Gemeinschaftsrechts soll diesem Ansatz auch hier gefolgt werden, so dass die genetische Auslegung nur als Teilaspekt innerhalb der teleologischen Auslegung mit herangezogen werden soll.[973]

3. *Systematische Auslegung*

Die systematische Auslegung berücksichtigt den systematischen Zusammenhang, in dem die Norm steht.[974] Auch im europäischen Sekundärrecht ist eine Norm nicht isoliert zu sehen, sondern stets als Teil eines – wenn auch oftmals noch unvollständigen – Systems. Widersprüche innerhalb des Systems sind auch im europäischen Recht zu vermeiden; die Rechtsnorm ist in ihr normatives Umfeld einzuordnen und im Lichte dieser Einordnung wiederspruchsfrei zu interpretieren, d.h. die Rechtsnormen sind in ein sinnvolles Gesamtgefüge zu brin-

grundlegende Darstellung für das deutsche Recht bei *Larenz/Canaris*, Methodenlehre, 316ff

970 vgl. zur teleologischen Auslegung sogleich unter 4. Kapitel: § 8 A. II. 4. (S.204ff)

971 Vgl. Fn. 948

972 *EuGH* 5.2.1976 – Rs. 94/75 (*Süddeutsche Zucker AG*), Slg. 1976, 153, 160; *EuGH* 12.7.1979 – Rs. 260/78 (*Maggi*), Slg. 1979, 2693, 2701; *EuGH* 8.11.1977 - Rs. 36/77 (*AIMA*), Slg. 1977, 2059, 2071; *EuGH* 10.12.1985 – Rs. 290/84 (*Mainfrucht Obstverwertung*), Slg. 1985, 3909, 3930

973 Ebenso ausdrücklich auch *Schmidt*, Der Einfluss europäischer Richtlinien auf das Privatrecht, 46, 57; ähnlich *Schulte-Nölke*, in: *Schulze*, Auslegung europäischen Privatrechts und angeglichenen Rechts, 143, 158f; *Lutter*, JZ 1992, 595, 598f; anders *Heß*, Die Umsetzung von EG-Richtlinien im Privatrecht, 53ff, 75, 77, 100, der die beiden Auslegungsmethoden zwar ebenfalls vermengt, allerdings der genetischen Auslegung den Vorrang einräumt, da die teleologische Auslegung kein eigenes objektives Auslegungskriterium darstelle. – vgl. dazu sogleich im Rahmen der teleologischen Auslegung unter 4. Kapitel: § 8 A. II. 4. (S.204ff)

974 grundlegend *Larenz/Canaris*, Methodenlehre,325f

gen.[975] Anhand der systematischen Auslegung können so z. B. aus anderen sekundärrechtlichen Vorgaben Rückschlüsse gezogen werden, wie bestimmte Normen zu verstehen sind. Systematische Bezüge im Gemeinschaftsrecht lassen sich auf zwei unterschiedlichen Ebenen definieren.
Zum einen gilt es – wie bereits gesagt – einen Bezug innerhalb der verschiedenartigen sekundärrechtlichen Maßnahmen herzustellen. Die Auslegung von EG-Richtlinien mit verwandtem Regelungsgehalt, wie z.B. im Bereich des Verbrauchervertragsrechts, strahlt wechselseitig aufeinander aus;[976] Begrifflichkeiten innerhalb der einzelnen Richtlinien sind aufeinander abzustimmen, Übereinstimmungen resp. Abweichungen im Anwendungsbereich können mit Bezug auf andere sekundärrechtliche Vorgaben begründet werden.[977] Die Auslegung kann sich demzufolge in systematischer Hinsicht an anderen sekundärrechtlichen Vorgaben orientieren bzw. diese können vergleichend herangezogen werden.[978]

Der systematischen Auslegung kommt in dieser Hinsicht demnach eine eigenständige, wenn auch vergleichsweise noch geringe Bedeutung zu.[979] Die Begründungskraft systematischer Argumente ist insoweit eingeschränkt, als dass die Normgebung der Europäischen Union bislang noch keinen Anspruch auf eine abschließende Systematik und Vollständigkeit erheben kann.[980] Der teils noch recht fragmentarische Charakter der Richtlinien hindert demnach eine stärker in den Vordergrund tretende systematische Auslegung des Gemeinschaftsrechts. Speziell für das Verbrauchervertragsrecht hat dieses Argument in den letzten Jahren allerdings wieder an Überzeugungskraft verloren, da die Regelungsdichte hier immer weiter angestiegen ist und die Europäische Union mitt-

---

[975] *Schmidt*, RabelsZ 59 (1995), 569, 577; *Zuleeg*, EuR 1969, 97, 102

[976] *Grundmann*, Europäisches Schuldvertragsrecht, §3, Rz. 146; *Beutler/Bieber/Pipkorn/Streil*, Europäische Union, 246; *Bleckmann*, ZGR 1992, 364, 369; *Ahlt*, Europarecht, 38; *Heß*, Die Umsetzung von EG-Richtlinien im Privatrecht, 80

[977] z.B. entschied sich der *EuGH* im Fall *Berliner Kindl Brauerei* zur Auslegung der Verbraucherkreditrichtlinie – anders als in der Entscheidung *Dietzinger* zur Haustürwiderrufsrichtlinie – unter ausdrücklicher Berufung auf eine abweichende Systematik der Richtlinien gegen die Anwendung auf die Privatbürgschaft. - vgl. *EuGH* 23.3.2000 – Rs. C-208/98 (*Berliner Kindl Brauerei*), Slg. 2000, I-1741, Tz. 24 = EuZW 2000, 339

[978] vgl. zur Schrankenwirkung von anderem Sekundärrecht schon Darstellung unter 3. Kapitel: § 7 B. (S.183ff)

[979] *Schulte-Nölke*, in: *Schulze*, Auslegung europäischen Privatrechts und angeglichenen Rechts, 143, 159; *Grundmann*, Europäisches Schuldvertragsrecht, §3, Rz. 146; **aA** *Schmidt*, Der Einfluss europäischer Richtlinien auf das Privatrecht, 54; wohl auch *Bleckmann*, NJW 1982, 1177, 1178

[980] vgl. Darstellung unter 1. Kapitel: § 3 A. Seite 25ff), Nachweise in Fn. 154ff

lerweile auch in Kernbereiche schuldvertragsrechtlicher Regelungen wie die Gewährleistungshaftung[981] vorgedrungen ist.

Neben dieser engen Systematik steht die Richtlinie aber auch in einem Kontext zum EG-Primärrecht.[982] Die Auslegung von Sekundärrecht ist deshalb auch an den Zielen des EG-Primärrechts auszurichten.[983] Diese im Grunde selbstverständliche Prämisse besagt, dass dem Grundsatz der EG-Vertragskonformität als unabdingbare Voraussetzung einer durch Auslegung der Richtliniennorm erzielten Umsetzung in nationales Recht auch an dieser Stelle Rechnung zu tragen ist.[984] Auch der *EuGH* hat die Bedeutung dieser Systematik im weiten Sinne in einigen Entscheidungen deutlich zum Ausdruck gebracht; die Auslegung einer Vorschrift des abgeleiteten Gemeinschaftsrechts habe so zu erfolgen, *„dass sie mit dem EWGV [...] und den allgemeinen Grundsätzen des Gemeinschaftsrechts vereinbar ist"*.[985]
In diesem Zusammenhang erlangen auch die europäischen Grundfreiheiten als Teil des Primärrechts wieder Bedeutung; gerade im Bereich des europäischen Schuldvertragsrechts kommt dem Postulat der sekundärrechtlichen Vorgaben, die Privatautonomie mittels der Grundfreiheiten über die nationalen Grenzen innerhalb des Binnenmarktes zu erstrecken[986], eine herausragende Bedeutung zu, der bereits im Rahmen der Auslegung Rechnung zu tragen ist.[987]

4. Teleologische Auslegung

Die teleologische Auslegung stellt entscheidend auf die ratio legis ab, d.h. den rechtspolitischen Zweck der auszulegenden Norm sowie die dieser zugrunde

---

[981] Richtlinie 1999/44/EG des Europäischen Parlamentes und des Rates vom 25.5.1999 zu bestimmten Aspekten des Verbrauchsgüterkaufs und der Garantien für Verbrauchsgüter, ABl. EG 1999 Nr. L 171/12

[982] *Heß*, Die Umsetzung von EG-Richtlinien im Privatrecht, 80; *Grundmann*, Europäisches Schuldvertragsrecht, §3, Rz. 146; *Bleckmann*, ZGR 1992, 364, 369; *Ahlt*, Europarecht, 38; *Grundmann, Stephan M.*, Auslegung des Gemeinschaftsrechts, 324f, 340; *Buck*, Über die Auslegungsmethoden des Gerichtshofs, 177f, 183ff

[983] Eine solche gemeinschaftsrechtskonforme Auslegung als Unterfall der systematischen Auslegung entspricht im deutschen Recht in gewisser Weise die verfassungskonforme Auslegung (vgl. *Brechmann*, Richtlinienkonforme Auslegung, 258ff mwN; *Heß*, Die Umsetzung von EG-Richtlinien im Privatrecht, 80; *Grundmann, Stephan M.*, Auslegung des Gemeinschaftsrechts, 340; *Schmalz*, Methodenlehre, Rz. 244, 308; **aA** *Ehricke*, RabelsZ 59 (1995), 598ff); *Schmidt*, RabelsZ 59 (1995), 569, 588, 590)

[984] vgl. zur Normenhierarchie schon Darstellung im Rahmen der Grenzen der Öffnungsklauseln unter 2. Kapitel: § 4 A. III. (S.53ff)

[985] *EuGH* 21.3.1991 – Rs. C-214/89 (*Rauh*), Slg. 1991, I-1647, 1672, Tz. 17; ebenso *EuGH* 25.11.1986 – verb. Rs. 201/85 und 202/85 (*Klensch u.a.*), Slg. 1986, 3477, 3510, Tz. 21

[986] vgl. schon Darstellung unter 3. Kapitel: § 6 B. I. (S.92ff), Nachweise in Fn. 466

[987] *Grundmann*, Europäisches Schuldvertragsrecht, §3, Rz. 146

liegenden Wertentscheidung.[988] Schon aus den Ausführungen zu den drei vorausgegangenen klassischen Auslegungsmethoden wird deutlich, dass eine Auslegung europäischen Sekundärrechts nicht losgelöst von den damit verfolgten Zielvorstellungen erfolgen kann. Der teleologischen Auslegung kommt damit gerade im europäischen Schuldvertragsrecht ein besonderes Gewicht zu;[989] teilweise wird ausdrücklich vom *„Primat der Zweckauslegung“* gesprochen.[990]
Die Dominanz teleologischer Interpretation erschließt sich auch vor dem Hintergrund, dass alle im Rahmen dieser Arbeit relevanten Richtlinien[991] in ihren Präambeln und Erwägungsgründen als Teil der Richtlinie gem. Art. 253 so angelegt sind, dass sie bereits konkrete Zielvorstellungen des Normgebers enthalten.[992] Die hier in Rede stehenden Richtlinien verfolgen – wie gesehen[993] – sogar eine sich ergänzende Doppelfunktion, indem sie zum einen Teil der Verwirklichung eines europäischen Verbraucherschutzes, zum anderen aber auch Ausdruck der fortschreitenden Binnenmarktverwirklichung sind.

Die hohe Gewichtung teleologischer Argumente spiegelt sich auch in der Rechtsprechung des *EuGH* sowie den Schlussanträgen zahlreicher Generalanwälte wider;[994] insbesondere das deutliche Bekenntnis des *EuGH* zu einer Auslegung nach dem *effet utile*[995], aber auch die – wenngleich oftmals kurzen Urteilsbe-

---

[988] grundlegend *Larenz/Canaris*, Methodenlehre, 328f

[989] *Grundmann*, Europäisches Schuldvertragsrecht, §3, Rz. 147; *Schmidt*, Der Einfluss europäischer Richtlinien auf das Privatrecht, 61; *Bleckmann*, NJW 1982, 1177, 1178; *Schmidt*, RabelsZ 59 (1995), 569, 579; *Lutter*, JZ 1992, 595, 600; *Buck*, Über die Auslegungsmethoden des Gerichtshofs, 202ff, 221; **aA** *Heß*, Die Umsetzung von EG-Richtlinien im Privatrecht, 60 Fn. 308, 77ff, der die teleologische Auslegung nicht als objektive Auslegungsmethode anerkennen will, da sie das Ziel und nicht eine Auslegung darstelle.

[990] *Schulte-Nölke*, in *Schulze*, Auslegung europäischen Privatrechts und angeglichenen Rechts, 143, 159

[991] vgl. Nachweise in Fn. 21

[992] zu den im Einzelnen relevanten Anknüpfungspunkten der teleologischen Auslegung sogleich im Text

[993] vgl. Darstellung unter 1. Kapitel: § 3 A. (S.25ff)

[994] vgl. z.B. *EuGH* 13.6.1978 – Rs. 139/77 (*Denkavit*), Slg. 1978, 1317, 1332; *EuGH* 14.2.1980 – Rs. 84/79 (*Meyer-Uetze KG*), Slg. 1980, 291, 300; *EuGH* 13.3.1980 – Rs. 124/79 (*Produktschap Voor Vee en Vlees*), Slg. 1980, 813, 823; *EuGH* 20.3.1980 – Rs. 118/79 (*Hauptzollamt Hamburg-Jonas*), Slg. 1980, 1183, 1190; *EuGH* 6.5.1980 – Rs. 152/79 (*Lee*), Slg. 1980, 1495, 1507; *EuGH* 15.4.1986 – Rs. 237/84 (*Kommission./.Belgien*), Slg. 1986, I-1247, 1252; *EuGH* 17.10.1991 – Rs. C-100/90 (*Kommission./.Dänemark*), Slg. 1991, I-5089, 5106; *EuGH* 7.12.1995 - Rs. C-449/93 (*Rockfon*), Slg. 1995, I-4291, 4317; vgl. aber auch die Schlussanträge des Generalanwalts am *EuGH Jacobs* vom 14.12.2000 in den verb. Rs. C-322 und C-323/99 (*Fischer u. Brandenstein*), noch nicht in der amtlichen Sammlung veröffentlicht, Tz. 37, 54, 55, 57 in einem umgekehrten Falle

[995] vgl. nur *EuGH* 4.12.1974 – Rs. 41/74 (*van Duyn*), Slg. 1974, 1337, 1348; vgl. auch *Reich*, ZEuP 1994, 381, 389; *Grundmann*, Europäisches Schuldvertragsrecht, §3, Rz. 147; *Ahlt*,

gründungen – unterstreichen diese Sichtweise. Auch in der jüngsten Entscheidung *Berliner Kindl* stehen teleologische Erwägungen, gepaart mit systematischen im Vordergrund.[996] Im Rahmen der teleologischen Auslegung kommt auch wieder die schon für die historische Auslegung bedeutsame Frage zum Tragen, ob die Auslegung subjektiv oder objektiv zu erfolgen hat;[997] mit anderen Worten, ob eine subjektive, an den Zielen des ursprünglichen Vertragsgebers orientierte oder eine objektive Auslegung der Ziele maßgeblich ist. Wie bereits dargelegt, steht im Gemeinschaftsrecht schon aufgrund seiner Dynamik das objektiv teleologische Moment im Mittelpunkt.[998] Dies gilt im Rahmen der Auslegung nach Sinn und Zweck um so mehr, könnte doch ansonsten eine progressive Entwicklung des Gemeinschaftsrechts nicht stattfinden und vom *EuGH* entwickelte Kriterien wie der *effet utile* wären ad absurdum geführt.

Im Hinblick auf die im Rahmen der teleologischen Auslegung heranzuziehenden Materialien ist im Wesentlichen zwischen den der Richtlinie selbst beigefügten Erwägungsgründen sowie den verschiedenen Protokollerklärungen und Stellungnahmen zu unterscheiden.[999] Diese schon im Rahmen der historischen Auslegung bedeutsamen Materialien sind entscheidende Hilfsmittel zur Bestimmung von Sinn und Zweck der betreffenden Richtlinie resp. der einzelnen Richtliniennorm. Im Vordergrund stehen dabei die Erwägungsgründe der Richtlinie gem. Art. 253.[1000] Ausweislich der *EuGH*-Rechtsprechung sollen die Erwägungsgründe dabei insbesondere die wesentlichen rechtlichen und tatsächlichen Überlegungen enthalten, auf denen die Richtlinie beruht;[1001] sie sollen den Mitgliedstaaten veranschaulichen, in welcher Weise die Gemeinschaftsorgane den EG-Vertrag auslegen und anwenden.[1002] Letzteres verdeutlicht, welch herausragende Bedeutung den Erwägungsgründen gerade für die Mitgliedstaaten im Rahmen der Umsetzung zukommt.

Europarecht, 38; *Grundmann, Stephan M.*, Auslegung des Gemeinschaftsrechts, 341; *Oppermann*, Europarecht, 218; *Bleckmann*, NJW 1992, 1177, 1180; *Zuleeg*, EuR 1969, 97, 107; *Buck*, Über die Auslegungsmethoden des Gerichtshofs, 208ff

996 *EuGH* 23.3.2000 - Rs. C-208/98 (*Berliner Kindl Brauerei*), Slg. 2000, I-1741, Tz. 18ff = EuZW 2000, 339; ebenso in der Gewichtung Generalanwalt *Léger*, Slg. 2000, I-1741, Tz. 52ff

997 vgl. die grundlegende Darstellung bei *Larenz/Canaris*, Methodenlehre, 316ff

998 vgl. Nachweise in Fn. 969

999 Eine ausführlichere Darstellung und Analyse aller in Betracht kommenden Materialien findet sich bei *Heß*, Die Umsetzung von EG-Richtlinien im Privatrecht, 83ff; *Grundmann, Stephan M.*, Auslegung des Gemeinschaftsrechts, 258ff

1000 vgl. Nachweise der *EuGH*-Rechtsprechung in Fn. 994

1001 *EuGH* 4.7.1963 – Rs. 24/62 (*Bundesrepublik Deutschland./.Kommission*), Slg. 1963, 141, 155

1002 *EuGH*, aaO

Die Erwägungsgründe sind deutlich zu unterscheiden von der Begründung, welche die Kommission zum Entwurf der Richtlinie veranlasst hat. Letztlich werden die Erwägungsgründe zwar ebenfalls von der Kommission formuliert, allerdings ausweislich Art. 253 in einer objektiven Form, d.h. unter ausdrücklicher Berücksichtigung der Vorstellungen und Stellungnahmen der anderen am Verfahren Beteiligten; die Erwägungsgründe zeichnen demzufolge objektiv die maßgeblichen Gründe nach, welche sich üblicherweise erst nach und nach im Laufe des Rechtssetzungsverfahrens ergeben. Der Rat macht sich diese dann zu eigen, wenn er die Richtlinie als rechtsetzendes Organ verabschiedet. Stellungnahmen der Kommission, welche sich der Rat nicht zu eigen macht, können – sofern veröffentlicht – deshalb keine positive Berücksichtigung finden.[1003] Ein Rückgriff auf solche Materialien im Falle der Nichtveröffentlichung verbietet sich erst recht.[1004] Ebenso kann einseitigen Erklärungen einzelner Mitgliedstaaten keine Bedeutung zukommen;[1005] dies ergibt sich schon aus der Überlegung, dass der einzelne Mitgliedstaat isoliert nicht an der Rechtssetzung beteiligt ist. Begründungen zu aktuellen und vorausgegangenen Richtlinienentwürfen können allerdings ebenfalls von Nutzen sein; so können beispielsweise aus dem Vergleich unterschiedlicher Entwürfe Rückschlüsse darauf gezogen werden, welche Änderungen resp. vor welchem Hintergrund diese vorgenommen wurden. In diesem Zusammenhang kann auch auf die Stellungnahmen des Europäischen Parlamentes sowie des Wirtschafts- und Sozialausschusses, die im Amtsblatt der EG veröffentlicht werden, Bezug genommen werden.[1006] Das Europäische Parlament ist zwar trotz wachsender Bedeutung nicht Normgeber, so dass seine Stellungnahmen keine direkten Rückschlüsse auf dessen Willen zulassen; wie der Wirtschafts- und Sozialausschuss ist das Parlament aber in den Prozess der Rechtssetzung eingebunden, so dass das Parlament als Organ (Art. 7) der Gemeinschaft und der Wirtschafts- und Sozialausschuss als unterstützendes Gremium (Art. 7 Abs. 2) Einfluss auf die Willensbildung im Rat als rechtssetzendes Organ ausüben.[1007] Ihren Stellungnahmen ist demzufolge auch im Rahmen der Auslegung Rechnung zu tragen, freilich unter der Prämisse, dass z.B. Vorstel-

---

[1003] gegen die Heranziehung: *Herdegen*, ZHR 155 (1991), 52, 64; *Pechstein*, EuR 1990, 249, 254; *Heß*, Die Umsetzung von EG-Richtlinien im Privatrecht, 88; *Schmidt*, Der Einfluss europäischer Richtlinien auf das Privatrecht, 60; **aA** *Lutter*, JZ 1992, 595, 601

[1004] Anders ist m.E. im Hinblick auf Stellungnahmen des Rates zu entscheiden – vgl. dazu sogleich im Text

[1005] *Heß*, Die Umsetzung von EG-Richtlinien im Privatrecht, 88; *Schmidt*, Der Einfluss europäischer Richtlinien auf das Privatrecht, 59; *Pechstein*, EuR 1990, 249, 254; *Bleckmann*, NJW 1992, 1177, 1179; *Lutter*, JZ 1992, 595, 601

[1006] *Heß*, Die Umsetzung von EG-Richtlinien im Privatrecht, 90, 91

[1007] Besonders deutlich wird dies für die wachsende Bedeutung der Rolle des Parlamentes durch das Mitentscheidungsverfahren gem. Art. 251.

lungen des Parlamentes, die der Rat in seinem gemeinsamen Standpunkt nicht übernommen hat, unberücksichtigt bleiben müssen.[1008]
Problematischer ist die Heranziehung etwaiger Protokolle des Rates; diese unterliegen – wie bereits ausgeführt[1009] – ausweislich der Geschäftsordnung des Rates der Geheimhaltung und können deshalb im Fall der Nichtveröffentlichung nach überwiegender Ansicht[1010] nicht für die Auslegung herangezogen werden. Diese Sichtweise, der im Grundsatz zuzustimmen ist, kann jedoch im Einzelfall vor dem Problem stehen, dass die offiziellen Materialien unergiebig sind, also zu keiner Lösung der aufgeworfenen Auslegungsfrage führen. Dann muss es m.E. denkbar sein, dass sich die Lösung auch aus unveröffentlichten Stellungnahmen des Rates erschließt. Zur Klärung von Zweifeln, die durch die offiziellen Materialien nicht behebbar sind, kann sich dann z.B. aus einer Stellungnahme des Rates ein Hinweis ergeben, was in einem Erwägungsgrund gemeint ist. Die Gefahr, mittels unveröffentlichter Dokumente den wahren Willen des europäischen Gesetzgebers zu umgehen, besteht in einem solchen Falle nicht. Anders ist – aus den oben genannten Gründen – im vergleichbaren Falle unveröffentlichter Stellungnahmen der Kommision zu entscheiden.[1011]

5. *Spezifische Auslegungskriterien des Gemeinschaftsrechts*

Teilweise wird in der Literatur die Ansicht vertreten, dass der *EuGH* neben den klassischen Auslegungsmethoden zusätzliche gemeinschaftsspezifische Auslegungskriterien heranzieht.[1012] Namentlich *Lutter* und *Bleckmann* zählen hierzu Kriterien wie den „wahrscheinlichen Parteiwillen“, die „Einheit des Gemeinschaftsrechts“, „Vernunfts- und Billigkeitsgründe“, den „effet utile“, die „Rechtsvergleichung“ und die „Dynamik des Gemeinschaftsrechts“.
Diese Kriterien überzeugen jedoch im einzelnen nicht. Zum einen ist es insoweit nicht erforderlich, diese Aspekte herauszugreifen und sie zu einem vermeintlich eigenständigen Auslegungselement im Gemeinschaftsrecht zu machen. Wie oben dargestellt, sind die vier anerkannten Auslegungsmethoden nicht isoliert zu betrachten; insbesondere spielt die teleologische Auslegung eine dominante Rol-

---

1008 vergleichbar dem Fall nicht übernommener Vorstellungen der Kommission (vgl. Fn. 1003) - So hat der *EuGH* z.B. in der Entscheidung *Berliner Kindl* (*EuGH* aaO, Tz. 23) eine Auslegung nach Sinn und Zweck unter anderem mit einem Hinweis auf eine Entschließung des Europäischen Parlamentes vom 11.3.1997, ABl. EG 1997 Nr. C 115/27 begründet.

1009 vgl. Darstellung im Rahmen der historischen Auslegung unter 4. Kapitel: § 8 A. II. 2. (S.200ff)

1010 vgl. Nachweise in Fn. 968

1011 vgl. Darstellung oben im Text, Nachweise in Fn. 1003

1012 *Bleckmann*, NJW 1992, 1177, 1179; *Lutter*, JZ 1992, 593, 598; in gewissem Maße auch *Oppermann*, Europarecht, 216

le innerhalb der anderen Auslegungsmethoden.[1013] Ohne die vorgeschlagenen Kriterien im einzelnen aufzugreifen[1014], lässt sich sagen, dass diese nicht losgelöst von den anderen Methoden betrachtet werden können; insofern lässt sich argumentieren, dass diese Aspekte – um ggfs. Berücksichtigung zu finden – Eingang in den klassischen Auslegungskanon finden können. So stellt insbesondere der *effet utile* ein wesentliches Merkmal der Auslegung nach Sinn und Zweck dar; die Dynamik des Gemeinschaftsrechts ist ein essentieller Aspekt der gesamten Auslegung, den es in genetischer und vor allem teleologischer Hinsicht unbedingt zu berücksichtigen gilt.[1015] Es besteht demzufolge gar keine Notwendigkeit, die Elemente nochmals separat aufzugreifen.
Gegen die Annahme zusätzlicher Auslegungskriterien spricht auch die Rechtsprechungspraxis des *EuGH*. Dieser hat die bekannten klassischen vier Kriterien in der Entscheidung *Berliner Kindl*[1016] nochmals explizit für das europäische Schuldvertragsrecht aufgegriffen; es besteht keine Notwendigkeit, in dieses Instrumentarium des Gerichtshofs weitere Auslegungskriterien hinein interpretieren zu wollen; eine solche Vorgehensweise ist im Hinblick auf die erzielten Auslegungsergebnisse weder tatsächlich erforderlich, noch dogmatisch opportun, da die Rechtsprechung des *EuGH* insoweit überzeugend ist.

6. Zusammenfassung der Ergebnisse

Die Auslegung der Richtlinien erfolgt im Wesentlichen anhand von drei Auslegungsmethoden: Wortlaut, Systematik und Telos der Norm
Eine Auslegung nach dem Wortlaut verspricht aufgrund der beschriebenen Schwierigkeiten bei der Analyse europäischen Sekundärrechts nicht den gleichen Nutzen, wie dies bei nationalem Recht der Fall ist. Der Wortlaut kann deshalb nur als Ausgangspunkt für eine weitere Norminterpretation dienen. Bereits bei der bloßen Feststellung des Wortlauts neigt der *EuGH* dazu, auf teleologische Gesichtspunkte abzustellen. Entscheidungen, die in ihrer Argumentation ausschließlich auf den Wortlaut abstellen, sind – soweit ersichtlich – nicht zu finden, zumal ihr Begründungswert äußerst gering wäre. Der *EuGH* scheint zudem bereit zu sein, den Wortlaut im Bedarfsfalle hinter den Zielen zurücktreten zu lassen.

[1013] vgl. bereits Darstellung unter 4. Kapitel: § 8 A. II. (S.198ff) sowie nachfolgend unter 4. Kapitel: § 8 A. II. 6. (S.209ff)

[1014] Eine umfangreiche Auseinandersetzung mit den vorgeschlagenen Kriterien findet sich bei *Heß*, Die Umsetzung von EG-Richtlinien im Privatrecht, 93ff und *Buck*, Über die Auslegungsmethoden des Gerichtshofs, 136ff

[1015] vgl. Darstellung unter 4. Kapitel: § 8 A. (S.191ff), 4. Kapitel: § 8 A. II. 2. (S.200ff) und 4. Kapitel: § 8 A. II. 4. (S.204ff)

[1016] *EuGH* 23.3.2000 - Rs. C-208/98 (*Berliner Kindl Brauerei*), Slg. 2000, I-1741 = EuZW 2000, 339

Der historischen Auslegung kommt bei der Auslegung von Sekundärrecht keine eigenständige Bedeutung zu; in Übereinstimmung mit der einschlägigen Rechtsprechung des *EuGH* handelt es sich bei der genetischen Auslegungsmethode nur um einen Teilaspekt der teleologischen Auslegung des Gemeinschaftsrechts. Die vornehmlich teleologisch erfolgende Auslegung ist Ausdruck der dynamischen Interpretation durch den Gerichtshof. Zur Ermittlung von Sinn und Zweck der Richtliniennorm können insbesondere die Richtlinienentwürfe samt Begründungen, die Erwägungsgründe der Richtlinie, die Stellungnahmen des Europäischen Parlamentes sowie des Wirtschafts- uns Sozialausschusse sowie – soweit veröffentlicht – Protokollerklärungen des Rates herangezogen werden.
Die Bedeutung des systematischen Elements – unter Außerachtlassung der primärrechtlichen Bezüge – ist ebenfalls eingeschränkt; aufgrund einer mitunter noch fehlenden Gesamtsystematik des Sekundärrechts kann sie oftmals nur mehr oder weniger zwingende Anhaltspunkte für eine Auslegung liefern. Letztendlich dominiert auch hier in Zweifelsfällen das teleologische Element. Die weite Systematik, d.h. die Vereinbarkeit der Auslegungsergebnisse mit dem Primärrecht, soll an dieser Stelle noch außer Betracht bleiben; sie soll vorliegend – gerade ob ihrer großen Bedeutung für die vorliegende Arbeit – erst nachfolgend als separater Aspekt behandelt werden.[1017]

Die Auslegung erfolgt demnach primär durch teleologische Auslegung, die ihrerseits durch die anderen Auslegungsarten unterstützt wird. Die teleologische Interpretationsmethode ist dabei als eine umfassende Methode zu verstehen, die unter ihrem Namen zahlreiche, die Besonderheiten des Gemeinschaftsrechts bestimmende Aspekte vereint. Auf diese Weise können die mit der Auslegung von Sekundärrecht verbundenen Probleme, insbesondere im Hinblick auf Sprachdivergenz und Systematik, teils ausgeglichen werden.

III. Ergebnis

Die Bestimmung des dem nationalen Gesetzgeber anhand der Optionen überlassenen Gestaltungsraumes ist in einem ersten Schritt durch Auslegung der Richtlinie zu ermitteln.
Soll dabei eine bestimmte in der Richtlinie vorgesehene Bestimmung zu Gunsten des Verbrauchers erweitert werden[1018], so ist diese konkrete Richtlinienbestimmung vornehmlich unter Berücksichtigung von Sinn und Zweck der einzelnen Bestimmung auszulegen. Die Ausschöpfung der so ermittelten Möglichkei-

[1017] vgl. Darstellung unter 4. Kapitel: § 8 B. (S.211ff)

[1018] z.B. durch eine Ausweitung des persönlichen oder sachlichen Anwendungs- und damit Schutzbereichs; durch Verlängerung von Fristen zugunsten des Verbrauchers – vgl. die Darstellung der abweichenden Regelungen in Verbraucherkreditrichtlinie und deutschem Verbraucherkreditgesetz unter 2. Kapitel: § 5 C. I. (S.79ff) ten der Rechtsgestaltung ist vom europäischen Normgeber gewollt resp. zumindest in Kauf genommen; ob die Reichweite damit bereits abschließend bestimmt ist, ist nachfolgend in einem zweiten Schritt zu ermitteln.

B. 2. Schritt: EG-Primärrecht als Grenze möglicher Ausgestaltung

In einem zweiten Schritt werden die primärrechtlichen Grenzen, die dem nationalen Gestaltungsspielraum gesetzt sind, relevant. Die Notwendigkeit der Gemeinschaftskonformität der Auslegung und damit des nationalen Gestaltungsspielraums wird – wie gesehen[1019] – durch die Formulierung *„mit dem Vertrag vereinbar"* in den genannten Optionen[1020] auch vom Normgeber nochmals ausdrücklich betont. In methodischer Hinsicht stellt diese – wie soeben ausgeführt – bereits einen gewichtigen Teilaspekt der systematischen Auslegung der Richtlinie dar; mit anderen Worten, dem Grundsatz der EG-Vertragskonformität als Voraussetzung einer durch Auslegung der Richtlinie erzielten Umsetzung ist auch im Hinblick auf den Gestaltungsspielraum Rechnung zu tragen. Die Auslegung der Richtlinie muss demzufolge so erfolgen, dass ihre Ergebnisse nicht im Widerspruch zu den primärrechtlichen Vorgaben des EGV stehen; d.h. schon bei der Auslegung der Richtlinie muss bereits berücksichtigt werden, dass etwaige Ergebnisse ihrerseits wiederum gemeinschaftsrechtskonform sein müssen.

Die Vereinbarkeit mit Primärrecht wird im Bereich des europäischen Schuldvertragsrechts – wie im 3. Kapitel herausgestellt[1021] – von der Frage der Kollision mit den Grundfreiheiten bestimmt. Ein möglicher Verstoß nationaler Normen gegen die Grundfreiheiten lässt sich im Rahmen der oben erarbeiteten, weitgehend auf den *EuGH* zurückgehenden Prüfungsfolge belegen. Eine solche Prüfung erfordert immer Ausführungen zu einer eventuell handelshemmenden Wirkung der in Rede stehenden nationalen Norm; sie setzt mithin in praktischer Hinsicht eine bereits existierende Norm resp. zumindest einen Normentwurf voraus, welcher anhand der *EuGH* Rechtsprechung untersucht werden kann. Aus diesem Grunde sollen die primärrechtlichen Aspekte der Grenzbestimmung methodisch vorliegend nicht als Teil der weiten systematischen Auslegung des Sekundärrechts erfolgen, sondern die im erstem Schritt erzielten Auslegungsergebnisse sollen in einem zweiten Schritt anhand der *EuGH*-Judikatur auf ihre Primärrechtskonformität hin untersucht werden.
Verstößt eine geplante nationale Umsetzungsnorm beispielsweise gegen die Warenverkehrsfreiheit, so könnte die betreffende Umsetzungsnorm im grenzüberschreitenden Verkehr EG-Ausländern wegen des Anwendungsvorrangs des Ge-

---

1019 vgl. Darstellung unter 2. Kapitel: § 4 A. III. (S.53ff)
1020 vgl. Nachweise in Fn. 270
1021 vgl. Darstellung unter 3. Kapitel: § 6 (S.89, 91ff)

meinschaftsrechts nicht entgegengehalten werden.[1022] Lässt die jeweilige Vorschrift des nationalen Rechts aber mehrere Deutungen zu, von denen zumindest eine mit dem Gemeinschaftsrecht konform ist, so ist im Wege der gemeinschaftsrechtskonformen Auslegung[1023] diese zu wählen;[1024] der nationale Gesetzgeber hat dann in zulässiger Weise von seinem Gestaltungsspielraum Gebrauch gemacht.

In diesem zweiten Schritt ist demzufolge nicht wie zuvor die Richtlinie selbst auszulegen, sondern es muss überprüft werden, ob die im ersten Schritt anhand der drei maßgeblichen klassischen Auslegungsmethoden erzielten möglichen Umsetzungsnormen dem primären Gemeinschaftsrecht standhalten.

I. Prüfungsablauf am Beispiel der Warenverkehrsfreiheit

Eine mögliche Kollision von Grundfreiheiten und nationalen Regelungen zum Schutze des Verbrauchers lässt sich – auf die wesentlichen oben herausgearbeiteten Elemente[1025] reduziert – exemplarisch anhand des nachfolgenden Modells zur Warenverkehrsfreiheit gem. Art. 28 überprüfen:

[1022] anders im nationalen Recht – vgl. zur Inländerdiskriminierung Darstellung unter 2. Kapitel: § 4 C. II. (S.72ff), Nachweise insbesondere der *EuGH* Rechtsprechung in Fn. 46 und 377

[1023] vgl. zur gemeinschaftsrechtskonformen Auslegung *Zuleeg*, in: *Schulze*, Auslegung europäischen Privatrechts und angeglichenen Rechts, 163ff; *Grundmann, Stephan M.*, Auslegung des Gemeinschaftsrechts, 332, 340; *Heß*, Die Umsetzung von EG-Richtlinien im Privatrecht, 80; *Schmidt*, Der Einfluss europäischer Richtlinien auf das Privatrecht, 62, 66f; *Wolf*, in: Festschrift *Heinsius*, 967, 970

[1024] Von der Struktur ist diese Vorgehensweise mit der richtlinienkonformen Auslegung nationalen Rechts zu vergleichen. Teilweise wird die richtlinienkonforme Auslegung aufgrund der ausdrücklichen Formulierung in den Optionen der Richtlinien zum europäischen Schuldvertragsrecht auch mit der gemeinschaftsrechtskonformen Auslegung gleichgesetzt (so *Wolf*, in: Festschrift *Heinsius*, 967, 970; implizit auch *Ritz*, Harmonisierungsprobleme, 200; mit Recht dagegen: *Ehricke*, RabelsZ 59 (1995), 598, 603ff). Da die Richtlinienkonformität vorliegend bereits durch die Auslegung der Richtlinie in Schritt 1 gewährleistet wird, ist eine richtlinienkonforme Auslegung hier überflüssig - vgl. zur richtlinienkonformen Auslegung Darstellung unter 4. Kapitel: § 8 A. (S.191ff), Nachweise in Fn. 922

[1025] vgl. Darstellung unter 3. Kapitel: § 6 B. II. (S.104ff)

I. Anwendungsvoraussetzungen

(1) Keine lex specialis im Gemeinschaftsrecht, die die Anwendung der Art. 28ff ausschließt

↓

(2) Keine gemeinschaftsrechtliche Harmonisierung der Herstellung oder Vermarktung der Ware oder der Art ihrer Kontrolle nach Art. 94, 95; bei abschließender Harmonisierung ist „nationaler Alleingang" nur im engen Rahmen von Art. 95 Abs. 4 – 9 oder Abs. 10 möglich[1026]

↓

II. Tatbestand

(1) Ware im Sinne von Art. 23 Abs. 2

↓

(2) Binnengrenzüberschreitender Aspekt

↓

(3) Vorliegen einer staatlichen Maßnahme, die eine Einfuhrbeschränkung darstellt oder wie diese wirkt:

(a) Staatliche Maßnahme oder Verhalten Privater, welches vom Staat entscheidend bestimmt wird

(b) Einfuhrbeschränkung (Kontingentierung oder Verbringungsverbot) oder

(c) Maßnahme gleicher Wirkung im Sinne der *Dassonville*-Formel[1027]

↓

(4) Einschränkung des Anwendungsbereichs des Art. 28 durch die *Keck*-Formel

---

[1026] vgl. speziell im Hinblick auf die Mindestharmonisierung Darstellung unter 3. Kapitel: § 7 B. (S.183ff)

[1027] vgl. Darstellung unter 3. Kapitel: § 6 B. II. 2. (S.106ff)

Ist die Maßnahme unterschiedslos anwendbar oder differenziert sie nach Inlands- und Importprodukten?

Unterschiedslos anwendbar
Keck-Formel[1028]

Regelung „*bestimmter Verkaufsmodalitäten*“

Einschränkung der *Dassonville*-Formel: Tatbestand des Art. 28 nicht erfüllt

Produktbezogene Regelung

Tatbestand des Art. 28 erfüllt

Unterschiedlich anwendbar
Keck-Rechtsprechung nicht einschlägig

III. Rechtfertigung

(1) Rechtfertigung im Sinne der *Cassis de Dijon* Rechtsprechung (immanente Schranke)

Ist die Maßnahme unterschiedslos anwendbar oder differenziert sie nach Inlands- und Importprodukten?

Unterschiedslos anwendbar

Cassis de Dijon Formel[1029]

Unterschiedlich anwendbar

Cassis de Dijon Formel nach bislang h.M. nicht anwendbar; aber aufweichende Tendenzen in der *EuGH* Rechtsprechung zu einem einheitlichen Rechtfertigungstatbestand[1030]

1028 vgl. Darstellung unter 3. Kapitel: § 6 B. II. 5. b. (S.126ff) und 3. Kapitel: § 6 B. II. 5. d. (S.150ff)

Maßnahme verfolgt ein von der *Cassis*-Rechtsprechung anerkanntes Ziel (z.B. Verbraucherschutz etc.)[1031]

↓

Maßnahme ist verhältnismäßig

↓

Maßnahme verstößt nicht gegen Art. 28

Maßnahme verfolgt kein von der *Cassis*-Rechtsprechung anerkanntes Ziel

↓

Maßnahme verfolgt ein von der *Cassis*-Rechtsprechung anerkanntes Ziel (z.B. Verbraucherschutz etc.)[1032]

↓

Maßnahme ist verhältnismäßig

↓

Maßnahme verstößt nicht gegen Art. 28

Maßnahme verfolgt kein von der *Cassis*-Rechtsprechung anerkanntes Ziel

↓

(2) Rechtfertigung nach Art. 30

(a) Maßnahme verfolgt eines der in Art. 30 S. 1 genannten Ziele

(b) Maßnahme ist verhältnismäßig

(c) Maßnahme stellt auch kein Mittel zur willkürlichen Diskriminierung oder verschleierten Handelsbeschränkung dar

↓

IV. Konsequenz

Die Maßnahme verstößt nicht gegen Art. 28 und kann Anwendung finden; an-

---

1029 vgl. Darstellung unter 3. Kapitel: § 6 B. II. 4. 111

1030 vgl. Darstellung unter 3. Kapitel: § 6 B. II. 4. b. (S.114ff) und 3. Kapitel: § 6 B. I. 2. (S.98ff)

1031 vgl. Darstellung unter 3. Kapitel: § 6 B. II. 4. c. (S.118ff)

1032 vgl. Darstellung unter 3. Kapitel: § 6 B. II. 4. c. (S.118ff)

sonsten ist die Maßnahme wegen Vorrangs des Art. 28 nicht anwendbar.[1033]

II. Übertragung auf andere Grundfreiheiten

Obiges Schema entfaltet – wie im 3. Kapitel dargelegt[1034] – unter gewissen Modifikationen Geltung auch für die Überprüfung einer nationalen Norm anhand der anderen Grundfreiheiten. Die geplante nationale Norm ist demzufolge auch an der Dienstleistungs-, den Personenverkehrs- und der Kapitalverkehrsfreiheit zu messen.
Der Beschränkungstatbestand ist – wie im Bereich der Warenverkehrsfreiheit – zunächst mit Hilfe der *Dassonville*-Formel zu bestimmen;[1035] eine Einschränkung erfahren die Anwendungsbereiche der übrigen Grundfreiheiten durch die *Keck*-Rechtsprechung des *EuGH*, die nach oben vertretener Ansicht nach Sinn und Zweck auf Dienstleistungs, Personenverkehrs- und Kapitalverkehrsfreiheit anzuwenden ist.[1036] Mit der *Cassis-de-Dijon* Rechtsprechung müssen auch bei den anderen Grundfreiheiten auf der Ebene einer tatbestandsimmanenten Rechtfertigung bestimmte nationale Regelungen als zwingende Allgemeininteressen hingenommen werden.[1037] Schließlich kommt noch eine Rechtfertigung aufgrund der jeweiligen Schutzklausel im EGV in Betracht.

III. Konsequenzen eines Verstoßes gegen die Grundfreiheiten für den Gestaltungsspielraum

Im Anschluss an die Überprüfung der geplanten Norm anhand der Grundfreiheiten stellt sich die Frage, welche Konsequenzen ein etwaiger Verstoß gegen die Grundfreiheiten für den nationalen Gestaltungsspielraum hat. In diesem Zusammenhang ist zum einen klärungsbedürftig, ob ein solcher Verstoß gleichbedeutend ist mit einer Überschreitung des Gestaltungsspielraums; zum anderen, welche Folge eine solche Überschreitung für die geplante Norm hat.

Erstere Frage kann nur unter Berücksichtigung der Konzeption der europäischen Grundfreiheiten beantwortet werden. Diese können ausweislich des EGV und in Übereinstimmung mit der ständigen *EuGH*-Rechtsprechung nur im Falle grenz-

---

[1033] vgl. zum Anwendungsvorrang des Gemeinschaftsrechts: *EuGH* 7.2.1991 – Rs. C-184/89 (*Freie und Hansestadt Hamburg*), Slg. 1991, I-297, 321; *BVerfG* 28.1.1992, *BVerfGE* 85, 191, 204 mwN

[1034] vgl. Darstellung unter 3. Kapitel: § 6 B. III. (S.166ff)

[1035] vgl. Darstellung unter 3. Kapitel: § 6 B. III. 1. (S.167ff)

[1036] vgl. Darstellung unter 3. Kapitel: § 6 B. III. 3. (S.170ff)

[1037] vgl. Darstellung unter 3. Kapitel: § 6 B. III. 2. (S.169ff)

überschreitender innergemeinschaftlicher Sachverhalte Anwendung finden.[1038] Für den nationalen Wirtschaftsverkehr – ohne Auslandsbezug – kann ein etwaiger Verstoß gegen die Grundfreiheiten mithin nicht direkt relevant werden. Die Zulassung strengeren nationalen Rechts kann so dazu führen, dass inländische Anbieter strengeren Standards unterworfen sind als solche aus dem EG-Ausland, denen die betreffende Regelung wegen Verstoßes gegen die Grundfreiheiten des EGV nicht entgegengehalten werden kann. Folge wären unterschiedliche Wettbewerbsbedingungen in der Gemeinschaft, wenn bei parallelen Angeboten im Inland strengere nationale Regelungen inländische Anbieter binden, ausländische EG-Anbieter jedoch nicht.[1039] Diese Form der Inländerdiskriminierung[1040] wird vom *EuGH* – nicht unbestritten – bislang auch konsequent unbeanstandet gelassen, da es sich dabei um einen internen Vorgang des jeweiligen Mitgliedstaats handelt, auf den die Vertragsbestimmungen nicht anwendbar sind.[1041] Im Hinblick auf die Warenverkehrsfreiheit begründet der *EuGH* seinen Standpunkt ausdrücklich damit, dass Art. 28 die Beseitigung von Hindernissen für den Warenimport verfolge, nicht aber die Gewährleistung einer Gleichbehandlung in- und ausländischer Erzeugnisse in jedem Fall.[1042]

Es ließe sich deshalb argumentieren, dass der nationale Gestaltungsspielraum selbst im Falle eines Verstoßes gegen die Grundfreiheiten nicht überschritten ist, da die behindernden Vorschriften im Sinne des Konzepts der Maßnahmen gleicher Wirkung nur EG-Ausländern nicht entgegengehalten werden können, Inländern aber gleichwohl. Der Geltungsbereich der Vorschriften wäre demnach nur teilweise eingeschränkt, der Gestaltungsspielraum mithin noch nicht gänzlich verlassen. Auf der anderen Seite ließe sich auch argumentieren, dass der nationale Gesetzgeber mit der Schaffung handelsbeschränkender Normen den ihm eingeräumten Spielraum verlässt und die geplante Regelung wegen Überschreitung des Gestaltungsspielraums „unwirksam" ist.[1043]

[1038] vgl. noch Darstellung unter 3. Kapitel: § 6 B. I. 1. (S.93ff) Nachweise in Fn. 473 und 474

[1039] *Grundmann*, Europäisches Schuldvertragsrecht, §2, Rz. 109; *Hinz*, ZEuP 1994, 553, 557; *Bardenhewer/Pipkorn*, in: *v.d.Groeben/Thiesing/Ehlermann*, EGV, Art. 100a, Rz. 77

[1040] vgl. schon Darstellung unter 2. Kapitel: § 4 C. II. (S.72ff), Nachweise zur Terminologie in Fn. 337

[1041] vgl. z.B. die Entscheidungen *EuGH* Rs. 86/78 (*Grandes Distilleries Peureux*), Slg. 1979, 897, 914f; *EuGH* Rs. 44/84 (*Hurd/Jones*), Slg. 1986, 29, 84f; *EuGH* 14.7.1988 – Rs. 90/86 (*Zoni*), Slg. 1988, 4285, 4307; *EuGH* Rs. C-60/90 (*Batista Morais*), Slg. 1992, I-2085, 2105f; *EuGH* Rs. C-29 bis C-34/94 (*Aubertin*), Slg. 1995, I-301, 316f; **aA** *Nicolaysen*, Europarecht II, §17 II 6; *ders.*, EuR 1991, 99f mwN; *Münnich*, ZfRV 33 (1992), 92, 97; kritisch im Hinblick auf eine daraus möglicherweise resultierende mangelnde Kohärenz des Privatrechts: *Steindorff*, EG-Vertrag und Privatrecht, 52

[1042] *EuGH* 18.2.1987 - Rs. 98/86 (*Mathot*), Slg. 1987, 807, Tz. 7

[1043] in diesem Sinne *Wolf*, in: Festschrift *Heinsius*, 967, 971, 976, 978, der dann eine europarechtskonforme Auslegung durchführt.

Für eine tragfähige Lösung ist zwischen der Überschreitung des Gestaltungsspielraumes einerseits und deren Konsequenz für die Anwendbarkeit der nationalen Norm andererseits zu differenzieren. Ist in der geplanten nationalen Umsetzung ein Verstoß gegen die Grundfreiheiten zu sehen, so verlässt der nationale Gesetzgeber den ihm mittels der Option eingeräumten Gestaltungsspielraum. Diese Prämisse lässt sich wie folgt begründen.

Mit der bewussten Inkaufnahme eines Verstoßes gegen die Grundfreiheiten agiert der nationale Gesetzgeber gegen Sinn und Zweck der Richtlinie; die in Rede stehenden Richtlinien verfolgen neben dem Verbraucherschutz ja gerade den Zweck, den freien Wirtschaftsverkehr in der Gemeinschaft, d.h. letzten Endes den Binnenmarkt zu fördern resp. erst zu schaffen.[1044] Schafft der nationale Gesetzgeber nun bewusst Regelungen, die im grenzüberschreitenden Verkehr keine Wirkung entfalten können, „torpediert" er die von ihm selbst als Mitglied der Gemeinschaft mitgetragenen Ziele der Richtlinie, wenn auch – vermeintlich – zum Wohle seiner eigenen Verbraucher. Mit einer solchen Übergewichtung zugunsten des nationalen Verbraucherschutzes verlässt der Gesetzgeber aber die Bandbreite einer möglichen Gewichtsverschiebung innerhalb der Richtlinienziele, welche für ihn gem. Art. 249 Abs. 3 verbindlich sind. Es ist vielmehr im Wege einer Art praktischen Konkordanz ein Ausgleich zwischen den beiden Zielvorgaben zu finden, der beiden Elementen breitest mögliche Entfaltung garantiert. Diese Zielvorgabe wird durch einen bewussten Verstoß gegen die Grundfreiheiten vereitelt.
Hinzu kommen praktische Argumente. Schafft der Mitgliedstaat Vorschriften, mit denen er eine allgemeinverbindliche Regelung, welche auch EG-Ausländern gegenüber Wirkung entfaltet, nicht erreichen kann, ist die Effektivität des staatlichen Handelns höchst zweifelhaft; im Zuge des fortschreitenden Binnenmarktes und der sich damit verstärkenden grenzüberschreitenden Aktivitäten liefe eine solche Regelung weitgehend leer oder wirkt sich sogar nachteilig auf den Handel mit dem betreffenden Mitgliedstaat aus. Ausländische Anbieter würden ihn ob der hohen Verbraucherschutzanforderungen unter Umständen sogar ganz meiden.
Zudem bestünde auch den eigenen nationalen Anbietern gegenüber ein Vermittlungsproblem, warum ihnen gegenüber verschärfte Vorschriften gelten, ausländischen Mitkonkurrenten gegenüber aber nicht. Auf Dauer wäre eine solche Ungleichbehandlung der nationalen Akzeptanz der Europäischen Gemeinschaft abträglich.

Hinzu kommen schwierige rechtliche Probleme der genannten Ungleichbehandlung. Zwar akzeptiert der *EuGH* die Inländerdiskriminierung grundsätzlich als

[1044] vgl. Darstellung unter 1. Kapitel: § 3 A. (S.25ff) und 1. Kapitel: § 3 C. (S.39ff)

Folge des Gemeinschaftsrechts; gerade unter Berücksichtigung des Harmonisierungskonzepts der Gemeinschaft ist die Inländerdiskriminierung demnach in bestimmten unausweichlichen Fällen richtigerweise hinzunehmen.[1045] Damit ist allerdings noch nicht gesagt, dass ihre bewusste Intensivierung durch den nationalen Gesetzgeber hingenommen werden muss; dies erscheint im Hinblick auf obige Argumentation bedenklich. Von der gemeinschaftsrechtlichen Beurteilung zu unterscheiden ist zudem die schwierige Behandlung der Problematik auf nationaler Ebene. Nach überwiegender Ansicht ist diese im Rahmen von Art. 3 Abs. 1 GG zu lösen, wobei eine unterschiedliche Behandlung von heimischer und eingeführter Ware im Falle von Art. 28 nicht von vornherein als sachwidrig erscheint.[1046] Die Diskussion über die Vereinbarkeit der Inländerdiskriminierung mit Art. 3 GG erscheint allerdings noch nicht abgeschlossen.[1047] Auch unter diesem Gesichtspunkt ist ein bewusster Verstoß gegen die Grundfreiheiten insoweit bedenklich.

Von dieser Problematik zu trennen ist die Frage der Konsequenz eines Verstoßes gegen die Grundfreiheiten. Diese Frage kann streng genommen im Rahmen dieser Arbeit eigentlich nicht relevant werden, da sich der nationale Gesetzgeber ja noch im Umsetzungsprozess befindet. Konsequenz der Überschreitung kann aber nicht die Unwirksamkeit der nationalen Norm sein, sondern entsprechend der Konzeption der Grundfreiheiten und des Anwendungsvorrangs des EG-Rechts nur die Nichtanwendbarkeit der betreffenden Vorschriften gegenüber EG-Ausländern. Die Annahme einer Unwirksamkeit ließe sich beim derzeitigen Stand der Vergemeinschaftung weder rechtfertigen, geschweige denn rechtstechnisch im Hinblick auf den Anwendungsvorrang vertreten.[1048] Die Lösung ist in solchen Fällen vielmehr unter kollisionsrechtlichen Gesichtspunkten zu suchen. Das bedeutet, dass strengere nationale Regelungen nicht als international zwingend anzusehen sind, d.h. der Anwendungsbereich von Artt. 5-7 EVÜ bzw. Artt. 29f, 34 EGBGB eingeschränkt ist.[1049]

[1045] vgl. Darstellung unter 2. Kapitel: § 4 C. II. (S.72ff)

[1046] vgl. jüngst *BVerwG* 22.12.1998, NVwZ-RR 1999, 498; *OVG Münster* 24.10.1989, EuZW 1990, 198; aA *LG Passau* 27.10.1993 und *LG Düsseldorf* 24.11.1993, EuZW 1994, 187ff; *Nicolaysen*, Europarecht II, §17 II 6; *Weis*, NJW 1983, 2721ff

[1047] Diese Diskussion soll im Rahmen dieser Arbeit nicht nochmals aufgegriffen werden. - vgl. aber die Ausführungen des *BVerwG* in BVerwGE 98, 298, 307; *Gebauer*, Grundfragen der Europäisierung des Privatrechts, 79, 80) sowie die obigen Nachweise in Fn. 1046

[1048] vgl. zum Anwendungsvorrang des Gemeinschaftsrechts *EuGH* 7.2.1991 – Rs. C-184/89 (*Freie und Hansestadt Hamburg*), Slg. 1991, I-297, 321; *BverfG* 28.1.1992, BVerfGE 85, 191, 204 mwN

[1049] *Habersack*, in: *Hadding/Welter*, Rechtsfragen bei Bankleistungen, 361, 366; *Ulmer*, in: *MünchKomm*, VerbrKrG, Vor. §1, Rz. 50; *Grundmann*, Europäisches Schuldvertragsrecht, §2, Rz. 115

C. *Zusammenfassung der Ergebnisse und graphische Darstellung*

Der optionelle Gestaltungsspielraum setzt sich nach oben entwickelter Methode demnach aus zwei Elementen zusammen:

In einem ersten Schritt ist durch Auslegung der Richtliniennorm zu ermitteln, in welchem Rahmen sich eine nationale Umsetzungsnorm bewegen kann; in einem zweiten Schritt ist die geplante Regelung an den Grundfreiheiten des EGV zu messen.

Die Auslegung der Richtliniennorm, über die der nationale Gesetzgeber – autorisiert durch die Option – hinausgehen will, muss für jeden einzelnen Fall anhand der oben dargestellten Methode erfolgen. Diesem ersten Schritt kommt in den allermeisten Fällen entscheidende Bedeutung zu; anhand der Auslegung können Möglichkeiten potentieller Umsetzungsnormen ermittelt und in nationale Normentwürfe transformiert werden. Diese potentiellen Umsetzungsnormen sind dann ihrerseits auf ihre Vereinbarkeit mit dem europäischen Primärrecht zu überprüfen, d.h. an den europäischen Grundfreiheiten zu messen. Beabsichtigt der nationale Gesetzgeber die Richtlinie zwecks intensiveren Verbraucherschutzes durch Regelungen zu ergänzen, welche der Richtlinie nicht durch Auslegung entnommen werden können, so kommt dem zweiten Schritt die allein ausschlaggebende Bedeutung zu. Verstößt eine geplante nationale Regelung gegen die Grundfreiheiten, ist der Gestaltungsspielraum überschritten und die Vorschrift kann im grenzüberschreitenden Verkehr im Binnenmarkt keine Anwendung finden.
Die bloße Überschreitung der durch Auslegung gewonnenen Reichweite stellt für sich allein mithin keineswegs eine Vertragsverletzung dar. Innerhalb der ermittelten Reichweite besteht für den Gesetzgeber ein faktisch freier Gestaltungsspielraum; erst mit einem Verstoß gegen die Grundfreiheiten tritt der nationale Gesetzgeber dem Ziel der Binnenmarktverwirklichung entgegen, da eine unterschiedliche Behandlung aus- und inländischer Anbieter und Verbraucher kontraproduktiv für den Binnenmarkt ist.[1050]

Festzuhalten bleibt im Ergebnis, dass sich die Reichweite des optionellen Gestaltungsspielraums aus zwei Elementen zusammensetzt, denen nach „oben“ Grenzen gesetzt sind; nach „unten“ wird die Grenze des „normalen“ Umsetzungsspielraums gem. Art. 249 Abs. 3 unproblematisch durch die Mindestvorgaben der Richtlinie gebildet; nach „oben“ ist durch die Grundfreiheiten resp. die einschlägige *EuGH*-Rechtsprechung eine Obergrenze gezogen. Das Verhält-

[1050] Möglich bleibt dann eine Anrufung des *EuGH* durch die Kommission gem. Art. 226 (Art. 169 EG-Vertrag) nis der beiden Elemente innerhalb des optionellen Gestaltungsspielraums soll erst nachfolgend untersucht werden.[1051]

Unter Berücksichtigung obiger Ergebnisse lässt sich der Gestaltungsspielraum wie folgt darstellen:

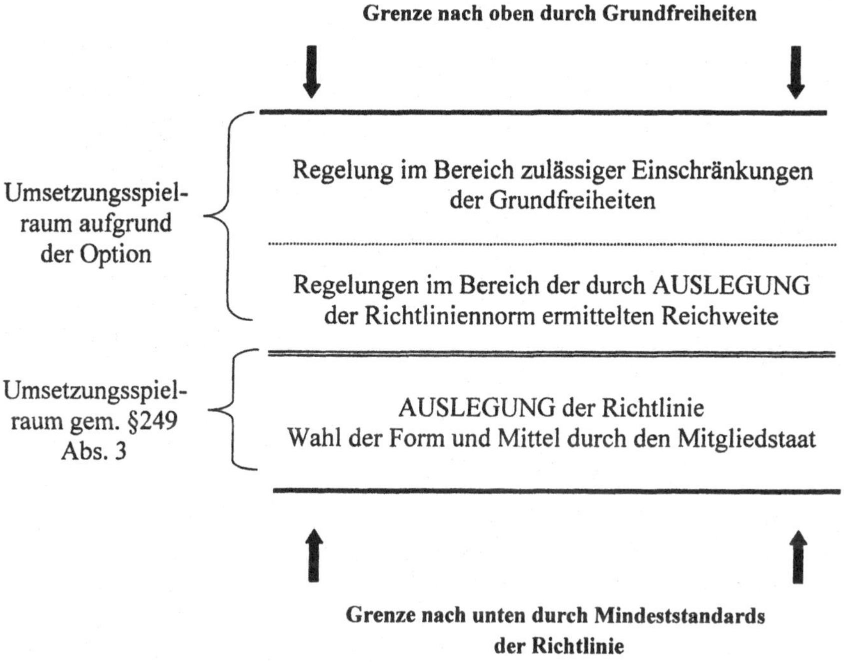

[1051] vgl. Darstellung unter 4. Kapitel: § 9 (S.222ff)

§ 9 Wechselwirkungen zwischen Rechtsangleichung und der Rechtsprechung des *EuGH* zu den Grundfreiheiten

Privatrechtsangleichung und Grundfreiheitenkontrolle durch den *EuGH* stehen nicht isoliert nebeneinander; vielmehr hat sich im Laufe der Entwicklung der Rechtsprechung gezeigt, dass Rechtsangleichung und die *EuGH*-Judikatur wechselseitig Einfluss aufeinander ausüben.[1052] Die Gemeinschaft muss bei der Rechtsangleichung immer die Reichweite der nach den Artt. 28ff, 39ff, 49ff und 56ff zulässigen Verkehrsbeschränkungen berücksichtigen; außerhalb der Reichweite zulässiger Einschränkungen der Grundfreiheiten ist der Angleichungsbedarf ungleich geringer, besteht doch bereits vor dem Hintergrund des Anwendungsvorranges des EG-Rechts bereits eine faktische Rückführung grenzüberschreitender, den freien Verkehr von Waren, Dienstleistungen, Personen und Kapital behindernder nationaler Regelungen.
Andererseits wird der vom *EuGH* ausgestaltete Prüfungsumfang der Grundfreiheiten nicht unwesentlich von der Rechtsangleichung bestimmt; mit der Rechtsangleichung kann der Gemeinschaftsgesetzgeber festlegen, wie zwingende Allgemeininteressen zu bestimmen sind resp. wie weit solche von sekundärrechtlichen Vorgaben abweichen können.

Diese Korrelationen lassen sich anhand der Rechtsprechung des *EuGH*, insbesondere anhand der Leitentscheidungen *Cassis de Dijon* und *Keck* dokumentieren. Einzelheiten der genannten Entscheidungen sowie deren Einordnung in die Gesamtsystematik der Grundfreiheiten sind bereits oben erörtert worden;[1053] Zweck der nachfolgenden Darstellung ist es nun, das Bestreben der *EuGH*-Rechtsprechung aufzuzeigen, das Spannungsverhältnis zwischen dem freien Warenverkehr resp. den anderen Grundfreiheiten im Binnenmarkt einerseits und den den Mitgliedstaaten verbliebenen Regelungsbefugnissen andererseits aufzulösen. Dieses Spannungsverhältnis wird durch die hier in Rede stehende optionelle Harmonisierung noch intensiviert, so dass sich die Frage stellt, welchen Einfluss *Cassis de Dijon* und insbesondere *Keck* letzten Endes für die Privatrechtsangleichung und damit auch für den Gestaltungsspielraum des nationalen Gesetzgebers haben.
In den wenigen Stellungnahmen, die sich mit dieser Frage beschäftigen, wird teilweise die Ansicht vertreten, es handele sich dabei im Endeffekt um eine folgenlose Diskussion;[1054] es könne nach *Keck* nunmehr dahinstehen, ob eine privatrechtliche Regelung nun gerechtfertigt im Sinne der *Cassis*-Rechtsprechung

---

[1052] vgl. noch Darstellung insbesondere unter 4. Kapitel: § 9 A. II. (S.226ff)
[1053] vgl. Darstellungen unter 3. Kapitel: § 6 B. (S.91ff, 111ff, 121f, 126ff)
[1054] *Roth*, JZ 1999, 529; *Remien*, JZ 1994, 349, 353; im Ansatz auch *Müller-Graff*, in: *Horn/Baur/Stern*, 40 Jahre Römische Verträge, 107, 114

sei oder sich mit *Keck* bereits dem Anwendungsbereich der Grundfreiheiten entziehe;[1055] damit sei dem Einfluss der Grundfreiheiten im Privatrecht *„die Spitze abgebrochen“*[1056].
Dieser vereinfachenden Sichtweise soll hier allerdings nicht beigetreten werden; vielmehr sollen nachfolgend insbesondere mögliche Auswirkungen der Entscheidung *Keck* auf die Privatrechtsangleichung, insbesondere auf den oben ermittelten optionellen Gestaltungsspielraum erarbeitet werden. Der *Keck*-Entscheidung kommt in diesem Zusammenhang – wie noch zu zeigen sein wird – eine entscheidende Rolle im Rahmen der Integrationslogik des Gemeinschaftsprivatrechts zu.

A. Das Verhältnis zwischen Rechtsangleichung und Grundfreiheitenkontrolle durch den EuGH

I. Die Bedeutung der Entscheidung *Cassis de Dijon* für den Gestaltungsspielraum

Die Entscheidung *Cassis de Dijon* aus dem Jahre 1979 ist für das Verhältnis von Rechtsangleichung und Grundfreiheiten von ganz entscheidender Bedeutung. Im Anschluss an *Dassonville*, wodurch der Anwendungsbereich der Grundfreiheiten vom *EuGH* extrem ausgeweitet wurde, stellt die *Cassis*-Entscheidung einen ersten Schritt dar, tatbestandlich im Sinne der *Dassonville*-Formel einschlägige nationale Vorschriften einer autonomen Rechtfertigung zuzuführen und sie als „zwingendes Erfordernis“ im Allgemeinwohl aufrechtzuerhalten.[1057]
Cassis-de-Dijon eröffnete dem Mitgliedstaate mithin bis dahin ungeahnte Möglichkeiten, nationale Besonderheiten abseits der vertraglichen Rechtfertigungsgründe oder der *exit-option* gem. Art. 95 Abs. 4f weiter zu verfolgen.

In der *Cassis de Dijon* Entscheidung hat der *EuGH* sein Verständnis vom Verhältnis von Gemeinschaftsrecht und mitgliedstaatlichem Recht sowie vom Zusammenspiel von Grundfreiheiten und Rechtsangleichung durch die Gemeinschaft zum Ausdruck gebracht. In Bezug auf die Rechtsangleichung räumte der *EuGH* dem nationalen Gesetzgeber das Recht ein, unter Berufung auf anerkannte „zwingende Erfordernisse“ – wie den Verbraucherschutz – von den Vorgaben

---

[1055] Das Problem der Einordnung von *Keck* im Bereich des Privatrechts findet in diesem Zusammenhang keine Erwähnung, kann aber mE schon ob der völlig konträren Stellungnahmen in der Literatur dazu nicht offen bleiben. – vgl. Darstellung und Stellungnahme unter 3. Kapitel: § 6 B. II. 5. d. (S.150, 152ff, 157ff)

[1056] *Remien*, JZ 1994, 349, 353

[1057] vgl. Darstellung unter 3. Kapitel: § 6 B. II. 4. (S.111ff) sowie zur Bedeutung der *Cassis*-Formel auch im Bereich der übrigen Grundfreiheiten Darstellung unter 3. Kapitel: § 6 B. III. 2. (S.169ff)

des Sekundärrechts abzuweichen, sofern nicht eine abschließende Harmonisierung durch den europäischen Normgeber ausdrücklich intendiert ist.[1058] Darin spiegelt sich die Vorstellung des *EuGH* von der Gleichwertigkeit der Rechtsordnungen und der Notwendigkeit der gegenseitigen Anerkennung statt weitestgehender Angleichung wider, welche später auch im *Weißbuch*[1059] der Kommission aus dem Jahre 1985 Ausdruck gefunden hat.[1060]
Das Gemeinschaftsrecht wirkt mithin auf die mitgliedstaatliche Rechtsordnung von zwei Seiten ein. Zum einen bewirkt die Existenz der Grundfreiheiten die Beseitigung resp. die Unanwendbarkeit von den freien Markt behindernden Vorschriften; zum anderen verbleibt in den Bereichen zulässiger handelshemmender nationaler Vorschriften die Möglichkeit, diese im Wege der Rechtsangleichung zu schließen. Letzteren Bereich hat der *EuGH* mit *Cassis de Dijon* stark ausgeweitet und so den Bedarf an positiver Rechtsangleichung durch den Gemeinschaftsgesetzgeber im Grunde erhöht. Dieser Bereich zulässiger Handelsbeschränkungen bildet also den eigentlichen Aufgabenkreis der Rechtsangleichung durch die Gemeinschaft, deren Zuständigkeit sich aus dem Ziel der Verwirklichung des Binnenmarktes gem. Artt. 95, 14 ergibt.[1061] Der so geschaffene Druck zur positiven Rechtsangleichung kann die mit *Cassis de Dijon* ausgedehnten Spielräume des Mitgliedstaates aber auch ins Gegenteil verkehren.[1062]
Umfassendere Rechtfertigungsmöglichkeiten nationaler handelshemmender Vorschriften laufen dem Gedanken der Harmonisierung grundsätzlich zuwider; die Ausdehnung zulässiger nationaler Besonderheiten durch Einschränkung der Grundfreiheiten kann so das Bedürfnis zur Rechtsharmonisierung durch die Gemeinschaft oftmals erst entstehen lassen; eine Korrelation vergleichbar dem

---

[1058] Die „zwingenden Erfordernisse“ im Rahmen der hier gegenständlichen Mindestharmonisierung sind - wie im 3. Kapitel: § 6 B. II. 4. a. (S.111ff) und 3. Kapitel: § 7 B. (S.183ff) dargestellt - vom europäischen Normgeber gerade nicht abschließend definiert.

[1059] *Weißbuch* der Kommission zur Vollendung des Binnenmarktes, KOM (85) 310 endg. vom 14.6.1985

[1060] vgl. Darstellung unter 3. Kapitel: § 6 B. II. 4. a. (S.111ff)

[1061] in diesem Sinne ausdrücklich die Kommission in einer Mitteilung über die Auswirkungen des Urteils des Europäischen Gerichtshofs vom 20.2.1979 in der Rs. 120/78 (*Cassis de Dijon*), ABl. EG Nr. C 256/2, wonach die Kommission ihr bisheriges Harmonisierungskonzept für den Warenverkehr aufgrund der *Cassis*-Entscheidung aufgibt und sich stattdessen auf die Angleichung allein solcher mitgliedstaatlicher Normen konzentrieren werde, die durch zwingende Erfordernisse gerechtfertigt sind. - vgl. auch *Remien*, JZ 1994, 349, 353; *Schmidt*, RabelsZ 59 (1995), 569, 581; *Schulte-Nölke*, in: *Schulze/Schulte-Nölke*, Casebook Verbraucherrecht, Fall 3 (*Cassis de Dijon*), 57, 63; *Schulte-Nölke/Schulze*, in: *Schulte-Nölke/Schulze,* Europäische Rechtsangleichung und nationale Privatrechte, 5, 13; *Müller-Graff*, in: *v.d.Groeben/Thiesing/Ehlermann*, EGV, Art. 30, Rz. 164

[1062] vgl. zu der gleich gelagerten Problematik im Rahmen der *Keck*-Entscheidung sogleich unter 4. Kapitel: § 9 A. II. 2. (S.227ff, 228ff)

Prinzip *kommunizierender Röhren*: je weniger die Grundfreiheiten mitgliedstaatliche Beschränkungen aufheben, desto höher ist der Angleichungsbedarf.
Auf der anderen Seite kann die Gemeinschaft sich ihrer Rechtsangleichungskompetenz aber auch freiwillig begeben resp. faktisch begeben müssen.[1063] Im Bereich der optionellen Harmonisierung hat sie bewusst darauf verzichtet bzw. in Ansehung des Subsidiaritätsprinzips und mangelnder Konsensbereitschaft der Mitgliedstaaten verzichten müssen, eine abschließende Harmonisierung im Verbrauchervertragsrecht herbeizuführen.[1064] Für den Bereich des Verbraucherschutzes führt die Rechtssetzung der Gemeinschaft demzufolge mit Hilfe der *Cassis*-Rechtsprechung des *EuGH* zu einem Nebeneinander von Gemeinschafts- und nationalem Recht.

Folgt man den aktuellen Tendenzen in der *EuGH*-Rechtsprechung, die *Cassis*-Formel auch im Bereich diskriminierender Vorschriften neben den vertraglichen Schutzklauseln anzuwenden[1065], so wird der nationale Gestaltungsspielraum nochmals erweitert. Der nationale Gesetzgeber könnte dann auch Regelungen schaffen, die diskriminierend wirken, sich dabei aber unter Umständen auf „zwingende Erfordernisse" im Allgemeininteresse berufen. Ob die Abkehr des *EuGH* von der Beschränkung der *Cassis*-Formel auf nicht diskriminierende Vorschriften allerdings von Dauer ist, erscheint vor dem Hintergrund der Folgen gerade für den Bereich der Rechtsangleichung zweifelhaft. Mag man die Schaffung eines einheitlichen Rechtfertigungstatbestandes und die Redundanz der teils schwierigen Differenzierung zwischen direkten und indirekten Diskriminierungen und unterschiedslos anwendbaren Maßnahmen noch für sinnvoll halten[1066], so zeigt sich spätestens an dieser Stelle, dass der *EuGH* sich mit einer Ausdehnung der *Cassis*-Formel im Grunde um die Früchte seiner eigenen Integrationslogik bringt. Eine positive Rechtsangleichung durch die Gemeinschaft wäre dann in vielen Fällen unumgänglich, das in *Cassis de Dijon* und *Weißbuch* entwickelte Prinzip gegenseitiger Anerkennung statt weitestgehender Angleichung gefährdet und so das bislang stimmige Verhältnis zwischen *EuGH*-Rechtsprechung und Rechtsangleichung gestört.
Allerdings gilt es auch zu berücksichtigen, dass dieser Frage in Bezug auf das hier relevante Schuldvertragsrecht nur eine begrenzte Bedeutung zukommt, da in diesem Zusammenhang fast ausschließlich unterschiedslos anwendbare Bestimmungen zu überprüfen sind, für die die *Cassis*-Rechtsprechung völlig unzweifelhaft einschlägig ist.

[1063] vgl. zu dieser Problematik ausführlich sogleich im Rahmen der *Keck*-Entscheidung unter 4. Kapitel: § 9 A. II. 2. (S.227ff, 228ff)
[1064] vgl. Darstellung unter 2. Kapitel: § 4 B. (S.57ff)
[1065] vgl. Darstellung unter 3. Kapitel: § 6 B. II. 4. b. (S.114ff)
[1066] vgl. Darstellung unter 3. Kapitel: § 6 B. I. 2. (S.98ff) und 3. Kapitel: § 6 B. II. 4. b. (S.114ff)

II. Die Bedeutung der Entscheidung *Keck* für den Gestaltungsspielraum

Wie schon bei der *Cassis*-Entscheidung stellt sich auch für die zweite Leitentscheidung des *EuGH* die Frage nach möglichen Auswirkungen auf den Gestaltungsspielraum. Wie schon im Rahmen der Darstellung des Urteils *Keck* dargelegt, besteht über Einordnung, Interpretation und auch Konsequenzen der Entscheidung bis heute keine Einigkeit in der Literatur;[1067] dieser Zustand setzt sich auch im Bereich etwaiger Auswirkungen von *Keck* auf den Rechtsangleichungsprozess und damit auch auf den Gestaltungsspielraum des nationalen Gesetzgebers fort. Eine offene Frage ist bis heute, inwieweit der *EuGH* mit der *Keck*-Rechtsprechung die Gewichtung ein weiteres Mal in Richtung mitgliedstaatlicher Autonomie verschoben hat.

1. Erweiterung des Gestaltungsspielraums für den nationalen Gesetzgeber durch Keck

In der *Keck*-Entscheidung hat der *EuGH* in Einschränkung der *Dassonville*-Formel bestimmte Verkaufsmodalitäten dem Anwendungsbereich der Warenverkehrsfreiheit entzogen. Übertragen auf den nationalen Gestaltungsspielraum bedeutet dies, dass das Gericht bestimmte aus seiner Sicht marktzugangsneutral wirkende Regelungen aus der primärrechtlichen Vereinheitlichung entlassen und der mitgliedstaatlichen Gestaltung im Wege der Beibehaltung oder Schaffung strengeren autonomen Rechts anheimgegeben hat.[1068]
Mit der hier befürworteten Übertragung von *Keck* auf die übrigen Grundfreiheiten[1069] vervollständigt sich dieses Bild: dort, wo der *EuGH* mit *Keck* auf eine Grundfreiheitenkontrolle verzichtet, besteht für den Mitgliedstaat folglich die Möglichkeit, für den Verbraucher günstige Regelungen zu schaffen, welche den Anforderungen, d.h. letzten Endes den Wirkungen[1070] einer *„bestimmten Verkaufsmodalität"* im Sinne der *Keck*-Formel gleichkommen. Nationale Vorschriften, die sich auf diese Weise der primärrechtlichen Kontrolle durch die Grundfreiheiten entziehen, sind demnach in der Ausgestaltung frei; auf eine etwaige Rechtfertigung als zwingende verbraucherschützende Regelung im Allgemeininteresse gem. der *Cassis*-Formel kommt es dann nicht mehr an.

Der Gestaltungsspielraum hat sich so betrachtet weiter ausgedehnt, lassen sich doch zahlreiche nationale Vorschriften, die einem intensiveren Schutz des Verbrauchers gelten, als *„bestimmte (Verkaufs)modalität"* ausgestalten und da-

---

[1067] vgl. Darstellung unter 3. Kapitel: § 6 B. II. 5. b. (S.126ff, 140ff, 143ff, 150ff, 152ff, 157ff)
[1068] *Merkt*, RabelsZ 1997, 647, 682
[1069] vgl. Darstellung unter 3. Kapitel: § 6 B. III. (S.166ff, 170ff, 175ff)
[1070] vgl. Darstellung unter 3. Kapitel: § 6 B. II. 5. b. (3) (S.143ff) und 3. Kapitel: § 6 B. II. 5. d. (2) (cc) (S.163ff)

mit der Grundfreiheitenkontrolle durch den *EuGH* von vornherein entziehen.[1071] Der so eröffnete Gestaltungsspielraum reicht dabei unter Umständen weiter als der mittels *Cassis de Dijon* eingeräumte, da eine Regelung oftmals zwar die Wirkungen einer (Verkaufs)modalität im Sinne der *Keck*-Formel erfüllen wird, gleichzeitig aber nicht immer „zwingend erforderlich" im Sinne der *Cassis*-Formel sein wird.[1072] Insbesondere das Prinzip der Verhältnismäßigkeit – in Ausprägung des *Informationsmodells*[1073] – legt den Mitgliedstaaten im Bereich der *Cassis*-Formel oftmals enge Grenzen auf. Im Rahmen der Ausfüllung des hier in Rede stehenden optionellen Gestaltungsspielraums wird die Schwelle, eine zugunsten des Verbrauchers verschärfende Regelung zu etablieren, damit für den Fall der *„bestimmten (Verkaufs)modalität"* gesenkt. Solange eine Vorschrift objektiv dem Verbraucherschutz dient, kann sie – selbst für den Fall, dass sie die Voraussetzungen der *Cassis*-Formel nicht erfüllt, sei es, weil sie dem Erforderlichkeitsgrundsatz nicht genügt oder aus sonstigen Gründen unverhältnismäßig ist – als Verkaufsmodalität unter den Voraussetzungen der *Keck*-Formel Bestand haben.

2. Keck – nur ein Pyrrhussieg für die nationale Regelungsautonomie?

Wie schon im Rahmen der *Cassis*-Entscheidung stellt sich auch für die soeben aufgezeigten Auswirkungen der *Keck*-Entscheidung auf den Gestaltungsspielraum die Frage nach deren Nachhaltigkeit für den nationalen Gestaltungsspielraum. Vergleichbar dem Prinzip *kommunizierender Röhren* wird auch für die Ausdehnung des Spielraums durch *Keck* in der Literatur die Ansicht vertreten, es handele sich dabei nur vordergründig um einen Sieg für die Regelungsautonomie des nationalen Gesetzgebers. Der Rückzug der Kontrolle durch den *EuGH* könne sich als Pyrrhussieg erweisen, da sich in den Bereichen, die sich mit *Keck* nun dem Anwendungsbereich entziehen, der Drang zur Rechtsangleichung nach Art. 95, 14 erhöht.[1074]

[1071] i.E. auch *Remien*, JZ 1994, 239, 353; *Merkt*, RabelsZ 1997, 647, 682; *Schulte-Nölke*, in: *Schulze/Schulte-Nölke*, Casebook Verbraucherrecht, Fall 7 (*Keck*), 111, 116; *ders*, aaO, Fall 8 (*Hünermund*), 129, 133; *Keßler*, Das System der Warenverkehrsfreiheit, 262; indirekt auch *Armbrüster*, RabelsZ 60 (1996), 73, 75, 77

[1072] *Schulte-Nölke* führt in diesem Zusammenhang die Entscheidung *Hünermund* (*EuGH* 15.12.1993 - Rs. C-292/92 (*Hünermund*), Slg. 1993, I-6787) an, in der das deutsche Werbeverbot für Apotheken zwar als Verkaufsmodalität begriffen wird, wohl aber kaum den strengen Voraussetzungen der *Cassis*-Formel genügen würde (in: *Schulze/Schulte-Nölke*, Casebook Verbraucherrecht, Fall 8 (*Hünermund*), 129, 133); indirekt auch *Armbrüster*, RabelsZ 60 (1996), 73, 77, der von einer Erleichterung der Darlegungslast für den Mitgliedstaat spricht

[1073] vgl. noch zusammenfassende Darstellung unter 5. Kapitel: § 10 A. (S.241ff)

[1074] *Höpping*, Auswirkungen der Warenverkehrsfreiheit auf das IPR, 55; *v.Wilmowsky*, EuR 1996, 362, 369; *Matthies*, in: Festschrift *Everling*, 814; offen gelassen von *Remien*, JZ

Durch *Keck* sei so nur eine erneute Verschiebung der Problematik in den Bereich der positiven Rechtsangleichung erfolgt, welche letzten Endes viel stärker in die Kompetenzen der Mitgliedstaaten eingreife als der Zwang, bestimmte nationale Regelungen im Rahmen der Grundfreiheitenkontrolle rechtfertigen zu müssen. Der *EuGH* bringe sich so um die Früchte seiner sonstigen Rechtsprechung zu den Grundfreiheiten. *„Es war die Erstreckung der Freiheiten auf unterschiedlos geltende Maßnahmen, die das Binnenmarktziel entscheidend förderte, indem sie es entbehrlich machte, eine Vielzahl funktionsloser und ungerechtfertigter Regelungen anzugleichen.“*[1075]

3. Eigene Bewertung

Die Entscheidung *Keck* führt für die Reichweite des nationalen Gestaltungsspielraums zu bedeutsamen Konsequenzen. Wie oben ausgeführt besteht dort, wo der *EuGH* mit *Keck* auf eine Grundfreiheitenkontrolle verzichtet, für den Mitgliedstaat fortan die Möglichkeit einer weitgehend autonomen Ausgestaltung nationaler Regelungen in den Grenzen der Bereichsausnahme *Keck*. In Bezug auf den optionellen Gestaltungsspielraum bedeutet dies, dass es dem nationalen Gesetzgeber obliegt, dem Verbraucher günstigere Regelungen als in der Richtlinie zu schaffen, sofern diese nur den Anforderungen einer *„bestimmten (Verkaufs)modalität“* im Sinne der *Keck*-Formel entsprechen. Die entscheidende Schwierigkeit liegt in diesem Zusammenhang allerdings in der zweifelsfreien Zuordnung einer geplanten nationalen Norm in dem mit *Keck* ausgenommenen Kontrollbereich, d.h. letzten Endes wieder in der Frage nach der Bestimmung einer *„bestimmten (Verkaufs)modalität“*.
An dieser Stelle kann auf die oben entwickelten Grundsätze zur *Keck*-Formel zurückgegriffen werden.[1076] Folgt man der hier vertretenen Auffassung, muss sich die Anwendung der *Keck*-Formel in den in Rede stehenden schuldvertragsrechtlichen Gebieten entscheidend an Sinn und Zweck der Grundfreiheiten sowie der dazu ergangenen Rechtsprechung orientieren; Begrifflichkeiten wie Verkaufs- oder Vertriebsmodalität müssen vor ihrem rechtlichen Hintergrund interpretiert werden, wobei ausschlaggebendes Kriterium für die Auslegung und Anwendung der Begrifflichkeiten die Auswirkungen der zu überprüfenden Vorschrift auf den Marktzugang darstellt. Letztendlich steht nicht die formalistische Einordnung einer Regelung als (Verkaufs)modalität im Vordergrund, sondern die marktzugangserschwerende Wirkung und damit die Wertungen, die hinter der *Keck*-Entscheidung stehen. Die Feststellung der marktzugangserschweren-

---

1994, 349, 353 und *Müller-Graff*, in: *v.d.Groeben/Thiesing/Ehlermann*, EGV, Art. 30, Rz. 350

[1075] *v.Wilmowsky*, EuR 1996, 362, 369

[1076] vgl. Darstellung unter 3. Kapitel: § 6 B. II. 5. (S.121ff, 126ff, 136ff, 143ff, 150ff, 157ff, 163ff) den Wirkung einer Vorschrift als Voraussetzung einer tatsächlich oder rechtlich ungleichen Berührung im Sinne der *Keck*-Formel (z.B. mit Hilfe des Transaktionskostenanatzes[1077]) stellt die eigentliche Schwierigkeit dar. In den verbleibenden Misch- und Zweifelsfällen, welche einer Einordnung in die *Keck*-Formel auch auf diese Weise nicht eindeutig zugänglich sind, ist nach dem Schwerpunkt der Regelung zu suchen, der unter Berücksichtigung einer etwaigen handelshemmenden Wirkung der Regelung zu würdigen ist. In Zweifelsfällen muss der Anwendungsbereich der Grundfreiheiten eröffnet bleiben.[1078]

Die oben wiedergegebene Befürchtung, es handele sich bei *Keck* nur vordergründig um einen Sieg der Regelungsautonomie des nationalen Gesetzgebers, erscheint m.E. unbegründet. Die These vom Pyrrhussieg ist in theoretischer Hinsicht keineswegs zwingend und hat sich nachweisbar in den Jahren seit *Keck* auch in praktischer Hinsicht nicht bestätigt.
Im Ausgangspunkt ist der Ansatz von den *kommunizierenden Röhren* Rechtsangleichung und Grundfreiheitenkontrolle nicht von der Hand zu weisen; allerdings ist der daraus gezogene Schluss, mit dem Kontrollverzicht des *EuGH* gehe ein Zwang zur legislativen Angleichung und damit ein tieferer Eingriff in die Regelungsautonomie des Mitgliedstaates einher, nicht begründet. Die Vertreter dieser Ansicht übersehen die grundsätzlichen Voraussetzungen für eine Rechtsangleichung durch die Europäische Union; eine positive Harmonisierung von Vorschriften setzt neben der Binnenmarktfinalität gem. Artt. 95, 14 auch die sonstigen Voraussetzungen einer Handlungsermächtigung der Gemeinschaft voraus; im Hinblick auf Artt. 3 lit. h und das Subsidiaritätsprinzip unterliegt die Rechtsangleichung dem Grundsatz der Erforderlichkeit, d.h. eine Harmonisierung kann nur dann erfolgen, wenn sie zur Gewährleistung des freien Verkehrs von Waren, Personen, Dienstleistungen und Kapital notwendig ist.[1079] Nach diesen Grundsätzen ist die Rechtsangleichung an strenge Anforderungen im Hinblick auf das „Ob und Wie" der Harmonisierung geknüpft; sie kann kompetenziell gänzlich ausgeschlossen sein oder sich auf Mindestvorgaben – wie im Bereich der hier gegenständlichen Richtlinien zum Verbrauchervertragsrecht – beschränken müssen.
Ein Zwang zur Harmonisierung resp. ein damit verbundener Eingriff in die Regelungsautonomie des Mitgliedstaates kann demnach nicht so ohne weiteres unterstellt werden. Im Gegenteil dürfte in solchen Fällen die Begründungslast für die Erforderlichkeit einer Rechtsangleichungsmaßnahme eher noch steigen, wenn man mit dem *EuGH* der empirisch korrekten Wertung der *Keck*-

---

[1077] vgl. Darstellung unter 3. Kapitel: § 6 B. II. 5. b. (1) (cc) (S.131ff)
[1078] vgl. Darstellung unter 3. Kapitel: § 6 B. II. 5. (S.121ff, 126ff, 136ff, 143ff, 150ff, 157ff, 163ff)
[1079] vgl. Darstellung unter 2. Kapitel: § 4 (S.49ff, 57ff, 64ff)

Rechtsprechung folgt[1080], dass der freie Binnenmarkt durch *„bestimmte (Verkaufs)modalitäten“* eben gar nicht tangiert wird.[1081]
Diese Sichtweise deckt sich auch mit dem Prinzip der gegenseitigen Anerkennung statt weitestgehender Angleichung und ist Ausdruck des derzeitigen Entwicklungstandes des Gemeinschaftsrechts, mit dem letzten Endes auch die Preisgabe von Kontrollmöglichkeiten durch *Keck* korrespondiert.
Auch in praktischer Hinsicht hat sich die Befürchtung nicht bewahrheitet. Zwar wurde nach *Keck* zunächst der Ruf nach weiterer Angleichung z.B. im Bereich der verschiedenen mit *Keck* der Grundfreiheitenkontrolle entzogenen Werberechte laut;[1082] diese Forderungen sind jedoch schnell verstummt und von der Union aufgrund der oben beschriebenen Problematik auch nicht umgesetzt worden. Auch die Befürchtung, durch *Keck* könne der Verbraucherschutz leiden, hat sich – wie die Entwicklung der sekundärrechtlichen Vorgaben in den letzten Jahren zeigt – letzten Endes nicht erfüllt.

B. Auswirkungen für die Bestimmung des Gestaltungsspielraums

In einem zweiten Schritt stellt sich die Frage, inwieweit die soeben geschilderten Auswirkungen der Grundfreiheitenrechtsprechung des *EuGH* in dem oben entwickelten Schema zur Reichweite des Gestaltungsspielraums Berücksichtigung finden können. Der Rückzug der Grundfreiheitenkontrolle durch den *EuGH* ermöglicht dem nationalen Gesetzgeber – wie gesehen – gewisse Freiräume; ob und wie sich diese ggfs. mit den im ersten Schritt des vorgeschlagenen Schemas erzielten Auslegungsergebnissen in Relation setzen lassen, soll nachfolgend untersucht werden; es stellt sich mitunter die Frage nach einer möglichen Korrelation zwischen Auslegung europäischen Sekundärrechts und der Entscheidung *Keck*.

I. Das Verhältnis zwischen *Keck* und der Auslegung europäischen Sekundärrechts

Wie schon für die Rechtsangleichung aufgezeigt ist die *Keck*-Rechtsprechung nicht isoliert von der Entwicklung des positiven Gemeinschaftsrechts zu betrachten; sie lässt sich auch in Beziehung zur notwendigen Auslegung europäischen Sekundärrechts setzen. Um diese These zu belegen, sollen die beiden Elemente – Auslegung und *Keck* – nachfolgend auf kongruente Ansatzpunkte hin untersucht werden.

[1080] vgl. Darstellung unter 3. Kapitel: § 6 B. II. 5. b. (3) (S.143ff)

[1081] *Müller-Graff*, in: *v.d.Groeben/Thiesing/Ehlermann*, EGV, Art. 30, Rz. 350; wohl auch *Schulte-Nölke*, in: *Schulze/Schulte-Nölke*, Casebook Verbraucherrecht, Fall 7 (*Keck*), 111, 119, 120

[1082] vgl. *Sack*, EWS 1994, 37, 43

Wie oben dargestellt muss sich die Auslegung europäischen Sekundärrechts vornehmlich an Sinn und Zweck des Gemeinschaftsrechts orientieren. Anhand einer umfangreichen Ziel- und Systembestimmung der Regelung, gerade auch unter Berücksichtigung der Ziele des EG-Vertrages soll sicher gestellt werden, dass sich die auszugestaltende nationale Norm innerhalb des Gestaltungsspielraums befindet, welche die Option einräumt. Die Auslegung erfolgt primär teleologisch, unterstützt durch die anderen Auslegungsarten.
Für das Verständnis der *Keck*-Rechtsprechung gilt in methodischer Hinsicht Vergleichbares; auch diese steht nach obigem Verständnis unter dem Primat einer teleologischen Interpretation der *Keck*-Formel. Gerade in privatrechtlichen Sachverhalten steht nicht – wie gesehen – die formalistische Betrachtung der in Rede stehenden Maßnahmen im Mittelpunkt, sondern entscheidend ist nach Sinn und Zweck von *Keck* die marktzugangserschwerende Wirkung einer Maßnahme.

Gemeinsam ist den beiden Ansätzen mithin die dominierende Ausrichtung nach dem telos als methodischem Anknüpfungspunkt. Der Normanwender muss sich in beiden Fällen fragen, welche Regelungen sich nach Sinn und Zweck durch Auslegung der Richtlinie ermitteln lassen bzw. welche Regelungen *Keck* aus dem Anwendungsbereich der Grundfreiheiten ausscheiden will. Im Vordergrund steht bei beiden Ansätzen die Erreichung eines bestimmten Zieles, welches letzten Endes von der Verwirklichung des europäischen Binnenmarktes geprägt wird. Durch Auslegung wird positiv ermittelt, was – insbesondere unter Berücksichtigung des Binnenmarktzieles – noch im Rahmen vertretbarer Auslegung liegt; *Keck* grenzt dagegen in negativer Vorgehensweise bestimmte Regelungen aus dem Anwendungsbereich der Grundfreiheiten aus, welche nach der zutreffenden Wertung des *EuGH* nicht geeignet sind, den Binnenmarkt zu behindern.
Die Bestimmung zulässiger nationaler Regelungen erfolgt so zwar von zwei diametralen Ausgangspunkten, wird jedoch regelmäßig zu Überschneidungen in den Ergebnissen führen. Von der Richtlinie abweichende Regelungen werden sich, sofern sie einen Ansatz in der Richtlinie haben und sich durch Auslegung ermitteln lassen, in vielen Fälle auch mit *Keck* dem Anwendungsbereich der Grundfreiheiten entziehen. Das Produkt zulässiger Auslegung wird kaum einmal marktzugangserschwerenden Charakter haben, wenn man bereits im Rahmen der Auslegung berücksichtigt, dass die Richtlinienvorgabe unter anderem die Verwirklichung des Binnenmarktes zum Ziele hat.

Diese These lässt sich exemplarisch an zwei Erweiterungen des persönlichen und sachlichen Anwendungsbereichs des deutschen Verbraucherkreditgesetzes im Vergleich zur Richtlinie 87/102/EWG belegen.[1083] Wie oben ausgeführt er-

---

[1083] vgl. Darstellung der Abweichungen von Richtlinie und Verbraucherkreditgesetz unter 2. Kapitel: § 5 C. I. 1. (S.79ff)

streckt das Verbraucherkreditgesetz seinen sachlichen Anwendungsbereich ohne betragsmäßige Beschränkung nach oben auf alle Verbraucherkredite, wohingegen die Richtlinie gem. Art. 2 Abs. 1 lit. f VerbrKrRL auf Kreditverträge über mehr als 20.000 ECU keine Anwendung findet. In persönlicher Hinsicht entfaltet das Verbraucherkreditgesetz gem. §§1 Abs. 1 S. 2, 3 Abs. 1 Nr. 2 VerbrKrG auch für solche Kredite Gültigkeit, die erst der Aufnahme einer gewerblichen oder selbständigen beruflichen Tätigkeit dienen, sofern sie einen Nettokreditbetrag oder Barzahlungspreis von 50.000 Euro nicht übersteigen; die Richtlinie sieht eine Ausdehnung des Schutzes auf Existenzgründer gar nicht vor und differenziert nicht zwischen Erwerbsaufnahme und -ausübung.
Um die Zulässigkeit dieser Erweiterungen zu überprüfen, sind die betreffenden Richtlinienvorgaben nun zunächst auszulegen; in diesem Zusammenhang können die der Richtlinie vorangestellten Erwägungsgründe herangezogen werden. Zur Einführung eines Höchstbetrages in Art. 1 Abs. 1 lit. f der Richtlinie findet sich dort folgende Begründung:[1084]

> *„Kreditverträge über sehr hohe Beträge weichen oft von den üblichen Verbraucherkreditgeschäften ab. Die Anwendung der Bestimmungen dieser Richtlinie auf Verträge über sehr kleine Beträge könnte sowohl für die Verbraucher als auch für die Kreditgeber unnötigen verwaltungsmäßigen Aufwand verursachen. Daher sollten Verträge ab oder unter einer bestimmten finanziellen Grenze von der Richtlinie ausgeschlossen werden.“*

Der Richtliniengeber bringt mithin zum Ausdruck, dass zum einen der Verwaltungsaufwand bei Kleinstkrediten unverhältnismäßig erscheint, zum anderen bei hohen Kreditbeträgen regelmäßig Besonderheiten vorliegen, die durch nivellierende Richtlinienvorgaben nicht erfasst werden können und sollen; etwaigen Besonderheiten höherer Kredite soll – in Unabhängigkeit von der Richtlinie – Rechnung getragen werden können. Art. 1 Abs. 1 lit. f VerbrKrRL besagt demzufolge gerade nicht, dass solche Kreditverträge eines Schutzes nicht bedürfen; vielmehr soll für diese Verträge eine im Einzelfall angemessenere Lösung gesucht werden, die aber mittels der Richtlinie nicht vorgegeben werden konnte oder sollte. Eine interessengerechte Lösung im Einzelfall kann dann aber nur unter Berücksichtigung spezifischer nationaler Besonderheiten erfolgen. So können in einem Mitgliedstaat bereits Formvorschriften bestehen, die durch solche europäische Vorgaben unterlaufen würden (vgl. Erwägungsgrund 14); für andere Mitgliedstaaten kann für den Bereich der Verbraucherkredite – losgelöst von monetären Höchstbeträgen – durchaus ein Schutzbedürfnis bestehen.

[1084] Erwägungsgrund 15 der Richtlinie 87/102/EWG des Rates vom 22.12.1986 zur Angleichung der Rechts- und Verwaltungsvorschriften der Mitgliedstaaten über den Verbraucherkredit, ABl. EG 1987 Nr. L 42/48

Mithin spiegelt sich in Art. 1 Abs. 1 lit. f VerbrKrRL die Möglichkeit der Berücksichtigung nationaler Besonderheiten wider; Art. 1 Abs. lit. f VerbrKrRL will diese ausweislich der Erwägungsgründe gerade nicht verhindern, sondern dem nationalen Gesetzgeber anheim stellen. Der europäische Normgeber geht an dieser Stelle deutlich von der Qualifikation der Richtlinie als Mindestvorgabe aus, was sich auch aus dem letzten Erwägungsgrund nochmals explizit ergibt:[1085]

> *„Mit dieser Richtlinie werden zwar die Rechts- und Verwaltungsvorschriften der Mitgliedstaaten über den Verbraucherkredit in gewissem Umfang angeglichen und es wird ein gewisses Maß an Verbraucherschutz erzielt, doch sollte es den Mitgliedstaaten überlassen bleiben, unter Beachtung ihrer Verpflichtungen aus dem Vertrag zwingendere Maßnahmen zum Schutz der Verbraucher zu erlassen."*

Nimmt man das Ziel, einen harmonisierten Verbraucherkreditmarkt im Binnenmarkt zu schaffen, ernst, so lässt sich der Regelungsverzicht der Richtlinie sogar im Grunde als kontraproduktiv für eben diese Zielverwirklichung ansehen; bei einer Beschränkung auf 20.000 ECU werden – auch wenn die Mehrzahl der mit der Regelung intendierten Kleinkredite von der Richtlinie erfasst ist – zahlreiche andere Kreditverträge ob ihrer vermuteten Einzelfallentscheidungsbedürftigkeit im Vergleich zur Richtlinie schutzlos gestellt, so dass der Einheitlichkeit im Binnenmarkt gerade entgegengewirkt wird. Die Erweiterung des Schutzes auf alle Kredite stellt unter dem Gesichtspunkt der Verwirklichung des Binnenmarktes mithin sogar ein dieses Ziel förderndes Mittel dar, sofern die anderen Mitgliedstaaten ähnlich vorgehen.

Für die Ausdehnung der Geltung des Verbraucherkreditgesetzes auf Existenzgründungsdarlehen bis zu einem Betrag von 50.000 Euro gilt ähnliches; der Richtliniengeber wollte den Schutzbereich mit der Definition in Art. 1 Abs. 2 lit. a VerbrKrRL nicht abschließend vorgeben; den Erwägungsgründen lässt sich nicht entnehmen, dass es gerade das Ziel des Richtliniengebers war, Existenzgründern den Schutz der Verbraucherkreditrichtlinie vorzuenthalten. Das Ziel, den Verbraucherkreditmarkt zu harmonisieren und dem Verbraucher den Eintritt in fremde Märkte zu erleichtern, wird mit einer Ausdehnung auf Existenzgründer sogar gefördert, sofer der Ansatz von den den anderen Mitgliedstaaten ähnlich verfolgt wird.

[1085] Erwägungsgrund 26 der Richtlinie 87/102/EWG des Rates vom 22.12.1986 zur Angleichung der Rechts- und Verwaltungsvorschriften der Mitgliedstaaten über den Verbraucherkredit, ABl. EG 1987 Nr. L 42/48

Im Ergebnis lassen sich beide Erweiterungen durch das deutsche Verbraucherkreditgesetz der Richtlinienvorgabe durch Auslegung entnehmen, so dass sich nun die Frage stellt, inwieweit dieses Ergebnis mit der Bereichsausnahme *Keck* korrespondiert.

Hinsichtlich des deutschen Verzichts auf die Höchstgrenze von 20.000 ECU ergäbe sich im Falle eines grenzüberschreitenden Sachverhalts die Konsequenz, dass ein EG-ausländischer Kreditgeber im Falle einer Kreditvergabe über 20.000 ECU an einen deutschen Verbraucher den Anforderungen des deutschen Verbraucherkreditgesetz unterliegt[1086], wohingegen er in seinem Herkunftsland möglicherweise von den Schutzbestimmungen der dortigen Umsetzung der Verbraucherkreditrichtlinie frei wäre. Damit wäre er im Sinne der *Dassonville*-Formel im grenzüberschreitenden Verkehr an der ungestörten Erbringung seiner Dienstleistung gehindert, denn die unterschiedlichen Schutzbestimmungen sind geeignet, „*den innergemeinschaftlichen Handel unmittelbar oder mittelbar, tatsächlich oder potentiell zu behindern*". [1087]
Versucht man nun, die betreffende deutsche Regelung in die *Keck*-Formel einzuordnen, so stellt sich in einem ersten Schritt die Frage, ob sich der Verzicht auf den Höchstbetrag als „Dienstleistungsmodalität"[1088] begreifen lässt. Dies lässt sich – wie in den meisten Fällen des Schuldvertragsrechts – nicht völlig eindeutig beantworten; die Erweiterung des sachlichen Anwendungsbereichs als Modalität der Dienstleistung zu begreifen, d.h. bestimmte Kreditgeschäfte unter die Anforderungen des Verbraucherkreditgesetzes zu stellen und damit letztlich Modalitäten aufzustellen, denen es z.B. im Hinblick auf Vertragsausgestaltung und Form genügen muss, liegt näher als eine „produktbezogene" Regelung anzunehmen. Schließlich will das Verbraucherkreditgesetz die betreffende Dienstleistung nicht als solche verbieten, sondern nur unter gewisse Anforderungen im Hinblick auf das „Wie" der Dienstleistung stellen.
Letztlich ist die Frage nach der sprachlichen Einordnung aber – wie gesehen – nicht entscheidend. Zu ermitteln ist die Wirkung, welche die betreffende deutsche Vorschrift auf den Marktzugang hat, d.h. die Frage der „*tatsächlich oder*

[1086] Für das Verbraucherrecht wird dies in Art. 29 EGBGB als Umsetzung von Art. 5 des Europäischen Vertragsrechtsübereinkommens vom 19.6.1980 (EVÜ) statuiert. Danach sind in- und ausländische Sachnormen mit verbraucherschützender Tendenz zwingend an den Ort des gewöhnlichen Aufenthaltes des Verbrauchers anzuknüpfen. - vgl. nur *Martiny*, in: *MünchKomm*, IPR, Art. 29 EGBGB, Rz. 35, 36 mwN; *Palandt/Heldrich*, EGBGB, Art. 29, Rz. 1ff; speziell für die Rechtswahl im deutsch/französischen Verbraucherkreditrecht: *Klotz*, RIW 1997, 197ff

[1087] ständige Rechtsprechung seit: *EuGH* 11.07.1974 – Rs. 8/74 (*Dassonville*), Slg. 1974, 837, 852f, Tz. 5

[1088] vgl. zu den vorgeschlagenen Begrifflichkeiten innerhalb der *Keck*-Rechtsprechung Darstellung unter 3. Kapitel: § 6 B. III. 3. (S.170ff, 173ff)

rechtlich gleichen Berührung" im Sinne der *Keck*-Formel. In diesem Zusammenhang lässt sich ein eindeutiges Ergebnis erzielen.
Die Einbeziehung von Krediten über 20.000 ECU erschwert den Marktzugang für ausländische Anbieter nicht; sie werden vielmehr nur gehalten, sich an den hier geltenden Schutzbestimmungen zu orientieren, was im Grundsatz für jeden grenzüberschreitenden Sachverhalt notwendig ist. Ein EG-ausländischer Anbieter muss berücksichtigen, dass das ihm aus seinem Herkunftsland bereits bekannte Verbraucherschutzgesetz im Bestimmungsland der Dienstleistung möglicherweise einen umfassenderen Anwendungsbereich hat; d.h. wie in seinem Herkunftsland muss er bestimmte Mindestvorgaben einem festgelegten Personenkreis gegenüber einhalten; man kann auch kaum davon ausgehen, dass die mit Geltung des Verbraucherkreditgesetzes erforderlichen Angaben samt Schriftformerfordernis gem. §4 VerbrKrG den Dienstleistungsverkehr im Binnenmarkt beeinträchtigen, denn im allgemeinen gehört es bei den hier in Rede stehenden Krediten über 20.000 ECU ohnehin zu den Gepflogenheiten, auf Angaben wie in §4 Abs. 1 S. 4 Nr. 1 und 2 VerbrKrG vorgeschrieben hinzuweisen, insbesondere solche Kredite schriftlich zu fixieren.[1089] Auch eine zusätzliche Belastung des Anbieters mit Transaktionskosten liegt im Regelfall nicht vor; durch den grenzüberschreitenden Dienstleistungsverkehr wird der EG-ausländische Anbieter durch die Erweiterung des Schutzbereiches nicht mit weiteren zusätzlichen Kosten der Dienstleistung belastet, die ein Inlandsanbieter nicht hat; er muss sich z.B. nicht mit ihm gänzlich unbekannten Rechtsvorschriften auseinandersetzen, indem er sich Informationen über abweichende gesetzliche Vorschriften im Bestimmungsland beschafft. Die bloße Notwendigkeit, beim Grenzübertritt auch sprachliche und kulturelle Barrieren zu überwinden (z.B. durch Verfassung eines in deutsch gehaltenen Vertragstextes) kann für sich noch keine Behinderung darstellen, sondern gehört zu den notwendigen Erfordernissen im Sinne allgemeiner Marktzugangsvoraussetzungen, die eine Nachfrage im Bestimmungsland erst ermöglichen. Das normale Risiko, im Wirtschaftsverkehr geschäftliche Misserfolge zu erleiden, darf nicht mit den spezifischen Marktzugangserschwernissen verwechselt werden.

Gleiches gilt im Grundsatz auch für die Frage der Existenzgründungsdarlehen; deren Einbeziehung in den Schutzbereich stellt ebenso kein Marktzugangserschwernis dar, sondern dehnt nur bestehende Schutzmechanismen auf eine weitere Personengruppe aus, ohne dabei spezifische Belastungen für ausländische Anbieter zu schaffen.
Die genannten Erweiterungen des sachlichen und persönlichen Anwendungsbereichs berühren den Absatz ausländischer und inländischer Dienstleistungen

[1089] *Wolf*, in: Festschrift *Heinsius*, 967, 972

demnach in *„rechtlich wie tatsächlich gleicher Weise“*, so dass sie sich mit der *Keck*-Rechtsprechung dem Anwendungsbereich der Grundfreiheiten entziehen.

Im Ergebnis decken sich vorliegend die Ergebnisse zulässiger Auslegung mit den Wertungen, die der *EuGH* anhand der *Keck*-Rechtsprechung in die Dogmatik der Grundfreiheiten eingeführt hat. Diese Kongruenzen sind – wie gesehen – auf das im Ausgangspunkt ähnliche methodische Vorgehen zurückzuführen, das – wie nahezu im gesamten Europarecht – von der Frage nach Sinn und Zweck dominiert wird. Derartige Ergebnisse werden sich regelmäßig erzielen lassen, sofern man Auslegung des Sekundärrechts und Interpretation der *Keck*-Formel nach diesseitigem Verständnis vornimmt. Inwieweit sich diese Kongruenzen in den Ergebnissen auf den Prüfungsablauf zur Bestimmung der Reichweite des Gestaltungsspielraums auswirkt, soll nachfolgend untersucht werden.

II. Konsequenzen der Entscheidung *Keck* für den Umfang der Grundfreiheitenkontrolle

Im Anschluss an die soeben festgestellte Beziehung von Auslegung und *Keck* stellt sich die Frage, inwieweit diese in das entwickelte Prüfungsschema mit einfließen kann.
Im Rahmen des bislang praktizierten Ansatzes, jede Anhebung des Verbraucherschutzes an den Grundfreiheiten zu messen, bleibt die soeben ermittelte Korrespondenz von Auslegung und *Keck* naturgemäß außen vor.[1090] Dies liegt zum einen daran, dass einige Untersuchungen zeitlich vor *Keck* erfolgt sind, zum anderen auch daran, dass die Annahme einer Rechtfertigung im Sinne der *Cassis*-Rechtsprechung aus dem „zwingenden Erfordernis“ Verbraucherschutz vordergründig oftmals näher liegt und *Keck* wegen der damit verbundenen Schwierigkeiten oft nur allzu pauschal Erwähnung findet oder in seiner Bedeutung für den nationalen Gestaltungsspielraum verkannt wird.[1091]
Obigem Ansatz folgend stellt sich nunmehr die Frage, ob eine umfängliche Überprüfung jeder Richtlinienerweiterung angesichts der vom *EuGH* dominierten Entwicklung der Grundfreiheiten heute noch notwendig ist; anerkennt man den oben hergeleiteten Zusammenhang zwischen Auslegung und *Keck*, so ist die Überprüfung einer nationalen Erweiterung zum Schutze des Verbrauchers nur noch für solche Umsetzungsvorhaben notwendig, die sich nicht bereits durch Auslegung der Richtlinienvorgabe entnehmen lassen. In der Konsequenz ist eine separate Grundfreiheitenkontrolle nur noch dann von Relevanz, wenn der natio-

---

[1090] in diesem Sinne praktiziert für das Verbraucherkreditgesetz *von* Wolf, in: Festschrift *Heinsius*, 967ff; daran anknüpfend *Schmidt*, Der Einfluss europäischer Richtlinien auf das Privatrecht, 67ff; *Ulmer*, in: *MünchKomm*, Vor. §1, Rz. 50

[1091] vgl. Darstellung unter 4. Kapitel: § 9 A. II. (S.226, 227ff) sowie die zusammenfassende Darstellung unter 5. Kapitel: § 10 A. (S.241ff) nale Gesetzgeber die Richtlinie um Verbraucherschutzvorschriften erweitern will, die in der Richtlinie keinen Ansatz gefunden haben und sich auch nicht durch Auslegung der einzelnen Richtlinienvorgaben ermitteln lassen.

Die direkte Bedeutung der Grundfreiheiten ist demzufolge analog der mit *Keck* erfolgten Restriktion im Anwendungsbereich der Grundfreiheiten insoweit zurückgedrängt, als dass eine Kontrolle nur noch jenseits der durch Auslegung erzielten Reichweite vonnöten ist, um den Gestaltungsspielraum „nach oben" zu begrenzen. Alle nationalen Regelungen, welche sich innerhalb der durch Auslegung ermittelten Reichweite der Option befinden, bedürfen demnach regelmäßig keiner separaten Grundfreiheitenkontrolle mehr, da sie sich mit *Keck* bereits dem Anwendungsbereich der Grundfreiheiten entziehen. Erst wenn die so ermittelte Reichweite überschritten ist, besteht unter Berücksichtigung obiger Ausführungen definitiv Raum für eine Überprüfung der intendierten nationalen Regelung anhand der Grundfreiheiten.[1092] So kann z.B. für den Fall, dass eine nationale Umsetzung im Gegensatz zur Richtlinie ein Widerrufs- oder Rücktrittsrecht für den Verbraucher vorsieht, dieses der Richtlinie nicht qua Auslegung entnommen werden.[1093] Auch eine unterstellte Erweiterung des Verbraucherkreditgesetzes auf Gewerbetreibende oder die Anwendung der Verbraucherkreditrichtlinie auf Bürgschaftsverträge – letzteres nun vom *EuGH* ausdrücklich entschieden[1094] – lassen sich der Verbraucherkreditrichtlinie 87/102/EWG nicht durch Auslegung entnehmen.

Eine den Verbraucherschutz intensivierende Ausgestaltung durch den nationalen Gesetzgeber innerhalb der durch Auslegung bestimmten Reichweite ist nach dem Gesagten regelmäßig bereits per se richtlinien- und EGV-konform und tangiert den freien Binnenmarkt mithin nicht. Vom nationalen Gesetzgeber beabsichtigte schutzintensivere Maßnahmen zu Gunsten des Verbrauchers stehen, sofern sie sich im Rahmen der durch Auslegung ermittelten Reichweite befinden, auf einer gemeinschaftsrechtlichen Grundlage; die Gestaltung aller nationalen Regelungen, die auf diese Weise mit der Richtlinienvorgabe konform sind – d.h. ihr durch Auslegung entnommen werden können – sind damit per se dem nationalen Gesetzgeber zugestanden. Eine weitere Überprüfung anhand der Grundfreiheiten ist dann nicht mehr erforderlich.

[1092] in diesem Sinne bereits *Bülow*, VerbrKrG, §1, Rz. 169

[1093] vgl. bereits die Darstellung unter 2. Kapitel: § 5 C. II. 1. (S.84ff) für §7 VerbrKrG

[1094] vgl. zu letzterem Beispiel jüngst *EuGH* 23.3.2000 - Rs. C-208/98 (*Berliner Kindl Brauerei*), Slg. 2000, I-1741 = EuZW 2000, 339 – vgl. schon die ausführliche Darstellung im Rahmen der Auslegung europäischen Sekundärrechts unter 4. Kapitel: § 8 A. I. (S.195ff), Fn. 948ff

C. *Zusammenfassung der Ergebnisse*

Rechtsangleichung und die Dogmatik der Grundfreiheiten stehen in einem engen Verhältnis und korrelieren in mehrerlei Hinsicht miteinander. Ein prägendes und bis heute aktuell gebliebenes Prinzip wird durch die *Cassis-de-Dijon*-Entscheidung des *EuGH* aus dem Jahre 1979 statuiert; die Vorstellung von der Gleichwertigkeit der Rechtsordnungen und der damit verbundenen Notwendigkeit gegenseitiger Anerkennung wirkt bis heute als tragender Pfeiler europäischer (Privat)rechtsangleichung fort. Die hier untersuchten Richtlinien zum Verbrauchervertragsrecht finden ihr strategisches Fundament im *Weißbuch* der Kommission aus dem Jahre 1985, das die vom *EuGH* mittels *Cassis de Dijon* geprägten Vorstellung ausdrücklich aufgreift und fortführt. Auch *Keck* fügt sich in diese Integrationslogik ein, indem es die Reservate zulässiger nationaler Regelungen durch die Differenzierung der (Verkaufs)modalitäten nochmals erweitert. Die Befürchtung, der Rechtsangleichungsdruck werde durch *Keck* wieder ansteigen, so dass der *EuGH* sich um die Früchte seiner eigenen Rechtsprechung zu den Grundfreiheiten bringe, hat sich – wie gesehen – weder in tatsächlicher noch theoretischer Hinsicht als begründet erwiesen.

Mit der so vorgegebenen Integrationslogik beeinflusst der *EuGH* sowohl die Rechtsangleichung selbst wie auch die Aufgabenverteilung unter den Gemeinschaftsorganen. Aus den vorausgegangenen Ausführungen wird deutlich, dass die maßgebliche Entscheidung über die Grenzziehung zwischen der Reichweite der Grundfreiheiten und den Tätigkeitsfeldern sowohl der nationalen als auch des Gemeinschaftsgesetzgebers letzten Endes vom *EuGH* bestimmt wird. Dem Gerichtshof kommt für die Marktintegration mithin eine Schlüsselrolle zu, von der das Gericht – vorrangig durch die Entscheidungen *Dassonville*, *Cassis de Dijon* und *Keck* – auch nachhaltig Gebrauch gemacht hat. Der *EuGH* hat auf diese Weise gewisse Spannungsfelder zwischen Mitgliedstaat und Gemeinschaft aufgehoben und sich für mehr einzelstaatliche Autonomie der Mitgliedstaaten ausgesprochen. Damit bringt der Gerichtshof auch zum Ausdruck, dass die Vorstellung eines vollkommenen Binnenmarktes – ohne jede Beschränkung im grenzüberschreitenden Wirtschaftsverkehr – auf dem derzeitigen Stande des Gemeinschaftsrechts nicht zu verwirklichen ist.

Über die Korrelation zwischen Rechtsangleichung und Grundfreiheitenrechtsprechung hinaus lässt sich auch eine Beziehung zwischen Auslegung europäischen Sekundärrechts und der Entscheidung *Keck* nachweisen. Nach der hier vorgeschlagenen Methode erfolgt die Bestimmung des Gestaltungsspielraums in zwei Schritten: zunächst ist der Richtlinienvorgabe primär durch teleologische Auslegung zu entnehmen, welche verbraucherschutzintensivierenden Maßnahmen mit ihr vereinbar sind; in einem zweiten Schritt erfolgt eine Grundfreiheitenkontrolle der Auslegungsergebnisse anhand obigen Modells.

Diese strenge Stufenfolge wird durch *Keck* für weite Teile aufgehoben. Mögliche optionelle nationale Ausgestaltungen, welche sich der Richtlinienvorgabe durch Auslegung entnehmen lassen, bedürfen regelmäßig einer Grundfreiheitenkontrolle nicht mehr, da sie sich mit *Keck* bereits dem Anwendungsbereich der Grundfreiheiten entziehen. Solche unterschiedslos anwendbaren (Verkaufs)modalitäten, welche *„den Absatz der inländischen Erzeugnisse und der Erzeugnisse aus anderen Mitgliedstaaten rechtlich wie tatsächlich in der gleichen Weise berühren*", werden vom *EuGH* akzeptiert, d.h. eine nationale Vorschrift, die dem intensiveren Schutz des Verbrauchers dient und den Voraussetzungen der *Keck*-Formel genügt, stellt eine gemeinschaftsrechtskonforme Ausgestaltung der dem nationalen Gesetzgeber eingeräumten Option dar. Die Ergebnisse zulässiger Auslegung und marktzugangsneutrale Vorschriften im Sinne der *Keck*-Formel werden sich so regelmäßig decken. Die Ausgestaltung der Option innerhalb der durch Auslegung ermittelten Reichweite ist demgemäß richtlinienkonform und tangiert den freien Binnenmarkt regelmäßig nicht.
Aus diesen Überschneidungen zwischen Auslegung und *Keck* lässt sich allerdings nicht im Umkehrschluss schließen, dass eine Regelung, welche sich nicht durch Auslegung erzielen lässt, notwendig auch nicht der *Keck*-Rechtsprechung unterfällt; d.h. innerhalb der Reichweite des Gestaltungsspielraums können auch Umsetzungen Bestand haben, die sich durch Auslegung nicht erzielen lassen, aber dennoch als *„bestimmte (Verkaufs)modalität*" im Sinne der *Keck*-Rechtsprechung aus dem Anwendungsbereich der Grundfreiheiten ausscheiden. Eine pauschale Lösung verbietet sich hier; genaue Ergebnisse können an dieser Stelle nur im Einzelfall erzielt werden.[1095]
Im Ergebnis bleibt festzuhalten, dass die Ausschöpfung der durch Auslegung ermittelten Reichweite der Option vom europäischen Normgeber gewollt resp. zumindest in Kauf genommen ist. Vom nationalen Gesetzgeber beabsichtigte schutzintensivere Maßnahmen zu Gunsten des Verbrauchers stehen demnach, sofern sie sich im Rahmen der auch von *Keck* bestätigten Reichweite befinden, schon per definitionem auf einer gemeinschaftsrechtlichen Grundlage.

[1095] Zu denken wäre hier beispielsweise an die in Art. L. 313-16 Code de la Consommation vorgesehene Ausdehnung des sachlichen Anwendungsbereichs des französischen Verbraucherschutzgesetzes über Konsumentenkredite und über Grundstücksgeschäfte auch auf die Bürgschaft. Nach diesem Gesetz fallen unter den Begriff des Verbraucherkredits alle Kreditgeschäfte und hierfür erteilte Bürgschaften, unter Einschluss des Kreditkaufs, des Kaufs auf Raten und des Leasings betreffend Waren oder Dienstleistungen für private Zwecke (vgl. *Klotz*, RIW 1997, 197, 199 mwN). Diese aufgrund von Art. 15 VerbrKrRL mögliche Erweiterung der französischen Umsetzung der Richtlinie 87/102/EWG lässt sich der Richtlinie – wie gesehen – nicht durch Auslegung ermitteln; andererseits ist aber auch nicht ersichtlich, inwiefern eine solche Ausdehnung auf die Bürgschaft marktzugangserschwerend im Sinne der *Keck*-Rechtsprechung wirkt.

Darüber hinausgehende Vorschriften zugunsten des Verbrauchers, die sich nicht als Ergebnis zulässiger Auslegung darstellen, sind an den Grundfreiheiten zu messen. Sie bedürfen dann, um die optionelle Reichweite in gemeinschaftsrechtskonformer Weise auszugestalten, regelmäßig einer Rechtfertigung durch die *Cassis*-Formel resp. durch eine im EG-Vertrag vorgesehene Schutzklausel. Erfüllt ein nationales Umsetzungsvorhaben diese Voraussetzungen, so steht auch eine solche Norm auf einer gemeinschaftsrechtlichen Grundlage, befindet sich mithin innerhalb der Reichweite der Option.

5. Kapitel: Schlussbetrachtung

§ 10 ZUSAMMENFASSUNG

Der Schlüssel zur Bestimmung der Reichweite des nationalen Gestaltungsspielraums liegt in zwei Aspekten: Auslegung der Richtlinie und Grenzziehung durch die europäischen Grundfreiheiten.
Nachfolgend sollen die entscheidenden Gesichtspunkte noch einmal kurz zusammengefasst, die Konsequenzen aufgezeigt und ein Ausblick auf künftige Tendenzen der europäischen Harmonisierung im Bereich des Verbraucherrechts gegeben werden.

A. Reichweite des Gestaltungsspielraums

Der Gestaltungsspielraum des nationalen Gesetzgebers lässt sich unter Berücksichtigung obiger Ergebnisse demnach graphisch wie folgt fassen:

Grenze nach oben durch Grundfreiheiten

Umsetzungsspielraum aufgrund der Option:

Regelungen, die im Sinne der *Cassis-de-Dijon* Doktrin resp. aufgrund spezieller Schutzklauseln im EGV (Artt. 30, 39 Abs. 3, 46 Abs. 1, 55, 58 Abs. 1) gerechtfertigt sind

AUSLEGUNG der zu erweiternden Richtliniennorm = regelmäßig deckungsgleich mit Regelungen, die bereits mit *Keck* dem Anwendungsbereich der Grundfreiheiten entzogen sind

Umsetzungsspielraum gem. §249 Abs. 3:

AUSLEGUNG der Richtlinie
Wahl der Form und Mittel durch den Mitgliedstaat

Grenze nach unten durch Mindeststandards der Richtlinie

Die hier in Rede stehenden Richtlinien zum Verbrauchervertragsrecht eröffnen den Mitgliedstaaten über die gem. Art. 249 Abs. 3 eingeräumte Gestaltungsvariante einer jeden Richtlinie weitere Möglichkeiten, bei der Ausgestaltung nationale Besonderheiten zu berücksichtigen. Rechtstechnisch geschieht dies durch die Einräumung sog. Optionen, die den nationalen Gesetzgebern ein Reservat nationaler Ausgestaltung eröffnet. Diese Art der Harmonisierung steht auf der Grundlage des *Weißbuchs zur Vollendung des Binnenmarktes* aus dem Jahre 1985, in dem die Kommission diese sog. *neue Strategie* in Anknüpfung an die *Cassis de Dijon*-Entscheidung des *EuGH* aus dem Jahre 1979 zur bevorzugten Harmonisierungstechnik gerade im Bereich des Privatrechts erklärte. Harmonisiert werden sollte von nun an nur noch ein Mindestmaß mit den wichtigsten Eckpunkten; im Vordergrund der *neuen Strategie* steht die wechselseitige Anerkennung der Rechtsordnungen, nicht deren weitestgehende Angleichung. Die damit den Mitgliedstaaten eingeräumte zusätzliche Gestaltungsfreiheit in Bezug auf verbraucherschutzrechtliche Bestimmungen besteht allerdings nicht unbeschränkt; die Öffnungsklauseln stehen ausweislich der Formulierungen der Richtlinien unter dem Erfordernis der „Übereinstimmung mit den Verpflichtungen aus dem Vertrag“.

Als Grenzen kommen sowohl primär- wie auch sekundärrechtliche europäische Vorgaben in Betracht. Im Rahmen des Primärrechts stehen dabei insbesondere die europäischen Grundfreiheiten im Vordergrund, die auch für das Privatrecht der Mitgliedstaaten Geltung entfalten. Die umfangreiche Rechtsprechung des *EuGH* zur Warenverkehrsfreiheit – dargestellt anhand der Urteile *Dassonville*, *Cassis de Dijon* und *Keck und Mithouard* – findet auch auf privatrechtliche Sachverhalte Anwendung, wobei insbesondere die Rücknahme der Kontrolle durch *Keck* nach Sinn und Zweck auch im Privatrecht Geltung entfaltet. Die Entscheidung *Keck* lässt sich zudem auch auf die übrigen Grundfreiheiten übertragen; nach Sinn und Zweck der Entscheidung unterfallen marktzugangsneutrale Modalitäten der Warenverkehrs, Dienstleistungs-, Personenverkehrs- und Kapitalverkehrsfreiheit fortan nicht mehr der Grundfreiheitenkontrolle. Im Rahmen des Umsetzungsprozesses lassen sich die primär- und sekundärrechtlichen Grenzen in zwei Schritten wie folgt berücksichtigen.

Der Schlüssel zu einer ordnungsgemäßen Umsetzung einer Richtlinie resp. zur Ausgestaltung der Option liegt in einem ersten Schritt in einer umfassenden Auslegung der Richtlinie. Diese hat der Umsetzung in nationales Recht immer vorauszugehen und sollte so umfassend und intensiv wie möglich erfolgen; dort, wo der nationale Gesetzgeber aufgrund der Option über den vorgegebenen Richtlinienstandard hinauszugehen beabsichtigt, muss zunächst untersucht werden, ob für das geplante Vorhaben bereits ein Ansatz in der Richtlinie existiert.

Beabsichtigt der nationale Gesetzgeber (nur) eine Intensivierung[1096] eines in der Richtlinie bereits verankerten Schutzmechanismus zugunsten des Verbrauchers, so ist die betreffende Richtlinienvorgabe nach den oben herausgestellten Interpretationsmethoden auszulegen; primäre Aufmerksamkeit gilt dabei der teleologischen Auslegung, die ihrerseits durch Wortlaut, Systematik und Entstehungsgeschichte der Richtlinie unterstützt werden kann. Von zentraler Bedeutung innerhalb der Auslegung ist auch die Berücksichtigung des dynamischen Ansatzes des Gemeinschaftsrechts.
Beabsichtigt der nationale Gesetzgeber eine Intensivierung des Verbraucherschutzes in einer Art und Weise, die in der Richtlinie keinen Ansatz gefunden hat[1097], so kann die Auslegung einer konkreten Richtliniennorm naturgemäß nicht zu einem Ergebnis führen. Sieht die Richtlinie beispielsweise ein Widerrufs- oder Rücktrittsrecht für den Verbraucher grundsätzlich nicht vor, so kann dies auch nicht einer einzelnen Richtlinienbestimmung qua Auslegung entnommen werden. Für eine solche Vorgehensweise fehlt ein konkreter Anhaltspunkt in der Richtlinie, der ein ebenso konkretes Ergebnis der Auslegung gewährleisten könnte. Derartige Vorhaben mit dem Ziel eines über die Richtlinie hinausgehenden Verbraucherschutzes stellen freilich für sich allein keineswegs eine Vertragsverletzung dar; vielmehr bedürfen sie in einem zweiten Schritt der Kontrolle anhand der Grundfreiheiten.

Eine solche Grundfreiheitenkontrolle ist dagegen grundsätzlich nicht (mehr) notwendig für Umsetzungsvorhaben, die sich der Richtlinievorgabe qua Auslegung entnehmen lassen; d.h. für eine Grundfreiheitenkontrolle besteht regelmäßig nur dann überhaupt Bedarf, wenn der nationale Gesetzgeber eine Verbraucherschutzintensivierung beabsichtigt, die in der Richtlinie keinen Ansatz gefunden hat. Dieser Gedanke lässt sich auf die *Keck*-Rechtsprechung des *EuGH* stützen, die den Anwendungsbereich der Warenverkehrsfreiheit – und nach zutreffender Ansicht auch der übrigen Grundfreiheiten[1098] – eingeschränkt hat. Die Ergebnisse zulässiger Auslegung und marktzugangsneutrale Vorschriften im Sinne der *Keck*-Formel werden sich – wie oben gezeigt – aufgrund der vergleichbaren analytischen Vorgehensweise regelmäßig decken; d.h. Umsetzungsvorhaben, die sich im ersten Schritt durch Auslegung erzielen lassen, werden sich regelmäßig auch mit *Keck* dem Anwendungsbereich der Grundfreiheiten entziehen. Die damit verbundene Ausweitung des nationalen Gestaltungsspielraums korrespondiert insoweit inhaltlich mit der Rückführung der Kontrolle durch *Keck*.

[1096] wie z.B. die Erweiterungen im persönlichen und sachlichen Anwendungsbereichs des deutschen Verbraucherkreditgesetzes – vgl. Darstellung unter 2. Kapitel: § 5 C. I. (S.79ff)

[1097] wie z.B. die Einführung eines Widerrufsrechts im deutschen Verbraucherkreditgesetz – vgl. Darstellung unter 2. Kapitel: § 5 C. II. (S.83ff)

[1098] vgl. Darstellung unter 3. Kapitel: § 6 B. III. 3. (S.170, 175ff)

Im Ergebnis entziehen sich so regelmäßig alle nationalen Regelungen, die innerhalb der durch Auslegung ermittelten Reichweite der Option liegen, grundsätzlich dem Kontrollbereich der Grundfreiheiten.

Darüber hinaus muss eine Kontrolle der geplanten Umsetzungen anhand der Grundfreiheiten erfolgen, um die Anwendbarkeit des betreffenden Umsetzungsvorhabens im grenzüberschreitenden Verkehr zu gewährleisten. Innerhalb des dem nationalen Gesetzgeber mittels der Option zugestandenen Gestaltungsspielraums können folglich jenseits von *Keck* nur solche Umsetzungsvorhaben Bestand haben, die sich im Sinne der *Cassis-Formel* resp. spezieller Schutzklauseln im EG-Vertrags rechtfertigen lassen. Die hier untersuchten Richtlinien zum Verbrauchervertragsrecht manifestieren allesamt nur einen Mindeststandard an Verbraucherschutz ohne diesen abschließend zu bestimmen; entgegen einer teilweise vertretenen Ansicht werden mögliche rechtfertigende Allgemeininteressen im Sinn der *Cassis*-Rechtsprechung durch die Richtlinie nicht erschöpfend festgelegt. Die wohl entscheidende Bedeutung kommt in diesem Zusammenhang der *Cassis*-Rechtsprechung zu, nach der unter bestimmten Bedingungen eine nationale Norm aufgrund „zwingender Erfordernisse" wie dem Verbraucherschutz im Einzelfall Bestand haben kann. Die geplante Umsetzung ist mithin auf ihre Vereinbarkeit mit der *Cassis*-Formel zu überprüfen; für den hier relevanten Bereich des Verbraucherschutzes muss in diesem Zusammenhang insbesondere das sog. *Informationsmodell* Beachtung finden, das den Richtlinien zum Verbrauchervertragsrecht zugrunde liegt und auch vom *EuGH* in ständiger Rechtsprechung anerkannt wird.[1099] Folgt man den neueren Tendenzen in der Rechtsprechung des Gerichtshofs, ist der Gestaltungsspielraum durch die Ausdehnung der *Cassis*-Formel auch auf unterschiedlich anwendbare Maßnahmen nochmals ausgedehnt worden.

Die unterschiedlichen Anwendungs- und Wirkungsbereiche der *Keck*- und *Cassis*-Rechtsprechung verdeutlichen, dass im Rahmen des Umsetzungsprozesses eine genaue Differenzierung gerade für den Bereich des Verbrauchervertragsrechts von entscheidender Bedeutung ist. Die oben schon formulierte These, dem Einfluss der Grundfreiheiten im Privatrecht sei mit *Keck „die Spitze abgebrochen"*[1100], da es fortan gleichgültig sei, ob eine privatrechtliche Regelung nun gerechtfertigt im Sinne der *Cassis*-Rechtsprechung sei oder sich mit *Keck* bereits dem Anwendungsbereich der Grundfreiheiten entziehe, erweist sich gerade als nicht stichhaltig. Aufgrund der gänzlich unterschiedlichen Anforderun-

[1099] vgl. z.B. Art. 5 Fernabsatzrichtlinie (§2 FernAbsG); Art. 3 Time-sharing-Richtlinie (§3 TzWrG); Art. 4 Verbraucherkreditrichtlinie (§4 VerbrKrG); Art. 4 Haustürgeschäftewiderrufsrichtlinie (§2 HaustürWG) – vgl. Nachweise der Richtlinien in Fn. 21

[1100] vgl. Nachweise in Fn. 1054

gen, die *Keck* und *Cassis de Dijon* an die nationale Umsetzung stellen, kommt einer Differenzierung zwischen einer Verkaufsmodalität im Sinne der *Keck*-Rechtsprechung und einem „zwingenden Erfordernis" im Sinne der *Cassis*-Rechtsprechung bestimmende Bedeutung zu. Eine allzu pauschale Einordnung des gesamten Schuldvertragsrechts als Verkaufsmodalität verbietet sich daher neben der fehlenden argumentativen Überzeugungskraft schon aus diesem Grunde.

Im Ergebnis bleibt festzuhalten, dass die Ausschöpfung der nach Sinn und Zweck ermittelten Reichweite der Option vom europäischen Normgeber gewollt resp. zumindest in Kauf genommen ist. Vom nationalen Gesetzgeber beabsichtigte schutzintensivere Maßnahmen zu Gunsten des Verbrauchers stehen demnach, sofern sie sich im Rahmen der ermittelten Reichweite befinden, auf einer gemeinschaftsrechtlichen Grundlage.[1101]
Umsetzungen außerhalb der so ermittelten Reichweite sind zwar aufgrund der technischen Ausgestaltung des Europarechts nicht schlechthin unwirksam, sondern können nur im grenzüberschreitenden Verkehr keine Anwendung finden; dennoch verlässt der nationale Gesetzgeber mit Umsetzungen jenseits der Reichweite den ihm eingeräumten Gestaltungsspielraum, da solche Regelungen eine unterschiedliche Behandlung aus- und inländischer Anbieter und Verbraucher resp. eine Inländerdiskriminierung zur Folge haben und für den angestrebten Binnenmarkt im Grunde kontraproduktiv sind.

Fasst man den Gestaltungsspielraum in der hier vorgeschlagenen Weise, so wird dem nationalen Gesetzgeber bei der Umsetzung der Richtlinie ein beträchtlicher Spielraum zugestanden. Begreift man diesen als Chance für die Mitgliedstaaten, nationale Besonderheiten zu berücksichtigen, so ist die Technik der optionellen Harmonisierung für die Mitgliedstaaten äußerst positiv zu bewerten. Das immer wieder vorgebrachte Gegenargument, das Ziel des Binnenmarktes sei langfristig nur durch eine vollständige Harmonisierung gerade auch des Privatrechts zu erreichen, kann letztlich nicht durchgreifen. Eine solche vollständige Harmonisierung ist auf dem gegenwärtigen Stand des Gemeinschaftsrechts schon – wie gesehen – kompetenziell ausgeschlossen; zudem wäre es unvermeidbar, dass dabei umfangreich in die gewachsenen Privatrechtsordnungen der Mitgliedstaaten eingegriffen wird. Dies würde nicht nur starken Widerspruch in den einzelnen Mitgliedstaaten hervorrufen, sondern den gegenwärtigen der europäischen Entwicklung durchaus förderlichen Wettbewerb der Rechtsordnungen unterbinden. Aufgrund der dynamischen Entwicklung des Gemeinschaftsrechts ist diese Ent-

[1101] in diesem Sinne unlängst ausdrücklich auch Generalanwalt am *EuGH Léger* im Rahmen der Schlussanträge vom 28.10.1999 zu *EuGH* 23.3.2000 – Rs. C-208/98 (*Berliner Kindl Brauerei*), Slg. 2000, I-1741, Tz. 26

wicklung aber noch nicht abgeschlossenen, sondern hat – in zahlreichen Bereichen – wohl erst begonnen.

Die entwickelte Vorgehensweise lässt sich – auf die wesentlichen Elemente reduziert – graphisch wie folgt darstellen:

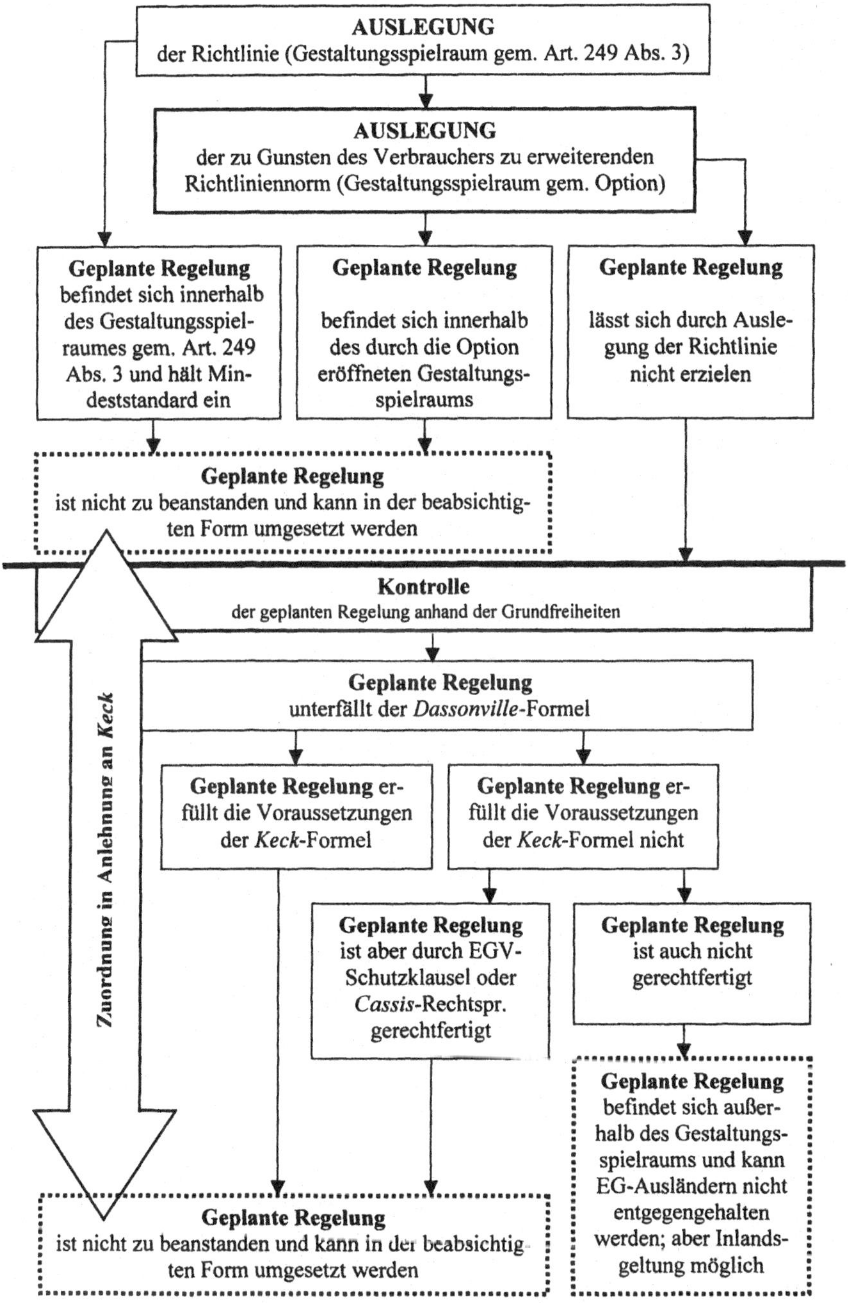
AUSLEGUNG
der Richtlinie (Gestaltungsspielraum gem. Art. 249 Abs. 3)
AUSLEGUNG
der zu Gunsten des Verbrauchers zu erweiterenden Richtliniennorm (Gestaltungsspielraum gem. Option)
Geplante Regelung befindet sich innerhalb des Gestaltungsspielraumes gem. Art. 249 Abs. 3 und hält Mindeststandard ein
Geplante Regelung befindet sich innerhalb des durch die Option eröffneten Gestaltungsspielraums
Geplante Regelung lässt sich durch Auslegung der Richtlinie nicht erzielen
Geplante Regelung ist nicht zu beanstanden und kann in der beabsichtigten Form umgesetzt werden
Kontrolle
der geplanten Regelung anhand der Grundfreiheiten
Geplante Regelung unterfällt der Dassonville-Formel
Geplante Regelung erfüllt die Voraussetzungen der Keck-Formel
Geplante Regelung erfüllt die Voraussetzungen der Keck-Formel nicht
Geplante Regelung ist aber durch EGV-Schutzklausel oder Cassis-Rechtspr. gerechtfertigt
Geplante Regelung ist auch nicht gerechtfertigt
Geplante Regelung befindet sich außerhalb des Gestaltungsspielraums und kann EG-Ausländern nicht entgegengehalten werden; aber Inlandsgeltung möglich
Geplante Regelung ist nicht zu beanstanden und kann in der beabsichtigten Form umgesetzt werden
Zuordnung in Anlehnung an Keck

B. Auswirkungen der entwickelten Methode und Ausblick

Schließlich soll noch der Frage nachgegangen werden, welche Konsequenzen aus den oben gewonnenen Ergebnissen zu ziehen sind.

Bei der Umsetzung europäischer Richtlinien in nationales Recht handelt es sich um einen sehr komplexen Vorgang, den es auf europäischer wie nationaler Ebene in vielfacher Weise vorzubereiten gilt. Anders als in rein nationalen Gesetzgebungsprozessen entsteht für den Mitgliedstaat ein kompliziertes Mischverhältnis verschiedener Ebenen innerhalb einer an sich einheitlichen Materie. Sowohl der nationale Gesetzgeber wie auch der europäische Richtliniengeber sind dabei aufgefordert, ihre Beiträge zu einer möglichst effektiven Transferarbeit der Mitgliedstaaten zu erbringen.

Für den europäischen Richtliniengeber bleibt es bei dem schon ausgesprochenen Appell zu mehr Transparenz in der Normgebung. Wenngleich man einräumen muss, dass die Europäischen Institutionen entgegen der landläufigen Meinung in vielerlei Hinsicht ein Vorbild an Transparenz, Bürgerinformation und Verwendung moderner Kommunikationsmittel sind[1102], so ist das teils wenig durchschaubare Normgebungsverfahren zu kritisieren. Der Zugriff auf relevante Dokumente ist oft erschwert, Protokolle und Stellungnahmen können mangels Veröffentlichung nicht eingesehen werden, insbesondere solche des Ministerrates werden in den allermeisten Fällen nicht zugänglich gemacht. Mit den einer jeden Richtlinien vorangestellten Erwägungsgründen gibt der europäische Normgeber den nationalen Gesetzgebern zwar ein ganz entscheidendes Instrument zu einer adäquaten Umsetzung an die Hand, allerdings wäre ein Mehr an Materialien wünschenswert.

Für den nationalen Gesetzgeber bedeutet dies, dass er die ihm – wenn auch oft unzureichenden – zur Verfügung gestellten Informationsquellen umfangreicher nutzen sollte. Der Schlüssel zu einer adäquaten Umsetzung liegt – wie gesagt – in der Auslegung; von herausragender Bedeutung für den Umsetzungsprozess ist demnach eine möglichst genaue und erschöpfende Auslegung der europäischen Vorgaben. Nur auf diese Weise kann der bezweckten Harmonisierung dauerhaft zum Erfolg verholfen werden und dem komplexen Verhältnis zwischen europäischem und nationalem Recht Rechnung getragen werden.

[1102] vgl. z.B. die umfangreichen Materialien der Europäischen Union im Internet unter http://europa.eu.int (Rechtsakte: http://europa.eu.int/eur-lex/de/lif/index.html; Generaldirektion Gesundheit und Verbraucherschutz: http://europa.eu.int/comm/dgs/health_consumer/index_de.html; Rechtsprechung des Europäischen Gerichtshofs http://curia.eu.int/de/index.htm; Stand April 2001)

Dieses Verhältnis wirkt sich – wie gesehen – auch auf die Reichweite des Gestaltungsspielraums aus; verstößt der nationale Gesetzgeber mit einer Umsetzungsnorm gegen die Grundfreiheiten, so überschreitet er damit das ihm eingeräumte Reservat zulässiger nationaler Ausgestaltung. Der Anwendungsvorrang des EG-Rechts bewirkt allerdings insofern nicht die Unwirksamkeit der nationalen Norm, sondern nur eine Nichtanwendbarkeit im grenzüberschreitenden Wirtschaftsverkehr. Letzten Endes kann es auch hier aufgrund dessen nur bei einem Appell an den nationalen Gesetzgeber bleiben, im Zuge der Europäisierung von solchen Umsetzungen Abstand zu nehmen und dem gemeinsamen Ziel des Binnenmarktes damit auf Dauer zum Durchbruch zu verhelfen.

Im Hinblick auf zukünftige Harmonisierungsvorhaben ist es zudem empfehlenswert, die Zusammenarbeit zwischen den europäischen am Normgebungsverfahren beteiligten Organen und dem nationalem Gesetzgeber zu intensivieren. Die intendierte Wirkung europäischer Richtlinien kann – wie gesehen – nur in einem gemeinsamen Prozess beider beteiligten Ebenen erreicht werden. Zum einen sollten die Mitgliedstaaten schon im Rahmen des europäischen Rechtsetzungsverfahrens stärker eingebunden werden; zum anderen sollte mehr Augenmerk auf die im Vorfeld der Richtlinienumsetzung erforderlichen Koordinierungsmaßnahmen zwischen Mitgliedstaat und Gemeinschaft gelegt werden.

Um eine koordinierte Umsetzung zu gewährleisten, empfiehlt sich z.B. die Einsetzung eines supranationalen Gremiums, dem die Gesetzentwürfe der Mitgliedstaaten vor deren Verabschiedung zugeleitet werden und das diese auf ihre Vereinbarkeit mit den Richtlinienbestimmungen und dem übrigen Gemeinschaftsrechts überprüft. Beabsichtigt der nationale Gesetzgeber über den Mindeststandard der Richtlinie hinauszugehen und damit von der Option Gebrauch zu machen, bietet sich zudem auch eine Mitteilungspflicht der einzelnen Mitgliedstaaten an, dieses Vorhaben bei der Kommission zumindest anzumelden. Das Potential der Zusammenarbeit von Organen der Gemeinschaft und den Mitgliedstaaten ist diesbezüglich bislang bei weitem nicht ausgeschöpft.

Im Rahmen des Entstehungsprozesses der bislang letzten verbrauchervertragsrechtlichen Richtlinie zum Fernabsatz von Finanzdienstleistungen, die zur Zeit nur als Vorschlag vorliegt[1103], zeichnet sich zudem eine neue Entwicklung ab. Ausweislich der 9. Begründungserwägung verzichtet diese Richtlinie „in Anbetracht des mit der vorliegenden Richtlinie gewährleisteten hohen Verbraucher-

[1103] Vorschlag für eine Richtlinie des Europäischen Parlamentes und des Rates über den Fernabsatz von Finanzdienstleistungen an Verbraucher und zur Änderung der Richtlinie 90/619/EWG des Rates, sowie der Richtlinien 97/7/EG und 98/27/EG (KOM (98) 468 endg.), ABl. EG 1998 Nr. C 385; geänderter Vorschlag in KOM (99) 385 endg. vom 23.7.1999, WM 1999, 1477 schutzniveaus" auf eine Option. Der europäische Standard hat sich demzufolge nach Ansicht der Kommission in einer Form gesteigert, der eine zusätzliche Öffnungsklausel in diesem Falle nicht mehr erforderlich macht.

Interessant ist in diesem Zusammenhang auch die Tendenz der Kommission, bestimmte nationale Zusatzinstrumente zum Schutz des Verbrauchers zu adaptieren und auf europäischer Ebene zum Standard erheben zu wollen. So ist z.B. die deutsche Vorgabe des Verbraucherkreditgesetzes, auch Existenzgründer bis zu einer Kredithöhe von 50.000 Euro (vgl. §1 Abs. 1 S. 2 iVm §3 Abs. 1 Nr. 2 VerbrKrG) mit in den Schutzbereich einzubeziehen, zwischenzeitlich auch von der Kommission aufgenommen und in der Verwirklichung zumindest angedacht worden.[1104]
Die weitere Entwicklung des Verbraucherschutzes – insbesondere nach dem Vertrag von Nizza vom 12. Dezember 2000 über die institutionelle Reform der Gemeinschaft[1105] – bleibt insofern abzuwarten.

[1104] vgl. den Bericht über die Anwendung der Richtlinie 87/102/EWG, KOM (95) 117 endg., 3, Ziffer 21

[1105] Vertrag von Nizza zur Änderung des Vertrages über die Europäsiche Union, der Verträge zur Gründung der Europäischen Gemeinschaften sowie einiger damit zusammenhängender Rechtsakte, ABl. EG 2001 Nr. C-80/1 vom 10.3.2001, abrufbar im Internet unter der Adresse http://europa.eu.int/eur-lex/de/treaties/dat/nice_treaty_de.pdf (Stand April 2001)

LITERATURVERZEICHNIS

Ackermann, Thomas, Warenverkehrsfreiheit und Verkaufsmodalitäten, RIW 1994, 189ff

Adomeit, Claus, Die gestörte Vertragsparität – ein Trugbild, NJW 1994, 2467ff

Ahlfeld, Martin, Zwingende Erfordernisse im Sinne der Cassis-Rechtsprechung des Europäischen Gerichtshofs zu Art. 30 EGV, Baden-Baden 1997, zit.: *Ahlfeld*, Zwingende Erfordernisse

Ahlt, Michael, Europarecht – Examenskurs für Rechtsreferendare, 2.Auflage München 1996, zit.: *Ahlt*, Europarecht

Armbrüster, Christian, Ein Schuldvertragsrecht für Europa? Bemerkungen zur Privatrechtsangleichung in der Europäischen Union nach „Maastricht" und „Keck", RabelsZ 60 (1996), 72ff

Arndt, Hans-Wolfgang, Warenverkehrsfreiheit und nationale Verkaufsbeschränkungen, ZIP 1994, 188ff

Basedow, Jürgen, Über Privatrechtsvereinheitlichung und Marktintegration, in: Festschrift für *Ernst-Joachim Mestmäcker* zum 70. Geburtstag, herausgegeben von *Ulrich Immenga*, Baden-Baden 1996, S. 347ff, zit.: *Basedow*, in: Festschrift *Mestmäcker*

ders., A Common Contract Law for the Common Market, CMLR 33 (1996), 1169ff

ders., Der kollisionsrechtliche Gehalt der Produktfreiheiten im Europäischen Binnenmarkt: favor offerentis, RabelsZ 59 (1995), 1ff

Baumbach, Adolf/Hefermehl, Wolfgang, Kommentar zum Wettbewerbsrecht, 20. Auflage München 1998, zit.: *Baumbach/Hefermehl*, UWG

Becker, Ulrich, Brillen aus Luxemburg und Zahnbehandlung in Brüssel – Die gesetzliche Krankenversicherung im Europäischen Binnenmarkt, NZS 1998, 359ff

Behrens, Peter, Die Konvergenz der wirtschaftlichen Freiheiten im europäischen Gemeinschaftsrecht, EuR 1992, 145ff

Beutler, Bengt/Bieber, Roland/Pipkorn, Jörn/Streil, Jochen, Die Europäische Union: Rechtsordnung und Politik, 4. Auflage Baden-Baden 1993, zit.: *Beutler/Bieber/Pipkorn/Streil*, Europäische Union

Bleckmann, Albert, Probleme der Auslegung europäischer Richtlinien, ZGR 1992, 364ff

ders., Zu den Auslegungsmethoden des Europäischen Gerichtshofs, NJW 1982, 1177ff

ders., Probleme der Auslegung von EWG-Richtlinien, RIW 1987, 929ff

Buck, Karsten, Über die Auslegungsmethoden des Gerichtshofs der Europäischen Gemeinschaft, Frankfurt/M. 1998, zit.: *Buck*, Über die Auslegungsmethoden des Gerichtshofs

Brechmann, Winfried, Die richtlinienkonforme Auslegung: zugleich ein Beitrag zur Dogmatik der EG-Richtlinie, München 1994, zit.: *Brechmann*, Richtlinienkonforme Auslegung

Bülow, Peter, Verbraucherkreditgesetz, 3. Auflage Heidelberg 1998, zit.: *Bülow*, VerbrKrG

ders., Unsinniges im Fernabsatz, ZIP 1999, 1293ff

ders., Zum internationalen Anwendungsbereich des deutschen Verbraucherkreditgesetzes, EuZW 1993, 435ff

ders., Das neue Verbraucherkreditgesetz, NJW 1991, 129ff

Bülow, Peter/Artz, Markus, Fernabsatzverträge und Strukturen eines Verbraucherprivatrechts im BGB, NJW 2000, 2049ff

Bunte, Hermann Josef, Gedanken zur Rechtsharmonisierung in der EG auf dem Gebiet der missbräuchlichen Klauseln in Verbraucherverträgen, in: Festschrift für *Horst Locher*, herausgegeben von *Peter Löffelmann* und *Hermann Korbion*, 1990, S. 325ff, zit.: *Bunte*, in: Festschrift *Locher*

Bruchner, Helmut/Ott, Claus/Wagner-Wieduwilt, Klaus (Hrsg.), Kommentar zum Verbraucherkreditgesetz, 2. Auflage München 1994, zit.: *Bearbeiter*, in: *Bruchner/Ott/Wagner-Wieduwilt*, VerbrKrG

Callies, Christian/Ruffert, Matthias (Hrsg.), Kommentar der Vertrages über die Europäische Union und des Vertrages zur Gründung der Europäischen Gemeinschaft – EUV/EGV, Neuwied 1999, zit.: *Bearbeiter*, in: *Callies/Ruffert*, EGV

Coester-Waltjen, Dagmar, Die Inhaltskontrolle von Verträgen außerhalb des AGBG, ACP 190 (1990), 14ff

Constantinesco, Léontin, Die Eigentümlichkeiten des Europäischen Gemeinschaftsrechts, JuS 1965, 289ff

Dauses, Manfred, Die rechtliche Dimension des Binnenmarktes, EuZW 1990, 8ff

Deckert, Martina R./Lilienthal, Nicolas O., Die Rechtsetzungskompetenzen der EG im Privatrecht, EWS 1999, 121ff

Di Fabio, Udo, Richtlinienkonformität als ranghöchstes Normauslegungsprinzip?, NJW 1990, 947ff

Drasch, Wolfgang, Das Herkunftslandprinzip im Internationalen Privatrecht: Auswirkungen des europäischen Binnenmarktes auf Vertrags- und Wettbewerbsstatut, Baden-Baden 1997, zit.: *Drasch*, Herkunftslandprinzip

Dreher, Meinrad, Der Verbraucher – Das Phantom in der opera des europäischen und deutschen Rechts?, JZ 1997, 167ff

Ehricke, Ulrich, Die richtlinienkonforme und die gemeinschaftskonforme Auslegung nationalen Rechts, RabelsZ 59 (1995), 598ff

Eilmansberger, Thomas, Zur Reichweite der Grundfreiheiten des Binnenmarktes, JBl 1999, 345ff, 434ff

Emmerich, Volker, Das Recht des unlauteren Wettbewerbs, 5. Auflage München 1998, zit.: *Emmerich*, Recht des unlauteren Wettbewerbs

ders., Die Verbraucherkreditrichtlinie und die nationalen Verbraucherkreditgesetze, FLF 1991, 140ff

Engisch, Karl, Einführung in das juristische Denken, 8. Auflage Stuttgart 1993, zit.: *Engisch*, Juristisches Denken

Epiney, Astrid, Neuere Rechtsprechung des EuGH in den Bereichen des institutionellen Rechts und der Grundfreiheiten, NVwZ 1999, 1072ff

dies., Gemeinschaftsrechtlicher Umweltschutz und Verwirklichung des Binnenmarktes – „Harmonisierung" auch der Rechtsgrundlagen, JZ 1992, 564ff

Everling, Ulrich, Das Europäische Gemeinschaftsrecht im Spannungsfeld zwischen Politik und Wirtschaft, 1985, zit.: *Everling*, Gemeinschaftsrecht im Spannungsfeld)

ders., Möglichkeit und Grenzen der Rechtsangleichung in der Europäischen Gemeinschaft, in: Festschrift für *Reimer Schmidt*, herausgegeben von *Fritz Reichert Facilides, Fritz Ritter und Jürgen Sasse*, Karlsruhe 1976, S. 165ff, zit.: *Everling*, in: Festschrift *Schmidt*

Faber, Wolfgang, Elemente verschiedener Verbraucherbegriffe in EG-Richtlinien, zwischenstaatlichen Übereinkommen und nationalem Zivil- und Kollisionsrecht, ZeuP 1998, 854ff

Fezer, Karl-Heinz, Europäisierung des Wettbewerbsrechts, JZ 1994, 317ff

ders., Anmerkung zu EuGH 13.10.1993, JZ 1994, 623ff

Fischer, Hans Georg, Abschied von „Dassonville" und „Cassis de Dijon" – Zur neuesten Rechtsprechung des EuGH auf dem Gebiet des freien Warenverkehrs, WiB 1994, 182ff

Freitag, Robert, Mitgliedstaatliche Beschränkungen des Kapitalverkehrs und Europäisches Gemeinschaftsrecht, EWS 1997, 186ff

Freitag, Robert/Leible, Stefan, Von den Schwierigkeiten der Umsetzung kollisionsrechtlicher Richtlinienbestimmungen, ZIP 1999, 1296ff

Gamerith, Helmut, Das nationale Privatrecht in der Europäischen Union: Harmonisierung durch Schaffung von Gemeinschaftsprivatrecht, ÖJZ 1997, 165ff

Gebauer, Martin, Grundfragen der Europäisierung des Privatrechts: eine Untersuchung nationaler Ansätze unter Berücksichtigung des italienischen und des deutschen Rechts, Heidelberg 1998, zit.: *Gebauer*, Grundfragen der Europäisierung des Privatrechts

Geißler, Markus, Die Privatautonomie im Spannungsfeld sozialer Gerechtigkeit, JuS 1991, 617ff

Gilles, Peter, Auf dem Weg zu einem Verbraucherkreditgesetz, ZRP 1989, 299ff

Glöckner, Jochen, „Cold Calling" und europäische Richtlinie zum Fernabsatz – ein trojanisches Pferd im deutschen Lauterkeitsrecht, GRUR Int. 2000, 29ff

Grabitz, Eberhard/Hilf, Meinrad (Hrsg.), Kommentar zur Europäischen Union – Vertrag über die Europäische Union, Vertrag zur Gründung der Europäischen Gemeinschaft, Band I EUV, Art. 1-136 a EGV, Stand: 12. Ergänzungslieferung Mai 1998, Band II Art. 137-248 EGV, EWGV, Stand: 12. Ergänzungslieferung Mai 1998, zit.: *Bearbeiter*, in: *Grabitz/Hilf*, EGV

Grabitz, Eberhard/Hilf, Meinrad (Hrsg.), Kommentar zur Europäischen Union, Teil II: Sekundärrecht, Band A EG-Verbraucher- und Datenschutzrecht, Stand: 13. Ergänzungslieferung Mai 1999, zit.: *Bearbeiter*, in: *Grabitz/Hilf*, EG-Verbraucher- und Datenschutzrecht

Groeben, Hans von der/Thiesing, Jochen/Ehlermann, Claus-Dieter (Hrsg.), Kommentar zum EU-, EG-Vertrag (bis 4. Aufl. u.d.T: Kommentar zum EWG-Vertrag), Band 1 Artikel A-F EUV, Artikel 1-84 EGV, 5. Auflage Baden-Baden 1997, Band 2/I Artikel 85-87 EGV, 5.Auflage Baden-Baden 1999, Band 2/II Artikel 88-102 EGV, 5. Auflage Baden-Baden 1999, Band 3 Artikel 102 a –136 a EGV, 5. Auflage Baden-Baden 1999, Band 4 Artikel 137-209 a EGV, 5. Auflage Baden-Baden 1997, Band 5 Artikel 210 –248 EGV, Artikel H-S EUV, 5. Auflage Baden-Baden 1997, zit.: *Bearbeiter*, in: *v.d.Groeben/Thiesing/Ehlermann*, EGV)

Gröning, Jochem, Perspektiven für die Heilmittelwerbeverbote, WRP 1994, 355

Grundmann, Stefan, Europäisches Schuldvertragsrecht – Das europäische Recht der Unternehmensgeschäfte (nebst Texten und Materialien zur Rechtsangleichung), ZGR Sonderheft 15, Berlin New York 1999, zit.: *Grundmann*, Europäisches Schuldvertragsrecht

ders., Richtlinienkonforme Auslegung im Bereich des Privatrechts – insbesondere: der Kanon der nationalen Auslegungsmethoden als Grenze?, ZEuP 1996, 399ff

ders., Das Europäische Bankaufsichtsrecht wächst zum System – Wie weit reicht fortan die nationale Rechtsetzungsmacht?, Heidelberg 1990, zit.: *Grundmann*, Europäisches Bankaufsichtsrecht

ders., EG-Richtlinie und nationales Privatrecht – Umsetzung und Bedeutung der umgesetzten Richtlinie im nationalen Privatrecht, JZ 1996, 274ff

ders., Europäisches Vertragsrechtsübereinkommen, EWG-Vertrag und §12 AGBG, IPRax 1992, 1ff

Grundmann, Stephan M., Die Auslegung des Gemeinschaftsrechts durch den Europäischen Gerichtshof – zugleich eine rechtsvergleichende Studie zur Auslegung im Völkerrecht und im Gemeinschaftsrecht, Konstanz 1997, zit.: *Grundmann, Stephan M.*, Auslegung des Gemeinschaftsrecht

Gundel, Jörg, Anmerkung zu EuGH 13.1.2000 – Rs. C-254/98 (Schutzverband gegen unlauteren Wettbewerb), EuZW 2000, 311ff

Habersack, Mathias, Verbraucherschutz bei der Kreditvergabe, insbesondere bei grenzüberschreitenden Geschäften, in: Rechtsfragen bei Bankleistungen im Europäischen Binnenmarkt, Schriftenreihe der Europäischen Rechtsakademie Trier, Band 5, herausgegeben von *Walther Hadding* und *Reinhard Welter*,

Köln 1994, S. 361ff, zit.: *Habersack*, in *Hadding/Welter*, Rechtsfragen bei Bankleistungen

Hakenberg, Waltraud, Gemeinschaftsrecht und Privatrecht - zur Rechtsprechung des EuGH im Jahre 1997, ZEuP 1998, 909; zur Rechtsprechung des EuGH im Jahre 1998, ZEuP 1999, 849ff

Hammer, Kristina, Handbuch zum freien Warenverkehr – Eine Analyse der Rechtsprechung zu Art. 30 EGV vor und nach dem Urteil „Keck und Mithouard", Wien 1998, zit.: *Hammer*, Handbuch zum freien Warenverkehr

Hayder, Roberto, Neue Wege der europäischen Rechtsangleichung? – Die Auswirkungen der Einheitlichen Europäischen Akte von 1986, RabelsZ 53 (1989), 622ff

Heermann, Peter W., Artikel 30 EGV im Lichte der „Keck"-Rechtsprechung: Anerkennung sonstiger Verkaufsmodalitäten und Einführung eines einheitlichen Rechtfertigungstatbestandes?, GRUR Int. 1999, 579ff

Heinemann, Klaus, Auf dem Wege zur europäischen Dienstleistungshaftung, ZIP 1991, 1193ff

Heinrichs, Helmut, Das Widerrufsrecht nach der Richtlinie 97/7/EG über den Verbraucherschutz bei Vertragsschlüssen im Fernabsatz, in: Festschrift für *Dieter Medicus*, herausgegeben von *Volker Beuthien* u.a., Köln Berlin Bonn München 1999, 177ff, zit.: *Heinrichs*, in: Festschrift *Medicus*

Heiss, Helmut, Europarecht, Verbraucherrecht und allgemeines Privatrecht: Eine schwierige Dreiecksbeziehung, JZ 1997, 83ff

ders., Verbraucherschutz im Binnenmarkt: Art. 129a EGV und die wirtschaftlichen Verbraucherinteressen, ZEuP 1996, 625ff

ders., Europäisches Vertragsrecht in statu nascendi?, ZfRV 36 (1995), 54ff

Herdegen, Matthias, Auslegende Erklärungen von Gemeinschaftsorganen und Mitgliedstaaten zu EG-Rechtsakten, ZHR 155 (1991), 52ff

Heß, Stefan, Die Umsetzung von EG-Richtlinien im Privatrecht, Frankfurt/M. 1999, zit.: *Heß*, Die Umsetzung von EG-Richtlinien im Privatrecht

Hinz, Hans Werner, Das Interesse der Wirtschaft an einer Europäisierung des Privatrechts, ZEuP 1994, 553ff

Hippel, Eike von, Verbraucherschutz, 3. Auflage Tübingen 1986, zit.: *v.Hippel*, Verbraucherschutz

Hirsch, Günter, Die aktuelle Rechtsprechung des EuGH zur Warenverkehrsfreiheit, ZEuS 1999, 503ff

Hödl, Sascha Oliver, Die Beurteilung von verkaufsbehindernden Maßnahmen im Europäischen Binnenmarkt – Neue Interpretationsansätze zu Art. 30 EGV auf der Grundlage der Keck-Entscheidung, Baden-Baden 1997, zit.: *Hödl*, Verkaufsbehindernde Maßnahmen

Hoffmann, Bernd von, Richtlinie der Europäischen Gemeinschaft und internationales Privatrecht, ZfRV 36 (1995), 45ff

ders., Über den Schutz des Schwächeren bei Internationalen Schuldverträgen, RabelsZ 34 (1974), 396ff

Hoffmann, Dieter, Analyse der europäischen Rechtssetzungstechniken im Bereich des Vertragsrechts aus der Sicht der Europäischen Kommission, in: Neues europäisches Vertragsrecht und Verbraucherschutz: Regelungskonzepte der Europäischen Union und ihre Auswirkungen auf die nationalen Zivilrechtsordnungen, Schriftenreihe der Europäischen Rechtsakademie Trier, herausgegeben von *Wolfgang Heusel*, Köln 1999, S. 39ff, zit.: *Hoffmann*, in: *Heusel*, Neues Europäisches Vertragsrecht und Verbraucherschutz

Höland, Armin, Leitbilder des Europäischen Verbraucherrechts, in: Law and diffuse interests in the EU legal order, herausgegeben von *Ludwig Krämer*, *Hans-W. Micklitz*, *Klaus Tonner*, Baden-Baden 1997, S. 195ff, zit.: *Höland*, in: Law and diffuse interests

Hommelhoff, Peter, Verbraucherschutz im System des deutschen und europäischen Privatrechts, Heidelberg 1996, zit.: *Hommelhoff*, Verbraucherschutz

ders., Zivilrecht unter dem Einfluss europäischer Rechtsangleichung, AcP 192 (1992), 71ff

Hondius, Ewoud, Kaufen ohne Risiko: Der europäische Richtlinienentwurf zum Verbraucherkauf und zur Verbrauchergarantie, ZEuP 1997, 130ff

Höpping, Ulrike, Auswirkungen der Warenverkehrsfreiheit auf das IPR: unter besonderer Berücksichtigung des internationalen Produkthaftungsrechts und des internationalen Vertragsrechts, Frankfurt/M. 1997, zit.: *Höpping*, Auswirkungen der Warenverkehrsfreiheit auf das IPR

Ipsen, Hans-Peter, Europäisches Gemeinschaftsrecht, Tübingen 1972, zit.: *Ipsen*, Gemeinschaftsrecht

ders., Richtlinien-Ergebnisse, in: Festschrift für *Carl Friedrich Ophüls*, herausgegeben von *Walter Hallstein* und *Hans-Jürgen Schlochauer*, Karlsruhe 1965, S.67ff, zit.: *Ipsen*, in: Festschrift *Ophüls*

Isken, Karl Josef, Die Verbraucherpolitik im EWGV und die Einheitliche Europäische Akte, Münster 1991, zit.: *Isken*, Verbraucherpolitik im EWGV

Jaensch, Michael, Die unmittelbare Drittwirkung der Grundfreiheiten – Untersuchung der Verpflichtung von Privatpersonen durch Art. 30, 48, 52, 59, 73b EGV, Baden-Baden 1997, zit.: *Jaensch*, Unmittelbare Drittwirkung

Jarass, Hans D., Voraussetzungen der innerstaatlichen Wirkung des EG-Rechts, NJW 1990, 2420ff

Jestaedt, Thomas/Kaestle, Florian, Kehrtwende oder Rückbesinnung in der Anwendung von Art. 30 EGV: das „Keck"-Urteil, EWS 1994, 26ff

Jickeli, Joachim, Der Binnenmarkt im Schatten des Subsidiaritätsprinzips, JZ 1995, 57ff

Joliet, René, Der freie Warenverkehr: Das Urteil Keck und Mithouard und die Neuorientierung der Rechtsprechung, GRUR Int 1994, 979ff

Keßler, Jutta, Das System der Warenverkehrsfreiheit im Gemeinschaftsrecht: zwischen Produktbezug und Verkaufsmodalitäten, Berlin, Baden-Baden 1997, zit.: *Keßler*, Das System der Warenverkehrsfreiheit

Keßler, Jürgen, European Consumer Law – zu den dogmatischen Grundlagen und didaktischen Konzepten des europäischen Verbraucherrechts, VuR 1999, 415ff

Kiendl, Doris, Haftungsfreizeichnung für Personenschäden in Verbraucherverträgen, ZfRV (35) 1994, 138ff

dies., Die Richtlinie des Rates über missbräuchliche Klauseln in Verbraucherverträgen und ihre Auswirkungen auf das österreichische Recht, JBl 1995, 87ff

Kieninger, Eva-Maria, Verbot des Multi-Level-Marketing in Deutschland – Verstoß gegen die Warenverkehrsfreiheit des EG-Vertrages?, EWS 1998, 277ff

dies., Ein einheitliches Zivil- und Handelsrecht für Europa?, in: Europäische Integration – Schon eine Union des Rechts? Zwischen Erfolgsbilanz und Balanceverlust, herausgegeben von *Rupert Scholz*, Köln 1996, S. 91ff, zit.: *Kieninger*, in: *Scholz*, Europäische Integration

Kilian, Wolfgang, Europäisches Wirtschaftsrecht – EG-Wirtschaftsrecht und Bezüge zum deutschen Recht, München 1996, zit.: *Kilian*, Europäisches Wirtschaftsrecht

Kilian, Benno, Der Verbraucherbegriff in der Europäischen Union, Augsburg 1998, zit.: *Kilian*, Verbraucherbegriff in der EU

Kirchner, Christian, Europäisches Vertragsrecht, in: Europäisches Vertragsrecht: Referate und Sitzungsbericht der Arbeitssitzung der Fachgruppe Zivilrecht der Gesellschaft für Rechtsvergleichung auf der Tagung vom 20. – 22. März 1996 in Jena, herausgegeben von *Hans-Leo Weyers*, Baden-Baden 1997, S. 103ff, zit.: *Kirchner*, in: *Weyers*, Europäisches Vertragsrecht

Klauer, Irene, Die Europäisierung des Privatrechts: Der EuGH als Zivilrichter, Baden-Baden 1998, zit.: *Klauer*, Die Europäisierung des Privatrechts)

Klotz, Robert, Kreditvergabe durch deutsche Banken und Verbraucherschutz in Frankreich, RIW 1997, 197ff

Knaul, Andreas, Auswirkungen des europäischen Binnenmarktes der Banken auf das internationale Bankvertragsrecht unter besonderer Berücksichtigung des Verbraucherschutzes, Frankfurt/M. 1995, zit.: *Knaul*, Auswirkungen des europäischen Binnenmarktes der Banken

Kötz, Hein, Rechtsvereinheitlichung – Nutzen, Kosten, Methoden, Ziele, RabelsZ 50 (1986), 1ff

ders., Europäisches Vertragsrecht, Bd. I: Abschluss, Gültigkeit und Inhalt des Vertrages – die Beteiligung Dritter am Vertrag, Tübingen 1996, zit.: *Kötz*, Europäisches Vertragsrecht

Kotthoff, Josef, Der Schutz des Euro-Marketing über Art. 30 EGV, WRP 1996, 79ff

Krämer, Ludwig, EWG-Verbraucherrecht, Baden-Baden 1985, zit.: *Krämer*, EWG-Verbraucherrecht

Kreplin, Joachim, Die Richtlinie als Instrument zur Rechtsangleichung nach Art. 100 EWGV, NJW 1965, 467ff

Kretschmar, Christian, Die Richtlinie 93/13 EWG des Rates vom 05.04.1993 über missbräuchliche Klauseln in Verbraucherverträgen und das deutsche AGB-Gesetz - Europäischer Verbraucherschutz: Umsetzungsaspekte und Auswirkungen auf das deutsche Recht, Frankfurt/M. 1998, zit.: *Kretschmar*, Die Richtlinie über missbräuchliche Klauseln

Larenz, Karl, Lehrbuch des Schuldrechts – Band I Allgemeiner Teil, 14. Auflage München 1987, zit.: *Larenz*, Schuldrecht I

Larenz, Karl/Canaris, Claus-Wilhelm, Methodenlehre der Rechtswissenschaft, 6. Auflage Berlin 1991, zit.: *Larenz/Canaris*, Methodenlehre

Lehr, Wolfgang/Wendel, Heiko, Die EU-Richtlinie über Verbrauchsgüterkauf und – garantien, Auswirkungen auf Handel und Produzenten, EWS 1999, 321ff

Leible, Stefan, KfZ-Parallelimporte und deutsches Irreführungsverbot, WRP 1997, 517ff

ders., Anmerkung zu LG Köln, Beschluss vom 11.11.1993, 81 O 88/93, WRP 1994, 908ff

Lenz, Carl Otto (Hrsg.), EG-Vertrag – Kommentar zu dem Vertrag zur Gründung der Europäischen Gemeinschaft, 1. Auflage Köln 1994, zit.: *Bearbeiter*, in: *Lenz*, EGV (1994), 2. Auflage in der durch den Amsterdamer Vertrag geänderten Fassung, Köln 1999, zit.: *Bearbeiter*, in: *Lenz*, EGV

Lutter, Marcus, Die Auslegung angeglichenen Rechts, JZ 1992, 593ff

Luttermann, Claus, Die „mangelhafte" Umsetzung europäischer Richtlinien, EuZW 1998, 264

Magiera, Siegfried, Die Rechtsakte der EG-Organe, JURA 1989, 595ff

Martiny, Dieter, Europäisches Internationales Vertragsrecht – Ausbau und Konsolidierung, ZEuP 1999, 246ff

Matthies, Heinrich, Artikel 30 EG-Vertrag nach Keck, in: Festschrift für *Ulrich Everling*, herausgegeben von *Ole Due*, *Marcus Lutter* und *Jürgen Schwarze*, Baden-Baden 1995, S. 803ff, zit.: *Matthies*, in: Festschrift *Everling*

Matusche, Thomas, EU-Verbraucherschutz und deutsches Bankvertragsrecht – Die Umsetzung der Richtlinien über Verbraucherkredite, missbräuchliche Klauseln und grenzüberschreitende Überweisungen, Köln 1998, zit.: *Matusche*, EU-Verbraucherschutz und deutsches Bankvertragsrecht

Medicus, Dieter, Ein neues Kaufrecht für Europa? ZIP 1996, 1925ff

ders., Wer ist ein Verbraucher?, in: Festschrift für *Zentaro Kitagawa*, herausgegeben von *Hans G. Leser*, Berlin 1992, S. 470ff, zit.: *Medicus*, in Festschrift *Kitagawa*

Melsheimer, Horst O., Verbraucherschutz durch §9 Abs. 3 VerbrKrG im Finanzierungsleasing. Frankfurt/M. 1994, zit.: *Melsheimer*, Finanzierungsleasing

Merkt, Hanno, Europäische Rechtssetzung und strengeres autonomes Recht – Zur Auslegung von Gemeinschaftsnormen als Mindeststandards, RabelsZ 61 (1997), 647ff

Michaels, Ralf/Kamann, Hans-Georg, Europäisches Verbraucherschutzrecht und IPR, JZ 1997, 601ff

Micklitz, Hans-W./Reich, Norbert, Verbraucherschutz im Vertrag über die Europäische Union – Perspektiven für 1993, EuZW 1992, 593ff

Micklitz, Hans-W., Perspektiven eines Europäischen Privatrechts - Ius commune praeter legem?, ZEuP 1998, 252ff

ders., Ein einheitliches Kaufrecht für Verbraucher in der EG?, EuZW 1997, 229ff

Moench, Christoph, Reinheitsgebot für Bier – zum Urteil des EuGH vom 12.3.1987 (NJW 1997, 1133), NJW 1987, 1109ff

Möschel, Wernhard, Kehrtwende in der Rechtsprechung des EuGH zur Warenverkehrsfreiheit, NJW 1994, 429ff

Mülbert, Peter O., Privatrecht, die EG-Grundfreiheiten und der Binnenmarkt, ZHR 159 (1995), 2ff

ders., Die EG-Richtlinien über den Verbraucherkredit und ihre Umsetzung durch das geplante Verbraucherkreditgesetz, in: Europäische Integration als Herausforderung des Rechts: Mehr Marktrecht – weniger Einzelgesetze; Referate und Diskussionsbeiträge/Kongress Junge Juristen und Wirtschaft, herausgegeben von *Klaus J. Hopt*, Essen 1991, S. 105ff, zit.: *Mülbert*, in: *Hopt*, Europäische Integration als Herausforderung des Rechts

ders., Die 1. EG-Richtlinie über den Verbraucherkredit und ihre Umsetzung durch das geplante Verbraucherkreditgesetz, WM 1990, 1357ff

Müller-Graff, Peter-Christian, Privatrechtsangleichung durch EG-Recht, in: 40 Jahre Römische Verträge – Von der Europäischen Wirtschaftsgemeinschaft zur Europäischen Union, Berlin, herausgegeben von *Norbert Horn*, *Jürgen F. Baur* und *Klaus Stern*, New York 1998, S. 107ff, zit.: *Müller-Graff*, in: *Horn/Baur/Stern*, 40 Jahre Römische Verträge

ders., Privatrecht und Europäisches Gemeinschaftsrecht: Gemeinschaftsprivatrecht, 2. Auflage Baden-Baden 1991, zit.: *Müller-Graf*, Privatrecht und Gemeinschaftsrecht

ders., Rechtsangleichung zur Verwirklichung des Binnenmarktes, EuR 1989, 107ff

ders., Binnenmarktauftrag und Subsidiaritätsprinzip?, ZHR 159 (1995), 34ff

ders., Europäisches Gemeinschaftsrecht und Privatrecht, NJW 1993, 13ff

Müller-Graf, Peter Christian (Hrsg.), Perspektiven des Rechts in der Europäischen Union, Heidelberg 1998, zit.: *Müller-Graf*, Perspektiven des Rechts in der EU

ders. (Hrsg.), Gemeinsames Privatrecht in der Europäischen Gemeinschaft, Baden-Baden 1993, zit.: Müller-Graf, Gemeinsames Privatrecht

Münnich, Lutz, Art. 7 EWGV und Inländerdiskriminierung, ZfRV 33 (1992), 92ff

Nicolaysen, Gert, Europarecht II – Das Wirtschaftsrecht im Binnenmarkt, Baden-Baden 1996, zit.: *Nicolaysen*, Europarecht II *ders.*, Inländerdiskriminierung im Warenverkehr, EuR 1991, 95ff

Novak, Meinhard, Ungleichbehandlung von ausländischen Produkten oder Dienstleistungen – Einheitliche Rechtfertigungstatbestände im EG-Vertrag, DB 1997, 2589

Pajunk, Axel, Die Bedeutung und Reichweite der Kapitalverkehrs- und Dienstleistungsfreiheit des EG-Vertrages – Die gegenseitige Anerkennung von Privatrechtsinstituten am Beispiel der englischen Mobiliarkreditsicherheiten, Frankfurt/M. 1999, zit.: *Pajunk*, Kapitalverkehrs- und Dienstleistungsfreiheit

Palandt, Otto (Begr.), Bürgerliches Gesetzbuch, 60. Auflage München 2001, zit.: *Palandt/Bearbeiter*

Paschke, Marian/Iliopoulos, Constantin (Hrsg.), Europäisches Privatrecht: ein Studienbuch zum Privatrecht der Europäischen Gemeinschaft, Hamburg 1998, zit.: *Paschke/Iliopoulos*, Europäisches Privatrecht

Pechstein, Matthias, Die Bedeutung von Protokollerklärungen zu Rechtsakten der EG, EuR 1990, 249ff

Petschke, Matthias, Die Warenverkehrsfreiheit in der neusten Rechtsprechung des EuGH – Anmerkungen zu den Urteilen Keck und Hünermund, EuZW 1994, 107ff

Pickert, Stefan, Das Widerrufsrecht nach dem Verbraucherkreditgesetz, Regensburg 1995, zit.: *Pickert*, Das Widerrufsrecht nach dem VerbrKrG

Pützhoven, Andreas, Harmonisierung des europäischen Verbraucherschutzrechts, EWS 1999, 447

Rambow, Gerhard, Möglichkeiten und Grenzen der Verbraucherpolitik im Gemeinsamen Markt, EuR 1981, 240ff

Rebmann, Kurt/Säcker, Franz-Jürgen (Hrsg.), Münchener Kommentar zum Bürgerlichen Gesetzbuch, Band 3, Schuldrecht Besonderer Teil I §§433-606, Finanzierungsleasing, VerbrKrG, HausTWG, Erbschafts- und Schenkungssteuer G, MHG, HeizkostenV, 3. Auflage München 1995, zit.: *Bearbeiter*, in: *MünchKomm*, VerbrKrG, Band 10 Einführungsgesetz zum Bürgerlichen Gesetzbuche (Art. 1-38), Internationales Privatrecht, 3. Auflage München 1998, zit.: *Bearbeiter*, in: *MünchKomm*, IPR

Reich, Norbert, Die Umsetzung der Richtlinie 1999/44/EG in das deutsche Recht, NJW 1999, 2397ff

ders., Verbraucherpolitik und Verbraucherschutz im Vertrag von Amsterdam, VuR 1999, 3ff

ders., Tollhaus Europa oder Narrenschiff Staatsrecht?, NJW 1998, 1537ff

ders., Europäisches Verbraucherrecht, 3. Auflage 1996, zit.: *Reich*, Verbraucherrecht

ders., Privatrecht und Verbraucherschutz in der Europäischen Union, Bonn 1995, zit.: *Reich*, Privatrecht und Verbraucherschutz in der EU

ders., Grundgesetz und internationales Vertragsrecht, NJW 1994, 2128ff

ders., Zur Theorie des europäischen Verbraucherrechtes, ZEuP 1994, 381ff *ders.*, The „november revolution" of the European Court of Justice: *Keck*, *Meng*, and *Audi* revisited, CMLRev 31 (1994), 459ff

ders., Die Verwirklichung von Verbraucherschutz im Kreditbereich, in: Das neue Verbraucherkreditgesetz – Erste Erfahrungen und Probleme, herausgegeben von *Walther Hadding* und *Klaus J. Hopt*, Frankfurt/M. 1991, S. 29ff, zit.: *Reich*, in: *Hadding/Hopt*, Das neue Verbraucherkreditgesetz

Reichenbach, Horst, Die Weiterentwicklung des gesundheitlichen Verbraucherschutzes in der Europäischen Union, ZLR 1999, 555ff

ders., Aufgaben der Generaldirektion XXIV: Verbraucherpolitik und Gesundheitsschutz der Verbraucher, ZEuP 1998, 413ff

Remien, Oliver, Verbraucherrecht oder allgemeines Privatrecht für die Europäische Union?, in: Europäische Rechtsangleichung und nationale Privatrechte, herausgeben von *Hans Schulte-Nölke* und *Reiner Schulze*, Baden-Baden 1999, S. 107ff, zit.: *Remien*, in: *Schulte-Nölke/Schulze*, Europäische Rechtsangleichung

ders., Einheit, Mehrstufigkeit und Flexibilität im europäischen Privat- und Wirtschaftsrecht, RabelsZ 62 (1998), 627ff

ders., Über den Stil des europäischen Privatrechts – Versuch einer Analyse und Prognose, RabelsZ 60 (1996), 1ff

ders., Denationalisierung des Privatrechts in der Europäischen Union? ZfRV 36 (1995), 116ff

ders., Das AGB Gesetz und die Richtlinie über missbräuchliche Verbrauchervertragsklauseln in ihrem europäischen Umfeld, ZEuP 1994, 34ff

ders., Grenzen der gerichtlichen Privatrechtsangleichung mittels der Grundfreiheiten des EG-Vertrages, JZ 1994, 349ff

ders., Möglichkeiten und Grenzen eines europäischen Privatrechts, in: Europäisches Privatrecht, Unternehmensrecht, Informationspflichten im Zivilrecht; Tübinger Tagung 11. – 14. September 1991, herausgegeben von *Joachim Jickeli*, Stuttgart u.a. 1992, S. 11ff, zit.: *Remien*, in: *Jickeli*, Europäisches Privatrecht

Rittner, Fritz, Die wirtschaftliche Ordnung der EG und des Privatrechts, JZ 1990, 838ff

ders., Das Gemeinschaftsprivatrecht und die europäische Integration, JZ 1995, 849ff

Ritz, Corinna, Harmonisierungsprobleme bei der Umsetzung der EG-Richtlinie 87/102 über den Verbraucherkredit, Frankfurt/M. 1995, zit.: *Ritz*, Harmonisierungsprobleme

Röthel, Anne, Anmerkung zu EuGH 13.4.2000 – Rs. C-176/96 (Lehtonen), EuZW 2000, 379ff

Roth, Herbert, EG-Richtlinien und Bürgerliches Recht, JZ 1999, 529ff

Roth, Wulf-Henning, Diskriminierende Regelungen des Warenverkehrs und Rechtfertigung durch die "zwingenden Interessen" des Allgemeininteresses, WRP 2000, 979ff *ders.*, Freier Warenverkehr nach „Keck“, in: Festschrift für *Bernhard Großfeld* zum 65. Geburtstag, herausgegeben von *Ulrich Hübner* und *Werner F. Ebke*, Heidelberg 1999, S. 929ff, zit.: *Roth*, in: Festschrift *Großfeld*

ders., Die Warenverkehrsfreiheit zwischen Beschränkungs- und Diskriminierungsverbot, in Gedächtnisschrift für *Brigitte Knobbe-Keuk*, herausgegeben von *Wolfgang Schön*, Köln 1997, S. 729ff, zit.: *Roth*, in: Gedächtnisschrift *Knobbe-Keuk*

ders., Joined cases C-267 and C-168/91, CMLRev 31 (1994), 845ff

ders., Die Freiheiten des EG-Vertrages und das nationale Privatrecht, ZEuP 1994, 5ff

ders., Der Einfluss des Europäischen Gemeinschaftsrechts auf das Internationale Privatrecht, RabelsZ 55 (1991), 623ff

ders., Die Harmonisierung des Dienstleistungsrechts in der EWG, EuR 1986, 340ff und EuR 1987, 7ff

Sack, Rolf, Die Präzisierung des Verbraucherleitbildes durch den EuGH, WRP 1999, 399

ders., Das Verbraucherleitbild und das Unternehmerleitbild im europäischen und deutschen Wettbewerbsrecht, WRP 1998, 264ff

ders., Staatliche Werbebeschränkungen und die Art. 30 und 59 EG-Vertrag, WRP 1998, 103ff

ders., Auswirkungen der Art. 30, 36 und 59ff EG-Vertrag auf das Recht gegen den unlauteren Wettbewerb, GRUR 1998, 871ff

ders., Staatliche Regelungen sogenannter „Verkaufsmodalitäten“ und Art. 30 EG-Vertrag, EWS 1994, 37ff

Schaltinat, Katja H., Internationale Verbraucherstreitigkeiten – unter besonderer Berücksichtigung des EuGVÜ, Frankfurt/M. 1998, zit.: *Schaltinat*, Internationale Verbraucherstreitigkeiten

Scherzberg, Arno, Mittelbare Rechtssetzung durch Gemeinschaftsrecht – Richtlinien als Instrument der europäischen Integration, JURA 1992, 572ff

Scheuing, Dieter H., Rechtsprobleme bei der Durchsetzung von Gemeinschaftsrecht in der Bundesrepublik Deutschland, EuR 1985, 229ff

Schilling, Theodor, Rechtsfragen zu Art. 30 EGV – Zugleich eine Anmerkung zum EuGH-Urteil vom 24.11.1993 in den verbundenen Rechtssachen C-267 und 268/91, EuR 1994, 50ff

Schirnding, Clemens Graf, Zur Novellierung der EG-Verbraucherkreditrichtlinie, FLF 1996, 25ff

Schlechtriem, Peter, Verbraucherverträge – ein neuer Richtlinienentwurf, JZ 1997, 441ff

Schmalz, Dieter, Methodenlehre für das juristische Studium, 3. Auflage Baden-Baden 1992, zit.: *Schmalz*, Methodenlehre

Schmelz, Karl-Joachim/Klute, Sabine, Zum Gesetzentwurf für ein Verbraucherkreditgesetz, ZIP 1989, 1509ff

Schmidt, Christof, Der Einfluss europäischer Richtlinien auf das innerstaatliche Privatrecht am Beispiel des Einwendungsdurchgriffs bei verbundenen Geschäften, Frankfurt/M. 1996, zit.: *Schmidt*, Der Einfluss europäischer Richtlinien auf das Privatrecht

Schmidt, Marek, Privatrechtsangleichende EU-Richtlinien und nationale Auslegungsmethoden, RabelsZ 59 (1995), 569ff

Schmidhuber, Peter M./Hitzler, Gerhard, Binnenmarkt und Subsidiaritätsprinzip, EuZW 1993, 8ff

Schmidt-Jortzig, Edzard, Perspektiven der europäischen Privatrechtsangleichung, AnwBl 1998, 63ff

Schmidt-Räntsch, Jürgen, Gedanken zur Umsetzung der kommenden Kaufrechtsrichtlinie, ZEuP 1999, 294ff

Schneider, Uwe H., Europäische und internationale Harmonisierung des Bankvertragsrecht, NJW 1991, 1985ff

Schneider, Hartmut, Die öffentliche Ordnung als Schranke der Grundfreiheiten im EG-Vertrag, Baden-Baden 1998, zit.: *Schneider*, Die öffentliche Ordnung als Schranke

Schön, Wolfgang, Europäische Kapitalverkehrsfreiheit und nationales Steuerrecht, in Gedächtnisschrift für *Brigitte Knobbe-Keuk*, herausgegeben von *Wolfgang Schön*, Köln 1997, S. 743ff, zit.: *Schön*, in Festschrift *Knobbe-Keuk*

Schubert, Thure, Der Gemeinsame Markt als Rechtsbegriff – Die allgemeine Wirtschaftsfreiheit des EG-Vertrages, München 1999, zit.: *Schubert*, Gemeinsamer Markt

Schulte-Nölke, Hans, Elf Amtssprachen, ein Recht? Folgen der Mehrsprachigkeit für die Auslegung von Verbraucherschutzrichtlinien, in: Auslegung europäischen Privatrechts und angeglichenen Rechts, herausgegeben von *Reiner Schulze*, Baden-Baden 1999, S. 143ff, zit.: *Schulte-Nölke*, in: *Schulze*, Auslegung europäischen Privatrechts und angeglichenen Rechts

Schultz, Dietrich, Die ausgeführte Richtlinie im nationalen Recht – Offene Fragen aus der Perspektive des deutschen Gesellschaftsrechts, in: Gedenkschrift für *Léontin-Jean Constantinesco*, herausgegeben von *Gerhard Lüke* und *Georg Ress*, Köln Berlin Bonn München 1983, S. 679ff, zit.: *Schultz*, in: Gedenkschrift *Constantinesco*

Schulze, Reiner, Auslegung europäischen Privatrechts und angeglichenen Rechts, in: Auslegung europäischen Privatrechts und angeglichenen Rechts, herausgegeben von *Reiner Schulze*, Baden-Baden 1999, S. 9ff, zit.: *Schulze*, in: *Schulze*, Auslegung europäischen Privatrechts und angeglichenen Rechts

Schulze, Reiner/Schulte-Nölke, Hans, Casebook Europäisches Verbraucherrecht, Baden-Baden 1999, zit.: *Schulze/Schulte-Nölke*, Casebook Verbraucherrecht

Schwintowski, Hans-Peter, Freier Warenverkehr im europäischen Binnenmarkt
Eine Fundamentalkritik an der Rechtsprechung des EuGH zu Art. 28 EGV, RabelsZ 64 (2000), 38ff

Soergel, Hans Theodor (Begr.), Kommentar zum Bürgerliches Gesetzbuch mit Einführungsgesetzen und Nebengesetzen, Band 4/1 §§516-651, Gesetz zur Regelung der Miethöhe, Verbraucherkreditgesetz; 12. Auflage Stuttgart/Berlin/Köln 1997/1998, zit.: *Bearbeiter*, in: *Soergel*, VerbrKrG

Staebe, Erik, Europarecht, 1. Auflage Baden-Baden 1998, zit.: *Staebe*, Europarecht

Staudenmayer, Dirk, Die Richtlinien des Verbraucherprivatrechts – Bausteine für ein europäisches Privatrecht?, in: Europäische Rechtsangleichung und nationale Privatrechte, herausgeben von *Hans Schulte-Nölke* und *Reiner Schulze*, Baden-Baden 1999, S. 63ff, zit.: *Staudenmayer*, in: *Schulte-Nölke/Schulze*, Europäische Rechtsangleichung

ders., Die EG-Richtlinie über den Verbrauchsgüterkauf, NJW 1999, 2393ff

Staudinger, J. von (Begr.), Kommentar zum Bürgerlichen Gesetzbuch: mit Einführungsgesetz und Nebengesetzen, Band VerbrKrG, HWiG, §13 a UWG, 13. Bearbeitung Berlin 1998, zit.: *Bearbeiter*, in: *Staudinger*, VerbrKrG

Steindorff, Ernst, EG-Vertrag und Privatrecht, Baden-Baden 1996, zit.: *Steindorff*, EG-Vertrag und Privatrecht

ders., Grenzen der EG Kompetenzen, Heidelberg 1990, zit.: *Steindorff*, Grenzen der EG Kompetenzen

ders., Privatrecht und Europäischer Binnenmarkt, in: Verfassungen für ein ziviles Europa, herausgegeben von *Gert Brüggemeier*, Baden-Baden 1994, S. 131ff, zit.: *Steindorff*, in: *Brüggemeier*, Verfassungen für ein ziviles Europa

ders., Unvollkommener Binnenmarkt, ZHR 158 (1994), 149ff

Streinz, Rudolf, Europarecht, 4. Auflage Heidelberg 1999, zit.: *Streinz*, Europarecht

ders., Mindestharmonisierung im Binnenmarkt, in: Mindestharmonisierung im Europäischen Binnenmarkt: Referate des 7. Bonner Europa-Symposiums vom 27. April 1996, herausgegeben von *Ulrich Everling* und *Wulf-Henning Roth*, Baden-Baden 1997, S. 9ff, zit.: *Streinz*, in: *Everling/Roth*, Mindestharmonisierung

Stürner, Rolf/Bruns, Alexander, Umsetzung und Auswirkungen der Verbraucherschutzrichtlinien über missbräuchliche Klauseln, Verbraucherkredit, time-sharing und Fernabsatz in den nationalen Rechtsordnungen - Bewertung aus der Sicht der Rechtsprechung, in: Neues europäisches Vertragsrecht und Verbraucherschutz: Regelungskonzepte der Europäischen Union und ihre Auswirkungen auf die nationalen Zivilrechtsordnungen, Schriftenreihe der Europäischen Rechtsakademie Trier, herausgegeben von *Wolfgang Heusel*, Köln 1999, S. 81ff, zit.: *Stürner/Bruns*, in: *Heusel*, Neues Europäisches Vertragsrecht und Verbraucherschutz

Taschner, Claudius, Mindestharmonisierung im Verbraucherschutzrecht, in: Mindestharmonisierung im Europäischen Binnenmarkt: Referate des 7. Bonner Europa-Symposiums vom 27. April 1996, herausgegeben von *Ulrich Everling* und *Wulf-Henning Roth*, Baden-Baden 1997, S. 159ff, zit.: *Taschner*, in: *Everling/Roth*, Mindestharmonisierung

Taupitz, Jochen, Privatrechtsvereinheitlichung durch die EG – Sachrechts- oder Kollisionsrechtsvereinheitlichung?, JZ 1993, 533ff

Tilmann, Winfried, Towards a European Civil Code, ZEuP 1997, 595ff

Tonner, Klaus, Verbrauchsgüterkauf-Richtlinie und Europäisierung des Zivilrechts, BB 1999, 1769ff

ders., Das neue Fernabsatzgesetz, BB 2000, 1413ff

ders., Die Rolle des Verbraucherrechts bei der Entwicklung eines europäischen Zivilrechts, JZ 1996, 533

Weber, Albrecht, Rechtsfragen der Durchführung des Gemeinschaftsrechts in der Bundesrepublik, Köln 1987, zit.: *Weber*, Rechtsfragen der Durchsetzung des Gemeinschaftsrechts

Weinand, Armin, Europarecht und Recht gegen den unlauteren Wettbewerb: Entwicklung und Harmonisierung des Rechts gegen den unlauteren Wettbewerb im EG-Rechtssystem, Baden-Baden 1998, zit.: *Weinand*, Europarecht und unlauterer Wettbewerb

Weis, Hubert, Inländerdiskriminierung zwischen Gemeinschaftsrecht und nationalem Verfassungsrecht, NJW 1983, 2721ff

Weiß, Wolfgang, Nationales Steuerrecht und Niederlassungsfreiheit, EuZW 1999, 493ff

Westphalen, Friedrich Graf von/Emmerich, Volker/Rottenburg, Franz von (Hrsg.), Kommentar zum Verbraucherkreditgesetz, 2. Auflage Köln 1996, zit.: *Bearbeiter*, in: *v.Westphalen/Emmerich/ v.Rottenburg*, VerbrKrG

Weyer, Hartmut, Freier Warenverkehr, rein innerstaatliche Sachverhalte und umgekehrte Diskriminierung, EuR 1998, 435ff

ders., Freier Warenverkehr und nationale Regelungsgewalt in der Europäischen Union: eine Analyse des Anwendungsbereichs der Art. Art. 30-36 EG-Vertrag auf Grundlage der Rechtsprechung des EuGH, Berlin, New York 1997, zit.: *Weyer*, Freier Warenverkehr

ders., Die Anwendbarkeit des Art. 30 EGV auf rein innerstaatliche Sachverhalte durch EuGH v. 07.05.1997, Rs. C-321-324/94 „Pistre", in: Beiträge zum deutschen und europäischen Energierecht: Festschrift für *Jürgen F. Baur* zum 60. Geburtstag, herausgegeben von *Christine Reichel*, Baden-Baden 1998, S. 115ff, zit.: *Weyer*, in: Festschrift *Baur*

White, Eric L., In search of the limits to article 30 of the EEC treaty, CMLRev 26 (1989), 235ff

Wilmowsky, Peter von, EG-Freiheiten und Vertragsrecht, JZ 1996, 590ff

ders., Ausnahmebereiche gegenüber EG-Grundfreiheiten?, EuR 1996, 362

ders., Der internationale Verbrauchervertrag im EG-Binnenmarkt, ZEuP 1995, 735ff

ders., Waste diposal in the internal market: the state of play after the ECJ's ruling on the Walloon import ban; CMLRev. 30 (1993), 541ff

Winter, Gerd, Die Sperrwirkung von Gemeinschaftsrecht für einzelstaatliche Regelungen des Binnenmarktes mit besonderer Berücksichtigung von Art. 130t EGV, DÖV 1998, 377

Wolf, Manfred, Privates Bankvertragsrecht im EG-Binnenmarkt – Auswirkungen der II. EG-Bankrechtsrichtlinie auf privatrechtliche Bankgeschäfte, WM 1990, 1941ff

ders., Störungen des Binnenmarktes durch das Verbraucherkreditgesetz, in: Festschrift für *Theodor Heinsius*, herausgegeben von *Friedrich Kübler*, *Hans-Joachim Mertens* und *Winfried Werner*, Berlin New York 1991, S. 967ff, zit.: *Wolf*, in: Festschrift *Heinsius*

ders., Privates Bankvertragsrecht und EG-Binnenmarkt – Auswirkungen der II. EG-Bankrechts-Richtlinie auf privatrechtliche Bankgeschäfte, WM 1990, 1941ff

Zuleeg, Manfred, Die gemeinschaftskonforme Auslegung und Fortbildung mitgliedstaatlichen Rechts, in: Auslegung europäischen Privatrechts und angeglichenen Rechts, herausgegeben von *Reiner Schulze*, Baden-Baden 1999, S. 163ff, zit.: *Zuleeg*, in: *Schulze*, Auslegung europäischen Privatrechts und angeglichenen Rechts

ders., Die Rechtswirkung europäischer Richtlinien, ZGR 1980, 466ff

ders., Das Recht der Europäischen Gemeinschaften im innerstaatlichen Bereich, Köln 1969, zit.: *Zuleeg*, Das Recht der Europäischen Gemeinschaften

ders., Die Auslegung des Europäischen Gemeinschaftsrechts, EuR 1969, 97ff

Die Abkürzungen sind entnommen:

Hildebert Kirchner, Abkürzungsverzeichnis der Rechtssprache, 3. Auflage Berlin 1983

FSC
www.fsc.org
MIX
Papier | Fördert gute Waldnutzung
FSC® C083411

Kolibri 360 GmbH
Ferdinand-Jühlke-Straße 7
99095 Erfurt, Deutschland
produktsicherheit@kolibri360.de

Druck:
CPI Druckdienstleistungen GmbH
im Auftrag der
Kolibri 360 GmbH
Ferdinand-Jühlke-Str. 7
99095 Erfurt